科学视阈下的高校德育工作创新和发展

中国政法大学2016年度学生工作理论研讨论文集

卢少华◎主编

知识产权出版社
全国百佳图书出版单位

图书在版编目（CIP）数据

科学视阈下的高校德育工作创新和发展 / 卢少华主编. —北京：知识产权出版社，2016.8
ISBN 978-7-5130-4419-6

Ⅰ.①科… Ⅱ.①卢… Ⅲ.①高等学校—德育工作—中国—文集 Ⅳ.①G641-53

中国版本图书馆 CIP 数据核字（2016）第 206294 号

内容提要

本书作为 2016 年度中国政法大学学生工作理论研讨会的论文选集，收录了来自法大专业教师、班主任、辅导员和党政干部关于德育工作的论文 60 篇，所选论文紧紧围绕立德树人这一根本任务，以社会主义核心价值观为统领，以增强大学生思想政治工作科学化和实效性为目标，针对党团组织建设、大学生思想引领、网络思想政治教育、教学和人才培养、学生事务管理和服务、心理健康教育、就业创业指导等学生工作的重点、难点和热点问题进行了深入思考和积极实践，具有较强的理论性、实效性和指导性。

责任编辑：杨晓红　　　　　**责任出版**：孙婷婷
封面设计：李志伟

科学视阈下的高校德育工作创新和发展
卢少华　主编

出版发行：知识产权出版社有限责任公司		网　　　址：http://www.ipph.cn	
社　　址：北京市海淀区西外太平庄 55 号		邮　　　编：100081	
责编电话：010-82000860 转 8114		责 编 邮 箱：1152436274@qq.com	
发行电话：010-82000860 转 8101/8102		发 行 传 真：010-82000893/82005070/82000270	
印　　刷：北京中献拓方科技发展有限公司		经　　　销：各大网上书店、新华书店及相关专业书店	
开　　本：787mm×1092mm　1/16		印　　　张：30	
版　　次：2016 年 8 月第 1 版		印　　　次：2016 年 8 月第 1 次印刷	
字　　数：600 千字		定　　　价：88.00 元	
ISBN 978-7-5130-4419-6			

编委会名单

主　编：卢少华

编　委：（按姓氏笔画排序）

卜路军　　王　芳　　王　彤　　王英伟　　王洪松

王敬川　　尹晓华　　刘大炜　　李欣宇　　阮广宇

尚　武　　张永然　　张艳萍　　赵云鹏　　顾永强

黄瑞宇　　韩文生　　解廷民

前　言

党的十八大明确提出"把立德树人作为教育的根本任务"，这为新形势下做好高校德育工作进一步指明了方向。当前，高等教育综合改革深入推进，《统筹推进世界一流大学和一流学科建设总体方案》对高校人才培养提出了新的要求，高校德育工作面临新的机遇和挑战。

新形势下，要落实立德树人的根本任务，需根据高校德育工作的时代特点和实际，结合新时期大学生成长发展过程中的新需求，遵从教育规律和大学生成长成才规律，科学、规范、创新地做好德育工作，真正培养德智体美全面发展的社会主义建设者和接班人。

中国政法大学紧紧围绕立德树人这一根本任务，以增强德育工作科学性和实效性为重点，建立起教学育人、科研育人、管理育人、服务育人、环境育人、实践育人以及大学生自我育人的"七育人"工作模式。自 2010 年以来，中国政法大学已连续举办了七届学生工作理论研讨会，从理论上深入研究学生工作的新特点，在实践中不断拓展学生工作的新思路，形成了一批具有理论性、实效性和指导性的研究成果。

本书作为 2016 年度学生工作理论研讨会的论文选集，收录了来自中国政法大学专业教师、班主任、辅导员和党政干部关于德育工作的论文 60 篇，内容涉及党团组织建设、大学生思想引领、网络思想政治教育、教学和人才培养、学生事务管理和服务、心理健康教育、就业创业指导等德育工作的各个领域。论文围绕当前高校德育工作的重点、难点和热点问题，准确把握新时期大学生成长发展过程中个性化的需求，及时掌握新时期德育工作的特点，提出相应的解决途径和办法。这些成果为我们更好地适应当前德育工作不断变化的新形势提供了有益的借鉴，充分体现了中国政法大学德育工作者践行立德树人根本任务的自觉性和主动性，进一步推动了德育工作的科学发展。

立德树人是教育的根本任务，高校德育工作任重而道远。希望以本书出版为契机，与时俱进，改革创新，不断提升德育工作科学化水平，以一流的学生工作助力

"双一流"建设。

　　本书的出版得到了学校领导的高度重视和知识产权出版社的大力支持,在此表示衷心的感谢!在本书编写过程中,我们始终抱着热诚和谨慎的态度开展工作,希望能最大限度地把优秀成果展示给读者,供大家借鉴和学习。然而,由于水平能力有限,书中难免存在不妥和疏漏之处,恳请广大读者批评指正。

编者

2016 年 7 月

目 录

党团组织建设

大学生思想引领

网络思想政治教育

教学和人才培养

学生事务管理和服务

党团组织建设

高校综合改革背景下的基层党支部建设探索

法学院　　刘大炜

摘　要　不断加强高校基层党支部建设，是办好中国特色社会主义高校，培养中国特色社会主义事业合格建设者和可靠接班人的重要保障，也是当前推进高校综合改革的重要保障。本文针对当前高校教师党支部和学生党支部建设中存在的主要问题，结合高校综合改革和发展的总体要求，提出改善和加强高校基层党支部建设的对策和建议，以期为加强高校基层党组织作用力的发挥，推进高校综合改革提供参考和帮助。

关键词　高校　综合改革　党支部建设

《国家中长期教育改革和发展规划纲要（2010—2020 年)》颁布以后，高校新一轮综合改革拉开了帷幕，《统筹推进世界一流大学和一流学科建设总体方案》进一步明确了高校改革发展的目标。党的十八大，特别是十八届三中、四中全会的召开，为此轮高等教育综合改革提出了指导性意见，更加明确了改革的方向和原则。此次改革的一条主线就是，适应我国经济社会发展新常态，通过制度和体制机制的建立与完善，真正落实依法治校，不断推进高校治理体系和治理能力现代化进程，从而全面提升办学水平和人才培养质量，有效推动高校的内涵式发展。综合改革涉及学校的方方面面，其中贯彻落实全面从严治党，深化党政管理改革，加强基层党组织建设是重要环节和内容，这对加强党对高校的领导，把握改革方向，实现改革目标具有重要意义。

一、高校综合改革的背景下加强基层党支部建设的意义

1. 加强高校基层党支部建设，是全面深化改革的前提条件，是加强和改善党的领导的根本要求

高校基层党支部是高校基层联系、引导、组织群众的骨干力量，担负着将党的路线、方针、政策落实到教学、科研、管理等具体工作中的重要职责。高校的中心工作是为国家培养社会主义建设人才和接班人，这也是高校人才培养的根本

任务。加强党对高校的领导，是保证高校正确办学方向、实现人才培养根本任务的重要保障。高校基层党支部的建设要围绕这个中心开展工作，要不断与时俱进，不断创新工作思路和工作方法，增加党组织的活力和功能，这样才能有力推动高校教学、科研、育人工作的全面发展。同时，高校基层党支部作为高校基层人民群众的先进组织，凝聚汇集了广大师生中的先进份子，是党永葆生机和活力的重要基础。

2. 加强高校基层党支部建设，是为学校改革与发展凝聚人心，保证动力充沛的有力措施

高校综合改革涉及面广，影响深刻，与广大教职工的利益休戚相关，因此，改革不能仅靠领导决定推动，而是要紧紧依靠广大师生员工的力量，充分汇聚人民群众的智慧，共同决策、共同推动改革的进程。加强高校基层党支部建设，就是要把基层党组织打造成人民群众的"主心骨"和"代言人"，能够凝聚人心，汇集民智，为民做主，能充分代表反映广大师生的根本利益。在基层支部的引领下，广大教职工成为高校改革的主体和持续推动力量。有广大师生员工的参与，改革决策才能代表最大民意，改革政令才能落地落实，改革难题才能有效破解，改革进程才能顺利推进。

3. 加强高校基层党支部建设，服务师生发展利益诉求，是党的宗旨在高校的彰显

全心全意为人民服务是我党的宗旨，也是党成为社会主义建设事业领导核心的合法源泉。将高校基层党支部打造成服务型党组织，是此轮高校综合改革的重要内容，这是夯实党的执政之基、执政合法性和全面从严治党的强烈要求。建设服务型党组织，就是要把维护广大师生的利益、服务师生发展的诉求作为工作第一要务。当前改革进入全面深化阶段，社会转型也在全面进行中，利益多元化进一步加剧，教师已不仅满足于工作稳定，而是更加追求个人发展前景和态势的最大化。因此，在改革进程中，基层党组织要在围绕学校中心工作的同时，不断维护好、发展好教师的利益，做服务教职员工发展的带头人、贴心人。同时，高校基层党支部在教育、服务和发展大学生方面具有独特优势，可充分利用学生党员、干部等大学生中的先进群体，团结、组织、引导并服务广大青年学生成长成才，发挥他们在学习、实践和生活中的先锋模范作用，而且教师党员和学生党员一起活动时，教师的行为对学生的行动产生一定的示范效应，教师支部的能力和形象就直接成为学生支部建设发展的标杆。

4. 加强高校基层党支部建设，是顺应时代发展、经受时代考验的需要

当前，我国正处在全面建成小康社会的关键时期，国际社会对我们的崛起褒贬不一，西方敌对势力一刻也没停止对我国进行"分化"和"西化"的图谋。高校是思想多元化的集散地，教师群体知识水平高，思想活跃，对信息具有敏锐的感受力，对新事物有较强的接受力。但高校教师特别是青年教师和学生，由于社会经验少，缺乏政治考验和锻炼，其思想立场不稳定，易受外来思潮的影响，成为西方"和平演变"重点瞄准的对象。近期爆出高校个别教师在课堂上出现政治思想误导的问题，正说明了此问题的严重性。高校党组织应旗帜鲜明地把维护马克思主义意识形态作为重要工作抓牢抓实，加强高校基层党支部建设，以主流意识形态、以社会主义核心价值观武装广大师生的思想，坚持在师生党员中开展党性教育，牢牢把握马克思主义意识形态主阵地。

二、当前高校基层党支部存在的问题

目前，我国高校基层党支部在思想建设、组织建设、党员发展、考核管理和联系群众等方面，均不同程度地存在一些普遍性的问题，掣肘着基层党支部建设的成效，影响了党在高校的作用力发挥。

1. 思想理论建设还存在薄弱环节

理论学习年年抓，思想教育常常讲，但总体效果并不明显。党支部的理论学习往往流于形式，部分教师与学生党员对马克思主义缺乏信仰与认同。当前高校意识形态工作任务艰巨，思想理论建设还存在许多薄弱环节，不能跟上形势的要求。尽管高校普遍开设马克思主义理论课程，而且大部分作为必修课设置，高校党组织也会定期开展相关理论学习与研讨活动，但是由于多元化价值观对高校教师与学生思想的冲击，马克思主义难以固守在高校理论宣传阵地中的主导地位，党支部的思想理论建设难以取得理想效果，高校一些师生党员对马克思主义的宣传有所麻木，甚至存在不同程度的排斥，党员思想理论的有效方法滞后从整体上消减了党支部建设的成效。

2. 工作内容简单，党支部的作用力发挥不强

一些基层党支部的工作仅局限于收缴党费、发展党员和学习讨论等内容，相较于团组织、学生社团等群体组织在思想引领、志愿服务、创新创业、校园文化建设等方面的活动开展得有声有色、效果显著，党支部的工作内容就显得相对沉默，缺乏影响力。一些党支部理论学习是读报纸、念文件；发展党员是开大会、举举手；民主生活会是不批评、"一团和气"，工作形式已模式化、公式化，方法老套、陈旧，缺乏创新、主动和活泼。有的基层党支部开展活动不是"照章办事"，就是"靠、等、从"，师生党员的主体作用不能发挥，基层党支部不能很好围绕学校中心工作和利用党组织的威信，发挥引领、组织、服务等战略堡垒作用，对高校改革发展中的新情况、新问题和群众思想的新变化缺乏了解和认识，不能很好地针对师生的关切和需求开展工作，党组织的作用力发挥不够。

3. 党建活动的针对性不强，党员参加组织活动积极性不高

严密的组织结构与高度的凝聚力是党组织力量的源泉。当前，高校部分党支部组织建设相对松散，凝聚力不高，特别是教师党支部情况较为突出，具体表现为：支部大会、民主生活会和组织生活会难以定期召开，党员参与组织活动的积极性不高，部分党支部书记的工作能力与责任心有待提高，党组织在重要活动与场合中的存在感不足，部分党员对党组织缺少认同感，党组织内部意见与诉求表达渠道不畅通，民主监督机制不完善，不善于利用互联网等先进科技手段进行组织建设等。由于高校与政治生活相对疏远以及个人主义、自由化思想在高校中的蔓延，一些教师与学生党员对党组织的归属感减弱，导致其参与党支部组织建设的热情不高、信心不足。

4. 缺乏科学、合理的考核奖惩机制

高校党组织对基层党支部和党员的考核管理形式大于内容，以考核促建设的力度不大，考核管理体系不健全，考核管理指标不科学，督促激励机制缺失，导致党支部建设动力不足，一些工作流于形式，不能深入落实。目前高校党委对党员与党支部的考核管理重形式而忽视实质，在理论创新、组织建设、党员发展、活动开展等工作领域中都缺少实质有力的管理考核机制，现有的管理考核机制到了基层往往流于形式，缺乏实质性的工作评估与执纪惩罚措施。

5. 联系群众工作效果不明显，影响力减弱

基层党支部和党员虽然根植于群众当中，但是以主动发挥党支部作用力为目的的"联系群众"活动相对较少，并且往往是为了完成上级要求而组织的形式化活动，效果有限。由于高校工作以教学科研为中心，以学生培养为主导，基层党支部在其中的作用不突出，往往在涉及中心工作和群众普遍关心的重点工作方面与群众的联系和交流频率较低、效果差，缺少有特色、接地气、受欢迎、有力度的联系活动，缺少关怀、帮扶困难群体的机制，支部和党员在群众中的影响力不足，特别是教师党支部在教研室的地位和作用弱化，群众工作形式缺少创新性和有效性，群众对党支部开展的党群联系与交流活动关注度低、参与度低，导致群众路线贯彻效果不好，直接影响了党支部的作用发挥。

三、高校基层党支部存在问题的原因分析

影响高校基层党支部建设的因素有外部因素，也有内在原因，从思想建设、组织建设、制度建设方面分析梳理，主要可以概括为以下方面的因素。

1. 经济社会的发展和社会转型带来的冲击和挑战

经济社会的高速发展，改革开放的持续深化，社会转型的不断深入，国际化进程的加快，为高等教育的发展带来了机遇，也带来了冲击和挑战，高校发展的内外环境发生了重大变化，高校的综合改革顺时而动，应运而生。形势的变化、环境的改变，对高校师生的思想、心理、价值追求产生了重大影响，也对师生党员造成了一定的冲击。比如：大众价值体系和社会评价机制对高校教学内容和人才培养质量的影响；高等教育国际化发展对坚持中国特色社会主义核心价值观教育的冲击等，因此，从社会环境角度说，高校基层党支部建设中存在的某些问题是市场经济和社会转型的逻辑产物。

2. 高校基层党政领导体制不顺

高校实行党委领导下的校长负责制，在院级层面上实行的是党政联席会议制度。高校基层领导体制实质上是党政共同负责制，这种体制客观上讲符合当前我国的党政关系和党政领导制度，对于促进高校学科发展，提高办学质量起到了很好的作用。但在实际工作中往往还存在着重行政轻党务，或是以行政替党务的现象。高校基层党支部的职责是党建和思想政治工作，而基层单位的中心工作是教学、科研、学科建设等。"分管"与"合力"是这种领导体制得以发挥效力的基础，党政领导配合"融洽"是基层工作顺利开展的关键，而这种"合力"与"融洽"容易受到党政领导个人因素的影响。如果这两方面工作不能很好融合，相得益彰，就容易形成高校基层单位党建核心工作和行政中心工作"两张皮"现象，这种现象无疑会弱化党建工作，使党建工作沦为"配角"。

3. 扎实推进党支部建设的有效措施匮乏

高校党委与学院分党委对基层党支部的建设在思想和形式上一般较为重视，但落实到具体措施和方式方法上则效果各异。高校基层党支部在人员配置、经费投入、考核评价、激励引导等保障机制方面相对比较薄弱，特别是考核评价机制，高校教师的考核、晋升多是依据其教学、科研情况，学生的考评也以学习成绩和科研成果为主，党建工作不能实质性纳入到对师生的考核体系中，客观上造成了基层党务工作动力先天不足，满足于完成日常事务。党支部建设与高校的中心工作结合不紧密，在以教学、科研和学科建设为中心的高校中心工作当中作用弱化，加强党支部建设的实效性措施匮乏，一些基层党建工作重形式轻实质，工

作缺乏实效性。在扎实推进基层党支部建设工作中，找准切入点，科学合理的指导和求真务实的作风是加强基层党支部建设的关键。

4. 基层党支部的地位和作用在中心工作中被弱化

由于高校基层党支部在本部门中心工作中的地位被弱化，使得教师党支部工作虚化和弱化现象比较普遍，主要表现为：一是认为党建是"虚"的，没有明显效益甚至没有实际效益，功能上可有可无。二是政策上的倾斜力度不够，认为党建工作不需要什么成本，因此在政策保障、成本投入和经济支持方面缺少力度，制度体系不健全。三是基层党务工作本身定位模糊，党务工作者的自我角色认同度不高。党建工作往往是协助教学、服务行政的角色，对基层党组织的政治核心和战斗堡垒作用认识不足，导致了客观上行政唱主角、党务做配角的思维定式和现状。四是没有很好地克服党建活动的形式化的问题，没有把党建工作做到实处，严重制约了高校基层党支部活动的活力。

5. 应对多元价值观对党员信仰冲击的措施不利

随着经济社会的发展，人们价值观念与思想认识的多元化，个人主义、自由主义等价值观念盛行，加之互联网的发展和高等教育国际化进程的不断深入，西方流行的各种思想和思潮几乎可以无障碍进入国内高校，高校教师与学生在思想领域不断受到各种思想、思潮和价值观的冲击，尤其是青年教师与学生群体接受西方各种思潮影响的速度更快，价值观、世界观更容易受到影响，对马克思主义与社会主义核心价值的信仰容易被动摇，进而削弱了教师与学生党员对党组织的认同感。与此同时，无论是高校还是党的宣传和理论部门在应对意识形态领域的冲击方面，从手段到内容都不能很好地跟上形势的要求，客观上影响了党的号召力与影响力，制约了基层党支部的活力建设。采取切实有效的方法和手段加强党员的价值观、世界观教育，是加强基层党支部建设的重要课题。

四、进一步加强高校基层党支部建设路径的探索

高校党建工作关系到中国特色社会主义大学办学方向，关系到高校改革与发展，更关系到中华民族伟大复兴的国家长远利益。长期以来，正是依靠高校各级党组织的努力工作，高校的党建工作才取得了令人瞩目的成绩。但与此同时，缺乏创新、工作内容远离学校中心工作、形式化严重、地位弱化，使得基层党支部建设成为高校党建工作相对薄弱的环节。为了保障新一轮高等教育综合改革顺利推进，适应"加快建成一批世界一流大学和一流学科，提升我国高等教育综合实力和国际竞争力"的新要求，更好地服务国家人才发展战略，加强高校基层党支部建设刻不容缓。

2014 年 12 月第二十三次全国高等学校党的建设工作会议期间，习近平总书记强调指出："加强和改进高校党的建设，是办好中国特色社会主义大学的根本保证"。要"全面推进党的建设各项工作，有效发挥基层党组织战斗堡垒作用和共产党员先锋模范作用"❶。

高校基层党支部的主体是教师党支部和学生党支部，这两类党支部也是高校教学、科研和学生培养等中心工作的重要领域。教师党支部和学生党支部的组织建设、思想建设、制度建设以及在广大师生当中的影响力、作用力的发挥，将直接关系到党在高校中心工作中的地位和作用，关系到人才培养的导向，也关系到高校的综合改革。不断加强基层党建工作，是高校党建工作永远不变的主题。针对当前高校教师党支部和学生党支部在组织建设过程中存在的普遍性问题，党支部建设应该着重做好以下几个方面的工作。

1. 转变思想，求真务实，扎实推进基层党建工作

影响基层党支部建设的因素有多个方面，但组织管理僵化，务实作风不足是影响党支部活力建设的重要因素。纵观基层党支部的主要活动内容，多以完成各种学习任务、考核任务、模式活动等"规定动作"为主。作为一个上下组织系统严密的大组织，"层级放大"效应到了基层党支部就变成了"机械化"的经常性落实功能，真正能够紧贴单位和部门实际，贴近党员个人，激发基层党支部和党员兴趣和积极性的工作和活动则相对较少。形式主义和功利主义成为影响党支部活力建设的主要因素，也是影响党支部凝聚力的重要原因。因此，上级党组织在制定方针和部署工作时要充分考虑到基层党支部的实际情况，求真务实地安排和引导基层党支部的工作，将基层党支部的工作任务落到实处。

2. 加强党内民主建设，尊重党员主体地位，切实提高党支部活力

在当前高校综合改革、提高高校治理体系和治理能力现代化新形势下，高校应切实提高对基层党支部建设重要性的认识，将支部建设纳入经常性议事日程，作为一项重要工作常抓不懈。基层党委要对所辖支部工作负总责，对其建设和发展要有规划和目标，要明确基层支部党建责任人，公开其工作职责及考核目标，及时了解并掌握支部运行状况，随时解决困难和问题。要加强党内民主建设，尊重党员主体地位，保障党员对重大决策的参与权，充分调动普通党员工作的主动性与积极性。

---

❶ 见新华网 2014 年 12 月 29 日《习近平：坚持立德树人思想引领 加强改进高校党建工作》。

尊重党员的主体地位是指要充分发挥党员在党内事务中的参与、管理、监督作用，保障党员的民主权利。这是党的十七大报告当中提出的治党理念。基层党支部要提高影响力，增强作用力，成为基层组织的堡垒，在本部门中心工作当中发挥很好的效能，必须要充分调动和发挥党员的积极性和主观能动性，尊重党员的意见和意愿。只有在基层党支部树立党员的主体地位，改变基层党员在党内被管理、被要求、被监督的感觉和认识，才能充分调动广大党员参与党组织活动的积极性，激发党员的责任意识，从而强化党支部的活力。在高校基层党建工作中，校、院党委应当经常有意识地引导党支部加强党员在党内外的主体意识和主导意识，注意发挥广大党员在基层党建工作当中的重要作用，加强党员的身份认知和党员责任意识，通过工作、学习、实践、教育等各种活动不断加强党员的身份自豪感，不断加强党员的责任感和使命感。把党员的身份自豪感和使命感作为保证党组织成员活力的基础，这是充分发挥党支部成员作用的基本保障，也是加强党支部建设的重要保障。

3. 强化思想建设，筑牢党支部建设的思想基础

　　研究表明，现在高校中部分青年教师和学生只讲利益不讲理想，不愿意入党，对坚持什么主义抱无所谓的态度，其根源在于政治信仰出现了问题，这对基层党支部建设形成了很大阻碍。高校师生政治信仰出现问题，是在社会大环境和高校小环境共同作用下形成的。社会大环境不必多说。学校小环境方面，如师资队伍结构变化，带来利益关系的多样化。高校的改革使教师结构出现多层化。有高薪引进的领军人才，有特聘教授，教师的岗酬模式和薪酬水平差距较大，学术资源不平衡，这种利益关系的多样化，动摇了思想观念的同一性，差异性明显增强，重个人利益轻政治追求不断滋生，带来了思想统一的难度。另外，学校一些党员干部的精神思想状态、行动表现不佳，尤其是腐败的问题，极大地降低了党员干部信仰的力量，直接影响普通教师尤其是青年师生信仰的形成，严重削弱了基层党支部建设的思想基础。

　　思想建设要坚持用中国特色社会主义理论体系武装师生头脑，坚持用社会主义核心价值观引领高校基层党建的思想建设，把社会主义核心价值观的塑造和教育，贯穿到师生的教学、学习、管理、生活各个环节，内化于心，外化于行，树立与党的思想价值理念相一致、与时代进步潮流相适应的思想观念、价值取向和行为方式，弘扬正能量，以消解改革开放、社会转型浸染的多元文化思潮对党员群众思想观念的影响和冲击，筑牢基层党支部建设的思想基础。

4. 完善工作制度，创新高校基层党支部的工作机制

完善的制度具有强大的约束和激励功能。要保证高校基层党支部各项工作的创新发展，必须要有健全完善的工作制度，通过制度对党员进行约束管理，进行激励鼓励，保证党员工作的积极性和创造性，发挥党组织的战斗堡垒作用。要以中央关于加强基层党组织建设的有关规定为准绳，依据支部工作的职责要求，建立健全支部各种工作制度，如，党支部"三会一课"制度、党员学习培训制度、民主评议党员制度、党员联系群众（班级）制度、支部工作考核与评估制度等。同时，要能够有效整合各种党建工作资源，按照变化的时代和环境要求，运用现代管理和信息技术，不断创新支部工作机制，以适应新形势、新情况和新要求，如创新党组织设置机制。在改革的大背景下，高校可以探索在教师队伍中以实验室、课题组、科研平台等为单位设置基层党支部，在学生中以专业、楼栋（公寓）、社团等相对固定单位建立党支部，同时加强网上支部建设，真正将党组织的"神经末梢"延伸到各组织、领域之中，实现全覆盖。还比如，建立"学习型、服务型、创新型"党支部的工作机制，党员作用发挥机制，党建工作监督和评价机制、党建保障机制等。

5. 立足实践和实际，创新基层党支部工作方式

高校的综合改革就是要去适应新形势、新任务和新目标。这就要求基层党支部工作方式也要适应新形势和新变化，不断发展和创新。首先，要不断总结实践工作经验，在总结工作基础上，不断创新基层党支部的工作方式。通过工作总结，查看工作是否满足师生的现实需要，是否做到实处，是否提高了服务师生的能力和水平。其次，党建工作与基层单位中心工作结合起来。党支部要围绕中心工作、结合学科特色谋划支部建设，教学、科研、学科建设工作也可借鉴党务工作的特点和优势，两者相互融合、相互促进、相得益彰。再次，创新工作载体，实现基层党支部活动多样化。将过去以集中开会、学习为主的活动形式拓展为实地参观、工作调研、科技下乡、学习就业帮扶等多种形式。加强网络新媒体的运用，积极利用QQ群、微博、微信、微课等方式，构建"e支部"网络平台。党建可以公开、透明、民主评议，不受时空的限制。

6. 服务师生发展，做师生的贴心人，提高党支部的影响力

全心全意为人民服务是我党的宗旨和立党的价值取向，服务高校师生是高校党支部基本工作之一。服务型党支部是"十八大"确定的高校基层党支部建设目标之一。服务好广大师生首先要维护好师生的正当权益，做师生权益的守护者和实现者。其次要做师生的贴心人。"有困难，找党支部"，这是服务型党支部的工作目标，要在广大师生中形成这样的意识和口碑，使服务成为党支部的代名词和标签，就需要始终把师生满意作为工作出发点，深入了解师生存在的现实困难，了解师生的个性化需要，为师生提供个性化的服务。再次是要搭建锻炼平台，助力教师发展、学生成长成才。教师发展、学生成才是当前师生最大的利益，要适时及时搭建党员锻炼和作用发挥的平台，如教师挂职锻炼、学生创新创业基地、师生党员模范岗等。

7. 加强队伍建设，提升党员质量，不断提升支部工作战斗力

要使基层党支部形成强有力的战斗力，就必须有一支敢打硬仗、能打硬仗的党员干部队伍。要建设这样的队伍，一是要选好带头人。基层支部带头人可以是党性立场坚定、业务水平出众、组织协调能力强、群众基础好的学科领军人、学术带头人或院系、实验室、教研室负责人。同时，要把优秀支部书记作为学校中层后备干部来培养。二是要严把"入口"关，重视党员发展质量。遵循"宁少毋滥"的原则，坚持质量第一，可以把党员发展与学术骨干培养相结合，将优秀人才吸收到党内。三是要加强教育培训和管理。支部班子成员多为教工或辅导员兼职，党务工作经验不足，因此，要积极创造学习培训机会，不断提高其政治理论素养和党务工作水平。要加强队伍的日常目标管理，要使管理目标任务量化、细化、具体化，提升整体工作能力。四是要开放"出口"，及时清退不合格党员。可制定《不合格党员处置办法》，科学界定不合格党员认定标准，确保处置工作有章可依、有序可循。

围绕中心工作抓党建是高校基层党支部建设的最有效的方法，要切实发挥基层党组织的组织优势，以党员为核心团结广大群众积极参与和促进本单位的中心工作，并在中心工作中努力发挥党支部和党员的先锋作用，不断增强党支部的作用力，这是加强党支部建设的重要手段。党的基层组织"必须坚持围绕中心、服务大局、拓宽领域、强化功能，进一步巩固和加强党的基层组织，着力扩大覆盖面、增强生机活力，使党的基层组织充分发挥推动发展、服务群众、凝聚人心、促进和谐的作用"❶。教师的中心工作是教学科研，广大教师的关注点也是教学科研和学术发展，学生的中心工作是学生的成长成才，广大同学的关注点是成长成才和个性发展。党支部只有紧紧围绕中心工作和广大党员、群众普遍关心的领域开展工作，才能发挥出组织活力。基层党支部作用弱化、活力不足的原因往往是主要工作游离于本单位中心工作之外，或者是在本单位主要工作和党员群众普

---

❶ 见《中共中央加强改进新形势下党建若干重大问题的决定》。

遍关心的重要事务方面不能发挥作用，长期积累造成了党员对支部活动的参与度和参与热情不高，很难发挥党支部的核心作用。因此，要明确党支部在本部门中心工作中的任务和职责，引导党支部积极参与到学校和部门中心工作中去，以此来提高党支部在学校整体和各个部门中的地位与作用，从而提高党支部在高校基层工作中的作用。

总之，加强高校基层党支部活力建设是一项综合工程，既要注重思想建设、组织建设，也要注重外部环境建设和客观条件保障，既要抓好党员的教育管理工作，也要抓好党支部的作用发挥工作。只有坚持不懈地围绕组织建设抓好基层党支部的活力建设工作，才能使高校基层党支部真正成为团结广大师生、促进人才培养、推动高校发展的坚强保证。

高校基层学生党支部联系服务群众
长效机制研究

法学院　　樊昌茂

摘　要　构建学生党支部联系服务群众机制是高校学生党支部建设中面临的根本问题和时代课题，关系到党员的教育发展，关系到党支部的战斗力和先进性，更加关系到党的性质和宗旨。党支部联系服务群众机制是党支部和党员与群众之间相互作用的过程和方式，联系服务机制具有至上性、主动性、双向性、公开性的特点。构建联系服务群众长效机制需要规范联系服务群众的内容和形式，需要理顺党团支部和班委会关系，需要明确党员社会角色职责，需要开门搞活动。

关键词　高校　基层党支部　联系群众

高校学生党支部在党组织体系中是一个特殊的组织单元。一方面，它存在于班级中，与班级学生联系比较紧密，有利于增强与学生的联系服务密切程度。从党支部组成人员方面看，高校学生党支部的成员都是学生，其身份既是党员，也是团员，更是班级学生，既要参加党支部活动也要参加团支部和班级活动；从党支部所组织的教育活动的内容看，很多活动与团支部、班委会活动内容重合；从党员与班级学生联系的程度看，党员和班级学生关系应该是最紧密的，在课堂教学和生活住宿、班级活动方面都在一起；从思想沟通了解的深入程度方面看，党支部对学生的思想动态、生活细节和发展需求方面，掌握得最为直接和详细。另一方面，大学生党支部和党员的个体差异决定着联系服务学生机制的特殊性。从某个具体的党支部存在年限看，党支部随着班级党员的发展而成立，随班级学生的毕业而解体，其发挥作用的年限一般是本科四年，研究生两到三年，换届选举一般进行两次，但每年和每届所组织的活动大同小异；专业不同决定着党支部教育活动的内容不同以及理论学习的深度不同；学生都把自己的发展问题放在首位，部分党员存在着党员标准要求不高而很难做到榜样示范作用，党员服务意识淡薄而忙于自己事务，理论水平不高而言行不端正的情况发生率很高；党支部、团支部和班委会并存于班级中，其所组织的教育活动内容和场所重合度高，重复的活动可能造成学生的反感，不利于班级工作的开展，不利于班级凝聚力的增强。党员来自学生并且存在于学生中，这有利于联系服务群众；但党员忙于自身的发展又影响着联系和服务群众的自觉性和质量。如何既能发挥党支部的战斗堡垒作用，提高党员的先锋模范作用，又能提升支部联系服务群众的效果和质量，是当前高校学生党支部建设中面临的根本问题和时代课题。

一、高校学生党支部联系服务群众的必要性

群众路线是党的生命线和根本工作路线。群众路线内在地包括一切为了群众、一切依靠群众，从群众中来，到群众中去四个方面，最终体现在一切服务群众上，也就是说联系群众的目的是服务群众，联系群众是服务群众的前提和条件。班级党支部构建的最终作用体现在班级凝聚力的提升和班级学生的思想进步上，学生党支部联系服务群众机制构建的根本目的就是满足班级学生利益，促进学生的发展。

高校学生党支部联系服务群众是党的性质和宗旨的必然要求。事物的发展是由事物内部矛盾引起的，内因是事物变化发展的依据，外因是事物变化发展的条件。党是中国无产阶级的先锋队，也是中国人民和中华民族的先锋队，全心全意为人民服务是党的宗旨，是党取得革命和建设胜利的法宝，联系服务群众是党支部的本能，党员来自人民，根基在于人民，血脉在于人民，价值在于人民。学生党员都来自班级，是高校各级党委和学生党支部经过长期教育培养从优秀学生中选拔发展起来的，而这些优秀的党员往往都是在班级中为其他学生提供优质服务的学生，与班级学生保持着密切的联系，了解学生的思想状况，了解学生的发展诉求，从而能进一步提升党支部联系服务群众的水平，践行党组织的宗旨。

高校学生党支部联系服务群众是提升党支部战斗力，保持党支部先进性的必然要求。高校学生党支部是党组织中一个特殊的单元，在班级中的任务是成为引领大学生刻苦学习、团结进步、健康成长的班级核心。党支部在班级中履行职责，发挥思想政治教育中的核心功能，担负着提升自身的先进性、战斗力，增强对群众吸引力的重任。而党支部先进性、战斗力和吸引力的大小又体现在群众的认可程度上。实践证明，党支部所组织的活动和党员的行为越符合和满足普通学生的发展需求，越能给学生带来正能量，就越能增强对群众的吸引力，就越能在活动中提升党支部的先进性，增强党支部的战斗力。深入把握学生的需求，研究学生需求实现的途径，带领班级完成大学阶段的发展任务，实现学生的目标愿

景，需要凝聚班级中党支部、班委会和团支部三个组织的共同点，需要密切党员和学生之间的联系，这无疑已经成为党支部提升战斗力和先进性的重要课题和任务。

高校学生党支部联系服务群众是教育党员，提升党员综合能力的必然要求。高校学生面临着知识社会化、能力社会化、人际社会化的转变和任务，而作为党员，他们还面临着立场政治化的任务。如何顺利实现知识、能力、人际、立场的转变和提升，需要在联系服务群众的过程中进行。实践是锻炼各种能力的根本途径，只有在联系服务群众的实践中才能拓展出为群众服务的视野，才能锻炼出从群众中来的决策能力和到群众中服务的实践能力，才能培育出自我批评和接受群众批评监督的胸襟，从而确保自身的先进性，提升自身的能力。

二、高校学生党支部联系服务群众机制的特点定位

《现代汉语词典》对"机制"的定义是有机体的构造、功能和相互关系，泛指一个工作系统的组织或部分之间相互作用的过程和方式。党支部联系服务群众机制就是党支部和党员与群众之间相互作用的过程和方式。相互作用的过程是双方活动的内容、方式、党群关系、制度等要素合力的过程和结果。其过程主要包括党员从群众中产生的过程，活动的内容形式从群众中来的过程，教育和服务活动到群众中去的过程，以及教育和服务活动效果接受群众监督的过程。

系统是事物相互联系、相互作用的一种普遍状态，具有整体性、结构性和开放性的特点。党支部联系服务群众的过程和方式作为系统而存在，既具有系统的特点，也具有自身的特色，所具有的特点主要有服务的至上性、主动性、双向性和公开性。其中服务的至上性居于统帅地位，决定着机制存在的目的和性质；联系服务的主动性决定着机制存在的长期性，引导着联系服务的双向性和公开性；联系服务的双向性和公开性促进着主动性，联系服务的双向性内在地要求公开性，共同推动着机制的健康运行。

服务性掌控着党支部联系服务群众机制的方向和目的。服务性作为机制的首要特点是由党组织的本质和宗旨决定的。中国共产党是中国工人阶级的先锋队，同时也是中国人民和中华民族的先锋队，党把全心全意为人民服务作为党的宗旨。习近平同志在党的群众路线教育实践活动工作会议上强调开展党的群众路线教育实践活动，就是要使全党同志牢记并恪守全心全意为人民服务的根本宗旨，把为民务实清廉的价值追求深深植根于全党同志的思想和行动中。刘云山同志强调党是全心全意为人民服务的党，为了人民是本质，服务人民是天职，一切奋斗都是为了人民的幸福生活。基层党组织要把服务群众作为鲜明主题，作为一切工

作的出发点和落脚点，在造福群众中履行好职责、实现好使命。高校学生党支部作为基层党组织，联系的目的在于更好地服务，服务于全班学生既是党支部存在的目的，更是党支部存在的最大理由，同时也是教育群众和提升自己，确保保持生命力和战斗力的根本途径。

主动性开关着党支部联系服务群众机制活力的闸门，决定着机制运行的长期性。党支部的主动性既是发挥党组织的战斗堡垒和党员先锋模范作用的必然要求，也是党支部与群众保持密切联系的前提条件。主动性指党组织在联系服务群众的过程中居于主动地位，表现为党员要有思想和行为的自觉性，自觉地认识到人民群众是历史的创造者，联系服务群众是党的生命力的源泉，积极主动地联系服务群众，克服不以为然的思想和等待观望的态度。在高校，党支部和党员发挥联系服务学生的主动性并不仅是积极参加学生活动，和学生在一起，更应该是通过自身的自觉性，用自身的正能量引导学生树立正确的思想和实施正确行为，引导学生坚定科学的理想信念，树立正确的世界观和人生观。这就需要党员主动自觉地提高自身的专业知识素质，树立起学习的榜样；需要提升自身的思想政治理论素养，树立政治上的榜样；需要积极参加班级活动，树立排头兵的榜样；需要帮助学生排忧解难，树立知心朋友的榜样；需要引导学生发展诉求，树立思想引领的榜样。主动性决定于自觉性，这种自觉不是一时的冲动和功利，而是始终如一规范自身的思想和行为。

双向性保障着党支部联系服务群众机制活力的持续性。双向性是党支部贯彻党的群众路线，顺利完成任务的必然要求。从群众中来、到群众中去的群众路线一方面包括政策从群众的需求中来，贯彻到群众中去，也包括在联系服务群众的过程中动员群众参与活动，献计献策，接受群众的监督和批评，从而在群众的参与和监督中提升决策的科学性，净化自身的思想和行为，保持自身的先进性和战斗力。党支部在班级活动中核心地位的发挥需要充分遵循党的群众路线，一方面发挥党员自身的先锋模范作用和带头作用，另一方面需要根据上级党组织布置的任务，契合专业特点和班级学生的利益需求，在群众参与的活动中不断接受学生的意见，修正党支部的活动方案，才能不断提升群众的自觉性和主动性，以促进学生的发展进步。增强和完善党支部联系服务群众机制需要强化群众参与党支部建设的自觉性，提高群众对党支部建设的发言权，提升群众对党支部建设效果的决定权。强化党支部联系服务群众的双向性可以发挥党员和群众学生的积极性，共同推动党支部建设、党员素质提升和班级建设的良性发展。

公开性增强着党支部联系服务群众机制的实效性。党支部活动内容的特点和联系服务群众的效果决定着党支部和群众之间联系服务的公开性。高校学生党支部没有任何决定学生发展的权力，即使是发展党员也是透明的，实行协商民主和投票制，同时接受班级的监督和评议，所以高校学生党支部的各种活动没有秘密可言。同时，党支部的所有活动也需要公开透明，因为各种活动都是为了班级凝聚力的增强和学生综合素质的提升，都是和群众利益密切相关的，都需要在向群众公开宣传，并让群众理解的情况下才能出成效。党支部培养和发展党员需要在群众的参与中进行，党支部理论学习教育活动和思想政治教育实践活动只有在动员群众参加的过程中才能扩大影响面和受众面，上级党组织传达的政治任务也需要在群众动员和宣传中才能顺利地完成。党支部联系服务群众机制的公开性要求做到开门搞活动，让党组织的活动在群众参与的情况下开展。中共中央强调坚持开门搞活动、开门听意见是群众路线教育实践活动的重要方法和重要原则，只有敞开大门、开门纳谏，才能听到真心话、找到真问题，才能确保活动的内容更有针对性，更有群众性，更有实效性，这才有利于增强党支部的吸引力，有利于党员素质的提升。❶

三、高校学生党支部联系服务群众机制的内容定位

毛泽东同志在《关于目前党的政策中的几个重要问题》中指出："领导的阶级和政党，要实现自己对于被领导的阶级、阶层、政党和人民团体的领导，必须具备两个条件：（甲）率领被领导者（同盟者）向着共同敌人作坚决地斗争，并取得胜利；（乙）对被领导者给以物质福利至少不损害其利益，同时对被领导者给以政治教育。没有这两个条件或两个条件缺一，就不能实现领导"。❷ 这一政策充分阐明了掌握和巩固领导权对党组织联系服务群众提出的要求和内容，即党组织和群众目标的一致性，联系服务群众的坚决性，满足群众需求的契合性和群众的思想提升。这一要求指出了联系服务群众的具体内容，具体到学生党支部，构建联系服务群众的机制需要从以下几个方面进行努力：必须强化党员自身服务群众的自觉性和责任感，提升党员综合素质，做到想服务和要服务；必须明确班级各级组织在服务学生方面的职责，形成联动机制，做到能服务；必须在党员内部实行社会角色分工，明确党员具体责任，做到善服务；必须规划联系服务的内容和形式，落实联系服务支撑点，做到巧服务。

---

❶ 《习近平同志在党的群众路线教育实践活动工作会议上的讲话》，2013 年 6 月 18 日。

❷ 《毛泽东选集》第四卷，人民出版社，1991 年 6 月第 2 版，第 1273 页。

规范联系服务群众的内容和形式使构建机制有了核心内容和抓手

找准符合学生需求，结合专业方向的内容和形式就意味着联系服务群众对准了焦距、找准了穴位、抓住了要害。《中国共产党普通高等学校基层党组织工作条例》在党支部在联系服务群众方面的职责规定了三方面内容。一是组织学生党员参与班（年）级事务管理，努力维护学校的稳定。二是支持、指导和帮助团支部、班委会根据学生特点开展工作，促进学生全面发展。三是积极了解学生的思想状况，经常听取他们的意见和建议，并向有关部门反映。❶落实到学生党支部来说，教育内容包括理想信念、党的理论路线方针政策、社会主义核心价值观等的树立和完善，这些内容的开展主要是将所学专业和党的各种理论，与学生的日常生活，实践体验结合起来，在学习经历和实践体验中进行。形式主要有党校教育、入党介绍人的教育、党支部会议开门搞教育、主题党日活动、各种社会公益和社会实践、参观教育基地和红色网络建设等。内容和形式相结合的载体是学生的实际发展需求。高校学生最为关心的是自己的发展、成才、就业。这三方面的内容在各年级的不同阶段有其不同的内容和特点，要根据特殊性安排不同的服务和教育内容。主要包括学习、生活和人际适应，职业规划和就业实力与素质的提升，就业观念和心理的转变，特殊人群的教育服务、心理疏导和人文关怀方面。落实这些内容就能使联系服务群众活动既有生机，也充满教育意义。

理顺党团支部和班委会关系使联系服务群众机制产生合力

学生党支部在班级中是大学生刻苦学习、团结进步、健康成长的班级核心。❷主要通过思想的核心，行动的核心，决策的核心，学习的核心，群众的核心五个方面体现出来。学生党支部、团支部和班委会都是大学生思想政治教育的主力军，都具有在教育、团结和联系大学生方面的优势，都是思想政治教育的组织者、推动者和实践者。三个组织的共同目的是建设和谐班级，增强班级的凝聚力，提升班级学生的发展能力。但在实际工作中，在思想政治教育主导性上党支部和团支部之间出现了谁是指导者的矛盾；在班级事务上党支部和班委之间产生了班级事务谁是主导者的矛盾；在班级活动内容上，出现了党支部、团支部、班委会三个组织单干的现象，甚至三者的活动性质和内容出现重复，从而导致参与人少，效果不好，合力没有形成；在组织吸引力上，学生因为入党的原因倾向于服从党支部的领导而导致班委权威不强，班委工作学生消极参与的现象。三者之

---

❶《中国共产党普通高等学校基层党组织工作条例》，2010年8月13日。
❷《中国共产党普通高等学校基层党组织工作条例》，2010年8月13日。

间出现的这些矛盾瓦解了班级凝聚力。解决这些矛盾的关键在于明确党支部在班级中的核心位置，明确班级三个机构的职责分工，理顺党支部、团支部和班委三者关系，构建顺畅的联动机制，这样才能最大限度地动员班级学生积极参加班级活动，最大限度地建设好和谐班级，最大限度地发挥党支部联系服务群众的机能。

党支部的职能在于在上级党委的领导下支持、指导并联合团支部了解学生的发展需求，党员成为班委成员参与班级管理，在团支部和班委会的帮助下教育群众，发展党员。团支部的职能在于在低年级阶段按照年级党支部和上级团委的指导从事思想政治教育和组织党团员参加主题团日活动，在高年级阶段配合班级党支部从事思想政治教育，组织团的活动。班委的职能在于处理班级的日常事务，在党支部、团支部的帮助下负责组织开展丰富多彩的主题班会和班级群体活动，解决班级事务。❶ 三者之间的关系是党支部指导并支持配合团支部、班委工作，团支部、班委接受党支部指导和监督党支部工作，共同搞好班级工作。党支部、团支部、班委三组织可以建立沟通机制，由党支部定期召开联席会议研究如何加强班级事务管理和了解学生发展需求以及如何开展主题党团日活动，确保班级事务及党团日活动能够及时顺利地组织解决。参加联席会议人员主要有党支部委员，团支部委员和班委成员。❷ 从大二开始，由于班委的换届和党支部的形成，大多数团支部委员和班委会成员都是党员，甚至出现党支部委员或书记兼任班长或团支书的现象，这更有利于班级三个组织联动机制的形成和完善，减少班级活动内容的重复性，增强内容的针对性和实效性。

细化党员社会角色职责使联系服务群众机制有了活力

联系服务群众需要和群众建立起密切的直接的对话关系。完善党员的社会角色分工制度，使党员与班级岗位对应起来，把联系服务群众与教育群众结合起来，把锻炼自己与提升学生素质结合起来，把服务群众与接受群众监督结合起来，这样就能在党支部和群众之间建立起直接的一对一关系，使党员和群众实现无缝对接，把联系服务群众机制落实到位。社会角色分工是党支部给党员分配具体的岗位任务并且动员党员积极参与团支部和班委会的选举，成为两个组织负责人。社会角色主要包括担任班级团支部和班委会干部，担任积极分子联系人，发

---

❶ 樊昌茂：《论高校学生党支部思想政治教育功能的强化措施》，《高校德育工作的理论研究和实践探索》，高等教育出版社，2014年6月。

❷ 同上。

展对象介绍人，社团组织负责人等。党员担任班级干部会更好地把上级党委和党支部的任务同班级学生的发展需求结合起来，会更好地把视野从个人和党支部层面扩展到班级层面，会更好地把联系服务群众的要求落实到具体的行动中来，会更好地从接受党支部的纪律约束扩展到接受群众的监督。积极分子联系人都是正式党员，负责对申请人进行培养、教育和考察工作，有利于确保积极分子的培养在开始阶段就注重思想政治方面的教育，确保党员从思想上入党。他们经常听取积极分子和群众的意见和建议，了解、分析积极分子的思想情况，督促和指导入党积极分子学习党的基本理论、基本路线和党的基本知识，引导积极分子逐步确立和进一步坚定共产主义的理想信念；联系人在讨论发展党员的党支部党员大会上，负责地介绍入党积极分子的情况。联系人制度必须严格定期汇报和评议制度，坚持开门汇报和评议。定期汇报和评议主要是通过民主生活会的形式进行，由联系人和积极分子共同参加。在会议上联系人定期汇报积极分子的进步情况，共同探讨积极分子思想中存在的共性的东西。汇报的内容包括积极分子的学习、生活和思想问题，既要看到其进步的一面更要指出缺点不足和需要改进的地方；同时积极分子也要评议联系人的联系服务教育情况，指正联系人的优缺点。联系人针对积极分子教育发展中的不足提出整改意见，督促积极分子进行完善和改进。❶

开门搞活动使联系服务群众机制有了保障

内因是事物发展的根本原因，是事物发展的依据，外因是条件，外因可以通过影响内因，改变内部矛盾双方力量的对比，从而使内因发生变化，进而影响事物的发展进程。提高党支部的战斗力，提升党员的素质一方面需要党员自我净化、自我完善、自我革新、自我提高，也需要强化外力推动，需要群众的监督和评议。党员、干部身上的问题，群众看得最清楚、最有发言权。开门搞活动是党支部联系服务群众的一个重要原则和重要方法，主要表现为在党支部的各种活动中全程深入地听取群众意见和建议，每个环节都组织群众有序参与，让群众监督和评议，避免闭门修炼、体内循环。开门搞活动可根据活动内容不同分为实践活动、民主生活会和党支部与群众的沟通活动。

民主生活会是党员和干部交流思想，开展批评和自我批评的重要方式。传统

---

❶　樊昌茂：《探索高校学生基层党组织保持共产党先进性教育长效机制，确保党员长期受教育，永葆先进性》，《行进在求实与创新轨道上的探索——中国政法大学党建和思想政治工作理论文集》，中国政法大学出版社，2007 年版。

意义上的民主生活会主要是内部生活会，而开门式的由非党员群众参加的民主生活会则是党支部联系服务群众的有效渠道。

开门式的民主生活会必须经常化，制度化，严格化。从次数上，民主生活会要求每学期至少组织两次有关学生发展需求和主题党日活动讨论和落实会，一次积极分子培养和党员发展讨论会，一次批评和自我批评会议。从人员互动上，参加人员主要由全体党员、班委、团委和入党积极分子以及自愿参加的学生组成，党员自己进行评议、自我批评，党员对积极分子的培养进行介绍和考察，积极分子对党员进行评议和批评。从内容上，民主生活会必须学习党的理论、中央和上级党组织的指示、决定、报告和文件，并结合自己的理解提出意见和建议；根据学生的意见和评议进行党员间党性分析和评议，开展批评和自我批评，对学生反映的问题作好回复、质询工作；规划和总结本学期党员发展的方案和进展情况，汇报自己所联系的入党积极分子的思想和生活情况，讨论发展党员过程中出现的问题；讨论主题党日活动和班级的事务，讨论和解决学生在日常生活、学习中遇到的思想问题，讨论考研、律考、公务员考试等学生比较关心的问题等。❶ 从质量保证上，民主生活会强调准备期、会议期和内容落实期的工作，重在认真，重在细节。准备期由党支部商定会议的内容、召开的方法以及应注意的问题，并向全体班级学生公布，采取指定和自愿的方式确定参会人员名单，让参会人员做好发言准备。会议期间要严肃态度，讲政治、讲原则、讲规矩、讲责任，不能搞假大空，就理论而理论，不能随意化、平淡化，更不能娱乐化、庸俗化，要把理论与专业相结合，把理论和学生面临的实际问题相结合，使理论学习更有针对性和实效性。批评和自我批评是民主生活会的重要内容，是解决党员政治性不强、服务性不强和思想行为懒散懈怠等问题的有力武器，也是保持党的肌体健康的有力武器。在公开的民主生活会上要大胆使用、经常使用、用够用好批评和自我批评制度，使之成为一种习惯、一种自觉、一种责任，使这个武器越用越灵、越用越有效果。内容落实期是考察会议内容成效的阶段，其考核标准主要看党员的书面学习总结情况效果，看参与学习的党员或群众的作风转变和专业成绩变化，看群众发展需求问题的反馈和解决情况。

民主生活会和联系人制度是党支部和党员与群众面对面交流的一种方式，有利于当面了解情况，发现问题。但由于党员和积极分子之间存在着发展评议和被

❶ 樊昌茂：《论高校学生党支部思想政治教育功能的强化措施》，《高校德育工作的理论研究和实践探索》文集，高等教育出版社，2014年版。

评议的关系，往往会出现党员对积极分子的评议和积极分子、群众对党员的批评不到位，好人主义盛行的现象；客观上，党员和群众由于学习和就业的压力，都忙于自己的发展，专门用于相互了解的时间比较少，如果党支部对积极分子的考察仅仅是通过几个党员的介绍，而往往会出现片面或遗漏的情况，给党员发展的科学性带来影响；党支部对班级发展的指导由于发展和就业的视野偏差也往往出现高度不够的现象。这就需要构建全方面全天候的沟通渠道。除了班级组织联动方式，社会角色分工方式，民主生活会，社会实践活动外，还需要发挥辅导员和班主任的中间人的作用。

建立中间人制度，也是拓展党支部与群众联系服务关系的一种方式，可以完善学生党员同普通学生之间的间接沟通机制。辅导员老师作为年级各班级党支部的指导老师，可以担任党支部和班委、团支部或其他学生之间的联系人的角色，把普通学生不敢当面反映的意见及时反映到党支部，建议党支部对此问题及时作出说明并解决；可以专门组织党团支部班委联席会就班级学生面临的问题以及各个阶段的发展需求进行说明和提出建议，由联席会议进行讨论落实；可以就上级党组织的指示、文件进行讲解，辅助党支部民主生活会的顺利召开；可以就网络平台建设提出建议。通过辅导员可以拓展党支部全面掌握学生思想动态的渠道，及时发现和纠正党支部在发展党员和组织活动方面存在的问题与不足；可以提升党支部和党员对党的理论、路线方针政策的理解，提高理论素养；可以使党支部和普通学生之间的联系更加流畅，便于班级工作的开展。

让群众满意是党做好一切工作的价值取向和根本标准，联系服务群众既是党员的责任，也是自我提高素质的途径。在高校，党支部和党员联系服务群众是党的作风建设的核心和目标，构建联系服务群众长效机制是加强作风建设的制度性保证。制度的生命力在于落实，其中尤为重要的、最为关键的是使联系和服务群众成为党支部和党员的一种本能，一种自觉，一种习惯。而本能、自觉、习惯的养成既要靠认知和教育，也要靠党支部和群众的监督和评议。党支部和党员与群众良性互动和批评就能保持机制的长期健康。

高校学生党支部书记队伍建设研究

刑事司法学院　　王敬川　　阮　璇

摘　要　高校党支部是高校党委的最基层组织，是党员和上级党组织之间的桥梁和纽带，是培养党员的基础和摇篮。学生党支部书记是高校党建中最基层组织的领头人，其素质高低和能力大小直接关系到党支部自身建设的好坏，关系到党支部战斗堡垒作用是否得到积极发挥。因此培养和建立一支素质过硬、能力出众、全心全意为学生服务的大学生党支部书记队伍也就成为高校学生党建工作的一项重要内容。新时期，党建工作必将面临新形势、新要求和新任务的挑战，在从严治党的背景下，如何进一步提升高校大学生党员尤其是学生党支部书记队伍的综合素质是高校党建工作思考的重点。本文采用问卷调查和深度访谈相结合的方法，试图通过对学生党支部队伍建设基本情况的调研分析，总结现存问题，提出解决方案。

关键词　学生党支部书记　队伍建设

在第二十三次全国高等学校党委的建设工作会议中，习近平总书记专门作出重要批示，指出："高校肩负着学习研究宣传马克思主义、培养中国特色社会主义事业建设者和接班人的重大任务。加强党对高校的领导，加强和改进高校党的建设，是办好中国特色社会主义大学的根本保证。"刘延东同志也提出，应加强制度建设、夯实基层工作，使党在高校的组织基础更加巩固。学生党支部作为高校中的最基层党组织，承担了大量基础党建工作。因此，中国政法大学刑事司法学院以"高校学生党支部书记队伍建设"为课题，就高校学生党支部书记队伍建设问题展开调研，旨在通过研究明晰当前高校学生党支部书记队伍的基本情况，总结归纳问题，探析其背后隐藏的原因，并试图有针对性地提出解决方案，以进一步规范高校学生党支部书记的工作，完善队伍建设，积极推进德育工作的新发展，为高校学生党支部书记队伍建设提供可资借鉴的参考。

一、高校学生党支部书记队伍建设问题研究概述

从现有研究成果看，学界对高校学生党支部书记相关问题的研究主要集中在以下三个方面：第一，侧重加强学生党支部书记队伍建设的必要性研究。第二，指出当前学生党支部书记队伍建设中存在的问题。第三，加强学生党支部书记队伍建设的路径及对策分析，主要侧重如何提高学生党支部书记的素质和能力。针对高校学生党支部书记队伍建设的研究数量较多，但是提出完整、科学的队伍建设机制和方案的成果较少。

本研究课题主要采用调查研究法、文献研究法。针对高校学生党支部书记队伍建设现状及问题、解决对策等问题面向中国政法大学刑事司法学院、政治与公共管理学院、国际法学院开展调研，发放问卷共计 30 份，回收 30 份，涉及包括法学、行政管理、政治学与行政学专业的学生。通过调查问卷了解学生党支部书记对自身工作的满意程度、参与党组织工作和生活的状况、对该群体现存问题的认识、改进措施等；通过深度访谈了解学生党支部书记对该群体的认知和态度；通过阅读大量文献明确学生党支部书记队伍建设的工作内容和重点以及当前研究状况，在此基础上构建出符合当前新形势，能够为高校党建工作所用的学生党支部书记队伍建设机制。

二、高校学生党支部书记队伍建设调查与分析

为获得高校学生党支部书记队伍建设现状的第一手资料，本课题组制作调查问卷《学生党支部书记队伍建设情况调查问卷》，对中国政法大学刑事司法学院、政治与公共管理学院、国际法学院的 30 名学生党支部书记进行调研。发放问卷 30 份，回收问卷 30 份，调查对象中，研究生党支部书记占 43%，本科生党支部书记占 57%，其中大二年级 3 人，大三年级 9 人，大四年级 5 人；其中绝大多数学生担任学生党支部书记的工作时间为一至两年，3 人工作时间为三年，只有 1 名学生党支部书记工作时间为四年以上；各党支部书记所在的党支部人数最少的 9 人，最多的达到 49 人。可见各党支部书记都有过至少一年的工作经历，对党支部书记的工作和整个队伍的建设状况有着清晰的认识，能够保证问卷填写的真实性和可靠性。

（一）对所在党支部工作的评价

从调查问卷中可以看出，大部分党支部成员参与党组织生活的积极性比较高，基本能够在党支部书记的组织下积极参与或者非常主动地参与，但也存在 4 个党支部需要党支部书记多次动员、反复劝说，支部成员才愿意参与其中。一半的党支部书记对自己的工作比较满意，另有 47% 的党支部书记对自己的工作基

本满意，有1人对自己的工作非常满意。可以看出，大部分党支部书记都能够基本完成上级党组织部署的任务，但是工作的主动性和积极性不够高，对自己工作的满意程度总体一般（见图1）。

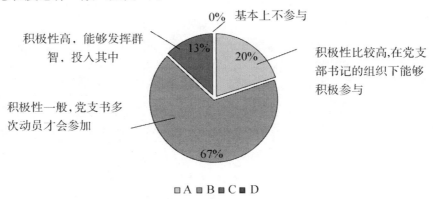

图1　对所在党支部工作的评价

（二）党支部书记对自身职责和素养的认知

调查中，近40％的党支部书记对党的理论知识十分了解，近60％的党支部书记对党的理论知识比较了解，另有部分党支部书记对理论知识了解程度较低。绝大多数党支部书记对自身的职责认知较为明确，能够勾选出作为学生党支部书记应当履行的职责，包括召集和主持支部党员会议、协助分党委做好发展党员工作；研究制定工作计划，组织实施、抓好落实；组织、领导讨论和学习党的理论知识；对党员进行管理与监督等。

（三）对党支部书记队伍现存问题的认识

通过调查问卷反映出，80％的学生党支部书记认为目前该群体的管理和保障机制不健全，学生党支部书记的工作动力不足，不能全心全意地投入到工作当中。70％的学生党支部书记认为自己身兼数职，精力有限；另有近一半的党支部书记认为相关的外部监督考核机制不健全；也有部分党支部书记从自身出发，认为该群体部分同学业务素质不够高，工作思路不清晰。

（四）关于如何加强党支部书记队伍建设

调查中，有近70％的党支部书记认为，应当加强学生党支部书记党建工作实务方面的能力，而关于学生党支部书记思想作风、理论素质等方面，认为需要加强的人数却较少。由此可见，目前，部分学生党支部书记不重视党的理论学习和自身思想作风的建设。受调查的所有同学均认为应当开展针对党支部书记的培训，其中一半同学认为应当定期开展培训，另一半受调查者认为应当不定期地根据党支部书记的工作状态和需求或者面对党的新要求新形势开展培训。

此外，接受问卷调查的所有党支部书记均认为应当定期对表现优异的党支部书记进行表彰，近半数认为应当对工作懈怠、完成不到位的党支部书记进行批评，多次被批评者考虑撤销其党支部书记的职位。可见，各学生党支部书记对党支部书记的监督与奖惩机制的构建持赞同意见，认为应当利用成熟的机制约束各党支部书记的行为。

三、高校学生党支部书记队伍建设存在的主要问题

当前高校学生党支部整体运转有序，能够在上级党组织的领导和指导下顺利地开展工作，各学生党支部书记也能够在工作中和学习上起到模范带头作用。但在"从严治党"的新要求和新形势下，学生党支部书记队伍仍存在诸多问题。

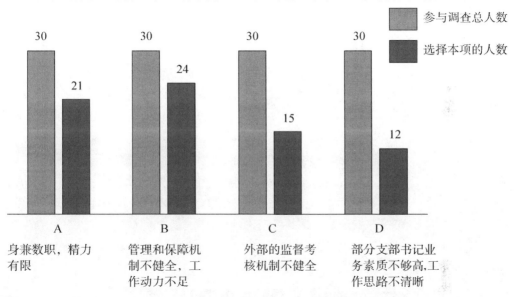

图2 对党支部书记队伍现存问题的认识

（一）学生党支部书记往往身兼数职、精力分散

目前，各高校的学生党支部书记往往从最先发展成为党员的学生中培养和选拔，而这批学生也同时是同年级学生当中综合素质最高、工作能力最强的一部分，他们承担了大量的班团委工作和社团工作，成为整个年级或者学院学生工作的中坚力量。同时，党务工作所要求的严谨、细致以及较高的理论政治素养，对这部分同学来说也是一个更大的挑战，部分学生思想上对自己支部书记的身份认识不够，角色定位上出现偏差，对党务工作投入的热情和精力有限。

通过对部分学生党支部书记进行深入的一对一访谈可知，党支部书记工作积

极性不高，时有懈怠的问题十分普遍，背后的原因也多种多样。主要是学习、社团与党务工作的冲突不容忽视，很多党支部书记往往身兼数职——尤其是在工作之初，一个班级里只有两三个党员，要负责整个班级的入党工作，实在是很繁重，加上党员往往又兼任班干部，还要顾及社团工作，这就极易造成对党务工作的懈怠；此外，学生党支部书记的思想意识不够端正也影响了其工作积极性。

（二）学生党支部书记理论素养不足，业务素质不高

在访谈中，高年级的党支部书记认为，理论知识不足是目前在学生党支部书记队伍建设中亟待解决的问题之一。学生党务工作是一个专业性、政策性很强的工作，要做好学生党支部书记，需要具备良好的思想政治素质、马克思主义理论素养和较强的组织领导能力、说服引导能力、语言表达能力，需要对党务工作的基本业务知识非常熟悉。然而，在实务工作中，由于担任党支部书记的学生年纪轻、党龄短，又没有专门修读相应的专业课程，对党的业务知识和方针政策都无法做到准确把握。担任学生党支部书记后，投入学习的时间和精力有限，较少主动地学习和研究党务业务知识，工作职责不清，工作目标不明。

（三）学生党支部书记工作态度和方式有待提高

正如前文所述，学生党支部书记往往身兼数职，这也使得他们在工作中投入的精力有限，欠缺工作技巧，细致度不够，责任心不足，信息沟通不畅。在从严治党的大背景下，对党员材料的审核越来越细致，如果学生党支部书记不能认真负责，那么将会给党员今后的工作和生活带来极大的不便。此外，大三年级一名党支部书记在访谈中提到"党支部书记和老师之间沟通不畅，很多信息没有办法及时传达；各班党支部书记之间联系也不够紧密，彼此之间的联系仅仅停留在通知层面，无法把握党员的思想动态。"可见，学生党支部书记在工作态度上存在松懈，对工作重要性的认识不足，在工作方法上也需要多加思考，不断探索。

四、高校学生党支部书记队伍建设对策分析

要成为一个优秀的学生党支部书记，首先要成为一个优秀的共产党员，认真履行党员义务，承担应有的职责，不断学习理论知识，培养自律精神，更好地为广大同学服务。大学生党支部是党在高校中的最基层组织，是党组织体系内的一个重要组成部分。学生党支部书记队伍应当是大学先进群体的缩影，直接反映着当代大学生的优良品质。为了进一步优化学生党支部书记队伍建设，本文从如下角度作对策分析：

（一）完善选拔任用机制，严把"入口关"

学生党支部书记的能力素质直接关系到党支部自身建设，关系到学生的健康

成长与切身利益，关系到党支部战斗堡垒作用的发挥。❶ 因此，要想建立一支作风优良、素质过硬的党支部书记队伍，必须严把"入口关"，挑选出业务素质优、个人能力强、工作热情高的学生担任党支部书记。

1. 要适当地扩宽选拔范围

在最初选定党支部书记时，往往选择范围窄，考察时间短，无法清晰准确地认识到学生的方方面面。目前各高校严格控制学生入党质量和数量，一定程度上增加了选拔学生党支部书记的难度，但与此同时，也把学生群体中最优秀的群体纳入到了党员队伍中，我们在选拔任用党支部书记时，可以从这个群体中综合考量，注重综合素质和工作能力，而不单单从党龄、年龄等硬性条件上考虑。

2. 应完善选拔程序和标准

学生党支部书记的选拔往往由辅导员兼任的"兼职党支部书记"选定，报分党委批准后决定。这样的选拔方式固然简单有效，但又无法完全做到选出最适宜的人选。可以考虑采取老师推荐和面试相结合的形式，综合考察竞选者的理论素养、工作能力、业务素质等，挑选最符合职务需求的人选。

3. 可采取定期轮换的形式

目前，学生党支部书记往往持续工作到毕业不更换，这样的模式能够使得党支部书记的工作具有连贯性和一致性，年级的党务工作出错的概率低，但同时也会导致工作的守旧、固化，学生党支部书记的工作热情也逐渐消减。采取轮换制可以给符合条件、满足要求的同学以机会，充分调动不同学生的工作积极性，也使得学生党支部的工作永葆青春活力。

（二）建立健全保障和考核激励机制，提高工作积极性

建立健全学生党支部书记队伍的保障和激励机制是加强学生党支部书记队伍管理和建设的有力保证。

1. 保障机制

这里的保障机制，是指目标保障机制，是保证目标实现的措施。❷ 保障体系应当将各党支部的书记确定为责任人，确立学生党支部书记行事的规则和章程，鼓励开展形式多样的专题活动，督促检查与总结、评比、表彰等，以便及时进行交流，分析存在的问题，保证目标管理的顺利进行。

2. 考核机制

对学生党支部书记每学期的工作进行评价和考核，可分为上级党组织的评

---

❶ 严海燕：《加强高校学生党支部书记队伍建设的探讨》，载《湖北师范学院学报》（哲学社会科学版），2012 年第 5 期。

❷ 王宝根：《高校党建创新论》，南京师范大学出版社，2006 年版，第 197 页。

价、自评与互评，采取现场述职、依据评分表评分、检查工作成果等多种形式，全方位、多角度地了解学生党支部书记的工作状况，对工作成绩突出的学生党支部书记进行表彰，在评价评优中优先考虑这一群体，给他们的工作提供更大的动力，也以此鼓励和鞭策党支部书记树立更加认真的工作态度和严谨的工作作风。

3. 激励机制

激励机制从管理学角度上来说，应当是高校为实现其目标，根据学生党支部书记的个人需要，制定适当的行为规范和分配制度，以实现人力资源的最优配置，达到高校集体利益和党支部书记个人利益的一致。[1] 在访谈中我们了解到，由于党支部工作的严谨性、专业性，在开展党务活动时要求兼具活力与创新，大部分学生党支部书记都承担着巨大的工作压力，而这部分学生党支部书记有创造性、有奉献精神地开展工作又是我们所倡导的，在此背景下，建立激励机制鼓励学生党支部书记的工作显得很有必要。应当更加关注学生党支部书记个体的需求与发展，在鼓励他们发挥党员无私奉献、艰苦奋斗精神的同时，也应重视每个个体的需求和发展，充分发挥他们的积极性、能动性和创造性。

（三）不断培养学生党支部书记理论政治素养，做合格党员

学生党支部书记党龄小、年纪轻，大部分学生党支部书记对党的方针政策和时政热点的把握程度较低。而党支部书记的政治素质取决于理论素养，理论上的清醒才能保持政治上的坚定，才能在大是大非面前站稳脚，做好工作。[2] 作为支部书记，应当具备良好的政治素养，成为支部成员学习的楷模和榜样，在全党范围内开展"两学一做"的大背景下，学生党支部书记更应当严格要求自身，做合格党员。

高校学生党支部书记队伍建设任重而道远，在未来，学生党支部书记必将在高校基层党建工作中发挥越来越重要的作用，该队伍的建设和素质培养也愈发具有研究价值。通过构建起完善的保障和激励机制，辅之以培训和素质培养，进一步激励广大党支部书记为党的基层组织建设不懈奋斗，为推动高校学生党建工作提供更加强劲的动力。

---

[1] 王婉：《激励机制视野下的学生党支部书记队伍建设》，载《科教导刊》，2012年1月（上）。

[2] 王瑞波，党敬川：《浅谈高校学生党支部书记的素质培养和提升》，载《人民论坛》，2013年第5期。

大学生班团委工作满意度调查报告
——基于 R 学院调研数据

人文学院　　张宇飞

摘　要　本文以中国政法大学人文学院❶ 2016 年班团委工作满意度调查数据为基础，分析 R 学院班团委在一年任期内，工作的得失利弊，并相应地总结经验，提出问题与解决对策。笔者从班团委的产生，班团委工作的满意度测评，同学对班团委工作的支持度测评，对班团委工作的建议等四个方面，分析 R 学院的班团委工作情况，以期为下一届的班团委工作提供参考借鉴。

关键词　班团委　产生　工作满意度　工作建议

"班级是大学生的基本组织形式，是大学生自我教育、自我管理、自我服务的主要组织载体。"❷《中共中央国务院关于进一步加强和改进大学生思想政治教育的意见》对大学生班级的性质与作用作出如上定义，大学生班级是进行思想政治教育的重要阵地，班级建设成为培育大学生成长成才的重要环节和管理保障。2015 年全面启动的高校共青团学习贯彻习近平总书记系列重要讲话精神"四进四信"活动，为大学生的团学工作指明了方法与目标。即通过"四进"——进支部、进社团、进网络、进团课，引导帮助青年学生和团学干部实现"四信"——树立对党的科学理论的信仰、坚定走中国特色社会主义道路实现"中国梦"的信念、增强对党和政府的信任、增进对以习近平同志为总书记的党中央的信赖。无论是党和国家对大学生思想政治工作的意见规定，还是大学生成长发展的必然所需，都要求高校辅导员在进行思想政治教育过程中，完善大学生班团委制度，充分发挥班团委在大学生教育管理服务中的作用。

---

❶　为表述方便，下文简称 R 学院。

❷　《中共中央国务院关于进一步加强和改进大学生思想政治教育的意见》，中发〔2004〕16 号文。

为切实了解从班团委的建立，到班团工作优劣之处，再到班团委为人处世，以至班团委工作建议各个环节可能存在的问题，R 学院于 2016 年 5 月，特意进行了班团委工作满意度调查。本次调查以问卷方式进行，在全院 3 个年级❶ 6 个班发放问卷 174 份，回收问卷 123 份，有效问卷 123 份，有效率 100%，本文使用软件 stata 14.0 进行数据分析与制图。

一、班团委的产生

要研究班团委的工作，首先要从源头——班团委的产生着手，表 1 所显示的是 R 学院的班团委规模，在 123 个样本中，30 人为现任班团委成员，占样本总数的 24.39%，与曾任班团委成员合计占样本总数的 33.33%。样本中班团委成员与非班团委成员比例，与实际比例一致，样本具有较高的代表性，有效避免了下文在比较身份影响中的误差。

表 1 你是否为现任或者曾任班团委成员?

选项（N=123）	频数	百分比（%）	累计百分比（%）
A 现任班团委	30	24.39	24.39
B 曾任班团委	11	8.94	33.33
C 不曾担任班团委	82	66.67	100
合计	123	100	

41 名现任和曾任班干部的同学竞选原因如表 2 所示，同学竞选的原因是复杂多样的，73.17% 的同学，愿意出于利他原因，希望通过班干部这个平台促进老师和同学之间的沟通交流，服务大家。68.29% 的同学竞选原因中包含自立的原因，希望通过班干部的任职，锻炼和提升自己的能力。同时出于两种目标，希望自立而立他的班干部占 40% 左右。同时有 4.88% 的班干部，勇敢地承认是出于入党、评优评奖等功利性的目的，选择竞选班干部。这部分同学虽然只占很小部分，但也应引起辅导员的注意，防微杜渐，避免这种思想和动机在同学中蔓延。要以合理有效的方式，引导同学们树立正确的班干部观念，减小功利主义对大学生，尤其是班干部同学的侵蚀与干扰。

---

❶ 人文学院现有在校年级 4 个，此次调查样本选择为 2013 级、2014 级、2015 级在校学生。2012 级因毕业原因，未参与。

表2 你选择当班团委干部的原因

选项（N＝123）		频数	百分比（％）	累计百分比（％）
锻炼自己的能力	是	28	68.29	68.29
	否	13	31.71	100
服务老师同学	是	30	73.17	73.17
	否	11	26.83	100
方便入党、评奖评优	是	2	4.88	4.88
	否	39	95.12	100

　　班团委干部的产生，需要干部出于自身的意愿进行竞选，但要真正当选，还需要获得班级同学的认可。同学们会选择怎样的竞选者担任班级的管理服务人员呢？如表3所示，54.47％的同学会选择有过班干部经验的竞选者，同学们更加信赖将自己的班级生活，交付给已经有过历练的同学进行管理。要想竞选成功，班级民主选举时临场发挥也是很重要的，因为有34.96％的同学更看重的是竞选者的演讲等竞选表现。这就提示想要竞选班团委干部的同学，一方面要在平时的班级工作中，充分发挥班干部的带头作用，服务同学，积累经验。另一方面，也要在竞选前做好充分的准备。另有近10％的同学提示辅导员在组织班团委干部选举前，要做好动员和教育工作，让同学们明白班干部的选举是事关班集体建设和同学切身利益的事情，珍惜拥有的选举权，避免随意性，认真地选择班级领导者与管理服务者。

表3 在班级选举时，你会投票给哪一类同学？

选项（N＝123）	频数	百分比（％）	累计百分比（％）
缺失值	1	0.81	0.81
竞选表现好	43	34.96	35.77
有经验，曾担任过班干部	67	54.47	90.24
和自己投缘，不管能力	6	4.88	95.12
其他	6	4.88	100
合计	123	100	

二、班团委工作满意度

　　对于班团委近一年的工作满意程度，本次问卷采用打分的方式，按照从不满意到满意的程度，给出1～5分的得分。表4计算的是按照班级，根据身份的不同（班团委干部与普通同学），对班团委一年工作满意程度的打分平均值。从学院整体看，班团委工作整体得分为 4.01，班团委的工作得到同学的认可与肯定。

表 4　班团委工作满意度平均分❶

班级	班干部（分）	普通同学（分）	综合（分）
A 班	2.17	3.81	3.36
B 班	—	4	4
C 班	4.2	4.59	4.52
D 班	4	3.91	3.94
E 班	4	4.08	4.06
F 班	3.67	4.13	4
总计	3.6	4.14	4.01

Pearson chi2（4）＝10.1965　Pr＝0.037

横向上，从班级内部来看，班团委的身份对于满意度的评分存在着影响，五个班级❷中，有四个班的班团委干部，对自己的工作满意度评分低于同学的评分。通过卡方检验，是否是班团委与工作满意度两变量的关联度统计性显著（P＝0.037）。纵向上，不同班级之间的综合得分存在较大差异，其中得分最高的是 C 班（4.52 分），得分最低的是 A 班（3.36 分），其余四个班级得分相差不大。从图 1，可以详细地看出每个班级满意度分数的分布。A 班团委的工作，22.73％的同学是非常不满意的，在反馈的过程中，需要 A 班团委成员反思工作中的问题，在之后的工作中加以改进。B、D、E、F 四个班的班团委工作，同学们的满意程度较高，得分最多集中在 4 分。班级同学满意度最高的 C 班，得分集中在 4 分和 5 分，55.56％的同学给这一届班团委的工作打了满分（见图 1）。

具体到实际的工作中，R 学院的班团委究竟在哪些方面获得同学们的肯定，又有哪些方面需要进一步改进和加强呢？一届班干部任期内做得好的方面与做得不好的方面如表 5 所示，本题为多选题，只计算每一项工作的频数与所占样本百分比。在做得好的方面，得票最多的是信息的上传下达，这说明班干部充分发挥了老师与同学间桥梁的作用，保证同学们可以及时了解学校学院的通知和最新动态，也保证了老师可以了解到同学的想法与观点，有利于师生良性互动的形成与

---

❶　为保护各班级隐私，笔者将班级名称对应地换为 A—F 代替。

❷　B 班的班干部打分为缺失。

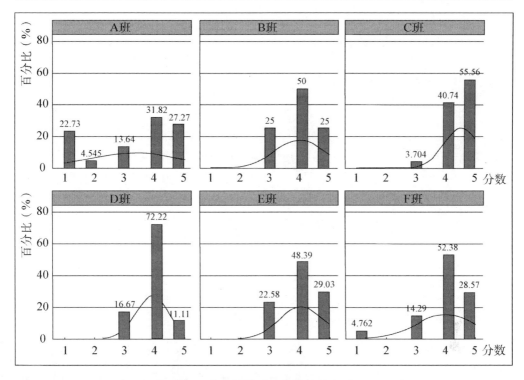

图1 各班团委工作满意度分布图

发展。60.98％的同学认为班干部有效地提升班级的凝聚力建设，每学期至少一次的班级集体活动、公益志愿服务活动、主题团日以及班级聚会等活动，增进同窗之间的沟通与友谊，增强同学对班集体的归属感、集体拼搏的成就感，将班级概念烙印在同学的大学生活中。班团委工作的积极性也得到同学的肯定，班团委干部的积极性可以有效带动班级整体的精神面貌，促进班级的整体发展进步。

表5 你认为本班团委工作做得好/不好的方面

选项（N＝123）	做得好的方面		做得不好的方面	
	频数	百分比（％）	频数	百分比（％）
无	3	2.44	42	34.15
信息的上传下达	108	87.8	4	3.25
班级凝聚力的提升	75	60.98	23	18.7
集体利益的维护	55	44.72	10	8.13
管理班级的有效性	53	43.09	16	13.01
工作积极性	70	56.91	14	11.38
创新创意	39	31.71	50	40.65

与此同时，也要看到 R 学院班干部工作中所存在的一些问题。同学们认为班团委工作中做得最不好的方面是工作的创新创意。当代大学生的兴趣点日渐发展，关注点又较为分散，是班级工作面临的一个难点。这就迫使班级工作不能再套用传统的模式，不能囿于"传话筒"或任务式的活动模式，而要寻找新的发展方向。面对众口难调的局面和差异化的需求，如何创新班级工作的方法与形式，是一个需要辅导员、班干部、班级同学共同探索与实践的问题。班干部从同学中来，最清楚同学所想所需，也要回到同学中去开展工作，更容易引起同学的共鸣，调动同学参与的热情。所以，我们要充分调动和运用好班团委学生干部的创造性，以班干部为抓手，鼓励他们敢于开拓，勇于创新，在保证工作质量的同时，创新班级思想政治教育的方式，探索班级管理新模式，增加班级活动趣味性，寓教于乐，实现辅导员宏观把控与班级自治的完美结合。

三、同学对班团委工作的支持程度

　　班级工作的开展与完成，不仅需要班团委干部的精心策划，动员与良好组织，也需要班级同学的协助与配合。班干部要兼顾自己的学习与服务同学老师，有时会出现力所不及的情况，需要其他班团委成员或同学的帮助。通过调查同学是否愿意帮助班干部完成工作，也可以从一个侧面反映出班团委干部是否得人心，是否能够团结凝聚班级力量。如表 6 所示，65.04％的同学在班团委工作需要协助时，会积极主动帮忙，愿意为班级的发展贡献自己的一份力量。30.89％的同学则是找到自己帮忙时，就会出手相助，不会主动提供帮助。只有极少数的同学表示不愿意帮助班团委完成工作。表 6 提示班团委干部在工作压力和时间无法协调时，可以及时向同学求助，同处一个班级里的同学，可以互帮互助，共同为班级建设添砖加瓦。

表 6　班团委工作需要你的协助时，你的态度

选项（N＝123）	频数	百分比（％）	累计百分比（％）
缺失值	4	3.25	3.25
积极主动帮忙	80	65.04	68.29
找则帮，不找不帮	38	30.89	99.19
不想帮	1	0.81	100
合计	123	100	

　　绝大多数同学愿意协助班干部工作，当遇到班级集体活动时，同学们参与的积极性有所不同。表 7 测算同学对于班级集体活动的参与意愿，极不愿意、不愿

意和中立态度的同学占总样本的 25.2%。如何转变这部分样本冷漠中立的态度，是班团委活动组织的一个难点。因为这种事不关己的态度，容易渲染和传播一种消极的情绪，破坏班级凝聚力和班风建设。而且根据经验，这些同学并不是坚定地不参加班团委组织活动，有时只是惰性使然，在外力，比如同宿舍同学的拉动和陪伴下，也是愿意参加班团委组织的活动的。这就需要班团委在进行活动的号召时，关注和动员这部分同学，给他们一个走进班集体活动的动力。同时也要以优质的活动维护好愿意参与活动同学的积极性。

表 7 你是否愿意参加班团委组织的活动

选项（N=123）	频数	百分比（%）	累计百分比（%）
缺失值	3	2.44	2.44
极不愿意	2	1.63	4.07
不愿意	3	2.44	6.51
中立	26	21.14	27.65
愿意	71	57.72	85.37
非常愿意	18	14.63	100
合计	123	100	

表 8 测算了同学们对不积极参与班团委组织集体活动的同学的看法。84.55% 的同学认为是情有可原，可以理解的，只有 10.57% 的同学认为是这些同学不重视班级活动，缺乏责任心。这反映出的是同学对于班级的认识、对于班团委集体活动重要性的认识有待提高，进而反映的是一种价值观念。要让同学们真正意识到班级是全体同学的班级，班团委组织的集体活动，需要班级所有成员的积极参加，班级上有一位同学掉队，对班集体而言都是一种损失。在班级的集体利益面前，个人要协调好个人利益与集体利益的关系。更进一步，在国家利益和社会利益面前，才能作出正确的价值判断，真正成长为社会主义事业的建设者和接班人。

表 8 班团委组织集体活动，有同学不到，你认为

选项（N=123）	频数	百分比（%）	累计百分比（%）
缺失值	3	2.44	2.44
情有可原	104	84.55	86.99
欠缺重视	13	10.57	97.56
组织能力不够	2	1.63	99.19
其他	1	0.81	100
合计	123	100	

四、班团委工作建议

进行班团委工作满意度的测评与分析，最终目标是提高和改进班团委工作，为其以后的行动提供一定的依据。同学对现任班团委结构是否合理的认定如表 9 所示，29.27% 的同学认为现在的班团委结构较为合理或者不合理。其中问题主要集中在以下几个方面：①班团委之间分工不够明确，工作中交叉重叠现象给同学们带来一定的不便和困扰。②一些职务空设其位，同学们反映比如心理委员，应该是一个关系班级同学心理健康的重要职位，但是由于专业和知识能力水平的局限，很难发挥其应该有的作用。文艺委员似乎也很少会组织文艺活动，学院层面的文艺展演，可以考虑将班级的文艺委员纳入筹备组，发挥其应有作用，也可以扩大学院活动在班级中的影响力。③工作量分配不合理，班长和团支书有时包揽了班级的大小事务，造成其他班干部无工作可干。同学们反映出的工作结构方面的问题，提示班团委在今后的工作中要注意做好分工与合作。

表 9　你认为现在的班团委结构是否合理

选项（N=123）	频数	百分比（%）	累计百分比（%）
缺失值	9	7.32	7.32
合理	78	63.41	70.73
较为合理	34	27.64	98.37
不合理	2	1.63	100
合计	123	100	

关于同学们愿意参加的班团委活动类型和活动的开展周期如表 10 和表 11 所示。根据问卷，同学们喜欢参与的活动类型依次为娱乐型、户外拓展型、公益型，同学们不太愿意参加的班级活动类型为讲座型、体育活动型、头脑风暴型。班团委在今后的活动组织过程中，需要讲究策略和顺序，可以注意先采用同学们乐于接受的方式将同学凝聚起来，当全班拧成一股绳后，一些不太受欢迎的活动类型也会收到较好的反响。相反，如果一开始就是一些枯燥乏味的讲座活动，可能直接浇灭同学们参与班级活动的热情，久而久之，就形成一种恶性循环。

表 10　你希望开展的活动类型

选项（N=123）	频数	百分比（%）
娱乐	72	58.54
公益	54	43.91

续表

选项（N＝123）	频数	百分比（%）
头脑风暴	25	20.33
户外拓展	63	51.22
体育	18	14.63
讲座	9	7.32

表 11　你认为开展班级活动的周期最好是

选项（N＝123）	频数	百分比（%）	累计百分比（%）
缺失值	7	5.69	5.69
一周一次	3	2.44	8.13
一月一次	35	28.46	36.59
一学期一两次	59	47.97	84.56
随时，只有大家有空	16	13.01	97.57
其他	3	2.44	100
合计	123	100	

对于活动举办的周期，同学们认为较为适宜的是一学期一两次或一月一次，这样既可以保证同学们的热情，也不会占用同学们过多的时间。频繁的活动，容易造成同学们的审美疲劳，也会挤压自主活动的时间，引起同学们的反感，反而效果不好。低频的活动，很难加强同学们的身份认同，不利于班级的团结凝聚。中高频的活动，可以兼顾同学的参与积极性与活动的质量，是比较可取的。

五、结语

根据上文的分析，对于 R 学院的班团委工作，可以得出以下结论：①同学们倾向于选择有过干部经验的同学来担任班团委成员。②同学们总体对班团委工作较为满意，但是对工作的创新性并不满意。③对于班级工作，同学们愿意协助分担，对于集体活动，参与的积极性较高。④中高频的拓展和娱乐型班级集体活动，更易于被同学接受。大学生班团委的工作，其目标是服务同学，在较为宽松自由的大学环境中，有一个组织管理的机构，保障同学的利益，维护正常的教学秩序和校园环境。本文的调研局限于 R 学院现有的学生，虽然其推广意义不大，但是希望可以有助于本学院的学生班团委工作开展，为学院之后的班团委建设和发展提供一点参考与反思。

高校出国留学学生党员的教育管理
工作机制探索
——以比较法学研究院为例

比较法学研究院　　王　芳　　杨明荃

摘　要　出国留学学生党员日趋增多，出国留学学生党员的教育管理成为高校党建工作需要面对的常态化工作，但这项工作主要面临着两个难题：出国留学学生党员人数增多、分散、构成多样、党性修养不够扎实，且缺乏教育管理的有效手段。结合比较法学研究院的工作经验，为做好出国留学学生党员教育管理工作，应当充分认识到这项工作的重要性，要抓住党组织关系管理和思想政治教育这两项重点工作，进一步加强工作机制建设，建立、健全出国留学学生党员全程管理制度，团结各方力量，形成联动工作机制，加强思想政治教育，探索高效的理论学习方法，重点关注特殊党员群体的教育培养。

关键词　出国留学学生党员　教育管理　思想政治教育　组织关系

近年来，高校国际化办学进程加快，国内高校积极寻求与国外高校的合作，在学生培养中出现联合培养、攻读学位、短期交流等各种国际合作项目，越来越多的学生选择在校期间赴国外高校学习，其中有大量的学生党员。在从严治党和加强大学生思想政治教育工作的背景下，对于学生党员的教育管理是高校党建工作的重中之重。而出国留学学生党员是高校学生党员的重要组成部分，这部分党员的教育管理对高校党组织传统的教育管理方式提出挑战，这是学生培养国际化对高校党组织活力的考验，也是高校学生党建工作的一项重要课题。比较法学研究院作为一个以国际化办学为特点的学院，每年都有二十余名学生赴国外学习交流，其中有半数为学生党员，对于这部分学生党员的教育管理一直是学院党建工作的重点也是难题，本文旨在结合学院对出国留学学生党员教育管理的经验，总结探索较为有效的出国留学学生党员教育管理工作机制。

一、高校出国留学学生党员教育管理的主要难题

现今，出国留学学生党员日趋增多，成为高校党建工作需要面对的常态化工作，这要求高校党组织必须采取有针对性的教育管理措施，形成针对出国留学学生党员的教育管理机制。但是由于出国留学学生党员群体的特殊性，党组织传统的教育管理方式无法发挥良好效果，高校党组织在探索有针对性的教育管理时遇到了较大难题。

（一）出国留学学生党员群体特殊性增加了教育管理的难度

出国留学学生党员群体具有区别于普通学生和在校学生党员的特殊性，正是这些特殊性导致了高校党组织进行教育管理时难度加大。

1. 人数增多、分散，管理难度大

从高校的角度来讲，高校的育人目标是与国家人才战略和社会人才需求相匹配的。近年来随着全球化进程的深入，国家的人才战略和社会人才需求都向国际化教育背景的人才倾斜，高校也积极开展国际化办学，通过"走出去"积极寻求与国外高校的合作，为在校学生提供出国留学的机会。

在这种背景下，出国留学学生党员人数逐渐增多，并呈现突出的特点。首先，出国留学学生党员身在国外，远离所在党组织和政治环境；其次，出国留学学生党员群体呈逐年增多的态势；最后，由于可选择的国外高校较多，但是每个高校所录取名额较少，因此出国留学学生党员呈现出多个国家分散性分布的特点。由于这些特点，高校党组织的教育管理效果减弱，难度较大。

2. 党性修养不够扎实

能够通过关于外语水平、学业成绩等各项条件的选拔出国交流，可见这部分学生党员不仅是学生中的优秀分子，也是党员中的佼佼者。他们对国外思想文化学习能力强、接受程度高，但由于普遍入党时间不长，因此党性修养还不够扎实，存在被国外思想文化冲击和影响的潜在可能性。因此，这对高校党组织教育管理难度提出了更高的要求。

3. 出国学生党员构成多样

首先，从学生党员身份上看，出国留学学生党员大部分是在校学生中的正式党员，但也有部分预备党员；其次，出国留学毕业生党员一般应将组织关系保留在原高校党组织❶，因此这部分毕业生党员也属于出国留学学生党员范畴；再

---

❶ 参见《关于共产党员因私出国或去港澳地区的若干问题的规定》、《关于改进接转出国留学、劳务人员中党员组织关系办法的通知》规定。

次，从学生党员出国时间来看，有短期出国（少于半年），也有长期出国（长于半年），时间不尽相同。因此，构成多样的不同学生党员群体需要不同的教育管理方式和内容，增加了高校党组织的教育管理难度。

（二）缺乏对出国留学学生党员教育管理的有效措施

基于上述特点，高校党组织教育管理工作难度增大，实际工作中，高校党组织也面临着缺乏有效的教育管理措施的难题。

1. 缺乏对出国留学学生党员的动态管理

目前高校党组织对出国留学学生党员管理工作主要有收缴党费、审批党员组织关系的暂停和恢复、审批回国预备党员恢复预备期等。虽然中组部《关于共产党员因私出国或去港澳地区的若干问题的规定》（1981年）、《关于改进接转出国留学、劳务人员中党员组织关系办法的通知》（1984年）、《中组部关于做好留学回国人员党员恢复组织生活会工作的意见》（2007年）三份文件对出国留学党员管理工作有较为详细和全面的规定，但在实际运作中，对留学学生党员的教育管理工作是由高校党组织承担的。对高校党组织而言，最大的难题是国外留学生党组织建设不够，缺乏一条贯穿国内国外的全程动态管理链，并且高校党组织本身在落实文件和配套政策方面也略有不足。

2. 不能及时有效地进行思想政治教育和党性教育

依据上述文件规定，虽然出国留学学生党员出国前已经提出了保留党籍、暂停组织生活申请，可以暂停参加国内党组织生活，但党组织仍然承担着出国留学学生党员的思想政治教育和党性教育的责任，这不仅是《中国共产党章程》等规章制度的要求，也是出国留学学生党员群体自身的迫切需求。

党员思想政治教育和党性教育一般通过理论自学、集中研讨、主题党课、党支部大会、党日活动等形式开展，而出国留学学生党员身在国外，且分散在不同高校，既无法成立党支部，又无法参加国内党组织的活动，单凭理论自学也难以达到其他形式并重的效果，导致高校党组织在出国学生党员中开展思想政治教育和党性教育的手段匮乏、效果欠缺。

二、做好高校出国留学学生党员教育管理工作的基础

为做好高校出国留学学生党员教育管理工作，要充分认识该工作的重要性，并且结合出国学生党员特点，抓住教育管理工作的重心，这是基础也是前提。

（一）充分认识高校出国留学学生党员教育管理工作的重要性

1. 从高校党组织角度，这是从严治党的要求

从严治党在学生党员教育管理的实际工作中主要体现为，开展"学生党员先

锋工程""两学一做"学习教育活动、建立完善党员名册、做好组织关系转递等工作。出国留学学生党员是学生党员的重要组成部分，并且是党组织应当重点加强思想政治教育和党性教育的群体，他们学成归国后是党组织发展壮大的重要力量，党组织必须充分认识到对这部分学生党员进行教育管理的重要性。

2. 从学校角度，这是做好出国留学生管理的重要部分

首先，出国留学党员是出国留学生的重要组成部分；其次，由于学生党员是从学生中推优发展的优秀分子，在学生中具有较高的群众基础和榜样作用，出国学生党员是学校做好出国留学生管理的重要抓手。因此做好出国学生党员管理有助于高校留学生团结友爱工作的良好开展。

3. 从出国学生党员角度，这是学生党员成长成才、增强党性修养的重要部分

出国学生党员选择加入中国共产党，他们有向党组织靠拢的积极性，即使身在国外，他们也有需求参与到党组织的活动中来。他们希望能够不断提升政治理论水平和党性修养，更好地发挥学生党员先锋模范作用并服务和团结其他留学生，学成归国更好地发挥才干，投身共产主义事业和社会主义建设中来。

（二）抓住高校出国留学学生党员教育管理工作的重点

要做好高校出国留学学生党员教育管理工作，必须认清并抓住出国学生党员教育管理工作的重点。根据比较法学研究院的工作经验，我们认为，出国学生党员教育管理工作的重点主要有以下两方面：

1. 党员组织关系管理，体现为出国前的暂停组织关系和回国后的恢复组织关系

应当在学生党员中树立起遵守党规党纪、严肃党内组织生活的意识，出国前必须与党组织联系、说明情况，出国时间长于6个月的要办理暂停组织生活的审批手续，回国后应当在3个月内向党组织报到、汇报，申请恢复组织生活。党组织对学生党员的其他管理工作都以此为基础开展。

2. 思想政治教育，体现为提升政治理论水平和党性修养

出国学生党员较易受到国外思想文化的冲击，党性修养不够扎实。对出国学生党员的教育应当重点加强他们对党的方针、政策、宗旨、路线等的理解和认识，培养家国情怀和主人翁意识，赋予其任务，主动宣传国家和学校，以此提升政治理论水平和党性修养，提高抵御各种不良思潮的影响与渗透的能力。

三、加强高校出国留学学生党员教育管理工作机制建设

高校应当加强出国留学学生党员教育管理工作机制的建设，主要体现在制度化、常态化和体系化建设上，提升出国学生党员教育管理工作的科学化水平。结

合比较法学研究院对出国学生党员教育管理经验，我们认为可从以下几方面加强教育管理。

（一）建立、健全出国留学学生党员全程管理制度

根据《关于共产党员因私出国或去港澳地区的若干问题的规定》《关于改进接转出国留学、劳务人员中党员组织关系办法的通知》和《中组部关于做好留学回国人员党员恢复组织生活会工作的意见》的规定，结合中国政法大学组织部的相关规定，建立、健全出国学生党员全程管理制度。

1. 出国前，出国党员审批备案和谈话制度

半年以内短期出国党员无须审批备案，原则上应向所在党组织负责人报告，党组织应当进行简单备案；半年以上的出国党员应当进行暂停组织关系、保留党籍的审批备案，要求出国党员提供具体事由、通信地址、国内联系人、出国起止时间、情况说明等，经过党支部讨论提出意见，上级党组织审批意见，最终报送党委组织部备案。其中出国定居的应当办理停止党籍的审批备案，审批流程相同。

党员出国前，党组织应当指派专人与其谈话，了解其出国的具体事由、国内外学习安排、国外行程安排等内容，必要时要与所在党支部书记、班长等学生干部了解情况，并做好谈话记录。

2. 在国外期间，党员汇报制度

学生党员在国外应当定期向党组织进行汇报，一般三个月汇报一次，主要采取电子邮件、传真等书面形式，汇报内容为国外的学习、生活、思想等，尤其是近期学习党的思想理论知识情况。党组织应当及时听取出国学生党员的汇报，并做好书面汇报的存档工作，及时跟进和了解出国学生党员在国外学习生活情况，尤其是对党的思想理论知识的学习情况，保持与出国学生党员沟通的通畅。

此外，党员在国外续请假的，可以通过电子邮件、传真等形式办理。

3. 回国后，党员报告、恢复组织生活和谈话制度

学生党员回国之后应当及时向所在党组织报告，保留党籍的党员归来后 3 个月内，应当书面申请恢复组织生活。党组织应当指派专人与其谈话，听取其汇报，了解其在国外的生活学习情况，必要时应当与其入党介绍人、国外学生负责人、驻外使领馆等了解情况。

根据《中组部关于做好留学回国人员党员恢复组织生活工作的意见》："做好对留学回国人员党员恢复组织生活工作，要坚持党员条件，按规定程序办事，严格把好政治关。主要看党员在国外期间有无损害党和国家利益的行为，在我驻外使领馆有无不良行为记录，还要看党员回国后的政治态度和现实表现。"由于学生党员在国外的汇报制度，我们要求党员必须与党组织保持联系。因此根据《中组部关于做好留学回国人员党员恢复组织生活工作的意见》："党组织经过了解和讨论，认定其在国外期间无损害党和国家利益行为、在我驻外使领馆无不良行为记录的，可以直接恢复组织生活。"

在实际工作中，我们要求学生党员回国后书面汇报，经过专人谈话、党支部委员会讨论和分党委讨论，严把政治关，重点审查在国外期间有无损害党和国家利益的行为，在我驻外使领馆有无不良行为记录，还要看党员回国后的政治态度和现实表现，在此基础上决定是否恢复其组织生活。

4. 其他

党组织要根据党员组织关系情况做好党籍管理，尤其应当做好党员名册和特殊群体党员台账的管理工作；党组织应当做好出国留学学生的党费收缴工作，记录好党费交止时间，学生党员回国后应当及时补交国外期间党费，党组织也应当做好收缴工作。

（二）团结各方力量，形成联动工作机制

在出国留学学生党员的教育管理工作上，高校党组织应当团结各方力量，形成国外、国内联动机制，充分发挥国内外力量，共同做好出国留学学生党员的教育管理工作，增强工作的实效。

1. 国外力量，主要有学生负责人和赴外教师

（1）高校在留学生的管理中通常会设立国外学生负责人，根据留学生人数和分布情况，在一所国外高校或一个外国城市设置一至两名学生负责人，负责人原则上应当是学生党员或学生干部。高校党组织应当积极发挥负责人的桥梁作用，深入了解出国学生党员的学习情况和思想动态，及时做好学生党员的教育管理工作。

（2）高校常有教师赴外访学、参加国际会议等，高校党组织应当发动其中的党员教师，积极与当地的学生党员联络沟通，让他们感受到党组织的关怀，帮助他们解决实际困难。

2. 国内力量，主要有学校相关部门、导师、入党介绍人和家长等

出国留学生的主要管理工作由学院学生工作办公室、学校教务处、研究生培养办、国际交流处等职能部门承担，党组织应当积极与这些职能部门保持沟通合作，进行管理信息和方法的共享，提高工作效率。党组织还可以通过出国学生党员的导师、入党介绍人和家长等与本人关系密切的人员了解情况、沟通联络。

（三）加强思想政治教育，探索高效的理论学习方法

出国学生党员的教育重点是思想政治教育，但是难点在于如何达到教育目的和效果，我们认为可以从教育形式和内容上改革创新，探索高效的思想政治教育方法。

1. 形式上：依托新媒体技术开展学习教育

党组织应当逐步建立出国留学学生党员网络在线学习平台，在平台上提供丰富、最新的理论学习资料，并合理安排学习任务，要求出国学生党员在国外使用网络完成规定学习时间。此外，党组织也可以使用微信群、电子邮件等简便易行的媒介分享学习资料，敦促学生党员开展自学。

2. 内容上：紧密结合国内外主流热点和国外学习特点

党组织应当充分考虑到出国学生党员的特点，把握他们关心国内时政热点和身处国外的实际情况，学习内容的规划上应当紧密结合国内外主流热点问题，让学生党员喜闻乐见地开展学习，潜移默化地宣传和弘扬社会主义核心价值观和党的最新理论思想。

（四）重点关注特殊党员群体的教育培养

在出国留学学生党员中，尤其应当做好预备党员和毕业生党员的教育管理工作，对于预备期满在国外无法转正的预备党员，做好回国后恢复预备期的审批。

1. 出国预备党员

根据《中国共产党发展党员工作细则》《中共中国政法大学委员会发展党员工作实施细则》和《中共中国政法大学委员会关于在发展党员工作中进一步加强教育培训的意见》，预备党员在考察期间应当参加分党委举办的集中培训班或日常专题培训班，完成不少于 24 个学时的培训。因此，出国预备党员可以使用网络在线学习平台学习，或通过出国学生党员微信群、电子邮件等方式获取学习资料开展自学。

预备期满在国外无法转正的预备党员，遵照《中组部关于做好留学回国人员党员恢复组织生活会工作的意见》："出国留学人员中的预备党员，未加入外国国籍，在国外无法办理转正手续的，回国后本人书面向党组织提出恢复预备期的申请并汇报在国外期间的情况，自党员向党组织提出书面申请之日起，经过一年时间的考察，符合党员条件的，可以办理转正手续。恢复预备期的工作程序与恢复组织生活的程序相同。"

在实际工作中，我们要求预备党员向所在党支部提交"恢复预备期申请"，详细汇报何时入党、出国、回国，有无加入外国国籍或取得长期居留权，国外学

习生活思想情况,并提交《留学回国人员预备党员恢复预备期审批表》;学生党
支部书记找本人、入党介绍人等谈话之后,召开支部委员会审批,投票表决是否
通过其申请;通过之后,支部书记将材料递交分党委,由分党委委员会审批;分
党委负责将"恢复预备期申请"与《留学回国人员预备党员恢复预备期审批表》
归入学生党员档案。

2. 出国毕业生党员

出国毕业生党员由于已经从学校毕业,从学生管理层面已经不属于学校学生
工作管理范围,但是由于其党员组织关系暂留在学校,高校党组织必须更为关注
和重视出国毕业生党员的教育管理。

高校党组织应当建立出国毕业生党员台账,动态管理出国毕业生党员,保持
定期联系,严格参照在校的出国学生党员开展学习教育。根据中国政法大学党委
组织部的最新规定,学校为出国毕业生党员组织关系保留的最长期限为5年。

最后,根据《关于改进接转出国留学、劳务人员中党员组织关系办法的通
知》:"出国留学、讲学和研究人员中的党员组织关系,一律由原所在单位党组织
保存。原单位可开具党员证明信,由本人交派出部委保存。派出部委将党员名单
通知驻外使领馆党委,各驻外使领馆党委可根据党员人数、分布状况以及驻在国
情况,建立党支部、党小组或单独联系。"我们建议教育部尽快建立党支部、党
小组,使得出国留学学生党员能够在国外参加党组织生活,满足出国学生党员行
使党员权利、履行党员义务的意愿,便于党组织对其进行教育管理,也会使出国
学生党员教育管理工作更加有效。

大学生思想引领

仪式教育在高校思想政治教育的缺失与重塑

法学院　刘　澍

摘　要　仪式教育是我国高校思想政治教育的一种重要手段。仪式本身具有象征性、教育性、规范性和传承性等属性，并且普遍存在于大学生活中，因此仪式教育是高校思想政治教育的有效形式和重要内容。但是随着互联网和大数据时代的到来，如今高校仪式教育面临着巨大挑战，仪式教育不断缺失。通过分析高校仪式教育存在的问题，提出解决思路，重塑仪式教育在高校思想政治教育中的作用与地位。

关键词　仪式教育　高校　思想政治教育

一、仪式和仪式教育

（一）仪式

"仪式"从词源上来讲，起源于原始社会部落举行的祭奠活动，主要以祭祀礼的形式存在。原始社会的生产力水平比较低下，在大自然灾害面前，人们往往束手无策，只能通过一些祭祀鬼神的仪式来对抗内心的恐惧。在这些祭天地、祭祖、祭图腾的活动中渐渐形成了一种固定的形式，这就是仪式的最初形态。

仪式最初带有宗教的含义，在《宗教生活的基本形式》中，涂尔干认为，宗教从内容上可以分为两个范畴：信仰和仪式。仪式是信仰的物质表现形式和行为模式，没有无信仰的仪式，也没有无仪式的信仰。社会成员基于共同的信仰，进而产生集体意识。褪去仪式的宗教外衣，体现更多的其实是当时的社会现象。社会成员通过个体之间互相传播具有象征性的仪式，不断地将价值观铭刻于参与者的意识当中，渐渐地淡化社会种群之间的分歧和差异，慢慢地形成了相对稳定的社会秩序和社会结构。

在中国古代，仪式通常被当作典礼的程序形式，正如欧阳修在《归田录》中所说："不暇讲求三王之制度，苟取一时世俗所用吉凶仪式，略整齐之，固不足为后世法矣。"❶ 在我国很早就有人认识到了仪式的教化作用，"仪"与"礼"常常分不开，称为"礼仪"。仪式是作为礼仪的外在表现形式，利用仪式的特点对人们进行教化，形成一定的社会秩序。

仪式是一个含义极广的概念，没有确定的概念能涵盖其所有内涵。本文主要从仪式的广义解释含义，即仪式是以一系列的文化传统为依托，并具有规范性、程序性、象征性、传承性的社会活动。在大学里，仪式活动一般分为以下四类。

1. 通过仪式

如开学典礼、毕业典礼、入党宣誓、颁奖典礼等。英国学者维克多·特纳认为，通过仪式是"伴随着每一次地点、状况、社会地位以及年龄的改变而举行的仪式。"❷ 这种通过仪式的意义就在于，能够记录个体在人生中不同阶段的成长轨迹和重要时刻。大学里的入学仪式，就是使新入学的大学生感受到自身身份和角色的转变，包括之后的学生社团和组织的一系列仪式，使大学生在身体上、心理上逐渐完成从学校过渡到社会的角色转变，适应新的环境。大学特有的通过仪式，是整个大学生活的重要内容，并且形成了非常稳定的传统一直延续。

2. 庆典仪式

在大学里，经常会举办大型的庆典仪式，这种庆典仪式往往侧重仪式的气氛和环境，偶尔也会带有强烈的政治意味。在大学里一般以校庆、国庆、晚会、文艺与体育活动等形式呈现。

3. 学术仪式

在大学里，论文开题和答辩仪式是最具代表性的传统仪式。这种仪式是最能体现大学文化厚重感的，成为人们区别和认识真正大学内涵的符号，也是大学生探索学术、获取知识的必要过程。

4. 纪念、节日仪式

这一类仪式在中国文化传统中最为普遍，在大学里通常以学校历史上的重要事件或者里程碑式的活动为纪念对象，通过纪念仪式来传播大学文化、大学精神，激励在校学生。有时也会通过国家法定的节日仪式来加深大学生的感恩意识、国家意识等，比如围绕母亲节、青年节、劳动节、教师节等举行的活动。

（二）仪式教育

仪式教育在中国古来有之。如古代的拜师礼、谢师礼、成人礼等，作为礼仪

---

❶ 欧阳修：《归田录》卷二。

❷ ［英］维克多·特纳：《仪式过程：结构与反结构》，黄剑波，柳博赟译，上海文艺出版社，1993年版。

之邦，中国古人很早就认识到了仪式教育的重要性，并对其进行专门的研究并整理、著述。在大学，仪式教育一般是通过一些固定和规范的程序来对大学生进行思想政治教育的重要手段，也是对大学生进行激励教育的重要手段。

仪式教育的理论来源是美学中的"移情"理论和教育学中的"情景"教育理论。通过仪式教育营造出的环境，使参与的同学获得一种角色体验，全面调动学生的感官兴奋点，使之对教育内容产生兴趣，以便达到心灵共鸣，陶冶情感，并被仪式营造的情景感染，从而产生自豪感、认同感和使命感，从而达到最佳的教育目的。美国教育家巴特勒教授认为，感知、情感和认识三个方面是相互依存、相互促进的三位一体。

仪式教育的内容不是简单的书本理论，而是将学生融入整个教育环境，并利用环境、程序等使受教育者从视觉、听觉等各方面引起受教育者的兴趣和共鸣，自觉地领悟教育内容，并上升到意识层面。

根据"移情"理论，受教育者在参与仪式时，"移情"会使之产生美感，从而加强教育的效果。受教育者往往会带着自身经历的东西，移植到仪式当中去，从而产生精神与仪式内容的碰撞、互相融合，将感性知觉沉淀为理性思考。比如大学的开学典礼，学生感受到的不仅仅是开学典礼上每个人发言的内容，更多的是自己即将成为一名大学生而带来的荣誉感和新鲜感。正因如此，让每一个参与仪式的人感受到大学的美好，对大学生活无限憧憬，这种仪式教育的目的就达到了。仪式教育有一些不同于其他教育形式的特点。

首先，仪式教育具有教育性和文化性的特点。仪式教育依托于仪式，但往往在背后蕴含着丰富的思想教育内容，在这个过程中，仪式更多的是从侧面，以一种辅助性的形式为思想教育服务。这区别于其他侧重教育内容本身的活动，不能使参与者直接、明显地感觉到教育目的，教育内容也比较分散，思想教育的目的效果不明显。大学的仪式是属于教育和为了教育的，作为教育的手段，大学的仪式教育从主旨与内涵上更加注重教育性与文化性。❶ 在大学的仪式中，教育的内容通常以大学文化、社会责任为主题，教育是文化的实现途径，而仪式就是实现其目的的手段。

其次，仪式教育具有象征性特点。仪式教育通常以一定具有象征性的符号作为标志。这种符号可以利用语言、文字、音乐、logo 等多种形式，将仪式活动赋

---

❶ 倪辉：《大学仪式的形态、特点及功能：道德教育的视角》，载《华东师范大学学报（教育科学版）》，2012 年第 3 期。

予更多精神和思想的意义。这一点在高校思想政治教育工作中尤为重要，因为思想政治教育的内容往往枯燥、抽象，而通过仪式教育的象征性符号，可以将思想政治教育的抽象内容具体化、形象化，唤起学生的学习兴趣，使之容易接受并迅速产生情感上的凝聚和升华。

再次，仪式教育具有规模化的特点。仪式教育无论从时间、地点还是人员组织上都要高度集中，从数量上说，参与群体通常以班级、学院为单位，人员具有一定规模。在相对集中的特定地点，在规定的时间内将大量内容和信息传播给参与者。同时，仪式教育往往选取相对集中的场所进行。这些都从各个方面增强了仪式教育的效果。

最后，仪式教育还具有严格程序性、规范性、周期性特点。仪式教育要严格按照一定的程序进行，并且尽量保证每个环节的规范，一旦固定很难随意更改。这也是为什么很多仪式教育都要提前彩排的原因，比如开学典礼、毕业典礼。主办者往往设计好了每一个环节的主题，相互配合以达到教育的目的。大学的仪式教育都是有时间顺序的，周期按照时间分为周、月、年。保罗·康纳顿认为周期性的仪式可以用来加强群体的集体记忆。从社会学角度来看，社会思想本质上必然是一种记忆，它的全部内容仅由集体回忆或记忆构成。❶ 同时，成功的仪式教育是可以仿效和重复的。这在高校思想政治教育工作实践中作用重大，高校之间通过互相交流学习传授经验，不断完善仪式教育的效果。

二、仪式教育的功能

仪式教育贯穿于整个大学生活，也是思想政治教育的重要手段，对大学生三观的树立、人文精神的重塑、社会担当的提升都有着不可或缺的作用。这跟仪式教育自身的功能是分不开的。

（一）教化与凝聚功能

仪式教育第一个功能就是教化功能，仪式教育通过传播知识、传递观念、交流情感，潜移默化、润物无声、循序渐进地教育参与者。仪式教育是大学环境下一种特有的社会现象，其独特价值在于社会教化。大学对学生的教化主要还是通过开设课程实现，现在的课程更多地主张"文化杂食性"❷，因此，大学里通常

---

❶ ［法］莫里斯·哈布瓦赫：《论集体记忆》，毕 然，郭金华译，上海人民出版社，2002年版。

❷ 莫琳·T. 哈里楠：《教育社会学手册》，傅松涛等译，华东师范大学出版社，2004年版，第265页。

会用文化的开放心态来设计仪式活动，以发挥其教化作用。在学校场域中，仪式作为一种教育手段，必然与政治、权力和意识形态有紧密的关系。❶ 因而，大学仪式活动具有规范社会认同和教化的功能。有学者认为，仪式往往是与国家的意识形态紧密联系在一起，学校的仪式和国家政治权力两者间是一个相互作用的关系，国家权力和政治意识形态会渗入学校仪式活动中去，而学校仪式也是表达国家意识形态的重要途径，并在一定程度上影响国家政治文化的走向。学校的仪式活动，因其国家意识形态的合法性外衣，也渐渐地成为大学仪式活动的重要部分。因此，大学里仪式活动更多的是社会化仪式或者政治性仪式，这也是中国高校，特别是文科类高校的特点。另外，仪式教育通常也是德育的重要内容，仪式强调伦理、社会秩序和社会价值观认同，仪式会给个体的行为进行一定道德约束，也会为群体提供共同的价值目标。从这个角度来说，仪式教育是可以由内而外地唤醒大学生心灵深处的道德意识，并在一定程度上进行纠正。

仪式教育同时也具有凝聚功能，这里的凝聚指的是社会凝聚和价值认同。人在本质上是一切社会关系的总和，每个个体的行为总是与他人及群体组织密切相关。仪式教育强调的凝聚力是指群体成员之间拥有共同的文化认同、价值追求、理想信念等，并能为实现一定目标而相互协作、配合，群体成员都具有强烈归属感、荣誉感和责任感，对群体目标具有信赖性和服从性。正因如此，仪式可以增强群体之间的联系，规范个人行为，在仪式活动中，独立的个体概念变得模糊，"我"为集体的"我们"服务，文化认同和价值认同成为大家的共同目标。

大学场域里，仪式教育正是将无数个体凝聚到一起，形成强大的集体力量。大学里的各级学生组织等单位，几乎将各种仪式活动都集中在一起，往往成为大学生适应大学生活，完成社会化过渡的重要过程。

（二）导向与激励功能

任何一种教育手段都有导向功能，而仪式教育的导向功能更多地带有明显的积极导向性。如今社会，思想价值多元化，文化包容性大，这使大学生在获得更多自由的同时也面临不同的选择。仪式教育作为一种特殊的思想政治教育手段，应该"帮助人们预测社会、个人的发展趋势，掌握发展的方向和规律，消除对未来发展的无知；帮助人们选择发展的有利时机和有利因素，排除发展中的风险和

---

❶ 王海英：《构建象征的意义世界——学校仪式活动的社会学分析》，载《当代教育科学》，2007年第14期。

干扰，减少发展的曲折性，这是对思想政治教育导向功能的新要求。"❶ 大学仪式教育在引导学生认识何谓大学和大学精神等方面有重要的导向功能，比如开学典礼上，邀请学校领导和最受欢迎的教师介绍学校基本情况和大学生活，以及未来规划，这就是在引导学生尊师重道、领会大学精神、了解学校历史和文化传统，这样可以让新生感受到自己在大学里的主体地位，树立自主意识，更加适应以后的大学生活。

以中国政法大学为例，每年都会举办"榜样法大"颁奖典礼、"CUPL 正能量"人物访谈、"学术十星"论文大赛以及评选"三好""优干""优秀毕业生"等各种性质的仪式活动来塑造和宣扬榜样的力量，引导大学生向优秀同学学习，这是一种强大的导向和示范力量。在大学生思想政治教育中，仪式教育对于引导学生积极、健康地度过大学生活、顺利成长成才具有很强的激励功能。

（三）交流与传承功能

仪式从一开始就是文化传承的重要载体，在历史的沉淀中形成特定的文化符号。有学者认为，仪式本身就是一种"信息"，通过信息的不断重复和传递才形成仪式。在高校也经常通过仪式教育来达到文化交流和传承的目的。它是大学共同体的成员互相交接的过程。大学的文化一方面通过历史文献，借助校训、校徽、建筑等载体进行传播和传承；另一方面，文化来源于实践记忆，这种实践记忆往往具有言传身教的作用。通过仪式的不断重复，将文化信息和符号深入到大学生的思想和行为中去，也就是"行动着的文化"，完成文化的传承功能。

仪式不是个人行为，而是种群行为、大众行为，都是人们为了一定的共同目的加入到集体活动中去。"交流与沟通构成了仪式的基本功能，并通过这一功能作用于社会现实。"❷ 大学仪式教育也是通过语言交流、互动来拉近彼此的距离，成为连接各种关系的纽带。比如大学里的论文答辩仪式，导师和学生之间通过讨论学术论文来彼此交流观点、传授经验，这毫无疑问会加强师生之间的交流沟通，达到答辩仪式的目的。

大学生活中会出现很多的矛盾和冲突，学者特纳提出过仪式化反结构理论，他认为仪式本身可以消除一部分冲突，实现种群关系的平衡，恢复正常的社会秩序，这其实就是发挥了仪式教育的"安全阀"作用，利于保持校园环境的和谐氛

---

❶ 郑永廷：《发展思想政治教育的导向功能》，http://www.people.com.cn/GB/channel7/36/20001119/318641.html/，2013 年 11 月 10 日。

❷ 彭兆荣：《人类学仪式的理论与实践》，民族出版社，2007 年版。

围。高校经常会组织"平安校园"讲座、"诚信考试"教育、"文明寝室"评比等形式促进同学们文明规范观念的养成，培养他们的正义感、同情心和互帮互助等精神品质，这也有利于以后走出校园更好地融入社会生活中。

三、高校仪式教育的缺失

仪式教育确实是一种充满教育内容和意义的形式，它把大部分的教育目的和意义几乎都赋予受教育者，但实际效果往往有所偏差。实际上，仪式教育所能起的作用和影响有限，仪式教育的功能还没有充分实现，如果操作不当甚至还会出现一定的负效果。高校仪式教育的缺失主要表现在以下几个方面。

（一）搞形式、走过场现象严重

习近平主席说过，教育实践活动，顾名思义，就要一手抓教育，一手抓实践。实践，关键在整改落实，把问题解决到位，求实效，坚决防止搞形式、走过场。以形式主义反对形式主义，以官僚主义反对官僚主义，是不行的。❶ 现在很多高校的仪式教育仅仅是为了完成任务、吸引公众注意、盲目追求热闹气氛，将一些仪式活动流于形式、走过场，没有给活动参与者带来真正的教育意义和效果。

随着社会转型和发展，仪式教育在高校的核心作用逐渐减弱，形式和种类也在日益减少，仪式失真和异化现象屡见不鲜。当前高校仪式教育出现了不同程度的"形式化"，仅注重场面效果，将重心只放在形式本身，而非教育内容。这种不良的倾向往往会削弱仪式教育的教育价值，其导致原因有两种，第一，仪式本身就具有表演性，"仪式具有天然的表演性质和特征"❷，这使得仪式教育极易走向一种作秀；第二，教育者对仪式内容不了解和功利性价值观也很容易导致整个仪式教育走向形式化。

目前很多高校仪式教育的组织者都十分重视外在形式的规范，特别是组织纪律、穿着打扮以及保证人数等硬性规定，形式取代内容成为众人关注的焦点，形式往往会走向异化，成为仪式教育的重心，掩盖了仪式教育的内容，最终使学生的注意力从仪式教育身上转移，减弱了教育意义。仪式教育走向形式化，是由逻辑错位所导致的，从形式与内容的角度看，一定内容的形式和一定形式的内容之间可以互相转化，同样的内容表现形式也有多种。比如在高校的仪式教育中，经常会看到台上领导慷慨激昂，台下观众昏昏欲睡的场景。上级部门布置会议或者

---

❶ 详见习近平：《在河北调研指导党的群众路线教育实践活动时的讲话》。

❷ 彭兆荣：《人类学仪式的理论与实践》，民族出版社，2007 年版。

讲座任务，各学院便硬性规定足够数量的学生去参加，也不管讲座或会议的内容是否与学生相关，剥夺学生的主体地位，甚至沦为"鼓掌机器"，这种台上所讲与台下关系不大的情况是很多高校的常态，也是高校形式主义、"官本位"和"权力意识"的体现。这种空洞、乏味、无趣的仪式教育使他们对以后的仪式教育兴趣急剧下降，开展的难度越来越大，甚至会对仪式教育失望，起了反作用。

很多高校对仪式教育的认识不清，认知不足，各学校之间对仪式教育的认知程度也参差不齐。但很少有高校能认识到仪式教育对于学生发展的重要性和价值。有的学校把仪式教育看成可有可无的"花架子"，甚至认为多一事不如少一事，消极对待仪式教育，没有认清仪式教育真正的教化作用；也有的学校过度夸大仪式教育的功能，把仪式教育当作包治百病的万能药。这些都是对仪式教育认知不足的表现。

学校仪式教育的组织者，应该要正确认识到仪式教育的内容和意义，否则必然会导致流于形式。殊不知仪式教育对于大学生来说对之后的工作和生活都会产生深远的影响，例如毕业以后免不了要面对各种社会交际场合和职业礼仪等规范，这些都要从大学时期开始培养，在校期间仪式教育给他们提供了丰富的实践基础和锻炼机会。无论是教育组织者还是学生都要清楚认识到仪式教育的重要性，使仪式教育的真正作用和教育价值得到充分发挥，否则对学校和学生来说都是巨大的损失。

（二）"人情味"缺失

如今大学生越来越重视自身的主体地位，自我意识强。"为了完成任务而完成任务"的仪式教育参与模式在十几年前还看不到弊端，学生还会认真配合学校布置的各项仪式活动。但现在面对一群"个体意识"和"自我意识"爆棚的大学生，老套的仪式教育模式已经行不通了。很多高校仪式教育缺乏活力、墨守成规、生搬硬套，这主要是因为高校在进行仪式教育时，忽视了作为学生的主体地位，把学生当作工具，不关心学生的真正需求。

在高校，仪式教育的目标经常会出现与学生实际情况偏差等问题，首先，仪式教育的目标设计对学生个体的需求关注度不够，不能完全满足不同年级不同阶段的学生需求差异。其次，仪式教育的教育功能是建立在一定的情感环境里，使受教育者跟教育者有一定的情感共鸣、找到认同感和归属感，这也有利于推动仪式教育的实施，弥补仪式教育内容的不足。但实际操作过程中，仪式教育的组织者往往忽略了与受教育者的情感沟通，完全是机械、填鸭式的灌输，这切断了学生接受仪式教育的最后一个链条。最后，对于仪式教育的角色定位认知不清，应该将学生放在仪式教育的主体地位。仪式教育的设计和开展应该围绕着学生实际利益，听一听学生的想法，如果有条件可以先调研再设计，这样有的放矢的仪式教育才是高校真正需要的。以人为本在高校尤其重要，否则会造成学生对仪式教育的冷漠和抵触，阻碍学校建设和人才培养的进程。

四、仪式教育缺失的解决路径

（一）精心设计仪式教育形式与内容，实现预期教育效果

仪式教育离不开形式，更离不开内容，不能重形式轻内容，搞形式主义。各高校的仪式教育有所相同又有所不同，应该结合本校特色和学生特点等实际情况，尽量设计贴近生活、贴近人心的形式，这样教育的内容才容易被学生接受。

仪式教育开始之前都要先进行有计划、有目的的组织设计。要针对学生的需求精心设计教育的内容和形式，应该灵活安排活动的时间和地点，在不影响教育效果的前提下不断创新仪式的形式和内容，从学生的角度出发，理解学生，吸引他们的注意力，调动学生的激情和积极性，将仪式教育的作用发挥在平时。根据学校特色以及不同年级和不同专业学生的特点，将仪式教育分门别类地安排在学生学习的各个阶段和各环节中去，实现其有效性、针对性和覆盖面。

仪式教育可以尝试让组织者和学生角色互换，比如就业技能培训的模拟面试，可以让面试官扮演面试者，学生扮演面试官，来换位感受一下，作为面试官关注面试者的哪些能力，同时也可以更直接地学习、借鉴面试官的表现，这样在以后的面试中，学生可以了解面试官的需求，有针对性地准备，增加成功的概率。

仪式教育实施者要提前对仪式教育的效果有明晰的预期和设计。这种设计不能脱离实际，要与实际紧密结合，接地气。如有条件最好先进行调查，了解受教育者真正的知识盲点和希望接受的教育形式，对症下药。防止假设空想，影响仪式教育的实际效果。另外，组织者要关注仪式教育的发展途径与方向。这些年来，我国大学生的思维方式和价值观都发生着巨大的变化，仪式教育也应该随之变化，来贴合学生实际情况，把握未来高校教育的方向。

（二）尊重学生主体地位，兼顾个性与共性

仪式教育最主要的受众群体是学生，应该深入了解学生，把他们的需求作为切入点，尽可能地满足他们的合理需求。有很多高校的仪式教育经验告诉我们，如果颠倒了学生的主体地位，使学生处于被动，就会使他们大大降低兴趣，仪式教育的教师是引导者也是组织者，主体应该是学生。因此我们应该转变思路，从学生的角度出发，多采用学生感兴趣的形式开展仪式教育，把仪式教育的主动权

还给学生。

仪式教育更多的是面向群体，在照顾共性的基础上兼顾个性，充分调动每个参与者的主动性和创造性，注重与学生之间的互动和情感交流。仪式教育要坚持以正确的价值观为导向，立足学校自身的文化传统和特色，将教育内容日常化、趣味化，使学生容易接受，并鼓励学生在仪式教育过程中进行自我教育和自我反思，发挥学生的主动性和创造性。全面整合在学生群体中影响力大、覆盖面广、热门的主题和内容，比如在仪式教育过程中，可以结合当下时政和社会热点问题展开讨论，提高学生的参与度；还可以与教育内容相关行业或领域的知名人士、校友作经验交流、言传身教，这样更具有说服力。还要兼顾不同学生群体，针对不同群体要灵活变更教育形式，不能一劳永逸，只求大而全。在日常学生工作中，我们往往只注重优秀的、活跃的学生，而忽略了其他更需要鼓励和关注的群体，仪式教育也是如此，要将不同的教育内容与不同的群体进行匹配。

学校仪式活动既有传统的官方形式，也有民间自发创造的偏娱乐和生活化的形式。从实际效果来看，大学生往往对后者更感兴趣，参与热情更高，效果更好。因此，仪式教育必须要换位思考，从学生的主体性角度来设计仪式活动。

（三）挖掘整合教育资源，形成教育合力

学校的仪式教育在实施程序上，一定要注重规范性和实效性。要想取得良好的教育效果，就必须经过前期细致准备、仪式进行时对每个环节严格把控、仪式结束后及时的总结与反思。具体来说，主要包括仪式的前期设计、气氛的营造、现场对于学生情绪的引导和调动、活动结束后通过反馈和回访总结反思其效果，否则对以后的仪式活动没有任何的改进和借鉴意义。

在仪式教育中，学生是主角，教师是导演，是仪式教育的实施者。教师一定要了解和知晓仪式的目标和意义，充分认识到自己在仪式教育中的地位，自己的言谈举止都会对仪式教育的成败产生影响。因此要正确引导学生，重视仪式教育的内容，明白仪式背后隐含的内容，达到仪式教育的实效目的。

大学的仪式教育场所分为校内和校外。在校内，又分为课上和课下两种情况。在课上，以授课为主，这是最基础、最传统的方式。这种方式跟授课教师的个人因素有很大关系，有的教师授课内容精彩、授课方式风趣生动，自然就容易吸引学生的注意力，学生学习效果就会好。同时，几乎每个高校都开设思想政治教育理论课，思政课教师在仪式教育中应该充分发挥其专业优势，将仪式教育与思想政治教育结合，化教育于无形。在课下，学生可以通过学校、社团、学生组织举办的各种活动接受仪式教育。课下的仪式活动可以与课堂授课配套、结合。

比如，利用上党课等形式了解党员的权利与义务，了解国家制度和历史，培养公民意识，课下可以组织红色旅游寓教于乐。

从仪式教育的执行角度分析，还应该整合和创新技术和工具。互联网时代，应该多借助网络和现代化媒介手段，改变单纯的教育手段，通过听觉、视觉和触觉等加强受众对仪式过程的深刻记忆，产生情感上的共鸣，这样可以起到深化仪式教育的效果。另外，学校各个部门之间也可以实现数据共享，寻求跨部门合作，避免做重复无用功。

大学生深度辅导的意义和现状研究

民商经济法学院　姚国强

摘　要　自 2009 年推广以来，大学生深度辅导工作已经得到了广大思想政治教育工作者的高度认可。深度辅导是实现思想政治工作专业化、精细化的重要途径，是提升工作质量、实现内涵式发展的必然选择，对整个思想政治教育工作来讲意义重大。但是大学生深度辅导工作开展的实际效果如何呢？笔者就这个问题，设计了一个关于深度辅导基本问题的调查问卷，希望能从中了解大学生深度辅导开展的真实情况，并试图提出一点建议，让这项工作更好地进行下去。

关键词　大学生　思想政治教育　深度辅导

一、大学生深度辅导工作的提出具有重要的意义

什么是意义呢？意义，与作用和价值相近。指的是人们为某种行为所能带来的作用和价值，包括人们对意义的认知和人生的一种认识。在字典里，意义是个多义词。既可以指文字词语的意思，也可以指内容、名誉等，在这里笔者所说的意义指的是作用和价值。就是分析、提炼出深度辅导的作用和价值，即深度辅导的意义。笔者认为谈论一个事物的意义，应该是从事物相关要素及其对环境的影响等方面来谈它的作用和影响，以及由此带给人们的反思。深度辅导涉及的基本要素就是辅导的对象、辅导的实施者，环境则是大学生思想政治教育本身。

（一）深度辅导对其辅导对象——大学生的意义

当明确要求"确保每一名大学生每年得到一次深度辅导"这一原则提出以后，每个大学生每年都会得到一次和辅导员老师单独沟通和交流的机会。作为一个大学生，他（她）就会思考一个问题，我为什么要找老师交流呢？我跟老师交流什么问题呢？我是否需要把我的困惑或者困难告诉老师呢？我跟老师交流会不会紧张？肯定也有很大一部分同学认为，上大学以来一直的彷徨终于可以找老师好好沟通一下了。深度辅导对于大学生来说，就是获得了一个和辅导员老师深度交流的机会，有助于解决个体的实际困惑或者困难。学生以一个新的身份参与到

大学生思想政治教育工作中，这显然更有利于大学生个体的健康成长成才，有利于大学生的全面发展。

（二）深度辅导对其实施者——大学生辅导员的意义

深度辅导作为思想政治教育工作的基本要求，带给我们一个思考，即如何创新我们的工作模式。作为一个思想政治教育工作者，我也常常思考一些问题，我应当怎么辅导我的学生？我辅导学生什么呢？学生愿意配合老师的辅导吗？深度辅导，无疑对我们的工作提出了新的挑战。它激发了辅导员们不断提高自身综合能力的热情，要求我们做好足够的准备去全方面了解每一个辅导对象，还需要我们紧跟时代步伐、改变工作方式，成为大学生心灵的良师益友和人生成长的指路人。深度辅导必将促进辅导员队伍的专业化发展。

（三）深度辅导对其实施环境——思想政治教育工作的影响

1. 深度辅导的提出，就是高等教育内涵式发展这样一个大的时代背景对思想政治教育提出的具体要求

"树立好学生，管好差学生"这样"抓两头"粗放型的思想政治教育将面临着重大的变化。思想政治教育工作必须精细化、专业化，切合学生的实际问题，必须因材施教。思想政治教育工作针对性必须提高，这必将带来思想政治教育工作新的改革和发展。

2. 促进了思想政治教育方式的转变

2009 年，北京市教育工委在首都高校中大力推行深度辅导工作，并把开展此项工作作为深入推进大学生思想政治教育的有力抓手和重要举措，对全市辅导员提出了深度辅导的要求。要求"辅导员从每一个学生的实际需要出发，为他们提供个性化、一对一的教育服务，从而实现全员覆盖和思想政治教育的整体效果。"深度辅导，逐渐形成了学生和思想政治教育工作者之间深度交流的新型互动模式。这种教育方式，是开展大学生思想政治教育工作的基础性工作，它体现了工作方式的一种回归。❶

3. 深度辅导也是落实国家教育方针的体现

《国家中长期教育改革和发展规划纲要（2010—2020）》指出：把育人为本作为教育工作的根本要求。人力资源是我国经济社会发展的第一资源，教育是开发人力资源的主要途径。要以学生为主体，以教师为主导，充分发挥学生的主动性，把促进学生健康成长作为学校一切工作的出发点和落脚点。关心每个学生，

---

❶ 夏海龙：《关于深度辅导工作的几点思考》，载《北京教育（德育）》，2011 年第 7 期，第 82 页。

促进每个学生主动地、生动活泼地发展，尊重教育规律和学生身心发展规律，为每个学生提供适合的教育。努力培养造就数以亿计的高素质劳动者、数以千万计的专门人才和一大批拔尖创新人才。注重因材施教。关注学生不同特点和个性差异，发展每一个学生的优势潜能。深度辅导的确是发现个体差异、解决个体问题、培养学生个人潜能的务实之举。

二、大学生深度辅导的工作现状

笔者也经常反思大学生深度辅导工作。工作做得越精细，往往就更容易发现问题和突出矛盾。为了解这项工作的实际开展情况，我们开展了一个题为《大学生深度辅导工作开展情况的调查问卷》（本文简称"问卷"），通过几个基本的问题，来了解大学生深度辅导工作开展的实际情况。

问卷调查也是采用了当下普遍被认可的专业网络调查平台，一共回收 612 份问卷，问卷对象全部是在校大学生，有本校的，也有外校的，以本校学生为主。问卷围绕以下问题展开调查：学生所处年级、性别、了解程度、主观意愿、参与动机、辅导内容、反馈效果和效果制约因素。下面就是调查的结果：

（1）参与调查的女生偏多一些，有 348 人，约占总数的 57%，男生 264 人，大约占总数的 43%；其中大一学生参与者居多，有 254 人（41.5%），其他年级：大二 207 人，大三 87 人，大四 64 人。

（2）很多大学生并不了解大学生深度辅导，对于这个概念还很不熟悉。问卷显示，参与调查的近 7 成的大学生只是听说，或者不知道什么是深度辅导。比较了解和参与跟辅导员单独交流的只有大约 30% 的同学。

（3）超过 63% 的学生希望和辅导员进行一对一的交流，但是也有不到 6% 的学生比较讨厌辅导员找学生"谈话"。在希望与辅导员进行单独交流的学生当中，有大约 46% 的学生是遇到了困难，寻求老师的帮助；一半左右的同学，是为了自己更全面的发展；剩下来的同学就是想寻找一个倾听者。

（4）从参与深度辅导的频率和时间上看，大约 60% 的同学交流少于一次或者 1 个小时，大约 12% 的同学超过 3 次或 3 个小时。

（5）学生哪些问题才会主动联系辅导员老师进行交流呢？大约 87% 的学生选择了学业，大约 78% 的学生选择了求职升学，大约 41% 的学生选择了人际关系，近 20% 的学生选择了情感问题。

（6）是什么原因导致学生不愿意主动和辅导员进行沟通和交流呢？自我感觉良好者最多，占到了近 43%，认为和辅导员有代沟的约有 26%，觉得辅导员缺乏亲和力、不能解决问题的分别约占 24% 和 6%。

（7）深度辅导的效果如何呢？63% 的学生觉得基本解决了问题，大部分同学觉得受益很多，也有超过 30％的同学觉得作用一般或者没有作用。

（8）从学生的角度看，哪些因素制约了大学生深度辅导的效果了呢？近70％的学生认为辅导员日常工作太忙，精力有限；大约 55％的同学觉得还没有和老师建立足够的信任关系，认为辅导员能力有限，不够敬业的所占比例较小。

三、问题的反思

这就是我们调查的真实情况，我们也知道参与调查的同学还不够多，参与的面还不够广，但是不同年级、不同性别、不同院系的 600 多名学生，已经告诉了我们一个关于大学生深度辅导的相对真实的现状，并由此应当引起我们的思考。

（一）我们要统一认识，激发大学生的主体性

调查显示，超过 60％的学生其实并不了解或者熟悉什么是大学生深度辅导，所以应当加强宣传，让深度辅导这一概念深入人心。目前来看，对深度辅导的认同度较低是我们开展这项工作的一个瓶颈。笔者认为，宣传肯定是必要的，但不应仅仅局限于一个概念的知晓，更重要的是让学生接受深度辅导的理念。受思想认识水平、身心发展水平以及性格的影响，大学生很容易产生防御心理，抗拒深度辅导。在实际工作的开展中，一线辅导员老师经常发现，依然有一部分同学以为辅导员老师找他（她）谈话是因为自己犯了错误。

实践具有的价值性是实践本性的体现。必须要让大学生认识到自己为什么要参加深度辅导这个实践活动。强化以人为本的观念和大学生健康成长全面发展的理念，这是我们开展深度辅导的本质意义。另外，还要激发大学生参与辅导的主体性热情，引导学生认识到自己就是实践的主体。在哲学上，主体性是指人在实践过程中表现出来的能力、作用、地位，即人的自主、主动、能动、自由、有目的地活动的地位和特性。人的主体性的一个重要特征，就是发挥主观能动性。深度辅导的顺利开展，必须让大学生发自内心地认为自己需要寻求老师的帮助，需要跟老师沟通和交流，认为这样才有助于自己的更好发展。这也是我们一直倡导的理念：人要成为能动的价值存在。

（二）精心充分的准备是提高深度辅导实效性的基础

大学生深度辅导，是指在充分了解学生具体情况的基础上，结合学生的个性特点，运用专业的知识和技能，对学生进行科学指导，帮助其解决存在的问题与困扰，为学生的健康成长提供良好服务和有力支持。❶ 依据大学生深度辅导的定义，再结合我们调查的情况，进一步坚定了我们的认识，那就是深度辅导必须经

---

❶ 《北京市大学生思想政治教育专项督查工作方案》，2009 年 5 月。

过精心充分的准备才能有效地开展。

准备分两个方面。第一个方面，是面向全体学生，依据思想政治教育的实际环境，根据不同的年级，将深度辅导的重点问题进行分类。这是通常的做法，也是被很多辅导员老师认可的。比如，分别以大学的适应性、核心竞争力培养、全面发展、职业发展规划作为学生大一至大四深度辅导的重点问题。第二个方面，就是针对不同的学生，要寻找主要突出问题。我校每个月心理排查的问题，如学业预警、人际交往危机、情感困惑、家庭经济困难、心理健康都应该成为深度辅导的重点。如果不能准确地找到学生存在的问题，硬拉生扯地给学生做深度辅导是没有实际效果的，也不能解决真正的问题。

（三）加强辅导员队伍建设，是提高深度辅导质量的保障

从自身角度来讲，大学生辅导员应该保持一个不断学习的状态。每一届学生都有各自的特点，每一个学生更是具有鲜明的个性，辅导员老师应该不断地学习新事物，加强自身的修为，培养多方面的爱好，提升个人魅力，缩小和学生之间的"代沟"，建立老师和辅导对象之间的信任关系。从专业技能角度来讲，大学生辅导员应该在立足思想政治教育的基础上，有意识地完善教育学、心理学、社会学、法学等方面知识结构。学校应该制定较为详细的、可行的培训计划，安排辅导员老师定期参加专业技能的培训。根据学校的实际情况，学校应该按照教育相关规律，合理地配备辅导员老师所带的学生比率，科学地明确辅导员工作职责。现状有时候是这样呈现的——辅导员的数量不足和工作的边界宽泛。虽然教育部固定了大学生专职辅导员一般配备 200 名学生。但是很多院校因为实际工作的需要，辅导员所带学生经常"超载"，比如笔者工作这几年曾经一个人所带的几届学生分别为 574 人、384 人、347 人，目前所带班级学生总人数为 322 人，可见，最少的一届学生也超出了参考值的 61％。调查也显示"辅导员精力有限，与日常管理工作相冲突"已经成为制约深度辅导效果的最主要的因素。

辅导员老师相互之间应该加强联系和学习，这样一来，面对一个难点问题，既可以看看资深辅导员老师有什么经验，也可以从年轻辅导员那里学到一些创新。比如笔者所在学院的创新论坛、学生工作部组织的主题沙龙等，都非常有利于老师之间的交流和学习。另外，就是要做好深度辅导的反馈和总结。通过回访或者多次辅导，了解学生的感受和体会，了解问题是否解决，总结工作的经验与不足，不断提升深度辅导的质量。

促进大学生的全面发展，可以说是一个系统的工程，大学生辅导员在开展深度辅导的同时，要注重教给学生解决问题的方法，就是我们通常讲的要"授人以渔"，要做"引路人"。要夯实大学生思想政治教育的日常管理的基础，重视学风建设，加强制度建设，创新工作平台。只有解决了思想政治工作的基本问题，才能确保我们的学生在一个积极、有序、向上的环境里成长，树立正确的世界观、人生观和价值观，最终促进思想政治教育工作落到实处。

附：调查问卷分析图表

1. 请问您目前所处年级?

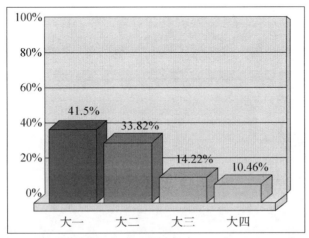

2. 请问您今年与您的辅导员的交流时间?

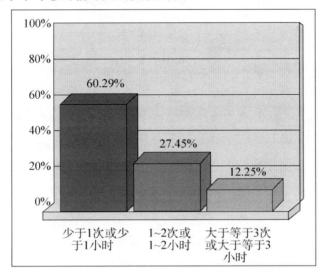

3. 请问您是否希望主动与辅导员进行交流？（务必真实）

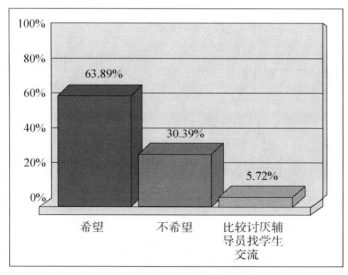

4. 如果希望主动跟辅导员进行交流，原因是什么？

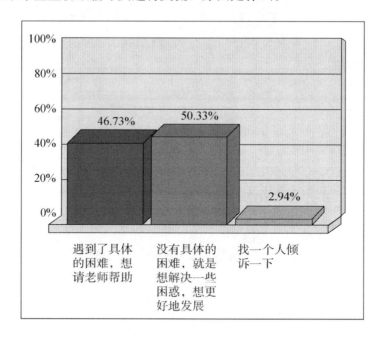

5. 如您希望与辅导员主动交流，请问您希望哪些问题与辅导员进行主动交流？（可多选）

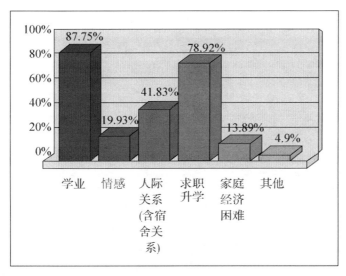

6. 如您不希望与辅导员主动交流，请问您不希望的原因是？

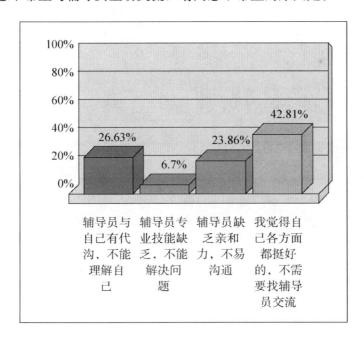

7. 您觉得跟辅导员进行深度辅导谈话后，是否有效果？

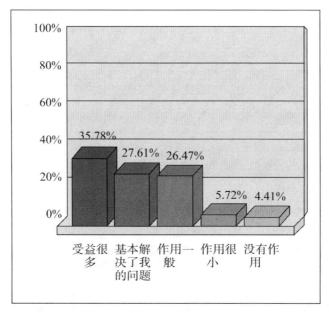

8. 您认为制约辅导员进行深度辅导效果的原因有哪些？（可多选）

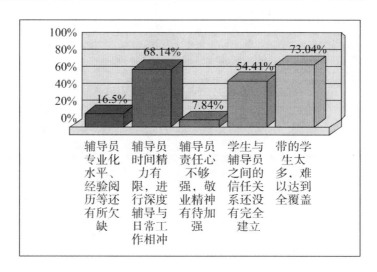

"90后"大学生生命价值观教育引导

刑事司法学院　　江乐园

摘　要　近年来"90后"大学生漠视生命的现象较为突出，心理问题和伤害事件不断增多，大学生生命价值观教育引导显得刻不容缓。本文旨在深入挖掘"90后"大学生生命价值观教育引导的理论根据，全面分析"90后"大学生生命价值观的现实依据，并在此基础上提出"90后"大学生生命价值观教育引导对策。

关键词　"90后"大学生　生命价值观　教育引导

生命价值观是人们对待生命存在、生命意义和生命价值的一种态度和观点，蕴含在人们的生命认知、生命意识、生命态度和生命意义之中，因此"90后"大学生生命价值观教育引导的内涵可以界定为：关注"90后"大学生生命的存在价值，进行生命知识的教育；关注他们生命的生活价值，进行自我生命与他人生命、与社会关系的教育引导；关注他们生命的超越价值，进行生命价值即"生命的意义和追求的教育引导活动"❶，"90后"大学生生命价值观教育引导既可从马克思主义生命观、西方生命教育研究和中国传统文化生命观中溯源，也可从当前"90后"大学生生命价值观的现状分析和有效经验中延伸探索。

一、"90后"大学生生命价值观教育引导的理论溯源

"90后"大学生生命价值观教育引导可以借鉴的理论成果主要有：马克思主义的生命价值观；西方生命价值观教育；中国传统文化生命观。

1. 马克思主义生命观

马克思明确提出人"要能发展，首先必须生存"、"人的本质并不是单个人所固有的抽象物，在现实性上，它是一切社会关系的总和。"从这两句话不难看出，

---

❶　[基金项目] 2016年首都大学生思想政治教育研究课题"90后大学生生命价值观现状分析与教育引导"（项目编号：BJSZ2016ZC086）。

马克思主义生命观是历史唯物主义生命观，他认为人的生命包括"属人生命"和"有为生命"，即人在自我意识的基础上，同时还具有超越动物本能活动的自主自为活动的能力，人具有从自在生命走向自为生命的能力，人走向自为生命的过程便是人追求生命价值的过程。也就是说，人们意识到自己的存在，就会思索自己活着的原因、意义和价值等问题，这就是人对待生命存在、生命态度、生命意义的认识和看法。"90后"大学生生命价值观教育引导应以马克思主义对人的这种科学阐述为理论根基，正确认识人的本质，进而探讨出有效的大学生生命价值观教育引导对策。

2. 西方生命教育观研究

西方生命教育研究起步较早，如尼采的"道德价值学说"、狄尔泰的"自身思义"、胡塞尔的现象学、海德格尔的诠释学、萨特的存在主义等都蕴含着丰富的生命哲学思想。尤其是美国关于生命教育的理论研究和实践成果较为丰富，如华特士创建的"阿南达村"就是为了倡导其生命教育的思想，他吸纳了大约800名成员践行生命教育，奉行生活就是学习，生命就是体验的教育理念，努力创建生命教育的原则并在生活中积极贯彻这些原则。孩子们要学会的是如何快乐、成功地生活，而不只是为生存而生存，为了谋生而去违背自己的内心愿望，阿南达学校的老师注重引导学生充分去体悟人生的意义。华特士几十年的生命教育理念得到了广泛传播，全球生命教育实践繁荣起来。目前除美国外，其他国家如澳大利亚、日本、英国、我国的香港地区和台湾地区等都开展了主题相异、内涵相似的生命教育活动。国外生命教育研究中更多地注重生命教育的内容设定（如关注人的生活）和课程设置（主辅结合），注重利用政府的力量，发挥政府、社会、学校、家庭各种教育的合力，主要采用以渗透为主、重视社会实践和心理咨询的教育方式。诚然，中西方的文化背景、价值理念、行为特点虽存在差异但生命的过程还有很多是相通的，因此在生命教育及生命价值观教育过程中还是有普遍规律可以遵循和借鉴的。

3. 中国传统文化生命观

中国传统文化博大精深，但从历史长河来看，儒家对中国人的影响最大，其次是道家。儒家和道家文化中有很多有关生命探讨的内容。儒家经典之作——《大学》集中阐述了儒家的生命观，其思想中"天地感而万物化生"说的是人的自然生命，其思想中"文质彬彬，然后君子"强调的是人的文化生命，即人要"文雅"，要提升自己的文化素质和知识文化修养。另外，中国传统文化中的古诗词文化、佛教文化、茶道文化、民乐经典、国画经典、蒙学经典以及《黄帝内经》《天工开物》等科技类经典中都蕴含着丰富的文化生命精神。儒家思想还将道德视为人的生命的本质属性，所以道德修养其实就是生命修养，在《大学》的生命设计中，人的终极追求是至善，主张"舍生取义"。这里的"义"是指人们应该遵守的道德准则，即生命的最高境界——道德生命。《大学》还提出生命价值得以实现的顶层设计思想——格物、致知、诚意、正心、修身、齐家、治国、平天下，它所代表的人生境界实质上是基本道德、中德、大德的三个层次道德的统一。中国传统生命文化的这三个层面——自然生命、文化生命和道德生命对大学生生命价值观的教育引导具有很好的启迪，一方面有利于大学生树立尊重生命和爱惜生命的生命观，另一方面，有益于培养正确的死亡观，再者，道家倡导"天地与我并生，万物与我为一"的思想，重视人生命的个体性，道家这种立足生命个体的生命价值观和儒家立足生命群体的生命价值观形成了反差和互补，共同塑造着国人的生命观，为"90后"大学生生命价值观教育引导提供了借鉴。

二、"90后"大学生生命价值观教育引导的现实依据

毋庸置疑，马克思主义生命观、西方生命价值观理论以及中国传统文化中的生命观都为"90后"大学生生命价值观教育引导提供了理论借鉴和文化传承，但它终究是植根于现实土壤中的，"90后"大学生生命价值观教育引导终究离不开对其现状、对社会主义核心价值观学习引导及中国生命价值观教育引导经验的探讨。

1. "90后"大学生生命价值观现状

任何教育引导都必然植根于其现状基础之上，对"90后"大学生生命价值观现状的研究分析是进行"90后"大学生生命价值观教育引导的最基础最重要的现实依据。目前，学界通过问卷调查或少量采用个案访谈的形式对"90后"大学生生命价值观现状进行了一些研究分析，大部分学者认为，目前"90后"大学生生命价值取向明显不一，存在多种问题，生命认知不足，在对待自身生命责任时，有较强的责任感，但过多执着于追求自我生命价值，而忽视生命的社会价值，对于生命的社会价值认同感不强，因而"90后"大学生生命价值取向是偏功利性和实用性，他们的价值观也有多元性特征，但主流价值观总体上是好的，在面对"非主流"文化时大多能够理性对待。这些现状分析对探讨"90后"大学生生命价值观教育引导对策具有较大的指导性作用。

2. 社会主义核心价值观学习引导

每个人既是"自然人"又是"社会人"，"90后"大学生生命价值观教育引导离不开对当前社会价值观的辨认、学习和引导。人的价值观是一个随生产方式

的变化而变化的历史产物，每个时代都有其特定的主导价值系统，当前虽是一个多元价值观充斥的社会，但我们的主流价值观就是社会主义核心价值观。社会主义核心价值观是中华优秀传统文化与中国当下现实土壤紧密结合的思想结晶，既是社会主义意识形态的本质体现，又是中华优秀传统文化植根于中国人内心的集中体现，既是在中华优秀传统文化传承过程中的创新和升华，又春风化雨般影响着中国人的思想和行为。对社会主义核心价值观的学习引导，为"90后"大学生生命价值观教育引导提供了目标和主题，起到了很好的统帅和指导的作用，还有助于整合多样化的社会思潮。"90后"大学生教育引导要注意在学习中引导学生做价值量的分析和比较，让学生学会做选择和做出价值量高的选择，从而最大限度体现自己的存在价值和生命价值。

3. 中国生命价值观教育引导的经验

虽然整体上我国关于生命价值观教育的研究起步较晚，实际的思想政治教育工作中有关生命价值观教育的执行力度也不够，但近些年学术界针对大学生生命教育、生命价值观教育、生命意识、生命责任、生命信仰及生命价值观开展了丰富的研究，取得了较大的成果，再加上高校思想政治教育工作者的不懈努力，还是形成了部分有关"90后"大学生生命价值观教育引导的可供借鉴的经验，这些经验当然可以成为"90后"大学生生命价值观教育引导的现实依据。例如，西南石油大学的王琳彬总结的"包括个体生命身心和合的教育、群己生命人际和合的教育等"和合的生命价值观教育内容、"价值澄清引导法、对话交流法、情感体验法、团体学习法、情境教育法"等生命价值观教育引导方法都值得我们深入研究和借鉴。

三、"90后"大学生生命价值观教育引导的对策探讨

1. 理论引导

价值观是一个哲学范畴，生命价值观可从哲学、教育学、心理学等多种学科理论中寻找它的理论根源，任何教育引导工作都离不开理论的指引和指导，摒弃了理论的灌输和引导将使得教育引导失去根基进而失去长久的生命力，生命价值观教育引导工作也不例外，掌握了有关生命价值观的理论将会使人对待生命和生命价值的看法更加高屋建瓴、更加长远，而非鼠目寸光地在意眼前的一点点得失或挫折。当前，要通过深入进行马克思主义生命教育，以规范大学生生命行为，教育他们养成良好的生命行为，可在高校思想政治理论课教学中实施马克思主义生命观、西方先进的生命教育观和中华传统文化生命观的理论引导；在专题讲座、职业生涯规划等第二课堂中进行生命价值观的渗透式理论引导；在社会主义

核心价值观的学习引导中加强"90后"大学生生命价值观理论引导工作。当前,大学生生命价值观教育引导工作也要注重从国家层面、社会层面和个人层面这三个层面的结合中来指导学生提升自己的人生境界,做到基本道德、中德和大德的统一,做到习近平所要求的:"广大青年要从现在做起,从自己做起,勤学、修德、明辨、笃实,使社会主义核心价值观成为自己的基本遵循。"

2. 文化引导

文化对价值观的影响是巨大的,无论是中国的传统文化中有关生命和生命价值的思想,还是新媒体文化传播中对生命和生命意义的理解和体悟,都对大学生生命价值观产生着影响。习近平指出"要深入挖掘和阐发中华优秀传统文化讲仁爱、重民本、守诚信、崇正义、尚和合、求大同的时代价值,使中华优秀传统文化成为涵养社会主义核心价值观的重要源泉。"这对"90后"大学生生命价值观教育引导有重大的启迪作用,在这一工作中,要注意把中国传统文化中的自然生命、文化生命和道德生命这三个境界统一起来,引导大学生培养正确的生命观、生态观,形成正确的生命价值观,要在马列课、人文课、心理健康课、艺术课等课堂教学中和国学经典、民乐经典等文化经典中加强生命价值观的文化引导,着重进行生命美的渗透启发教育。

如今,"90后"大学生的生活已经离不开互联网、微信、微博等数字化媒体,曾经有人在朋友圈中问"如果空调和WiFi你只能选一个,你选哪个",结果很多"90后"的孩子选择了WiFi,可见网络对"90后"大学生生活甚至是价值观的影响非同一般。互联网是一把双刃剑,一方面,为大学生接受外界新思想、新观念开辟了新的渠道,丰富了学生们的交流方式,给了他们更多展示自我的平台。另一方面,西方文化的过度渗入、网络世界的虚拟性也导致大学生价值观发生偏移,甚至道德丧失、行为失范、浪费生命、漠视生命、缺乏社会责任和生命责任,出现扭曲的生命价值观。当前形势下,"90后"大学生生命价值观教育引导要充分借助网络平台,如QQ、微博、微信推送平台等多种方式来实施生命价值观教育,兼顾每位学生的生活状态和内心感受,培养大学生的生态网络道德,提倡他们从事有生命力的网络活动,对网络中各种价值观的侵入有选择性地剔除和保留。

3. 实践引导

"90后"学生的特点是更加喜欢参与自身感兴趣的各类实践活动,因此要带领学生走出校园,在各种社会实践活动中加强生命价值观渗透式教育引导,在学校、家庭、社会的共同支持和配合下实施生命价值观引导,尤其要加强生命行为教育，可以通过问题解读、互动交流、社会实践等多种实践体悟方式引导"90后"大学生体味人生意义的内涵、人生意义评价的根本标准和人生意义实现的根本路径。在高校可增设生命价值观实践课程，开展专门的生命实践训练，工作者可根据不同阶段（新生适应期、毕业期等）、不同年级、不同群体（女生群体、党员群体、贫困生群体、考研族等）"90后"大学生的身体和心理需求及所遇困惑，设计出相应的生命价值观实践方案，逐步推行，逐步调整，逐步提炼出适合"90后"大学生生命价值观教育引导的实践模式。

参考文献

[1] 盖丽娜. 大学生生命价值观的现状与教育引导［D］. 山东：山东师范大学，2008.

[2] 马克思，恩格斯. 马克思恩格斯全集：第 19 卷［M］. 北京：人民出版社，1963：439.

[3] 马克思，恩格斯. 马克思恩格斯选集：第 1 卷［M］. 北京：人民出版社，1995：56.

[4] 梅萍，张建芳. 我国大学生生命价值观教育研究特色述评［J］. 思想理论教育，2014（11）：78－82.

[5] 刘迎泽. 心理咨询师手记［M］. 北京：海潮出版社，2009：1.

[6] 王琳彬. "和合"视角下的大学生生命价值观教育研究［D］，四川：西南石油大学，2012.

[7] 习近平. 青年要自觉践行社会主义核心价值观——在北京大学师生座谈会上的讲话［N］. 人民日报，2014－05－05（1）.

在当代"90后"大学生中弘扬优秀传统文化的若干问题及对策

刑事司法学院　张继山

摘　要　近年来，社会生活多元化和文化生活潮流化的发展趋势，对大学生的内在精神结构和文化品质造成了一定的冲击。在学生思想教育工作的实际开展中，我们发现，"90后"大学生对传统文化认知不够深，接受心态不够积极。把我国五千年来历史悠久的优秀传统文化与当代大学生的日常点滴相结合，对优秀传统文化对"90后"学生发挥的潜移默化地优秀影响的作用更加重视，从而实现对现代中国的高等教育中的大学精神的培养、塑造发挥积极的引导作用的目标。在世界各地人口往来频繁、经济文化相互交融的当下，应该积极探索如何加强对"90后"大学生的传统文化教育，以进一步提升其文化素质、增强民族认同感、锻造国家精神，最终为实现"中华民族伟大复兴"的中国梦提供智力资源保障和人力支持。

关键词　"90后"大学生　优秀传统文化　高校　大学

中华传统文化作为中华五十六个民族上下五千年的共同智慧的精华，拥有着"源远流长、博大精深"的鲜明特点。同时，其中的文化精华与人文瑰宝，在维系散布全球的华夏子孙的共同的情感认同和文化认同上，发挥了不可磨灭的作用，对生生不息的中华大地上的中国人产生了深远持久的影响。值得注意的是，随着中国国内城市化进程、社会现代化进程不断加快，伴随经济全球化、文化交流多元化的大趋势，中国的社会生产关系、人民的消费习惯、市民的生活方式在大背景的影响下发生了急剧的变化。同时，当前高校的校园文化气氛和"90后"大学生的精神内核也不可避免地受到了一定程度上的冲击和影响。近年来出现了以下两种众所周知的现象：一是，当代国内大学生受发达资本主义为代表的西方外来文化的影响逐渐加深，与此同时，大学生对自身传统文化的遗忘程度不断提高。有人直观地形容当今大学生："吃的是薯片、用的是芯片、看的是大片、穿的是名牌❶"。二是，在外来文化与中华传统文化激荡的时代背景和成长环境下，中国当代大学生对我们的传统文化体系的认知、理解、构建出现了较多的困难。

鉴于此，我们十分有必要重视这种迫在眉睫的文化现状和困难，在深入研究、博采众长的基础上讨论出我们的改进方法和应对措施。只有真正把优秀传统文化的教育落到实处，才能真正构建具有中国特色的现代大学精神，才能更好地有利于当代大学生的成长成才。

一、大学生传统文化教育的意义

作为社会的青年才俊、祖国的明日栋梁，大学生在接受高等教育的同时也在肩负着传承思想学术、创造文化成果、服务社会大众的历史使命。国内各所高等院校通过各种措施切实有效地把开展优秀传统文化教育落到实处，是一项不可推卸的历史任务，同时也具有深刻的现实意义：弘扬一系列我国优秀传统文化的教育活动，有利于塑造、增强"90后"的文化素养、人文素质，有利于增强其民族认同感和强化其爱国主义信念，有利于加快建设社会主义文化强国和落实科教兴国的国家战略。

什么是文化素养、人文素质？一般解释为自然人经过接受人文社科的教育、参与相关学习后，具备的研究能力、知识水平，并由此而产生的内在修养和精神品质，如：道德水准、价值取向、文化素质、审美情趣、心理素质、人际交往等方面。在历史悠久、内容丰富的中国文明中，以孔子、孟子、程朱理学为代表的儒家文化，是中华优秀传统文化的有效组成部分。在浩如烟海的经典著作中，以人为本、天人合一、贵和尚中、刚健有为的优秀理念在尘封的历史中熠熠生辉。在大学生中组织开展对这些传统典籍的学习讨论，能提高青年人的文化知识素养，增强其审美眼光。作为传道授业解惑的高校教师通过以身作则、以身垂范，促使青年学子自觉地内省自修，培养其经得起大风大浪考验的心理素质。除此之外，学习优秀传统文化，能有效地促使当代大学生在浮躁的社会风气中形成高尚的道德情操，在感受中华民族共通的价值取向中自觉地增强自己的人文素养。

在大学生中开展普及优秀传统文化的教育，不仅有利于青年人的全面健康成长，对国家和社会的发展也具有极其深刻的现实意义。要实现中华民族伟大复兴的国家战略目标，必须把提高国家文化的实力作为实现目标的有效路径。青年学子是国家繁荣稳定的一股重要推动力量。高等院校必须牢牢抓住这一基本现实情

---

❶ 田建国：《薯片、芯片、大片、名牌——青少年教育面临挑战》，载《人民日报》，2007年5月28日。

况，开展多种形式、富有自身特色的优秀传统文化的普及教育。只有大学生们精神生活充实，对民族文化高度认同，对国家的信仰立场坚定，自觉充当传承和弘扬中国优秀传统文化的践行者，我们的社会主义文化才充满了真正的活力，我们才有了真正的文化自信和道路自信，我们的底蕴丰厚的文化瑰宝才能得到切实的传播，我们的社会主义文化才具有了真正的竞争力。

二、当代"90后"大学生优秀传统文化教育现状和分析

（一）缺乏前瞻性的培育理念

我国的传统文化在世界民族文化的宝库中占据重要的地位，文化的精华与瑰宝数不胜数，可以说到了令人眼花缭乱、应接不暇的丰富程度。如此丰富多彩、层次鲜明、各具特色的传统文化，为什么当代大学生会对此不感兴趣或是兴趣不大呢？为什么"90后"的青年才俊没有在祖辈父辈的潜移默化、耳濡目染中提高自己的传统文化素养呢？究其原因，现在的无奈现状与我国一直以来的应试教育制度有很大的关系。

目前，在我国的启蒙教育和中学教育中，英语教育占用了很大部分时间，由于英语在各级人才选拔考试中所占的分量比较重，很多家长从小就重视孩子的英语学习，花大量的时间参加各种英语辅导班。由于面临着出国深造、就业求职等压力，大学生也纷纷把时间放在准备英语四六级考试、托福雅思等英语能力水平考试上，在这样的体制机制下，必然会过分压缩学生对优秀传统文化的学习时间。与此同时，我国的初高中教育体制仍以文理分科为主，文理合一的改革刚刚才兴起，方兴未艾。学生在高中阶段由于只能选择文科或者理科，造成其缺乏对另一些科目的学习。人为地对学生的成长教育过早地划分，造成了其一定程度上的思维缺陷和思考方式的缺失。进入大学后，大学课程的确变得全面丰富，各个领域的课程百花齐放、百家争鸣，与此同时，也有一个现象不容我们忽视：除了与历史、政治、古代文化相关的专业以外，其他专业的课程中只有思想政治理论课和少量选修课与我国优秀传统文化勉强有些联系。总的来说，大学设置的课程中与弘扬优秀传统文化的联系度不够高。众所周知的一个现象是，高校中老师、学生普遍不重视大学的思想政治理论课。

由此可见，"90后"大学生普遍缺乏优秀传统文化素养与我国当前的应试教育制度息息相关。在目前这样的制度现实下，只有当大学生遇到了实际需求时学校才灌输一些粗浅的传统文化素养，我国历史上大量的优秀传统文化的瑰宝被考试、教学拒之门外。可以说，目前教育体制中传统文化教育缺乏连贯性，对优秀传统文化的普及教育，就应该从娃娃阶段开始抓起，应该从小学开始就开设优秀

传统文化的相关课程，并设立相对应的考试制度。教育部门、高等院校缺乏前瞻性的培养思想，是当下大学生普遍缺乏优秀传统文化素质的一个重要的原因。

（二）缺乏系统性的培育机制

据笔者调查，目前各高校普遍都有非常完整的专业课、必修课的课程体系，思想政治理论课作为置入课程体系也十分完善。与之形成鲜明对比的是，适合大学生的优秀传统文化的课程寥寥无几，基本的体系框架都十分缺乏，课程内容也是"蜻蜓点水"式的普及内容，目前十分缺乏有针对性、有深度的教学内容。"大学课程中与我国优秀传统文化相关的科目一般都是选修课。从形式来看，一般都是对历史事实或理论的简单罗列，不成体系。学生在课业负担较重的情况下，不会在选修课程上花费太多精力"。❶

目前，大部分高校都普遍存在着这样的现象：非常重视专业知识的讲解教育，同时非常轻视传统文化的教育和传播，过于依赖思想政治理论课的授课老师来承担培养大学生全面的个人素质的重要责任，未把对传统美德、职业道德提高到应有的重视程度。除此之外，部分高校教师未能开展好对青年学子的思想教育工作。有很多辅导员、团委老师本身就缺乏对我国优秀传统文化的深刻理解，在实践中很难让信息丰富、思维活跃的"90后"接受其传播的知识与价值观念，学生也难以从高校教师的身上感受到表率的引领作用，很难通过老师这扇窗子领略到优秀中华传统文化的独特魅力和厚重底蕴。总的来说，对当代大学生进行优秀传统文化的培育培养机制不健全也是"90后"学子缺乏应有的人文素质的重要原因。

（三）缺少多元化的培育方式

目前，大部分高校在开展对大学生的优秀传统文化的教育中容易犯这样的错误：走马观灯式教育、对传统文化知识机械灌输、培养方式单一仅限于在课堂的课件讲解学习。在这样的课堂上，学生难以形成较为全面、立体的认识理解，课后往往对传统文化还是误解颇多，一知半解，不得要领。经过调查，很大一部分高校大学生对我国优秀传统文化充满兴趣，但在校园中缺乏获取相关知识的有效渠道。部分关于传统文化的选修课课程内容单一、上课方式老化，未能充分调动大学生的学习自主性。开展传统文化教育课程，应该结合当代大学生青春阳光、思维敏捷的特点，因材施教，建立健全多元化的培养机制。

---

❶ 陈慧敏：《缺失与重建——中国传统文化在当代大学生信仰重建中的价值与实践》，载《安徽农业大学学报（社会科学版）》，2013年第22期。

缺少对大学生优秀传统文化素养的培育方式，未能充分调动大学生的自主学习积极性也是造成"90后"学子缺乏应有的人文素质的原因之一。

三、提高"90后"青年学子优秀传统人文素质的有效措施

（一）建立健全课程体系，充分发挥高校课堂的积极作用

课堂是学校对学生开展教学活动的主要平台。我们应该切实重视发挥高校课堂的教育引导作用，牢牢抓住课上的50分钟传播优秀传统文化。"课堂作为学校教育的主要场所，其优越性是不言而喻的，它能在有限的时间内让学生掌握课堂主体内容，并在教师与学生、学生与学生的思维碰撞中升华知识，获取能力。"❶只有调动了教师与学生的互动性和积极性，在教学相长中开展对传统文化的教育，弘扬优秀传统文化才能有较为理想的效果。

我们要在广泛征求学生、教师意见的基础上，共同完善优化我们的传统文化教育的课程体系，有的放矢、重点突出地开设特色鲜明的优秀传统文化的必修课或选修课。将大学生的成长困惑、遇到的问题困难、青年学子关注的热点焦点等方面作为设置优秀传统文化课程的一个参考点。丰富教学内容、不断扩大知识的传授量，以期达到丰富"90后"大学生精神世界，在优秀传统文化中汲取精神力量的理想效果。

（二）通过多种形式引导大学生树立学习优秀传统文化的主观能动性

大学生具有青春活力、思维丰富敏捷活跃、独立解决问题的意识能力较强等鲜明特点。在增强大学生的人文素质的过程中，各高等院校应该通过各种活动来引导大学生提高学习优秀传统文化的积极主动性，只有这样才能达到提高学习效益的理想效果。

在具体的教学实践活动中，应该鼓励大学生辅助老师大胆地进行创新性改革，改变原有僵化老旧、不合时宜、未能充分调动学生主观能动性的教学方式，增强学习优秀传统文化的互动性和参与性，改善课堂，提高课堂的开放性、交流性。充分发挥多媒体教学、云计算大数据等新技术应用的作用，可以尝试通过微信等网络工具搭建24小时学习交流的网络空间，引导大学生把优秀传统文化与具体的社会实践相结合，在交流学习中净化自己的思想、改善看待事物的角度方法，从而达到身心协调、愉悦成长的最终教育效果。

---

❶ 张飞燕：《2000年—2011年传统文化与大学生民族精神教育研究的反思》，载《常熟理工学院（教育科学）》，2012年第6期，第20页。

（三）引导当代大学生把弘扬优秀传统文化与具体的社会实践相结合

"千里之行，始于足下"，弘扬优秀传统文化的最终目的就是实践，就是引导"90后"大学生把在课堂上获取的优秀传统文化的知识理念融入具体的生活中。在弘扬优秀传统文化的过程中，提倡大学生要知行合一、身体力行，汲取优秀传统文化的思想精华，付诸行动，勤于修身，崇尚道德，以追求文明处事为自己待人接物的目标。

促进"90后"大学生全面发展与弘扬优秀传统文化并行不悖，互为补充。笔者认为，将二者相结合其中一条重要的路径是加强大学的校园文化建设。因此，必须把重视高校校园文化建设、人文氛围的营造提到应有的高度，建设完善各种相配套的校园文化设施与高校文化活动机制体制。

1. 将优秀传统文化的灵魂与校园文化设施相结合，互为补充、互为映衬

高校校园文化设施建设好、设计妙、文化氛围浓郁，才能与大学中群英荟萃的大师与求知若渴的青年学子组成的学术气氛融合在一起，二者才能相得益彰。目前，我国高校的校园文化基础设施基本建立起来了，"量"达到了，"质"仍需提升。❶ 高校可以引导"90后"大学生将优秀传统文化与目前校园原有的基础设施进行结合改造，由创造力强、团结协作意识强的"90后"来当大学校园文化的设计者、规划者、执行者。由校园中优秀的大学生代表牵头，收集校内外各方意见，集思广益，鼓励学生自行开展有根据、有对比、有深度的校园文化建设的科学论证，设计出优秀传统文化与当前校园文化设施相融合的设计方案，学校再择优予以采纳，加以实行。经过这样的调动学生积极性、激发学生自主创新能力的活动，大学校园文化的"硬"环境变得让学生喜闻乐见，才能更好地适应建设现代大学的潮流和呼应科教兴国的号召。

2. 努力树立师生共同学习优秀传统文化的新风气、新风尚

高校老师与大学生开展的形式多样的文化活动，共同构建了丰富多彩、各具特色的大学校园文化。以优秀传统文化为代表的高等院校校园文化，内涵才丰富，内容才完整，才更富有勃勃生机。鉴于此，各高校应该从学校的层面出发，通过落实各种形式的措施，激发高校师生共同学习优秀传统文化的积极主动性，通过开展特色鲜明的各种校园文化活动，如师生比赛、师生文艺会演等形式促使大家提高对优秀传统文化的学习兴趣。只有努力树立师生共同学习优秀传统文化

---

❶ 李德万：《优秀传统文化在大学生思想政治教育中的价值及实现途径研究》，载《枣庄学院学报》，2007年第12期，第8页。

的新风气、新风尚，校园文化氛围才浓郁，校园文化才底蕴深厚，弘扬优秀传统文化才真正地落到了实处。

3. 积极引导"90后"大学生争当弘扬优秀传统文化的实践者

任何一种文化，只有它得到了持续不断的宣传、传播、发展，才能发挥其"潜移默化、深远持久"的属性，才能走进千家万户，走进人们的心里。由此，需要建立完善的以"90后"大学生为主体的优秀中华传统文化的活动机制体制，积极引导大学生主动参与、组织、承办、宣传富有高校特色的优秀传统文化活动。通过这样的形式，不仅能让"90后"大学生参与感、互动感增强，更重要的是让他们自己从心底里学习、喜欢优秀传统文化，而非被动地接受学校的强制性的要求和单方面的灌输。因此，高校应该引导大学生主动承办弘扬优秀传统文化活动。例如：结合传统故事开展诗歌小品文艺会演节目，组织具有书法特长的同学撰写传统文化中优秀的名言警句张贴在校园长廊，主动邀请历史、文学、国学专家学者来学校开讲座……通过各种形式的活动来营造校园充满优秀传统文化的氛围。

习近平主席曾说过："优秀传统文化是中华民族的突出优势，是我们最深厚的文化软实力。"❶ "90后"大学生是国家的明日栋梁，是国家强盛兴旺的动力之源。如何在"90后"大学生中切实弘扬好优秀传统文化，理应获得我们更多的关注，值得我们进行更深一步的探讨。

---

❶ 中国共产党新闻网：《中华优秀传统文化：我们最深厚的文化软实力——深入学习贯彻习近平同志 8 · 19 重要讲话精神》，http：// theory. people. com. cn/n/2013/1014/c40531－23198599. html，2013 年 10 月 14 日。

高校新生思想教育对策研究

外国语学院　　赵云鹏

摘　要　新生思想教育是高校教育中最重要且最基础的部分，新生教育的质量和效果直接决定了新生能否以积极的态度投入接下来的学习和工作。本文主要探究新生初入高校校园所面临的各种挑战和困难以及当前高校思想教育的缺陷，并针对这些问题提出高校新生思想教育应当遵循的原则和可采用的策略。

关键词　高校　新生思想教育　缺陷　原则　策略

一、大一新生面临的挑战

（一）来自社会的挑战

自改革开放以来，中国社会的方方面面都发生了天翻地覆的变化，当然教育方面也不例外。伴随着政治、经济、文化等诸多方面的变革与发展，新时期的大学生面临着诸多挑战。

1. 高等教育的普及

根据教育部 2016 年 4 月 7 日发布的《中国高等教育质量报告》显示，2015 年中国高等教育毛入学率为 40%；与新中国成立时相比，高等教育毛入学率增长超过 150 倍；预计到 2019 年，毛入学率将达到 50% 以上，进入高等教育普及化阶段❶。而高等教育大众化不仅仅是指高校学生数量的增长，还包括教育理念的改变、教育功能的扩大、培养目标和教育模式的多样化，兼有课程设置、教学方式与方法、入学条件、管理方式以及高等教育与社会的关系等一系列变化。

一方面，高校内部体系的建设尚不能满足骤然增长的学生数量的需要。高校内仍存在师资力量不足、资源分配不当、培养模式和方式不健全等诸多问题，使得大学新生的思想教育不仅在内容上更加繁重，而且在形式上也有了许多难以填

---

❶　刘亚力，郑艺佳：《2019 年国内高等教育普及率将达 50%》，载《北京商报》，2016 年 4 月 7 日。

补的空白，难以达到统一的水平。另一方面，高等教育普及使得每年有数以百万计的大学生面临就业的压力，增加了新生的隐性思想负担，这对大一新生的思想教育提出了更高的要求。

2. 网络化时代的信息冲击

当今时代，信息化已经是毋庸置疑的事实。信息化使社会各个领域发生了全面而深刻的变革，经济文化的交流和渗透日益广泛，逐渐消除了时间和空间的距离，使信息和信息交换遍及各个地方，人们的活动更加个性化。而"现代网络信息环境在促进教育、传播知识的同时，对大学生的生活、学习、社交均产生着深刻的不确定性的影响。如网络文化多元内容的不确定性、网络传播方式的不确定性、网络人际交往不可预控性、网络道德法律不确定性等"❶。对于刚刚脱离高中紧张的学习环境、尚不具备完善的鉴别能力的大一新生来说，信息时代每天带来的爆炸式的信息量无疑是一个不确定因素，深刻影响着他们人生观和价值观的形成与完善。

（二）个人发展的迷惘

大一新生入学后首先面临的就是人生一种重要转变，这种转变既有思想上的也有行动上的。由于社会化的必然经历，新生在学习和思维方面的惯性特征，都使他们面临"转变"的烦恼——焦虑、迷茫和迟疑。

1. 学习方式的转变

大学期间的学习远不同于学生以往接受的填鸭式教育，由"圈养"到"放养"的巨大变化会令很多大一新生感觉手足无措。这种无助感主要表现在两个方面。

第一，学习动力的缺失。动力的缺失很大程度上是因为目标的不明确。大学之前同学们所接受的所有教育，可以说都是在为考上大学做准备。此前有家长的敦促和老师的监督，学生可以朝着明确的方向努力。而进入大学之后，选择范围骤然变得宽广，使得同学们或者因找不到前进的方向而完全没有上进的动力，或者因对自身能力评估错误选择了错误的目标，即使努力也没有收获而沮丧。还有的同学试图全面发展，像高中一般只凭着一腔热血前进，但因不能有效地平衡学习和工作而身心俱疲。

第二，学习方式的大幅度转变。"传统的中小学教育教学忽视学生的主体性

---

❶ 欧阳永忠，区瑞珍：《大学新生思想政治教育针对性与有效性研究》，载《思想政治教育研究》，2009 年 2 月第 25 卷第一期。

发展，因此，学生的学习几乎全部是教师来安排，从课前预习到课堂听课、笔记，从课后作业到课余生活等，这种由教师控制安排学习而培养的学生严重缺乏学习的自主性和主动性，一进入大学便感到茫然无助❶。"然而，与中小学教育不同的是，大学教育模式的多样化、学习内容的深化以及培养目标的差异，都对学生的自主学习能力提出了很高的要求。在短时间内适应全新的学习模式对习惯了"灌输式教育"的新生来说是一个巨大的挑战。

2. 大学生活的适应

当前，绝大多数的大学新生都是来自独生子女家庭，加之家长往往都存在着学生要集中精力学习不应被生活琐事占用精力的思想，导致很多新生独立能力较差。新的生活环境、新的生活方式、独立安排日常生活的方方面面都会使他们觉得焦虑。同时，大多数学生在高中期间只顾埋头苦读，社会交往能力不足，常常以自我为中心。而在大学校园中，身边的老师同学都来自全国各地，彼此的民俗习惯、生活习惯、待人接物的习惯千差万别，如何包容这些差异，建立良好的人际关系对于新生来说也是不小的挑战。

3. 人格心理发展的不健全

新生心理上的问题表现在很多方面，主要有三种。一是视野和选择骤然增多导致的无措感。通常新生都是离开自己的家乡前往另一所城市读书，各种新鲜的事物往往令其眼花缭乱，而多姿多彩的大学生活不同于只有枯燥学习的高中，社团活动和社交互动的丰富多彩也让新生跃跃欲试。因此，突然出现在新生面前的诸多可能性反而会让他们产生无措感。二是失落感。在高中艰苦的学习生活中，几乎所有的老师都为诱导学生而将大学形容成"伊甸园"般的存在。而真正进入大学，熟悉校园环境和学习环境之后，理想和现实难免存在落差，导致同学们产生失落感。三是自卑感。高中时期，同学们互相之间攀比的无非是成绩的高低，而大学生活中，学习成绩已经不再是评判一个人全部的标准，新生们逐渐认识到彼此在外形、家境、能力、人际关系等诸多方面都存在巨大差异。其中，难免会有部分新生因此产生自卑心理。同时，由于大学新生认知的片面性与主观性，导致其自我意识发展充满矛盾与冲突，而且具有不确定性❷。

---

❶ 曾婧：《大学新生适应不良问题及其对策》，载《高等教育研究》，2004 年 9 月第 20 卷第 3 期。

❷ 张书明：《社会工作视野下的大学生事务管理》，山东大学出版社，2007 年版，第 197 页。

二、大一新生思想教育的原则

（一）当前高校新生思想教育的缺陷

当下的高校新生思想教育尚不完善，主要存在以下几方面的问题：一是教育内容单调。提及新生思想教育，无非是宣讲校规校纪、开几次主题班会或者辅导员会议，然后就是要求学生必须修读马原、毛概这类的课程。仅仅把重点放在让学生遵守校规校纪上是不够的，更重要的是引导他们树立正确的世界观、人生观，使其形成正确的政治思想和科学理念。二是教育时间短暂。"新生"教育不能只在新生刚入学的一段短期时间内进行。客观地讲，在他们找到适应大学生活的方法、树立正确的人生观之前，他们都是大学校园的"新人"。"一些高校仅将集中军训和入学教育周作为新生思想政治教育阶段，一旦开课，随即转换为日常管理。在这样短暂的时间内，只能对大学新生进行初步的组织纪律、校纪学风、安全稳定教育，不能全面、系统、深入地开展思想政治教育工作，不能从根本上做好思想政治教育工作❶。"

（二）新生思想教育的原则

1. 主体性与集体性兼顾

主体性教育是指要关注作为教育实践活动的主体的人，关注个体在教育过程中表现出来的自主性和创造性，并尊重个体的特点，发展其主体意识、精神和能力，以此促进其形成独立人格。主体性教育的原则要求引导学生自我教育、自我引导、自我完善，使其形成稳定的个性特征和健康的心态，消解其内心的不稳定状态；其次是激发个体的创造性思维，发展学生的能动性和创造性。

集体性教育要求在思想教育过程中，在尊重个体差异的同时，建立个体之间的和谐关系，实现个体的社会性价值，让学生们能够在社交中也保持主动性和能动性，建立彼此尊重、信任、合作的人际关系，促成集体的和谐。

主体性教育和集体性教育应当相辅相成，使得新生既能稳定自我，又能在社交中占有一席之地。

2. 心理引导与情感引导并重

不同于知识的传授，心理教育无论从内容上、方式上还是难度上都对教育者有更高的要求。"新生正处于情感丰富却又不稳定，心理封闭与开放交织，自豪

---

❶ 张丽敏：《关于高校大学新生思想政治教育的思考》，载《河北农业大学学报》，2009年3月。

感与自卑感共在，依赖性与独立意识并存的状态"❶。心理教育应过滤新生的不良情绪，培养他们对学校、学院和集体的热爱，以积极向上的精神面貌迎接大学生活。

另外，传统的教育压抑了学生对于情感的需求，无论是家长还是老师都着力打压"早恋"的倾向，这在很大程度上造成了新生情感观念的扭曲。情感生活也是大学生活很重要的一部分，因此，应当在一开始就为新生树立正确的爱情观，使之不至于对此感到迷惘。

3. 以发展教育为重心

大学是校园和社会的对接口，大学教育的终极目标不是要培养"书呆子"，而是培养能够适应社会竞争、为社会需求做出贡献的人才，因此思想教育也必须要关注学生的成长与发展，而且要贯穿始终。如前所述，新生入学之后的心理焦虑很大程度上是由于目标的不明确，因此新生的思想教育应坚持发展教育的原则，帮助新生厘清各种选择的结果，帮助其树立适合自己的，在学习、生活、社会实践等各方面的目标，培养健康的人格，实现个体的和谐发展。

三、大一新生思想教育对策研究

（一）培养集体归属感

对于刚刚离家求学的大一新生来说，集体归属感既可以缓解他们的心理问题，又可以提供精神支持的力量。为此，首先要迅速培养起新生对学院和班级的感情，对于被调剂到本专业的同学尤要如此。通过邀请学院领导、辅导员、优秀教师代表以及高年级同学代表对新生进行宣讲、座谈等交流方式，消除新同学的顾虑，帮助其稳定专业思想，建立专业上的认同。其次，要多组织班级活动，促进学生之间的认识和交流，增进来自不同地区的学生们的感情，逐步加强新生对班集体的认同和热爱。

（二）思想教育与专业教育同步发展

正如前文中所论述的，新生面临的挑战不只是自身内心的不安，还有学业上的迷茫无助感。因此，不仅要对新生进行思想教育，还要帮助他们掌握适合大学学习的方法，从而间接地缓解新生的压力。专业教育方面，应当注重方式的多样化，比如合理借鉴高年级同学和任课教师的经验，通过邀请教师代表或者成绩优

---

❶ 欧阳永忠，区瑞珍：《大学新生思想政治教育针对性与有效性研究》，载《思想政治教育研究》，2009 年 2 月第 25 卷第一期。

秀的高年级同学针对不同学科的学习方法和学习态度进行辅导和教育等方式，培养新生学习兴趣，使其快速掌握学习方法。心理教育方面，可以通过辅导员座谈或相关的辅导讲座等形式，及时正确地给予新生生活辅导教育，让新生学会自己规划生活，合理安排时间，掌控自己的情绪。

（三）因材施教的个性化教育

对于思想教育工作我们不能一味地寻求古板的灌输式思想教育方法，不能只抓面子工作，要真正做到面向每一位同学的心理督导。新生在个人经历、家庭情况、思想意识、兴趣爱好、心理素质等方面都存在差异，这就要求我们要根据教育对象差异，分类指导，灵活选择具体的教育方法，针对不同学生分别教育指导。面向全体同学培养集体荣誉感和归属感固然非常重要，但针对每个个体的个性化教育也不可小觑。我们应定期举行小型的辅导座谈，并随时为同学答疑解惑，让每个个体的问题都能得到及时有效的解决。

四、结语

新生思想教育是一项长期工程，其目标是帮助新生快速适应全新的大学生活。在他们找到适合自己的方法和道路之前，都无法摆脱"新人"的身份，这也使得有效的新生思想教育尤为重要。新生思想教育具有及时性和针对性，大学新生在人际交往、学习等方面的困难，往往呈阶段性，有所侧重地发生，要结合实际情况，对在某一时期内普遍发生的问题及时进行针对性的辅导和教育；新生思想教育具有多样性和灵活性，教育的内容要随着新问题的出现随时更新，教育的方式要根据效果的反馈及时完善，在新生教育中必须时刻保持思想的活跃，才能以最高效的方式，灵活选择教育的时间和模式，最大限度地发挥思想教育的功效；新生思想教育具有系统性和专业性，在实践中也要不断总结经验，在把握好新生教育的几大主要问题的基础上，综合运用手头的资源，保证在教育过程中的一致性和连贯性，提高工作质量。新生思想教育是大一新生进入大学后的第一课，也是最重要最基础的课程，高质量的新生教育能够保证"新人"们在接下来的工作和生活中做到胸有成竹、有条不紊，从而顺利成长为社会所需要的栋梁之材。

参考文献

[1] 刘亚力，郑艺佳. 2019 年国内高等教育普及率将达 50% [N]. 北京商报，2016—04 —07.

[2] 欧阳永忠，区瑞珍. 大学新生思想政治教育针对性与有效性研究 [J]. 思想政治教

育研究：2009，25（1）：76－79.

　　［3］曾婧. 大学新生适应不良问题及其对策［J］. 高等教育研究，2004（3）：47－48.

　　［4］张丽敏. 关于高校大学新生思想政治教育的思考［J］. 河北农业大学学报：农林教育版，2009（1）：80－83.

　　［5］张书明. 社会工作视野下的大学生事务管理［M］. 山东：山东大学出版社，2007：197.

美国主流价值观话语传播的历史回溯和经验启示
——以品格教育为例

马克思主义学院　　袁　芳

摘　要　美国主流价值观话语在全球范围内广泛传播，形成了深刻的国际影响力。在美国品格教育这一教育实践活动中，主流价值观话语传播经历着爱国话语萌发、价值中立话语兴起、主流价值观话语确立这一演变历程，为我们提供了深刻的经验启示：德育理论的整合性和批判性，多方社会力量合力作用的发挥，多种教育方法的综合运用，科学严谨的法治化治理手段为美国主流价值观话语传播提供了理论支撑、主体保证、方法奠基和法治保障。

关键词　品格教育　主流价值观话语

品格教育是 20 世纪在美国学校兴起的一场教育实践活动，美国品格教育协会联盟（Character Education Partnership，CEP）认为："品格教育就是学校、家庭和社区深思熟虑地努力帮助年轻人理解、关心和实施核心的道德价值观"。[1]美国品格教育以特定的道德规范为主要内容，通过多种教育方法进行主流价值观话语的传播，其发展历程和传播方法值得我们深入思考并加以借鉴。

一、美国品格教育中主流价值观话语传播的历史回溯

（一）初生期：爱国话语的萌发

早在 20 世纪 20 年代，传统品格教育在美国开始兴起，其重要任务就是塑造青年人的政治观，这一时期品格教育的关键话语是"爱国"。究其原因，美国作为一个移民国家，形成了多元化的文化视野，美国称为"大熔炉"精神。因此，在德育理念上，美国推崇的是多样化、个性化的德育模式。在新品格教育运动中，这一时期并没有全国统一的话语体系，不同的州、学区可以自行选择适合于本地区实际发展需要的教育内容。因此，致力于推动新品格运动的各种社会组织

---

[1]　杨韶刚：《西方道德心理学的新发展》，上海教育出版社，2007 年版，第 243 页。

和专家学者提出了内容各异的品格教育，为美国各州、各学区品格教育的实施带来多样的选择。但为了避免各个地区品格教育运动的混乱，美国确立了以"爱国"为主导的话语内容，旨在引导爱国主义精神的形成。

（二）衰落期：价值中立话语的兴起

20 世纪 30 年代至 70 年代，品格教育逐渐走向衰落。一方面，品格教育说教式、灌输式的话语方式难以取得社会认同。另一方面，由于"二战"一定程度动摇了人们的道德信念，美国社会开始崇尚极端的"个人主义"，传统品格教育开始逐步衰落。尤其是随着这一时期价值澄清理论的兴起和发展，学校普遍倡导德育的价值中立，认为每一个学生都有自由选择价值观的权利。然而，以价值澄清理论为支撑的品格教育推崇的是个人的绝对自由，提倡权利而回避义务和责任。这一时期学者们主张，"在德育中，教师要保持价值中立，不要告诉学生什么是正确的，而是让他们自己去选择"。❶ 然而，价值中立的立场，使得品格教育话语并不给予学生明确的价值标准，造成这一时期的品格教育逐渐走向衰落，正如美国学者描述的，"天大的、有严重后果的错误！就好像把一只毫无动力的小船放入惊涛骇浪的急流中，而希望它能幸运地被冲进安全的港湾。"❷ 青少年时期人的认知能力和判断能力的偏差，使得青少年对待一些道德事件难以形成客观的道德判断。缺乏明确价值立场的德育话语不仅不能提高青少年的道德认知，反而造成了价值判断的模糊和混乱。

（三）扬弃期：主流价值观话语的确立

1985 年前后，美国社会出现了严重的道德危机现象。"1985 年美国一个全国性组织统计，当年 11 岁以下青少年的犯罪中，凶杀罪 21 起，攻击罪 3434 起，抢劫罪 1735 起，强奸罪 435 起。"❸ 为了拯救德育危机，曾担任里根政府的教育部长威廉·贝内特提出了"蓝带认证计划"，即依据学校培养学生良好品格的道德教育状况来授予"蓝带学校"的荣誉。由此，新品格教育运动旨在扬弃传统品格教育，尤其是摆脱了"价值中立"的立场，在美国于 20 世纪 80 年代中期开始复兴。"以社会、国家的责任取代自由主义，以传统文化价值取代个人主义的呼

---

❶ ［美］托马斯·里克纳：《美式课堂———品质教育学校方略》，刘冰等译，海南出版社，2001 年版，第 8 页。

❷ Linda Eyre，Richard Eyre：《教孩子正确的价值观》，积园译，台北大地出版社，2001 年版，第 14 页。

❸ 易莉：《从价值中立到核心价值观———美国品格教育的回归》，载《教育学术月刊》，2011 年第 5 期，第 49 页。

声日益高涨并渐成潮流。"❶ 这一时期"自由""个人主义"话语，并非是绝对化、极端化的概念，同样强调责任、传统文化等内容，对引导青年学生相信什么、支持什么、认同什么建立了明确的价值标准。由此，20世纪90年代以来，新品格教育组织开始纷纷成立，在政府和社会民众的支持下，新品格教育运动开始逐步实现回归，在美国取得了显著的道德教育效果，至今"新品格教育"已经成为美国、北美地区乃至整个西方世界学校德育话语的关键词。

二、美国品格教育中主流价值观话语传播的经验启示

美国新品格教育运动中话语传播的实践表明，德育话语传播并不是随心所欲的，必须建立在一套具有社会凝聚力和向心力的主流价值观话语体系基础之上。尤其在当今世界，如何既能保持话语体系与时代发展同步，又能够反映和保障各个社会不同的利益群体和阶层生存与发展的合理利益需求，成为世界各国不得不面对的亟待解决的重大现实问题。而一个国家主流价值观话语体系的确立，成为解决这一现实问题的重要突破口。因为主流价值观话语体系的建立和完善，体现了一个国家和民族的传统文化精髓，使得具有多元文化特征的社会形成一套强大的凝聚力量，从而有效降低社会文化价值的多元性对社会造成的风险。在历史发展进程中，美国品格教育话语传播的实践经验值得我们深入思考，具体体现为以下几个方面。

(一) 理论支撑：德育理论的整合性和批判性

新品格教育运动在美国的兴起不仅从20世纪60年代品格教育衰落的历史中总结了经验和教训，而且非常注重整合传统德育理论的精华，同时批判不合时宜的德育理论。可以说，美国新品格教育话语是传统美德教育理论的继承与现代道德教育发展的结晶，正是继承了苏格拉底、亚里士多德等思想家的传统德育思想和理论，扬弃了价值澄清理论的思想误区，在整合和批判的基础上实现德育理论的创新发展。这种对传统德育理论精华的汲取和借鉴，成为推动美国德育话语创新发展的重要前提条件，"是对传统品格教育的一次合理扬弃，在继承中有了新的超越。"❷ 尤其是杜威提出了"教育即生长""教育即生活""教育即经验的改造""以儿童为中心"等一系列关于品格教育的创新话语，集中展示了实用主义的德育观，使得学生通过道德实践获得一定的道德情感体验，以此形成与现实生

---

❶　易莉：《从价值中立到核心价值观——美国品格教育的回归》，载《教育学术月刊》，2011年第5期，第49页。

❷　易莉：《从价值中立到核心价值观》，载《教育学术月刊》，2011年第5期，第49页。

活密切联系的新品格教育。

纵观新品格教育发展的历程，我们不难看出，正是摒弃了过去价值澄清理论中"价值中立"的立场，推动以"尊重"和"责任"为关键词的美国主流价值观话语体系的确立和完善，才为新品格教育运动提供了基本脉络和着力点，有效发挥了德育话语的主导力。正如美国前总统克林顿提出："虽然学校不能倡导官方宗教信仰，但他们应当教授主流价值观。有人认为这不应该在公共教育中占有位置，我不同意这种观点。在我们的大街上发生的暴力事件不是价值中立的，电视并不是价值中立的。"❶ 虽然各州确立的品格教育内容各异，但"责任""诚实""同情心""勇气"和"坚韧"等主流价值观话语在新品格教育运动中得以广泛传播。正如品德教育理论的代表人物之一托马斯·利可纳明确指出："即使在文明冲突价值多元的社会中，仍然存在普遍认同的价值，除非我们承认正义、诚实、文明、民主、追求真理等价值观，否则价值多元是不能成立的；民主社会尤其需要品德教育，因为公民需要承担作为民主公民的责任；没有无标准的道德教育，问题不应当是要不要教价值观，而应当是教哪些价值观，和怎样教这些价值观。传授正确的价值观过去是，现在仍然是文明之举，在社会普遍忽视德育的情况下，学校德育尤为重要，否则对良好品德的敌视很快就会弥补道德教育的真空"。

这表明，即使是在一个倡导自由主义精神、尊重文化多元性的美国现代社会，为了确保社会秩序的良性运行，仍然有必要形成一套具有普遍意义的主流价值观话语体系，不存在完全中立的价值立场。虽然美国试图在品格教育中保持价值中立，将德育话语打造成超阶级的、抽象的话语，但这一过程本身也是一种阶级性和政治性的反映。在对外宣传中，虽然美国一直以来以价值中立为幌子，甚至在全球范围宣扬"普世价值"，然而，美国在任何时候都非常注重大力弘扬具有美国精神的主流价值观，形成了全球的文化影响力。因为任何一个国家和社会，只有通过制定和遵守有秩序的社会生活所必需的共同价值观，才能有效维护社会的稳定和发展。

（二）主体保证：多方社会力量合力作用的发挥

从权力的角度来看，话语体现着人们的社会身份以及话语双方一定的社会关系，话语主体在特定社会中的角色定位决定着话语的形式和风格，因为权力是影响、控制话语产生和发展的最根本的因素。为了形成话语合力，有必要吸纳拥有不同权力的话语主体参与其中，有利于增强话语效果。美国的品格教育凸显了话

---

❶ ［美］比尔·克林顿：《希望与历史之间》，金灿荣等译，海南出版社，1997年版，第98页。

语合力的强大作用，依托于各级政府、政党、各个社会阶层和团体等多方社会力量的广泛参加和合力作用的发挥，品格教育在主流价值观的形成和发展上发挥着重要的基础性作用。

联邦政府主要从宏观指导和物质保障方面给予支持。"自 1994 年开始，每年举行一次'白宫品格教育会议'，总统及夫人分别在品格教育会议上发表演讲，由总统制定品格教育的测试方案，每年拨款 400 万美元予以支持，美国政府用于品格教育方面的拨款已达到 22 亿美元"。❶ 美国政党通过竞选演讲、发布纲领、工作报告等形式不遗余力地传播美国主流价值观，成为主流价值观话语的鼎力倡导者。各种社会团体主要从组织协调方面贡献力量，有助于主流价值观话语对民众的潜移默化。尤其是美国的大众传媒业非常发达，主导着国内和国际话语权，形成了庞大的网络系统，成为宣传西方国家核心价值与理念的重要载体。目前，美国在全球都建立了自己的传媒网络，注重国家话语权建设的经费支持、组织支持、制度支持、社会舆论支持等。除了积极发挥政府、社会阶层、社会团体的作用，美国品格教育还注重发挥家长和社区的积极性和主动性。正如托马斯·里克纳认为："新式价值观教育要取得长久成功，必须依赖学校之外的力量。学校和社区应当共同努力，来满足孩子们的需要，并促进他们的健康发展。"他主张，"学校、家长和社区应共同协作。"❷ 在家庭教育方面，美国采取许多方式甚至运用法律手段督促家长参与主流价值观话语的传播。

（三）方法奠基：多种教育方法的综合运用

美国新品格教育运动非常注重运用各种方法和手段，调动所有话语双方的积极性和创造性。美国著名的发展心理学家和教育学家托马斯·里克纳作为新品格教育的倡导者，认为品格教育"是指通过认知、情感、行为等各方面培育人美德的过程。它可以广泛地通过学校生活的各个方面去获得，包括教师的榜样示范、冲突解决的方案、讲故事、课程内容以及运用技巧等。"❸ 其中，讲故事的方法又被称为"道德叙事"，是美国品格教育中最显著、最常用的方法之一。新品格教育运动的畅销书《美德书》即是威廉·贝内特根据美国的主流价值观话语所建立的一种"道德叙事"。在《美德书》中，威廉·贝内特并不直接传播道德话语，

---

❶ 王学风：《美国现代品格教育运动及启示》，载《外国教育研究》，2003 年第 8 期，第28 页。

❷ ［美］托马斯·里克纳：《美式课堂———品质教育学校方略》，刘冰等译，海南出版社，2001 年版，第 12 页。

❸ Thomas Liekona.：《Educating for Character：How Our Schools Can Teach Respect and Responsibility》，New Times Inc，1991，p. 90。

而是通过一个个生动具体的小故事，引导学生进入到道德体验之中，在具体的道德情境当中，学生的道德认知和道德情感被充分调动起来。同时，在道德叙事中，教师的主体地位以一种特殊的方式发挥出来，在建立与学生平等对话的过程中，师生之间的话语权得以合理分配。由此，新品格教育在学校通过道德叙事、榜样示范、家庭和社区参与等一整套形式多样的教育方法传导主流价值观话语。甚至"波士顿大学伦理与品格促进中心提出了实施品格教育的 100 种方法。在这些策略与方法中，有故事法、灌输法、示范法、纪律与奖惩，阅读经典、协作式学习、讨论法等"。❶ 这些多样化的教育方法综合运用，发挥优势、弥补不足，有效传导了品格教育中包含的主流价值观话语。

（四）法治保障：科学严谨的法治化治理手段

运用法治化治理手段开展公民教育，是西方很多国家一直沿用的传播主流价值观话语的重要方法。"美国非常重视通过《独立宣言》《联邦宪法》等重要法律文件进行价值观教育，宣言资本主义的政治和经济制度"。❷ 美国是典型的判例法系国家，对于处理言论自由方面的诉讼，美国联邦最高法院建立了非常严格的审判原则。"美国联邦最高法院早期处理言论自由讼案的原则，是危险倾向原则，就是说实际非法行动尚未发生，只从其作品或言论本身推测其有导致暴力行为的趋向，便可以控诉。也就是为防止自由权利被滥用而造成于国家政府不利的后果，而使用法律手段对社会意识社会价值观进行约束和引导。"❸ 究其原因，美国在历史发展的过程中，形成了良好的法治传统，依托于法律的力量，"自由""民主""平等""人权"和"法治"这一套话语体系构成了美国社会的核心价值基础。在《独立宣言》和《联邦宪法》等诸多重要成文法典中，美国都将许多社会核心价值理念纳入其中，以保证核心价值理念在社会运行中的权威性，并依靠法律的强制力来推广和宣传主流价值观话语。因此，新品格教育运动重视依靠法律的权威性和强制性来为德育话语提供强有力的法治保障，美国政府或各州政府甚至通过颁布一些相关的法律文件详细规定了新品格教育的目标、内容、原则和效果评估。通过诉诸法律和具体制度的力量，美国政府和各州有效推动了新品格

---

❶ 范树成：《美国核心价值观教育探析》，载《外国教育研究》，2008 年第 7 期，第 26 页。

❷ 王英：《美国如何建立社会主流价值观》，载《学习时报》，2012 年 3 月 19 日，第 002 版。

❸ 王英：《美国如何建立社会主流价值观》，载《学习时报》，2012 年 3 月 19 日，第 002 版。

教育的发展。总之，通过完备的教育、严格的法律等措施，新品格教育运动形成了良好、稳定的系统化运行机制，推动了新品格教育运动中主流价值观话语的有效传播。

由此，思想政治教育话语在引导人们形成正确的政治观、道德观，引导人们掌握认识问题和解决问题的世界观和方法论的同时，有必要自觉保障广大民众享有合法的公民话语权。尤其在现代社会要保证公民有足够的话语权，有必要诉诸法律手段。法律能够有效保障公民的知情权、参与权、表达权和监督权，发挥群众监督和舆论监督的重要作用。法律还能够有效划定行政权力的范围和界限，推动享有公权力的官员对广大群众讲真话、讲实话、讲解决实际问题的话，促进执政党文风的建设。只有将思想政治教育和法律二者有效结合起来，确保合力作用的发挥，才能为公民话语权提供坚实的思想保证和法治保障，从力量源泉上保证主流价值观话语创新的动力支撑。

文化与留学生教育

国际教育学院　　付　昕

摘　要　随着来华留学生数量的迅速增加，留学生辅导员工作也面临着越来越多的问题。如何帮助来华留学生更好地克服跨文化适应障碍，尽快地融入新的学习环境、取得一定的学习成绩，最终成为爱华、知华、友华的人士，是留学生辅导员工作的重点和难点。本文针对留学生辅导员工作的现状和出现的问题，以文化差异为切入点，结合实践经验，尝试探索一条利用文化教育来解决这些问题的新路。中华文化是吸引来华留学生学习的重要原因之一，因此，科学有效地开展文化教育，不仅能帮助来华留学生克服"文化休克"现象，还有助于留学生辅导员更好地开展工作。

关键词　跨文化适应　文化教育　第二课堂　来华留学生

根据 2015 年教育部发布的《全国来华留学生数据》，2015 年全国留学生数量将近 40 万人，与 2014 年相比，增幅达到 5.46%。[1] 随着我国经济的发展，留学生的数量势必还将不断攀升，但与此同时，留学生工作面临的问题也越来越多。目前，关于留学生辅导员如何更好地开展工作，才能促使来华留学生更快地融入新的环境，还没有形成一套完善的方法和经验。造成这种情况的原因有很多，其中最主要的是我校留学生工作最近十几年才兴起，管理模式尚不成熟。留学生辅导员工作的方式和内容是否科学有效，直接影响留学生学习生活的顺利与否；同时，留学生辅导员工作的方式和内容，又与国内生辅导员有很大的不同。近年来，我校留学生工作的开展以文化教育为核心，在工作方式上力求创新，积累了一些有益的经验。

---

[1]　中华人民共和国教育部：《2015 年全国来华留学生数据》，http://www.moe.edu.cn/jyb_xwfb/gzdt_gzdt/s5987/201604/t20160414_238263.html，2016 年 5 月 25 日。

一、留学生工作现状及面临的问题

在过去相当长的时间里，我国为留学生提供的高等教育主要是知识教育，但最近几年，留学生的国别越来越多样化，数量也不断增加，在这一背景下，再片面地强调知识教育，将对我国高等教育在国际教育领域的竞争力产生负面的影响。因此，加强留学生的文化教育工作势在必行。文化教育不仅包括专业知识教育，还包括对我国文化的切身体验，以及一部分思想教育的内容。但同时，我们也必须注意到，留学生的文化教育工作是一项比较复杂的工作，其复杂性一方面来自中国文化与外国文化的差异，另一方面则是因为组成留学生群体的个体之间的文化差异也很大。因此，以怎样的方式在文化教育中对待中外文化差异，以及如何兼顾群体特点和个体差异，是留学生文化教育面临的一个重要问题。

此外，留学生工作中，同样存在着来自教育者本身的问题：其一是教育者的素质问题，其二则是教育者文化表达的态度问题。教育者要提升自身的素质，一方面要加强学术功底，另一方面又要对留学生工作有激情、有热心、有爱心。而教育者文化表达的态度，则直接影响留学生对我国文化的态度。现实中，有些教育者过于强调本国文化的优秀之处，只注重对本国文化的输出，却忽略了受教育者的民族文化自豪感，这样做很可能会使留学生对文化教育产生抵触心理。此外，一些教育者在对留学生的认识上缺乏充分性和全面性，没有将其纳入"正常学生"范围，各职能部门也没有将他们作为自己的教育对象，认为对他们的管理只是国际教育学院的事情，就更谈不上对他们进行因材施教的素质教育，导致留学生群体游离在中国学生之外。

留学生来我国学习，必然要接触我国的文化。在这个过程中，跨文化交流是留学生们必须迈出的重要一步。可以说，在四类跨文化障碍——语言障碍、沟通风格障碍、心理障碍、认同障碍中，语言是跨文化交流的首要障碍；但是，目前的留学生教育却往往缺乏对语言障碍足够的关注。以《中国概况》这门课为例，原本这门课的设置目的是帮助留学生更好地认识我国的文化、政治、历史等各个方面，但是由于忽视了一部分留学生在语言方面的困难，反而使他们认为这门课的内容枯燥乏味，以致缺乏学习兴趣。工作中，我们有时会看到一些留学生无故旷课、酗酒、作息时间混乱等，这些都是跨文化障碍所导致的精神压力的外在表现，是目前留学生工作面临的最主要的问题之一。

二、留学生文化教育的必要性

由于意识形态、价值观、文化背景的不同，留学生来到中国很可能会出现

"文化休克"的现象,如果不能很好地克服这一现象,留学生容易产生挫败感、焦虑感或抑郁感,进而对我国文化产生抵触心理。因此,加强留学生文化教育工作势在必行。

文化适应不是一蹴而就的,它需要一个较长的过程。奥地利人本心理学家阿德勒在其著作《文化休克与跨文化学习经历》一书中将文化适应划分为五个阶段❶,分别是"接触阶段""分裂阶段""否定阶段""自动化阶段"和"独立阶段",文化适应的过程整体上看呈 U 形曲线模式。第一个阶段也叫"蜜月阶段",主要表现为留学生对异国文化的强烈兴趣,这个阶段留学生内心普遍比较兴奋,但时间通常也比较短暂;第二个阶段是"分裂阶段",在这个阶段通过越来越多的文化接触,留学生会逐渐发现异国文化的实际情况与自己起初所想象的有所不同,随着这种差异感越来越大,内心的迷茫也越来越多;随着他们对新文化逐渐产生疲惫和心灰意冷之感,也就很可能产生对新文化的错误判断。这个阶段,学生受到的文化冲击最为严重。在"否定阶段"中,留学生开始否定文化差异,强烈拒绝新文化。"自动化阶段"是一个重要的转折期,留学生在这一阶段开始自觉地采取措施来应对挫折感,这个时候辅导员应该及时对他们伸出援手,通过开展各种文化活动,使其尽快适应新文化。最后一个阶段"独立阶段"中,留学生开始融入新文化,并逐渐能够应对生活中的各种问题,对当地特色习俗也逐渐能够适应、欣赏了。

帮助留学生顺利渡过这个文化适应的过程,对辅导员来说是较为艰巨的一项任务。辅导员在整个过程中,应当开展丰富多彩的文化活动,从多方面帮助留学生缩短文化适应过程,尽快融入新文化。在这个过程中,辅导员要做好"文化导师"的角色,及时帮助留学生应对各种困难,最终培养出留学生自主进行文化沟通的能力,起到"指导"和"引路"的作用。在整个文化适应的过程中,中西方文化的差异和民族文化间的差异,很容易导致留学生产生种种不适应感,进而产生违纪等不良行为,面对这些现象,我们在辅导员工作中,应当以互相尊重的态度为前提,以文化差异为出发点,以文化教育为载体,制定一套科学有效的跨文化教育策略。

三、如何制定科学有效的文化教育策略

制定科学有效的文化教育策略,需要以不同国家文化的差异作为文化教育的

---

❶ 杨军红:《来华留学生跨文化适应问题研究》,上海社会科学出版社,2009 年版,第 61 页。

切入点，协调好来华留学生整体特殊性与个体差异性的关系，在文化教育中秉持互相平等、尊重、包容的态度，从课堂教育、第二课堂教育以及网络教育三个方面全方位、多层次贯彻文化教育。

（一）课堂教育

目前来华留学生的课堂教育尚存在一些不足之处，主要有课程设置不够合理、教材内容空泛、教育方式过于传统等。

从课程设置上看，较为枯燥的课程难以引起留学生足够的学习热情和兴趣，很多留学生一开始是带着浓厚的好奇心和求知欲进入课堂，最终却以逃课结束。不同民族、不同国家之间的教育差异，导致在课程设置时不能仅从我国的教育模式出发，而应当结合留学生所属国家的教育特点，安排更加丰富和生动的课程。

从教材内容上看，目前的来华留学生都要学习一门《中国概况》的课程，这原本可以是一个很好的促进文化交流的机会，但却因为《中国概况》教材编写内容的泛泛，在内容和选材上重形式、轻神韵，对中国文化真正的内涵没有足够的关注，使得文化的传播有些流于形式了。目前，由于我国对面向留学生的中国文化教材还没有进行过系统的研究，导致这门课程缺少真正有的放矢的教材。

从教育方式上看，目前的留学生教育方式虽然与我国"老师授课，学生听讲"的形式相比有所改进，但是与目前国际上较为普遍的留学生教育方式相比，还是存在很多不足。以书法课为例，以前老师在课堂上采取对国内生的授课方式，将留学生聚集在教室里练字，效果不好。这种方式忽视了授课对象的特殊性：留学生此前从未接触过书法文化氛围的熏陶，尽管这种教学方式对国内学生可能是很有效的，但对留学生而言就未免显得过于枯燥了。由此可见，目前的留学生教育方式存在着一个普遍问题，就是忽视了这个群体的客观特点。

对留学生的文化教育，不能仅仅是传统的"授业解惑"。留学生文化教育的一个重要目的，在于帮助留学生应对跨文化障碍，帮助他们更好地融入新的环境，进入正常的学习生活状态之中。明白了这个道理，我们就不难理解目前的留学生课堂教育存在的问题了。既然对留学生的课堂教育存在着以上三方面的问题，那么想要安排科学的课堂教育，也就应当从这三个方面——课程设置、教材内容和教育方式展开。

在课程设置上，力求让课程引起留学生的兴趣至关重要。课程内容应当尽量做到"科学教育"与"人文教育"并重，可以采取不同文化间"比较学习"的方式。有时我们自己认为富有文化内涵的内容，在留学生看来却未必能引发太大兴趣，而如果单纯只是一味地传授中国文化，更是忽略了"文化碰撞"在跨文化教育中的重要性。因此，在进行课程设置时，如果能采取文化间"比较学习"的方式，比如在介绍儒家文化时，将其与基督教文化进行对比，就能获得留学生更多的关注和兴趣。

在教材内容上，可以借鉴其他国家编写面向留学生的文化教材的方法，以尊重文化差异为基本原则，编写生动有趣的内容。文化教材可以说是留学生对中国文化印象的主要来源之一，好的教材往往在上课之前就会引发留学生很大的兴趣；而如果文化教材内容空泛，如传教士传教般乏味，就很难获得留学生的青睐，以至于他们还未上课，就已经对中国文化产生了先入为主的判断。

在教育方式上，应当做到寓教于乐，尽量使课堂活泼生动，以最大限度地吸引来华留学生的兴趣而不只是单纯地传播知识。我校来华留学生书法课的教育方式，就经历了从单纯"授业"到"寓教于乐"的转变过程。初期的书法课上，留学生仅仅是聚在一个房间里，在宣纸上写他们并不熟悉，也并不完全了解其文化内涵的毛笔字，这就导致了留学生很快产生厌倦感，旷课率很高。意识到这一现象之后，我校国际教育学院在留学生书法课上采取了较大的创新，将书法课与制作创意 T 恤相结合，极大地激发了留学生学习书法的热情。这种书法课教学上的创新，引起了业内同行的广泛关注，还得到了《光明日报》"文化校园"版的报道。为了让书法作品完整，学生除了要完成 T 恤的主体书法文字外，还需要有属于自己的"名章"和"斋号"。在指导老师的带领下，同学们为自己选择了"名章""斋号"，也选择了自己希望写在 T 恤上的汉字。经过反复练习，同学们完成了自己的作品，并穿着自己创作的 T 恤"行走"在中国大江南北。课程开展一年多以来，已有来自 30 多个国家和地区的上百名留学生参加了活动。留学生们穿着自己制作的中国书法 T 恤，行走于校园，行走于城市，行走在自己的国家，成为传播中国文化的流动风景。❶

（二）第二课堂教育

第二课堂教育是相对于课堂教育而言的一个概念，指的是"现实政治思想道德教育和职业教育相结合的理念"❷。第二课堂教育是一种全新的工作方式和沟通机制，实现了"教"与"学"的交流互动，通过"教""学"二者的共同参与、共同设计来推进学生工作。建立第二课堂教育在留学生教育体系中的重要地位，

---

❶ 《书法课》，光明日报 2016 年 6 月 7 日第 14 版。

❷ 彭彦城等：《高校第二课堂教育的研究》，载《法制与社会》，2010 年第 10 期，第 223 页。

并科学地规划第二课堂，不仅可以为留学生提供丰富的实践活动机会，而且可以使留学生更加全面、深入地了解中国。❶ 此外，第二课堂是课堂教学的延伸、补充和发展，具有内容丰富、形式多样、时空开放的特点。留学生可以在第二课堂轻松活泼的氛围中，加深与同学之间的交流，展示自我，达到教育效果的最大化。第二课堂教育主要集中在课外实践活动上，这些活动可以为留学生提供更加宽广和深入的学习空间和交流机会。来华留学生在课堂上的学习内容和时间都是极其有限的，尤其对于处在跨文化障碍期的留学生而言还远远不够，这个时候如果能将文化教育融入第二课堂教育中，可以起到事半功倍的效果。

第二课堂教育的形式丰富多样，其常见形式包括组织留学生旅游参观、参与有文化特色的主题活动、研习中国传统文化、与中国人进行联谊活动等。实践表明，第二课堂教育对于跨文化交流起到了无可比拟的作用。我校从 2013 年开始为来华留学生开设太极拳培训班，它通过教师示范、学生模仿，然后共同习练的模式，激发了留学生对中国文化的兴趣，挖掘了留学生的学习潜能，帮助了留学生更好地融入中国的学习生活。

除了太极拳培训班之外，我校对留学生的第二课堂教育还包括茶文化课程。由于留学生来华之前受到的意识形态教育、价值观教育等都不同于国内学生，如果以对待国内生的方式对留学生开展思想教育工作，势必引起留学生的反感，不利于辅导员顺利开展思想疏导工作。中国政法大学将茶文化有创新性地运用于留学生的思想政治工作，在品茶、赏茶的过程中一方面传播了"茶"中蕴含的中国传统文化与为人处世的哲学，另一方面也帮助了留学生平心静气地思考问题。

留学生群体文化具有多元性，除了要让他们了解中国的文化外，也有必要通过各国文化的展示、各国文艺节目表演、各国美食展示等活动，让留学生受到多元文化的熏陶，从而增强他们的跨文化交流能力，促进他们对中国文化的理解与吸收。在这个方面，我校举办了"国际文化周""各国美食展""'同一天空下'文艺表演"等形式丰富多彩的活动，来帮助留学生顺利克服跨文化障碍。

（三）网络教育

当今社会已经进入"互联网＋"的时代，将互联网与教育相结合将是未来教育的一大发展方向。互联网本身具有的资源无限性和即时互动性是课堂教育和第二课堂教育都不可企及的，随着互联网产品的普及，人们畅游在互联网世界里的

---

❶ 冯俊杰：《留学生第二课堂活动的设计与探索》，载《中国高教学会外国留学生教育管理分会 2012 年学术年会征文汇编》，大连医科大学 2012 年编印。

时间也越来越多，因此如何正确地将文化教育和互联网相结合，也是一个十分关键的问题。目前，我国高校虽然也将网络教育作为留学生教育的一个内容，构建各种各样的"网络教育平台"，但是对于网络教育的定位还停留在"课堂教育的辅助手段"上，以致许多高校的网络教育平台成了摆设，这已经无法顺应时代的潮流，也无法引起留学生足够的兴趣。鉴于此，我们应当丰富网络教育的内容和形式，在内容上增加趣味性，形式上增加多样性，比如举办"文化 PPT 展示大赛"等活动，或是在"微信"等即时通信平台上建立留学生群或设置公众号，及时推送与留学生工作相关的文章，解答留学生遇到的实际问题。有条件的学校还可以发布中外文化教育交流平台 APP，在这个 APP 中留学生可以随时看到与文化教育相关的内容，还可以广交好友，增加留学生的社交范围。

四、文化教育在留学生辅导员工作中的作用

可以说，文化教育极大地帮助了留学生辅导员更好地开展各项工作。首先，对留学生进行文化素质教育有助于他们解决跨文化适应问题，提高他们的跨文化适应能力。文化教育多维度、多方位地加深了留学生对中国文化的理解，让他们能够真正时时刻刻置身于中华文化的氛围之中。文化是需要"体验"的，而不仅仅只是专业知识的传授。让来华留学生对中华文化从感官到精神进行体验、产生认同，有助于缩短留学生的"文化休克"期。

其次，文化教育可以激发留学生深入学习汉语的愿望。跨文化障碍中，最大的障碍便是语言障碍。兴趣是最好的老师，在留学生群体中进行文化教育，能够激发他们对中国文化的兴趣，进而促使他们渴望更好地掌握我国的语言。

此外，文化教育还能够提高留学生的学习效率。文化教育使得留学生参与到了更多的课外活动之中，这一方面可以让他们展示自己的才能，缓解跨文化带来的精神压力；另一方面也能使他们保持良好的精神状态，无形中提高了他们的学习效率。

最后，文化教育丰富了校园文化。留学生校园文化以留学生为主体，以课堂之外广泛的文化活动为内容，以整个校园为主要文化空间。❶ 在校园内开展类似"国际文化周"的活动，加深了留学生之间、留学生与国内生之间的文化交流，为包容、友好、互相尊重的校风奠定了基础，也为留学生辅导员开展工作提供了许多便利。

---

❶ 张雯：《留学生校园文化建设刍议——以浙江师范大学留学生校园文化建设为例》，载《来华留学生预科教育学术研讨会论文集》，哈尔滨师范大学 2011 年编印。

五、结论

文化差异带来的跨文化障碍，是来华留学生面临的一个重要问题。作为留学生辅导员，在尊重学生本国文化的前提下，应加强对留学生的文化教育，为留学生多开展一些文化体验类的活动，使来华留学生通过学习汉语、体验中国文化的方式来深入了解中国。这将会为他们最终成长为中外交流的"亲善大使"奠定基础，也为提高中国的国际认可度做出贡献。在这个过程中，科学有效的文化教育策略至关重要。我们应当积极探索新的留学生教育模式，使文化教育更加有利于留学生的身心发展，采取易于接受的教育形式、富有创新性的教育途径，充分发挥文化教育在留学生辅导员工作中的积极作用。这也是完善我国教育体制、提高我国教育在国际上的地位的必由之路。

探索实践教育新路径　提升德育工作新高度

法律硕士学院　苏　宇

摘　要　德育工作是全面发展教育的重要组成部分，是"以人为本"思想的重要体现。德育首位的教育理念始终贯穿于我国各级各类教育中。因此，高等学校应把德育工作摆在重要位置，以培养具有创新精神和实践能力的社会主义建设者和接班人。实践教育是德育工作的关键环节，但当前实践教育的作用未充分展现。本文结合工作实际，阐述了实践教育的不足，并提出了实践教育的新路径。

关键词　大学生　实践教育　德育工作

《中华人民共和国高等教育法》第五条规定："高等教育的任务是培养具有社会责任感、创新精神和实践能力的高级专门人才，发展科学技术文化，促进社会主义现代化建设。"社会经济的发展决定高等教育的发展，因此高等教育的目的必须以社会需要和个体内在需要为导向。德育工作是高等教育的基础，是培育大学生全面发展的关键环节，必须在认识和改造社会的过程中开展。马克思提出"实现人的全面发展的唯一途径就是教育与生产劳动相结合"。❶ 这一结论将为实践教育作为德育工作的重要组成部分提供理论基础。

一、实践教育在德育工作中的重要作用

德育是教育者依据一定的社会、政治要求对受教育者施加影响，使其形成符合社会需要的世界观和道德品质的行为。❷ 德育为实践教育指明方向，是实践教育的核心目标，贯穿于整个实践教育中，而实践教育为德育工作提供载体，是德育工作的重要手段。

1. 实践教育是大学生培育和践行社会主义核心价值观的重要载体

辩证唯物主义认为认识和实践是不可分割的，实践是认识的基础和来源，认

---

❶ 全国十二所重点师范大学联合编写：《教育基础》，教育科学出版社，2002年版，第78页。

❷ 傅树京：《高等教育学》，首都师范大学出版社，2014年版，第59页。

识对实践具有指导作用。我国正处于经济迅猛发展、社会思想日益多元化的时期，大学生的自我意识和价值体系在逐渐形成过程中，思想信念的建立仍处于模糊和不稳定的阶段，容易受到不良思潮的侵蚀。科学有效的实践教育具有良好的教育功能、导向功能和凝聚功能，能够帮助大学生在实践中增强认同感和归属感，深化对社会主义核心价值观的理解，并将这种理解内化于心，进而在日常行为中外化于行，最终实现培育和教育的目标。❶

2. 实践教育是大学生构建社会主义道德体系的重要抓手

中共中央国务院在《关于进一步加强和改进大学生思想政治教育的意见》中指出："社会实践是大学生思想政治教育的重要环节，对于促进大学生了解社会、了解国情、增长才干、奉献社会、锻炼毅力、培养品格、增强社会责任感具有不可替代的作用。"受到市场经济和家庭结构等因素的影响，当今大学生群体普遍存在道德意识淡薄的问题。学校开设的思想品德课等德育课堂教学也并未达到预期效果，因此，实践教育应担负起大学生社会主义道德体系建设的重要任务。通过青年志愿者服务、精神文明你我他等实践活动，可以使大学生在与他人的合作互动中养成良好的道德习惯，进行以"为人民服务"为核心的社会主义道德建设。

3. 实践教育是促进大学生全面发展的重要途径

教育领域综合改革以立德树人为基本导向。袁贵仁在《深化教育领域综合改革讲话》中指出："立德树人的本质要求是育人为本、德育为先、能力为重、全面发展。"这就要求大学生不仅应当具备全面的专业知识和理论体系，还应当具有强健的体魄、完善的人格和高度的社会责任感。实践是检验真理的唯一标准。实践教育是大学生检验课堂知识的必经过程，在实践教育中灵活运用专业知识、深化对知识的理解和掌握、完善知识结构能帮助大学生，形成多元化、全面、精深的知识理论体系。社会分工的精细和学科领域的庞杂对大学生改造世界的能力提出多样化的要求，只有通过实践教育大学生才能发现自身不足，并根据社会需要提高各方面的能力。实践教育能够提高大学生自我调节和自我保健意识，锻炼意志品质，提高心理承受能力，促进健全人格的形成和全面发展目标的实现。

---

❶ 庄立臣：《论大学生社会主义核心价值观教育载体优化》，载《高校辅导》，2016 年第 2 期，第 22 页。

二、当前实践教育存在的问题

我国各级各类教育长期存在"重理论、轻实践，重智育、轻德育"的倾向。社会经济发展的阶段性、思想认识的滞后性、制度设计的落后性等因素导致实践教育在发展中出现许多不足之处。目前，实践教育活动数量庞大，但大学生真正愿意主动参加的却很少。有些实践活动没有实质内容而流于形式，一定程度上已经成为学生的负担，导致学校德育工作的成效甚微。

（1）对实践教育认识不清，导致实践教育缺乏系统的规划指导。实践教育的指导理念未根据社会经济的变化而及时更新和创新，大多实践教育活动仍依赖于传统的课堂教育方式。只有上级文件要求举办的实践教育活动才举办，而且活动各环节缺乏科学设计，导致实践教育具有被动性和随意性。

（2）实践教育的开展未结合大学生群体的特点和需求，导致实践教育覆盖面狭窄。大学生群体承担着学业、就业、社会交往等压力，他们对处理这些压力的方法具有迫切的需求。但一些实践教育活动未真正结合参与群体的特点和需要，导致实践教育缺乏影响力和实效性，无法为大学生提供真正的成长平台。

（3）内容形式单一，导致实践教育缺乏吸引力。一些实践教育活动的内容脱离实际、未体现时代特征，活动形式局限于缺乏互动性的灌输式教育，如文件学习会、交流会、参观等，大大落后于大学生的思维模式和生活方式，不仅无法发挥实践教育因势利导的作用，反而容易引起学生的反感和抵触。

三、探索实践教育新路径

经过多年发展，实践教育已形成一定规模。进入新世纪，中国特色社会主义理论的提出，为实践教育指出了更明确和具体的发展方向，同时实践教育也被赋予了新的时代特征。为了使实践教育能够真正发挥其培养素质结构健全的、符合社会需求的社会主义接班人和建设者的功能，笔者提出以下发展实践教育的新路径。

（一）引入职业生涯规划理论，实现实践教育的就业功能

近年来，由于大学生的高就业期望与社会需求的脱节和个人能力素质与用人单位要求的差距，大学生就业形势越加严峻，走出校门即失业的现象非常普遍。这说明学校教育未能帮助学生进行正确的职业规划和自我认识，导致学生在毕业时未能具备良好的就业能力。因此，在实践教育中引入职业生涯规划理论既是社会主义市场经济对德育工作的新要求，也是学校促进大学生成长成才的有效途径。实践教育活动是大学生与社会交往的纽带，能够帮助大学生更好地认识社

会、融入社会。学生根据专业方向、兴趣爱好、社会需求等要素确定职业方向和就业领域，继而有针对性地参加实践教育活动。在实践教育过程中，学生能够提前进入职业领域，全面了解专业和想从事职业的就业情况、所需职业技能等，不断验证和调整个人职业生涯规划的合理性和可行性。

在新生阶段，实践教育应以帮助学生了解职业内容和加强自我认识为主，帮助学生尽快适应大学生活，培育学生职业理想和职业兴趣。在发展阶段，学校应为学生提供更为专业和具体的实践教育指导，帮助学生综合分析主客观因素，结合学生职业兴趣和技能确定职业性向和职业领域，构建职业道德体系，譬如组织参加专业实习实践、志愿者服务、创业就业大赛、创业科研活动等。在就业阶段，学生应根据实践教育活动中发现的问题，努力提高专业技能和就业能力，使个人综合素质达到行业和就业单位的要求。学校可开展模拟面试、职场交流等与创业就业相关的实践活动，帮助学生缓解就业压力、培养职业情感。在实践教育中引入大学生职业生涯规划，使学校活动与个人发展紧密结合，使学生自觉主动地参与德育工作，有利于学生主体意识和能力素养的全面提高。

（二）整合社会资源，实现实践教育项目化运作

高校的发展离不开社会力量的参与，开展实践教育应当争取政府、社会的多方支持，充分挖掘社会资源，与学校相互配合，群策群力，形成德育教育合力。❶ 实践教育应采用多种模式、实现多重覆盖，逐步构建从内容到方法更加贴近大学生实际的思想引导工作体系、更为完善的工作项目体系、更为健全的组织动员体系，更为有力的资源整合保障体系，增强实践教育的吸引力和凝聚力，扩大实践教育的覆盖面，把服务学生的工作落实到位，使实践教育水平有实质性提高。

社会实践教育的项目化运作可以将社会资源优化配置，以提高大学生社会实践的效能。实践教育应立足大学生群体的需求，尊重和发挥市场在社会资源使用中的配置作用和效益价值，选择适合学生个性发展的项目与社会力量进行合作，不断强化社会实践大课堂建设机制，促进社会实践活动资源的可持续发展。为了社会实践教育项目的正常运作并保证其效果，学校或学院应配备专门导师进行指导，并培养一支专门负责项目管理的固定团队，明确团队中从负责人到执行人的职责，一方面保证社会实践教育项目的德育方向，另一方面避免社会实践教育项

---

❶ 庄立臣，《论大学生社会主义核心价值观教育载体优化》，载《高校辅导》，2016 年第 2 期，第 21 页。

目的不稳定性和松散性。在项目进行过程中，应从阶段目标、执行情况、经费使用等方面对项目进行监督和检查。如法律硕士学院与北京市昌平区城北街道司法所进行共建合作，依托学院青年志愿者协会成立青年志愿者普法队伍，在校内外导师的指导下，在学院团学活动经费的支持下，为昌平区内军营、社区、学校进行定期普法活动。志愿普法活动将学生专业知识教育、实践教育和德育教育融合在一起，提高了学生参与的主动性与积极性。

（三）加强实践教育基地建设，实现实践教育广覆盖多层次

大学生社会实践基地是高校与地方单位、城市社区、乡村共同设立的为大学生实践教育提供服务和支持的平台，是开展实践教育的重要载体和依托。[1] 实践教育基地的建立实现了学生业余实践向系统学习的转变，实现了实践教育由游击模式向定点模式的转变、由精英模式向大众模式的转变。实践教育基地的多样化和层次化使单一的培养标准转变为尊重学生个性特点、服务学生个性需求的多样化标准，从而实现个体的全面发展。

着眼于就业市场的需要，学校应依托办学特色和专业特点，将社会实践教育基地的选择与学生就业方向和就业领域结合起来，提前为用人单位和就业人员搭建试用平台，便于用人单位提前发现人才、降低招聘成本，便于学生在毕业时与用人单位无缝对接。着眼于社会精神文明建设的需要，学校可与周边社区合作建立社区服务实践基地，帮助学生融入社区建设、构建和谐社会、培养公民意识和道德意识。着眼于产学研的需要，学校可开展校企合作，建立包含实践教育内容的产学研合作基地。产学研合作基地的建设是校企资源优化配置和优势互补的重要形式，为学生搭建"一站式"、多维度的知识技能强化平台。学校通过社会实践基地检验教育活动的质量和效果，并根据社会需求及时调整教学目标、教学计划和教学活动等，提升高层次人才的培养质量。

---

❶ 米衣军：《大学生社会实践活动的德育功能研究》，河北师范大学 2007 年硕士学位论文，第 44 页。

论社会主义核心价值观与大学生思想政治
教育的"融入"关系

王太芹　　田兆军[1]

摘　要　新时期，社会主义核心价值观是全民形成价值共识的基础，大学生思想政治教育是促使全体大学生形成价值共识的重要载体。社会主义核心价值观融入大学生思想政治教育是时代的需要、二者共同发展的需要、大学生成长成才的需要。前者对后者融入效果的取得，核心是融入关系的构建。融入目标的一致性、路径的共通性、实施的互动性，是构建良好融入关系的前提。

关键词　核心价值观　思想政治教育　融入　可行性

价值观是价值主体基于自己的感官或理性思维而对关系物（人）作出的认知、理解、判断或抉择，也是主体认定事物、辨别是非的一种思维或取向。作为一种较高层次的表现形态，在哲学思维中，价值观主要表现为信念、信仰或理想。世界的不同、主体的不一、个性的特殊等，使一个社会的价值观必然多样或多元，从而造成冲突和矛盾。稳定的社会秩序需要一个社会价值观体系中有核心价值观担当社会思潮中的主导力量；个体健康的发展需要自我价值观体系中有核心价值观作为其他思想变化的引导。所以，党的十八大明确提出"三个倡导"，即"倡导富强、民主、文明、和谐，倡导自由、平等、公正、法治，倡导爱国、敬业、诚信、友善，积极培育社会主义核心价值观"[2]，同时要求"把培育和践行社会主义核心价值观融入国民教育全过程"。可见，在大学生思想政治教育中融入社会主义核心价值观，既是大学生自身发展的需要，也是大学生思想政治教育发展的需要，更是高等教育发展的需要、国家和社会发展的需要。

---

[1]　王太芹，北京大学副研究员；田兆军，中国政法大学讲师。
[2]　《坚定不移沿着中国特色社会主义道路前进，为全面建成小康社会而奋斗——胡锦涛同志代表第十七届中央委员会向大会作的报告摘登》，载《人民日报》，2012年11月9日第03版。

那么，作为两个不同的范畴，社会主义核心价值观与大学生思想政治教育能否实现融入，是否具有融入的可行性？经过分析，二者既有相似点，也有不同点。所谓不同，是指相比较来说，社会主义核心价值观对于大学生思想政治教育，是处于统领和指导地位，而大学生思想政治教育则是培育和践行社会主义核心价值观的重要载体。正是因为有了不同，才有了"融入"的必要。所谓相似，是指二者具备相似的"基因"，即二者具备目标的一致性、路径的共通性、实施的互动性。正是因为有了相似，才有了"融入"的可能和可行。

一、目标的一致性

社会主义核心价值观和大学生思想政治教育在内涵和外延上是一对不同的范畴。社会主义核心价值观是社会主义核心价值体系在当下最凝练的表达，而社会主义核心价值体系是当代中国社会主义意识形态的本质体现；大学生思想政治教育是高等教育的一个必要形式，是高校在大学生群体间传播和强化社会主义主导意识形态的一个重要方法。所以，可以认为，虽然社会主义核心价值观和大学生思想政治教育两者在展示社会主义意识形态的功能、体现社会主义意识形态的地位、承载社会主义意识形态的内涵上不同，但它们在传播社会主义意识形态方面的目标具有一致性。这样的一致性主要体现在以下几点：

首先，二者在内容上具有对应性。因为思想政治教育这个系统事实上是由政治教育、思想教育和品德教育等子系统组成。而在《中共中央国务院关于进一步加强和改进大学生思想政治教育的意见》（中发〔2004〕16 号）文件中，又进一步明确了大学生思想政治教育的主要任务及重点内容，那就是"以理想信念教育为核心，深入进行树立正确的世界观、人生观和价值观教育；以爱国主义教育为重点，深入进行弘扬和培育民族精神教育；以基本道德规范为基础，深入进行公民道德教育；以大学生全面发展为目标，深入进行素质教育。"再向前查阅，在《公民道德实施纲要》中，更是明确提到："在全民族牢固树立建设中国特色社会主义的共同理想和正确的世界观、人生观、价值观，在全社会大力倡导'爱国守法、明礼诚信、团结友善、勤俭自强、敬业奉献'的基本道德规范，努力提高公民道德素质，促进人的全面发展，培养一代又一代有理想、有道德、有文化、有纪律的社会主义公民。"这样的任务要求与社会主义核心价值观的内容本质上是对应的，是统一的。

大学生思想政治教育中的政治教育与社会主义核心价值观中国家层面的倡导具有一致性；思想政治教育中的思想教育与社会主义核心价值观中社会层面的倡导具有对应性；社会主义核心价值观中在个人层面的倡导就是"爱国守法、明礼诚信、团结友善、勤俭自强、敬业奉献"的翻版。最主要一点，大学生思想政治教育中提出要以（政治）理想、（政治）信念教育为核心，这事实上就是一种价值观教育。因为，理想、信念乃至信仰在前文已经提到，它们实是价值观（念）的一种基本形态。信念、信仰和理想作为价值观念的三个最基本形态一旦形成，就会因其具有相对稳定性、主体附属性、多元性、评判性而成为人们用以评量事物之意义、权衡得失轻重、决定褒贬弃取的"天平"和"尺子"，构成了人们内心深处的评价标准系统。就是说，在大学生思想政治教育中，培育大学生信念、信仰和理想，也即是社会主义核心价值观的重要内容。

其次，对于坚持和巩固社会主义意识形态统治地位的根本目标而言，二者其实都是手段，只不过一个表现为内容，一个表现为载体。通常认为，意识形态是一种思想体系，"是社会意识诸形式中构成观念上层建筑的部分，是与一定社会的经济和政治直接相联系的观念、观点、概念的总和。"❶ 它既是社会成员在日常生活中形成共同认识的基础，又是社会关系中的人通过理解甚至想象去认识事物的方法。特定的社会存在决定特定社会关系，特定的社会关系决定特定的社会价值观念。社会主义核心价值观虽然被凝练成24个字，构成上具有复合性，但其价值意向却是一元的，即它具有独特的主导性和核心价值上的排它性。社会主义核心价值观从根本上不同于西方社会的意识形态和其他社会非主流价值观，具有独特的社会主义本质和特征。思想政治教育是与共产主义运动和无产阶级政党伴生发展的理论灌输手段，也是中国共产党的真正优势所在。所以，二者都是为社会主义意识形态的巩固和发展而服务。

再次，二者都具有社会主义本质属性。什么是社会主义本质？邓小平着重从优越性，特别是从解放和发展生产力上阐述了社会主义的本质，而不是从制度上讲的。这与传统的"社会主义根本目标是公平分配"的认识是不一样的❷，但与马克思当初对未来社会设想中首要特征"生产力极大发展"是一致的。"以往的教训告诫我们，在甩开'发展生产力'与'实现共同富裕'这两项要求的条件下去抽象地谈论公有制、按劳分配以及社会主义的做法是很难确保科学社会主义能

---

❶ 徐惟诚：《中国百科全书》（精粹本），中国大百科全书出版社，2002年版，第1716页。

❷ 对什么是"社会主义"，对中国最初的社会主义者们影响较大的日本近代著名的社会主义运动和反帝反战斗争的先驱者和组织者之一辛德秋水（1871—1911）认为："实现公平的分配时倡导社会主义的主要动机，是社会主义主要原则中的主要原则。"（参见：［日］辛德秋水：《社会主义的精髓》，马采译，商务印书馆，2011年版，第27页。）

够顺利实现的。"❶ 现在来看，邓小平的社会主义本质理论是对"左"的理论和实践的拨乱反正，是对马克思主义的继承和发展。这位中国改革开放的"总设计师"在马克思主义发展史上，第一次概括性地、科学地揭示了社会主义的本质。

社会主义的本质自然决定了社会主义核心价值观的本质和大学生思想政治教育的方向。生产力的解放，将极大地提高社会的物质文明和精神文明水平，从而为广大民众的物质生活和精神生活水平的提高提供最重要的保障。而社会主义核心价值观的主体正是广大民众，统一的价值诉求必然有利于社会的和谐、政治的稳定、民族的复兴。反之，生产力倒退，则社会发展倒退，民众就有可能涣散、价值方向会发生迷茫，大学生思想政治教育就会成为空泛的说教。可以说，前者决定后者方向，后者影响前者进程。

二、路径的共通性

社会主义核心价值观对大学生思想政治教育的融入，事实是内容和形式的相互结合，真正目标是实现大学生对社会主义核心价值观的认知、认同及践行。确切地说，如果前者对后者实行的是融入路径，后者对前者实行的则是反向融入路径。这种反向，从另一个角度看，就是大学生思想政治教育中内化与外化的相结合。那么，看似是方向相反的路径，为何说具有共通性呢？这是因为，社会主义核心价值观的"融入"事实上就是大学生思想政治教育中的"灌输"和"接受"的结合。

从 2006 年至今，我党曾在中央文件中分别提出："坚持把社会主义核心价值体系融入国民教育和精神文明建设全过程，贯穿现代化建设各方面。"❷、"切实把社会主义核心价值体系融入国民教育和精神文明建设全过程，转化为人民的自觉追求。积极探索用社会主义核心价值体系引领社会思潮的有效途径。"❸ "必须强化教育引导，增进社会共识，创新方式方法，把社会主义核心价值体系融入国民教育、精神文明建设和党的建设全过程。"❹ 可见，"融入"的要求早已经上升到中央文件的高度。那么，什么是融入，如何融入？

在用于"人"这个对象时，"融入"指的是人的"精神层级的融合和接纳"

---

❶ 卫兴华：《邓小平社会主义本质理论研究》，载《中国人民大学学报》，2004 年第 4 期。

❷ 《中共中央关于构建社会主义和谐社会若干重大问题的决定》，人民出版社，2006 年版，第 22 页。

❸ 《中国共产党第十七次全国代表大会文件汇编》，人民出版社，2007 年版，第 33 页。

❹ 《中国共产党第十八次全国代表大会上报告》，人民出版社，2012 年版。

的过程。在本文语境下，"融入"是指"一个内在逻辑性的外在认定与外在规定性的内在实现相统一的过程"❶这个过程的理想结果是"融合"，具体说分为三个阶段：第一阶段解决从"理论"到"教育"，即实现社会主义核心价值观这个理论向大学生思想政治教育这个实践的转化；第二阶段解决从"教育"到"头脑"，即实现经大学生思想政治教育到大学生价值观的转化；第三阶段解决从"头脑"到"实践"，即实现大学生的价值观念向价值实践的转化。在这样的转化过程中，要动态地确立教育者与受教育者的地位，要科学地处理主导文化、精英文化和大众文化的关系，要正确地运用对应的方法、载体和原则，要顺畅地确保价值观念在个体中的内化与外化等。这就需要对思想政治教育中建立在"灌输"思想和"接受"思想基础上的"融入理论"进行一番探讨。

何为"灌输"？《教育学大词典》对它的解释是"从外面输入某种思想。相对于自发论。"❷"灌输"一词马克思、恩格斯虽然没有明确使用，但在他们许多论著中却蕴含着丰富的灌输思想。比如，"哲学把无产阶级当作自己的物质武器，同样，无产阶级也把哲学当作自己的精神武器；思想的闪电一旦击中这块朴素的人民园地，德国人就会解放成为人。"❸也就是说，在马、恩看来，思想灌输的过程就是"思想的闪电射向人民的园地"，认为无产阶级只有通过灌输才能获得"精神武器"进而实现人类的解放。

作为马克思主义者，列宁始终高度重视如何让工人阶级掌握"精神武器"。1894 年，他指出："我国社会主义者……把这个理论通俗化，把它灌输给工人。"❹ 1902 年，他更是明确指出："工人本来也不可能有社会民主主义的意识。这种意识只能从外面灌输进去。"❺ 可见，列宁认为，只有通过灌输，人民群众才可能实现对先进理论的自觉。

邓小平同志主张结合群众的切身利益和革命斗争的实际，分层次、有针对性地进行社会主义的灌输。所以，他要求理论灌输要为经济建设服务，提出"一个中心，两个基本点"和"四项基本原则"是理论灌输的基本内容、"四有"新人为理论灌输的培养目标、发扬民主和求真务实是理论灌输的基本原则、不搞运动

❶ 杨晓慧：《社会主义核心价值体系融入大学生思想政治教育全过程的基本问题研究》，人民出版社，2011 年版，第 8 页。

❷ 顾明远：《教育大辞典》，上海教育出版社，1990 年版，第 136 页。

❸ 顾明远：《教育大辞典》，上海教育出版社，1990 年版，第 15—16 页。

❹ 《列宁选集》（第 1 卷），人民出版社，1995 年版，第 284 页。

❺ 《列宁选集》（第 1 卷），人民出版社，1995 年版，第 317 页。

而以教育和引导为主是理论灌输的实施方法。这样的实践对"灌输"思想是极大的推进。尤其是随着思想政治教育学这一门学科的进一步发展，不管是在理论上还是实践上，大家都已经认识到，"灌输"不能仅被狭义地理解为一种"方法"，即一种"说教""填鸭"式强制性的教育方法——强迫受教育者接受，而是应该被综合理解成既是一种教育方法——相对"自发产生"方法之外的一切非强制方法，也是开展教育所必须遵循的原则——坚持有计划、有目的、旗帜鲜明地将社会主义意识形态输送给受教育者。

基于对"灌输"思想这种区别于"传统（强制）"的新型理解，从某种程度上说，"融入"可以代替"灌输"，但"灌输"不可以代替"融入"。因为，相比"融入"的三个阶段来说，"灌输"只能达致第二个阶段，即从"理论"到"教育"再到"头脑"，确切说，只算完成了"融入"当中的"融"，还没有完成"入"。因为社会主义核心价值观到达大学生"头脑"，对于"灌输"来说，所赋予的功能任务也就完成了，至于到达的理论数量的多少、头脑吸收理论质量的高低、受教育者选择的主动或被动、实践过程中的科学或偏差等都不再是"灌输"思想功能所能达到的。这就需要"融入"当中的"入"，更进一步则需要"出"（实践应用），这事实上就需要思想政治教育当中的"接受"思想了。

"接受"一词在思想政治教育这个实践中，既可理解为一种静态性的状态和结果（阶段性），也可被表示为一种动态性的关系和过程（长时段性），即是指"接受主体出于自身需要，在环境的作用下，通过某些中介对接受客体进行反映、选择、整合、内化、外化和践行等多环节构成的、连续的、完整的活动过程。"❶对"接受"的研究，在哲学上，经历了一个漫长的从工具论向本体论转向（基于"理解"基础上）的过程。

所谓工具论，指的是追求客观真实的知识论发展到极端自然形成了工具理性主义（弗兰西斯·培根）。受这种工具理性主义的影响，在后来的思想政治教育实践中，一些教育者仅从知识（工具）论的视角研究思想政治教育的内容、方式和方法以及对象，尤其是用一种工具性思维看待受教育者，把他们当作不会有自我思想的"螺丝钉"，导致思想政治教育对象经历千篇一律相似的说教之后，接受意愿逐渐降低，进而制约思想政治教育实效性的取得。后来，有研究者（狄尔泰）将"知识"区分为自然科学和精神科学，提出分别要用"说明""理解"的方法。这样，基于"理解"，向外诉求的目光转向审视人本身，主观性加入了进

---

❶ 屈艳红：《接受视阈下的大学生思想政治教育创新》，光明日报出版社，2011年版，第39页。

来，主体性体现了出来，哲学意义上的本体论也展现了出来。

当然，即使有基于这种本体论意义上的"理解"，在思想政治教育中的"接受"也并非能确保达到绝对目标效果。因为，在"接受"过程中，接受效果的获得，不仅有接受客体、传导者、传导新质、接受媒介、接受环境、接受新质等因素扰动，最主要的变量还是接受主体。

可见，作为教育内容，社会主义核心价值观融入大学生思想政治教育最终实效取决于接受主体在相关扰动因素影响下，以及自身诸内在要素的影响（比如，在接受过程中主体接受需求与社会需求的差异、接受主体感性期待与理性认识的偏差、接受主体内化认同与外化实践的抵牾等）下，所采取的接纳自觉、践行自主程度。"知是行之始，行是知之成。"内化认同是外化实践的前提、基础，外化实践是内化认同的巩固、反思。因此，我们认为，大学生对于社会主义核心价值观的"接受"，事实上只是完成了"融入"当中的"入"的功能，偶尔体现出"出"（外化、践行）的功能。融合了"灌输"思想和"接受"思想，思想政治教育中的"融入理论"被构建。在这样的"融入理论"指导下，社会主义核心价值观融入大学生思想政治教育就具有了可行性。"理论只要说服人，就能掌握群众；而理论只要彻底，就能说服人。所谓彻底，就是抓住事物的根本。"❶ 在对社会主义核心价值观融入大学生思想政治教育的探讨中，"根本"就是"如何融入"，建立在"灌输"思想和"接受"思想基础上的"融入"理论为这个"根本"的获得提供了学理及实践依据，也使社会主义核心价值观和大学生思想政治教育在追寻目标的路径上有了共通性。

三、实施的互动性

社会主义核心价值观并不是单向地对大学生思想政治教育实施融入，而是与后者进行互动。这种互动主要体现在两方面：一方面，社会主义核心价值通过大学生思想政治教育内化于大学生之心，再通过大学生的践行外化出来；另一方面，大学生通过思想政治教育载体对社会主义核心价值观进行认知、认同及践行。当然，它们之间的互动是基于一定基础的，这样的基础主要体现在以下几点：

首先，坚持社会主义办学的方向需要它们在融入实施过程中进行互动。社会主义办学的方向要求教育者必须把社会主义核心价值观融入大学生的思想政治教育。因为，前述的社会主义本质决定了中国的大学性质必然是社会主义的，这也就决定了中国的高等教育当然需要坚持社会主义办学方向，从而践行社会主义核

---

❶ 《马克思恩格斯选集》（第 1 卷），人民出版社，1995 年版，第 9 页。

心价值观。而新形势下，如何实现大学生思想政治教育这项工作的再次提高与突破，以核心价值观的宣扬与教育为抓手应该是个不错的选择。同时，社会主义建设，需要青年学子的努力，需要他们有报效祖国的志向、实现梦想的能力，故需要对青年学生进行必要的思想引领，不能偏离方向，更不能反方向。否则，能力越大，不是承担的责任越大，而是破坏力越大。因此，我们需要把社会主义核心价值观融入大学生思想政治教育。更进一步，当代社会的异质性正在增多，我们的意识形态领域正面临着来自西方的诸如并非真正意义上的普世价值、新自由主义思潮、民主社会主义思潮等各种社会思潮的严重干扰。建设当代中国社会主义核心价值观，是当前中国面对复杂的国际竞争和西方价值观渗透的必然选择，也是应对中国社会转型期诸多价值观博弈的迫切需要。因此，社会主义核心价值观处于大学生思想政治教育的指导地位，统领思想政治教育的其他内容。

其次，二者之间的互动实践也是大学生思想政治教育本身发展的需要。新时期大学生思想政治教育的发展需要将社会主义核心价值观融入其中作为主导思想。当前，国内外形势深刻变化，使大学生思想政治教育这项工作既面临有利条件，也面临严峻挑战。有利条件是指随着我国对内改革进程的推进和对外开放程度的加深，社会主义中国已经发生了巨大的变化。例如，在企业的生产经营方面，有多种经济形式的企业存在；在社会组织的表现形式方面，单一的组织形式早被突破；在就业方面，灵活多样的就业形式已经呈现；在利益诉求方面，不同的群体和个体所追求的也是千差万别等。因此，个体表现出的独立性、需求的差异性等都很明显，这对当代大学生增强自强、创新、成才、创业等意识都非常有利。同时，国际上意识形态斗争的复杂化，以及我国在社会转型时期出现的一些问题，例如在社会中出现了信仰迷茫、信念模糊、价值扭曲、诚信淡薄等现象，这也必然对新时期大学生合格培养造成冲击。可见，加强和改进大学生思想政治教育，需要以社会主义核心价值观为统领，在内容和形式上不断创新。

总之，社会主义核心价值观作为马克思主义价值观中国化的最新理论成果，是当代中国的主导价值观，是社会主义核心价值体系的大众化、通俗化、凝练化表达，是先进的理论表现，是主流意识形态。因此，把社会主义核心价值观融入大学生思想政治教育，用社会主义核心价值观"掌握"大学生是必然选择。而要想实现社会主义核心价值观对大学生思想政治教育的有效融入，二者只有具备相似的"基因"，才有可能在互补中同步促进，保证了融入的可能、可行及有效。

用社会主义核心价值观照亮中国梦

保卫处　田兆军　李莎丽❶

摘　要　社会主义核心价值观的提出和倡导是现实政治、经济、文化发展的需要。大学生思想政治教育作为社会主义意识形态融入时代青年脑海并能够被认知、认同及践行的重要载体，经历的发展阶段相比社会主义核心价值观的要长远。学界对它们的研究基于社会发展的需要，逐渐从割裂走向融合，实现了统一、多角度的融入研究，既是对现实发展需要的遵从，也必然体现了时代的意义。

关键词　核心价值观　融入　思想政治教育　意义

当前，随着我国在经济发展上巨大成就的取得和对外开放力度的加大，我们在意识形态领域面临的斗争越来越尖锐。思想政治教育作为社会主义意识形态建设的重要载体，是引导社会成员形成价值共识的重要手段。高等学校是进行大学生思想政治教育的重要场域，对整个社会意识形态建设能起到示范和引领作用，生活、学习于其中的大学生，作为青年群体中的精英，既是各种非社会主义思潮争夺的对象，当然也是社会主义思潮需要"掌握"的对象。党的十八大明确提出"三个倡导"，即"倡导富强、民主、文明、和谐，倡导自由、平等、公正、法治，倡导爱国、敬业、诚信、友善，积极培育社会主义核心价值观"❷，同时要求"把培育和践行社会主义核心价值观融入国民教育全过程"。可见，在大学生思想政治教育中融入社会主义核心价值观，既是大学生自身发展的需要，也是大学生思想政治教育发展的需要，更是高等教育发展的需要、国家和社会发展的需要。因此，实现社会主义核心价值观与大学生的相互"掌握"是种必然选择。

---

❶　李莎丽：中央财经大学政府管理学院辅导员、分团委书记。

❷　《坚定不移沿着中国特色社会主义道路前进，为全面建成小康社会而奋斗——胡锦涛同志代表第十七届中央委员会向大会作的报告摘登》，载《人民日报》，2012 年 11 月 9 日第 03 版。

那么，当前学界对社会主义核心价值观融入大学生思想政治教育的研究现状到底如何呢？经过梳理，可以看出相关特点如下：

一、针对价值观与思想政治教育的研究从割裂走向融合

针对价值观和思想政治教育的研究，成果以专著形式体现出来。开始二者是割裂的，或者更确切地说，学界开始对思想政治教育的研究，只关注思想政治教育本身。即使研究涉及价值观，最多也只是被当作如何做好思想政治教育研究需要关注的众多"点"中的"一点"。只是当社会主义核心价值观被我党明确倡导之后，针对价值观和思想政治教育的研究，才实现了统一和融合。

比如，《当代大学生思想政治教育》（骆郁廷主编，中国人民大学出版社，2010）、《中国共产党思想政治教育史》（何一成、杨湘川主编，长沙：湖南大学出版社，2011）、《思想政治教育环境论：大社会视野下的思想政治教育》（王滨，上海：同济大学出版社，2011）、《高校社会主义核心价值体系教育全程化研究》（宇文利等，光明日报出版社，2011）、《现代思想政治教育课程论》（宇文利，北京：北京大学出版社，2012）、《主体间性思想政治教育研究》（苏令银，上海：上海三联书店，2012）等。这些著作有的对大学生思想政治教育的历史演变进行了梳理；有的对社会主义核心价值观的来龙去脉进行了回顾；有的从大历史的角度，从"反面教材"角度对曾经的大学生思想政治教育所遇到的典型事件进行了展评；有的对如何做好新形势下大学生思想政治教育、克服其面临的困境，从课堂、教材、教学方式以及主体间性等方面进行了探讨。这些著作针对大学生思想政治教育这一主题的研究，为后来有关如何做好社会主义核心价值观对大学生思想政治教育融入的研究，提供了"融入"实现的"何以可能"与"如何可能"的解答参考。

如果从专著以丛书形式展示的角度看对应的研究成果，更能典型地反映上述特征。比如，"当代高校德育研究丛书"（郑水廷、李小鲁主编，北京：人民出版社，2002）就是直接围绕"大学生思想政治教育"本身进行多角度论述。该套丛书由6本著作组成，包括《主导德育论——大学生思想政治教育一元主导与多样发展研究》（郑水廷、江传月）、《开放德育论——大学生思想政治教育继承借鉴与批判创新研究》（刘卓红、钟明华）、《人本德育论——大学生思想政治教育的人文关怀与人才资源开发研究》（袁本新、王丽容）、《素质德育论——大学生的现代适应与综合素质培养研究》（杨维、刘苍劲等）、《信息德育论——大学生信息素养与思想政治教育信息化研究》（霍福广、刘社欣）、《教育作为人的生存方式》（李小鲁）。这套丛书主要围绕"五个如何"分别展开论述，即"（1）如何坚

持以马克思主义的指导思想引领和主导多样化的社会意识，帮助引导大学生在错综复杂的社会思潮中辨别是非、明确方向，树立正确的世界观、人生观和价值观？（2）如何在积极吸收和传播世界文明优秀成果的同时，教育引导大学生增强民族文化意识，自觉抵制西方腐朽思想文化的侵蚀？（3）如何在思想政治教育中更好地贯彻以人为本，体现人文关怀，做到深入浅出、循循善诱，春风化雨、润物无声，在尊重人、理解人、关心人、帮助人中教育人、启发人、引导人、塑造人？（4）如何引导大学生形成健康的心理素质，提高他们应对人生挫折和社会各种矛盾的能力？（5）如何根据当代大学生接收信息途径的新变化，有效发挥互联网等现代传媒在思想政治教育中的积极作用？"❶ 这些论述当然对如何做好社会主义核心价值观融入大学生思想政治教育工作也有启迪，在探讨融入的原则、机制、模式上都会提供参考。

另有一套"德育哲学研究丛书"（张澍军主编，人民出版社，2002），由东北师范大学张澍军教授组织创作，是一套关于哲学思维与德育理论交相融合、试图建构"德育哲学"这一德育学分支学科的探索性、研究性丛书。该丛书包括《德育哲学引论》《德育过程论》《德育价值论》《德育文化论》《德育认识论》《德育主体论》《德育资源论》《德育管理论》《德育职能论》《德育辩证论》等。该丛书面对德育的社会化、本真化和深邃化已是不可逆转的发展走势，提出四个"回归"的看法，即："德育的权利和义务由国家主体逐步向社会主体回归；德育的本质存在由革命时期的'精英'目标取向为主逐步向民族的大众的'生活世界'回归；德育的目的任务由工具理性主导逐步向建设人本身回归；德育的运作方式由单向运动为主逐步向双向、多向乃至'无穷向'回归。"❷ 这样的论述，为后来如何有效实现社会主义核心价值观对大学生思想政治教育的融入，提供了"需要多要素共同发挥作用"的理论借鉴。

针对价值观的研究，在改革开放之初，讨论主要限于主体层面。比如，李德顺教授于 1987 年出版的有关价值论的著作即为《价值论——一种主体性的研究》。自 1992 年，党的十四大确立了社会主义市场经济体制改革的目标后，理论界逐步将焦点转移到对社会价值研究的层面。具有开启研究之先河意义的代表作有薛汉伟发表的《价值目标在社会主义概念中的地位》（1989）和王锐生发表的

❶ 郑永廷，江传月：《主导德育论——大学生思想政治教育一元主导与多样发展研究》，人民出版社，2002 年版，导论第 3 页。

❷ 张澍军：《德育哲学引论》，人民出版社，2002 年版，第 16—19 页。

《关于社会主义的价值和价值观》(1990)。

随着中国改革进程的加快及翻天覆地变化的到来，不管是立于改革潮头的改革引领者还是或主动或被动参与其中的普通大众，其思想观念都发生了一些时代性的变化，这些变化唤起了学者们的社会历史使命。尤其是我党从"社会主义核心价值观体系建设"向"社会主义核心价值观倡导"的转变，针对"社会主义核心价值观"的研究，蔚为大观。

三年来（截至 2015 年），著作方面以"社会主义核心价值观"和"大学生"为标题的文章据不完全统计有：《大学生社会主义核心价值观教育研究》(陈芝海，光明日报出版社，2013)、《当代大学生社会主义核心价值观培育研究》(李纪岩，山东人民出版社，2013)、《大学生与社会主义核心价值观》(戴艳军、吴桦，中国文史出版社，2014)、《国家意识形态安全与大学生社会主义核心价值观教育研究》(郑珠仙，人民出版社，2014)、《新时期大学生核心价值观教育研究》(薛海鸣，中国书籍出版社，2014)、《大学生社会主义核心价值观培育路径研究》(杜晶波、张慧欣，东北大学出版社，2014)、《社会主义核心价值观与大学生思想政治教育研究》(艾四林，中国文史出版社，2014)、《立德树人之道——大学生社会主义核心价值观的培育与践行研究》(李建华、夏建华，人民出版社，2015)、《大学生社会主义核心价值观教育长效机制构建》(徐园嫒等主编，西南交通大学出版社，2015)、《在大学生中培育和践行社会主义核心价值观研究》(李东、孙海涛，中国书籍出版社，2015)、《培育社会主义核心价值观研究》(王双群，中国社会科学出版社，2015)等。

由中共江苏省委宣传部组织相关人员撰写的《社会主义核心价值观研究丛书(2015)》，就是直接围绕"社会主义核心价值观"展开的研究。这套丛书将核心价值观的 12 个范畴独立成卷，加上总论和实践篇，形成共 14 卷的著作。它虽然是由执政党主管意识形态的部门统筹而成，理论的深度确实不够，但相比来说，它是目前国内第一套全面研究和阐释社会主义核心价值观具体范畴的系列研究著作。它系统研究了我们的价值观是什么、为什么和怎么做的问题，尤其难能可贵的是，它作为一套 14 卷的丛书，在保证了形式统一基础上，又给予了各卷独自个性阐发的机会，使社会主义核心价值观各范畴既较为透彻地论述了自己，又体现了与其他价值观间的辩证联系。

近年来，对相关问题研究的深度和广度都在逐渐提升，包括对把价值观与思想政治教育进行融入建构、相互促发的研究。这些研究有的回顾了 20 世纪 80 年代和 90 年代我国人民特别是青年的价值观及其冲突，让我们知晓，人的代际差别必然使价值观在社会层面表现的有所不同，时代不一样，民族的进程不一样，作为其中最敏感的群体——青年人定然表现的不一样；有的直接在"融入"和"分层"理论上进行了较为深入的探讨。比如，《社会主义核心价值体系融入大学生思想政治教育全过程的基本问题研究》（杨晓慧，北京：人民出版社，2011），该书从"融入全过程"的本质规定、"融入全过程"的接受主体、"融入全过程"的价值观整合、"融入全过程"的运行机制、"融入全过程"的实践探索等多个角度对"融入"作为一种超越灌输、渗透、接受、认同思想的理论进行了研究。这为后来的融入研究要将社会主义核心价值观分层次融进思想政治教育这个载体，再分类别让大学生群体入脑入心的研究提供了参考。另外，《新时期学校德育目标分层研究》（李德全、蒋礼文，北京：科学出版社，2012）一书则从学校德育目标的分层研究概述、分层机理、分层设计、分类设计、实现策略几个角度对"分层"问题进行了探讨，虽然该书没有过多地对"分层"问题进行原理上的论述，但其对实践的主张、设计、探索，对后来的融入研究在做相关论述时，涉及"分层"是否具有可行性的问题则提供了参考的样本。

当然，随着研究的深入，不少著作逐渐从"理论"走向"实证"，从而为如何实现社会主义核心价值观有效融入大学生思想政治教育提供更切实的探寻。比如，《大学生社会主义核心价值理念培育质性研究》（戴钢书等，北京：人民出版社，2008）、《大学生思想政治教育战略规划：基于首都高校的个案研究》（马俊杰主编，北京：中国传媒大学出版社，2010）、《中国社会价值观现状及演变趋势》（宣兆凯总执笔，北京：人民出版社，2011）、《当代中国社会价值观调查研究》（龚群，北京：北京师范大学出版社，2012）、《当代中国社会价值观调研报告》（孙伟平等主编，北京：中国社会科学出版社，2013）等。这些著作有的是先对价值观进行了多种角度的分类，比如，把价值观分成本位价值观、生态价值观、人际价值观、身心价值观、政治价值观、理想追求与集体价值观、传统伦理观、爱情、婚姻家庭与性道德观等，再按照对应类别进行调研；有的是通过对不同的地区、职业、年龄、性别、收入、受教育程度、家庭背景、政治面目、宗教信仰的人们，进行间隔两年前后两次的调查结果的比较，推断当前社会价值观的总体态势；有的是从某一个特定地区、对某一个特定要素进行调研；有的在调研方法上选取的角度只是利用调查对象的叙事文稿，从微观、零距离直视大学生对社会主义核心价值理念的认识、认同、内化、外化、践行的生动转变过程，等等。这些探寻为后来的融入研究中如何开展实证研究，以及调研选取的角度、要素、方法等都提供了借鉴。

同时，有些课题更是在选题上就直接实现了对有关核心价值观与大学生思想政治教育统一的关注。比如，由中国政法大学马抗美教授作为首席专家主持的教育部（高校思政、党建、稳定、网络）委托的研究项目成果《社会主义核心价值体系寓于大学生思想政治教育》（项目编号：08SZ1033），不仅从理论上对社会主义核心价值体系寓于大学生思想政治教育进行了学理的分析，对其历史发展进行了回顾，更在实证上从全国选取了 20 家高校进行了调研，获得了非常翔实的数据；不仅对中国传统核心价值观进行了梳理，更是利用他山之石，从美国、日本以及原苏联的思想政治教育中寻找了值得借鉴的正面经验和反面教训。

二、融入研究的视角实现了多角度交义

经过社会主义核心价值观融入大学生思想政治教育研究现状的梳理，我们发现，国外学者对之研究相对较少。一方面，是因为理论研究一般是为实践运行服务的，对中国社会发展是重要的问题，换个立场，则可能被认为是不重要的。他们评头论足的一般是中国的"军事威胁"论、"经济威胁"论，而鲜见"文化威胁"论，这也从反面印证了我们发展的软肋所在。另一方面，即使涉及相关研究，国外学者一般都是在研究政治学、教育学、社会学、伦理学等相关问题时才有所触及。所以，本文就此选题不对国外相关研究进行总结和评述。相反，在我国学界，对这一选题的研究，除了前述相关专著，论文方面，以"社会主义核心价值观"和"思想政治教育"为检索关键词，在中国知网上，发现自十八大之后，相关研究成果呈逐年递增趋势，2013 年有 31 篇，2014 年有 100 篇，2015 年有 176 篇；从研究类型上看，55％属于基础理论研究，17％属政策应用型研究，综合型研究占 28％。综述这些论文，从它们所讨论的内容和体现的观点来分类，主要有以下几个角度：

一是关于社会主义核心价值观融入大学生思想政治教育的意义研究。第一，主体意义论，即意义体现在学生主体身上。徐增鎏认为，以大学生为融入对象，把社会主义核心价值观融合到思想政治教育中，能够深层次且潜移默化地影响大学生的思想意识与行为规范，达到润物细无声的教育境界❶。第二，多元意义论，即社会主义核心价值观若融入大学生思想政治教育，则既有利于社会主义核心价值观的传播和思想理论课的创新发展，又有利于学生全面自由发展。例如，

---

❶ 徐增鎏：《在学生思想政治教育中融合社会主义核心价值观的策略研究》，载《山东社会科学》，2015 年第 12 期。

薛明珠和陈树文认为，二者融合既能创建高校思想政治理论课发展的新平台，推动高校思想政治理论的课程改革，还能促进学生全面自由发展❶；陈宗章认为，这一融入过程可以有效发挥社会主义核心价值观的引领作用，丰富实践教学的内容，促进实践教学模式的创新，增强高校培育和践行社会主义核心价值观的社会影响力❷。

二是关于社会主义核心价值观融入大学生思想政治教育的可行性研究。主要有三类观点。第一，性质地位决定论。代表性观点有：陈锡喜认为，高校思想政治理论课和核心价值观都是意识形态的本质体现，决定了把社会主义核心价值观教育贯穿思想政治理论课教学全过程的必要性❸；张有武认为，社会主义核心价值观融入大学生思想政治教育是由社会主义核心价值观的性质和地位决定的，是大学生成才和全面发展以及适应社会巨变的必然要求❹。第二，二者目标契合论。持这一观点的主要有：曹群和郑永廷认为："社会主义核心价值观贯穿高校思想政治理论课教学，是培养社会主义建设者和接班人的迫切需要，是塑造大学生正确价值观的现实要求，是思想政治理论课教学的价值体现，是面向社会，赢得青年、赢得未来的必由之路。"❺。第三，介质融合论，即二者具有相同或相似的介质与载体。朱景林认为，物质文明是二者融合的载体，社会主义核心价值观的培育需要融入物质文明建设，而思想政治教育物质载体属于物质文明，其"知行统一"的特性是社会主义核心价值观融入物质文明建设的纽带❻。

三是关于社会主义核心价值观与大学生思想政治教育的关系研究。有两种观点：一种比较突出社会主义核心价值观的基础指导作用，欧清华认为社会主义核心价值观是思想政治教育的逻辑基础，具体讲，二者的价值追求相契合，社会主

❶ 薛明珠，陈树文：《社会主义核心价值观融入高校思想政治理论课的思考》，载《北京交通大学学报（社会科学版）》，2015 年第 3 期。

❷ 陈宗章：《社会主义核心价值观融入思想政治理论课实践教学的思考》，载《扬州大学学报（高教研究版）》，2015 年第 2 期。

❸ 陈锡喜：《关于社会主义核心价值观教育贯穿高校思想政治理论课教学全过程的思考》，载《思想理论教育》，2015 年第 6 期。

❹ 张有武：《社会主义核心价值观融入高职院校思想政治理论课教学的思考》，载《教育理论与实践》，2015 年第 9 期。

❺ 曹群，郑永廷：《社会主义核心价值观贯穿高校思想政治理论课教学的要义》，载《思想理论教育导刊》，2015 年第 2 期。

❻ 朱景林：《社会主义核心价值观培育需融入物质文明建设：基于思想政治教育物质载体研究》，载《云南民族大学学报（哲学社会科学版）》，2015 年第 4 期。

义核心价值观是思想政治教育的哲学指针和理论基础❶。而另一种观点更具有哲学性，强调二者之间的互动作用。例如，郭彩星认为二者关系辩证统一，提高社会主义核心价值观教育的实效性需要推进大学生思想政治理论课整体性教学改革，而思想政治理论课需要以社会主义核心价值观为统领❷。

四是关于社会主义核心价值观融入大学生思想政治教育的路径和策略研究。在路径选择和策略建议上，学者给出的结论具有宏观联动、微观衔接等特点。宏观上，包括充分发挥思想理论课教学的主渠道作用；实现社会主义核心价值观与高校思想政治理论课课堂教学和实践教学的融合与相互促进；广大教师需要身体力行来提高学生参与的积极主动性；深化认同教育，坚持以人为本的思想政治教育观念，强化自我探索，发挥社会实践作用，开展全程教育，发挥校园文化的熏陶作用，优化环境教育❸；构建长效机制，价值观的宣传教育要实现有效"融入"，要以建立可用、管用、好用的长效机制为目标，把社会主义核心价值观的内容和要求融入教育教学，形成各级学校有机衔接的课程教材和教育教学体系❹。在微观上，重视思维转变，从创设生活情境、探究课程开发和建设活动资源三条路径出发促进融合❺；陈银平从教师意识（责任意识、阵地意识和人格魅力意识），课程内容建设和教学方法创新（专题式教学法、情感共鸣式教学法和新型互动教学法）方面阐述了融入路径❻。

除此之外，还有学者从社会主义核心价值观融入大学生思想政治教育的机遇、困境和原则等角度探讨这类问题。以上丰富的成果研究视角多元，研究水平可圈可点，但在理论与现实层面仍然存在着有待完善和深入的空间。

第一，上述研究虽然关注了"社会主义核心价值观"和"思想政治教育"的

---

❶　欧清华：《社会主义核心价值观是思想政治教育的逻辑基础》，载《科学社会主义》，2008 年第 5 期。

❷　郭彩星：《以思想政治理论课整体性教学推进大学生社会主义核心价值观教育》，载《学校党建与思想教育》，2015 年第 9 期。

❸　王志玲：《社会主义核心价值观融入大学生思想政治教育的探讨》，载《教育探索》，2014 年第 4 期。

❹　杜玉波：《深化社会主义核心价值观培育践行推动思想政治教育工作创新发展》，载《思想教育研究》，2015 年第 2 期。

❺　周琪：《社会主义核心价值观融入高校思想政治理论课的三个转向及实现》，载《思想教育研究》，2015 年第 12 期。

❻　陈银平：《在思想政治理论课中培养大学生社会主义核心价值观之我见》，载《学校党建与思想教育》，2015 年第 8 期。

相互关系，但从实际体现的逻辑结构来说，对于社会主义核心价值观"如何融入"大学生思想政治教育论述重点的程度不够，重点往往仍是放在各自的重要性、必要性、历史嬗变等方面；有的学者把当前社会主义核心价值观融入大学生思想政治教育过程中出现的问题归结在思想政治教育的要素上，有的归结在社会主义核心价值观的渗透方式上，其实，这是一个需要"合力"融入才能解决的问题。

第二，上述研究成果虽然多从理论上予以阐发，对于二者的关系也多有阐述，但阐述的关系往往与如何"融入"关联不是特别紧密；对于社会主义核心价值观和大学生思想政治教育各自的来龙去脉也有精彩的讨论，但涉及"社会主义传统价值观也是社会主义核心价值观的一个来源"的追根溯源倒少见。在实证研究方面，虽形式越来越丰富，但在涉及融入过程阶段的实证研究相对不深入。比如，虽然有学者就融入难点作出了预期，对困境有理性看待，但是因实证数据的缺少，往往不能准确把握建立融入长效机制的关节点。这样，关于社会主义核心价值观融入大学生思想政治教育的依据、原则就会容易出现偏离，给出的策略性建议难以有针对性。

三、理论研究的重点具有了相应的意义

借助"中国知网"，我们发现，有关"社会主义核心价值观"和"大学生思想政治教育"在研究现状上还存在以下几个现象：

第一，在"中国知网"的"期刊"项目下查找含有"核心价值体系"为标题的文章，2006 年有 28 条，之前的年份显现出来的每年只有 3 条，2007 年骤然上涨到近 600 条，这当然与中央在 2006 年 10 月第一次明确提出"建设社会主义核心价值体系"的宣传要求有关。同理，在"博硕士"项目下查找，2006 年，只有 1 篇，虽然是博士论文，但它所涉及的"核心价值"事实是等同于"终极意义"之意❶。2007 年，有 4 篇硕士论文。以后年份，逐年递增，并且，作为博士论文选题的也越来越多。不过，从 2013 年开始，数量却在下降，主要是因为，在 2012 年的十八大上，"社会主义核心价值体系"的提法已经被"社会主义核心价值观"所明确取代。

---

❶　杨昌宇博士论文：《自由：法治的核心价值》，导师：衣俊卿，单位：黑龙江大学马克思主义学院。此文核心论述：法治作为一种生活方式，萌生于人类的自由本性，在现实中以人的自由权利为核心，在终极意义上是对人自由、和谐全面发展的关怀。在当今世界，法治的地位与意义发生了很大的变化，但自由作为其核心价值却是始终相随的精神主题。

第二，在"中国知网"的"期刊"项目下查找含有"核心价值观"为标题的文章，2013 年作为一个分界线，前后的数量差别较大。但是，在"博硕士"项目下查找，不仅在 2013 年之前，就有很多学生以此作为研究的选题，而且，以此作为博士论文选题的要远远多于以"核心价值体系"作为博士论文选题的数量。可见，在导师的指导下，作为一种问题的研究，乃至在学术界，对"核心价值观"研究的认同是要大于对"核心价值体系"研究的认同。也就是说，更多的人认为，把"核心价值观"作为一个问题来研究的价值要大于把"核心价值体系"作为一个问题来研究的价值。这也是本人的认同。

第三，在"中国知网"不管是"期刊"还是"博硕士"项目下查找含有"大学生思想政治教育"为标题的文章，每年都以万计；明确以"社会主义核心价值观融入大学生思想政治教育"为标题寻找博士论文，没有发现；不过，以"核心价值体系"与"思想政治教育"为标题内容的博士论文却有 4 篇，分别是：武汉大学 2014 届王双群的《社会主义核心价值体系融入思想政治理论课教育教学研究》、湖南师范大学 2012 届孙树文的《思想政治教育与社会主义核心价值体系的社会认同研究》、湖南师范大学 2011 届蒋勇的《建设社会主义核心价值体系与推进思想政治教育创新研究》、吉林大学 2011 届韩国顺的《以社会主义核心价值体系引领大学生思想政治教育研究》。

可见，有关"社会主义核心价值观融入大学生思想政治教育研究"作为学界研究的选题绝非是"平地而起"，它与现实社会生活中党的政策指引、社会现实需要是同步的。确切地说，学界对社会主义核心价值观和大学生思想政治教育不管是独立还是统一的研究，以及研究重点的侧重，事实上都是社会发展的需要。因为，这样的研究既是社会主义意识形态自身发展的需要，也是思想政治教育实践完善的需要；既是大学生思想政治教育与时俱进地获得对应主导思想的需要，也是马克思主义理论中国化探索实现新方式的需要；既是国家增强软实力的需要，也是大学生健康成长成才的需要。

同时，因为社会主义核心价值观是基于中国的传统并历经中国革命、建设和改革开放实践凝练而成，是社会主义意识形态的本质体现，这样的研究有利于推进马克思主义实践哲学的新发展；因为社会主义核心价值观是社会主义制度的内在精神和生命之魂，这样的研究，有助于提高当代大学生加深对社会主义制度内在规律的认同；因为社会主义核心价值观是思想政治教育创新的思想基础和理论资源，这样的研究，能为新时期思想政治教育的实践建设和理论建设提供一种与时俱进的方法论指导，从而丰富和发展马克思主义思想政治教育理论。这是这样的研究在理论上具有的价值。

在实践上，这样的研究具有的意义主要包含以下几点：首先，将准确回答"培养什么人"的问题。"培养什么人、如何培养人"这个问题是我国社会主义教育事业发展中必须解决好的根本问题。高校肩负着培养社会主义合格建设者和可靠接班人的重要使命，判断其完成使命是否合格的首要标准就是看其培养的人的思想政治素质是否合格。现今的大学生正身处一个思想大活跃、观念大碰撞、文化大交融的时代，在多元文化交叉影响下，大学生思想不断解放，面对的价值观念日趋多元，加之自身思想相对不稳定、变化性大、矛盾性多，就可能有学生对社会核心价值认识模糊或者不辨优劣。因此，引领大学生在复杂多元的文化现象中，树立和培养核心的价值观念，形成共同的价值认同，自然成为人才培养的根本性问题。

其次，对于这样的选题进行研究，将对"如何培养人"提出新的要求。社会主义核心价值观从国家、社会、个人三个层面提出了当代中国社会核心价值观的基本内容，是高校开展思想政治教育工作的新旗帜、新方向、新标准。思想政治教育效果要提高，则必须有针对性地在教育方向上不断深入，在教育内容上不断丰富，在教育方式上不断创新。

再次，对于这样的选题进行研究，对高等教育本身来说，也具有积极的现实意义。当今世界，各国都非常重视利用本国的核心价值观加强对青年学生的思想指引。因为高校是社会思潮汇聚、意识形态交锋的敏感地带，高校所进行的任何形式教育，其实都包含着价值观教育。即使是对自然科学的研究，事实上也蕴含着人文精神的内在指引。因此，社会主义核心价值观应是高校教育者对受教育者在价值观教育上的应然选择。

最后，对社会主义核心价值观融入大学生思想政治教育进行研究，有助于探寻"融入"的新方法、新途径，将加强和改进大学生思想政治教育，引导青年群体增强对社会主义核心价值观和社会主义制度的认同，有助于推进新时期思想政治教育创新，有利于引导大学生实现全面、协调、可持续的发展，避免有知识没文化、有智商缺智慧、有欲望无理想的现象；更有助于引导社会成员增进对社会主义主导价值观本质的认识，凝聚人心、形成共识，从而获得国家稳定、社会发展所需的强大合力和社会心理基础。

高校家庭经济困难学生资助工作中的
诚信教育探析

学生处　韩萌萌

摘　要　诚信是中华民族的传统美德和精神特质，孔子云"人而无信，不知其可也"。然而在当下高校家庭经济困难学生资助工作中不诚信问题日益凸显，给资助工作造成很大困扰。本文从家庭经济困难学生的诚信缺失现象入手，在分析其表现和成因的基础上，从强化德育意识、健全资助机制、丰富诚信教育活动、建立信用评价体系、创新回报式资助方式等方面提出了加强诚信教育、重塑诚信品格的路径探讨。

关键字　家庭经济困难　资助　诚信

自 2007 年 5 月教育部公布《国务院关于建立健全普通本科高校高等职业学校和中等职业学校家庭经济困难学生资助政策体系的意见》以来，目前全国各高校已经建立起了主要依靠国家助学贷款政策，并佐以国家奖学金、国家励志奖学金、学费减免等解决家庭经济困难学生的学费问题；以及主要依靠国家助学金政策，佐以勤工助学、困难补助等解决家庭经济困难学生的生活费问题，即"奖、贷、助、补、免"五位一体的资助体系。党和政府不断增强对高校家庭经济困难学生的资助扶持力度，十八大报告明确提出要"提高家庭经济困难学生资助水平"，这一系列资助措施，切实解决了大部分家庭经济困难学生的实际困难，资助力度和规模实现了跨越式发展。然而，在实施过程中，却频频出现骗取家庭经济困难学生资格、不当使用奖助学金、拖欠逃避贷款、消极对待勤工俭学、缺乏感恩意识等诚信缺失现象，导致有限的资助资源难以得到合理利用，不仅无法实现国家资助的预期目标，而且会导致学生的人生观、价值观扭曲，阻碍高校人才培养根本任务的完成。

一、高校资助工作中诚信缺失的表现

（一）资格认定过程中弄虚作假

依据现行规定，由学生根据本人家庭经济困难的实际情况，并提供相应证明材料后向学校提出申请，经所在学院民主评议及学校资助管理部门认定后而取得"受助资格"。高校囿于条件限制，无法就学生的申请一一深入调查。因此，目前各高校在认定过程中主要依靠学生提供的证明材料，即加盖生源地民政部门公章的《高等学校学生及家庭情况调查表》和《高等学校家庭经济困难学生认定申请表》，但存在部分学生扭曲事实、虚假填报的情况，加之当地民政部门未严格把关，这就导致一些非家庭经济困难学生通过不诚信的手段谋取受助资格，骗领资助款项。这不仅使得原本就有限的资助资源更加捉襟见肘，更对真正家庭经济困难学生的心理产生不良影响，同时使得不诚信的学生因此获利，走上社会变本加厉，造成严重后果。

（二）助学贷款中恶意违约

助学贷款是国家为加大资助高校家庭经济困难学生力度而利用金融手段完善高校资助政策体系的一项重大措施，分为校园地助学贷款和生源地助学贷款两类。因其具有覆盖面广、手续简单、政府贴息且不需要办理贷款担保或抵押等优势，学生为缓解学费压力，往往会积极申请贷款。然而与之形成鲜明对比的是，学生毕业学有所成后欠贷不还的案例屡见不鲜，部分地区助学贷款违约率居高不下。助学贷款实际上是一份学生自己的"诚信债务"，不信守承诺，不按时还款，甚至更改联系方式，恶意拖欠、逃避还款，这些现象都凸显了学生诚信缺失问题。这不仅给资助工作带来困扰，同时也造成了恶劣的社会影响。

（三）奖助学金不正当使用

高校设立各类奖助学金的初衷是减轻家庭经济困难学生因学费和生活费问题所带来的压力，使他们无后顾之忧地投入到学习之中。然而，部分家庭经济困难学生受社会大环境的渲染和周围同学的影响，在获得奖助学金之后却未合理利用，而是盲目攀比，用于购买高档手机、电脑、时尚服饰、奢侈品等，或是请客吃饭，甚至部分同学养成吸烟喝酒、沉迷网络等恶习。这些同学将奖助学金挥霍一空后，继续向父母索要生活费，导致有限的资助款项无端浪费，同时也在同学中造成了不良影响。

（四）勤工助学中消极怠惰

学校提供勤工助学的校内工作岗位，并支付学生一定报酬。这既可以减轻学生的生活压力，同时，也鼓励学生自力更生、自立自强，是学生提升实践能力、积累工作经验的宝贵机会。然而，部分家庭经济困难学生存在着只要学习好就可以获得高额奖助学金的依赖心理，或只想取得报酬不想履行义务的侥幸心理，参加勤工助学的主观热情不高，常常消极倦怠、无法完成工作任务。

（五）获得资助后缺乏感恩

社会捐助是国家资助体系的重要补充形式，越来越多的爱心人士和爱心企业出于对社会的责任感和爱心对高校的家庭经济困难学生给予无私的捐助，但部分受助的家庭经济困难学生却缺乏感恩之心，冷漠地认为他人的捐助是理所应当的，在收到捐助后不怀感恩之心，不与捐赠人联系表达感谢，甚至当自己学有所成时，也拒绝奉献出自己的爱心，不能做到回报他人、反哺社会。

二、高校资助工作中诚信缺失的原因

（一）外部因素

1. 社会环境的渲染

在改革开放和市场经济的大潮中成长起来的如今的"90后"大学生，在受到中国传统文化影响的同时，也深受经济、社会转型所引发的多元文化与观念的影响。[1] 如今社会上贪污腐败、假公济私、假冒伪劣、恶意竞争等丑恶现象层出不穷，诚信危机已成为社会顽疾。享乐主义、拜金主义思潮向高校蔓延，部分大学生亦耳濡目染，诚实信用这一基本道德底线在"诚信吃亏"的社会现实中饱受侵蚀，导致部分当代大学生从思想、行为上都深受其害。

2. 家庭教育的缺位

家庭是学生受教育的重要课堂，家长的一言一行都对学生世界观、人生观、价值观的确立以及健全人格的塑造产生潜移默化的影响。[2] 如今部分父母或一味追求子女学业取得高分，忽视诚信品德方面的教育和引导，或在生活中不能以身作则，出现不诚信不高尚的语言或行为，甚至有的父母教育孩子不要吃亏、不能牺牲自己的利益，这就造成了当今部分大学生诚信意识淡薄，思想品德低下这一结果。

3. 诚信教育的欠缺

从小学、中学到大学，学校大都重知识传授轻品德养成，重结果轻过程，目

---

[1] 孙肖远：《论体制转轨中的文化冲突与文化构建》，载《社会主义研究》，2002 年第 6 期，第 23 页。

[2] 杨智军：《我国家庭教育存在的问题及其对策探析》，载《法制与社会》，2009 年第 2 期，第 311 页。

前单一、枯燥的思想政治教育模式缺乏针对性、科学性和时代气息，往往不能被学生接受，导致教育效果不佳。同时，教育主管部门以及高校并未建立健全严格的道德约束机制和诚信惩罚机制，对违反行为规范的学生没有强有力的约束措施，解决诚信缺失问题只寄希望于成效有限的思想政治教育工作❶。这就导致了诚实信用等基本道德在自我约束力差、现实责任感不强的学生群体中日渐消亡。久而久之，部分学生将一些不诚信行为逐渐地变成习惯，贻害无穷。

（二）主观因素

1. 独生子女特点

当今"90后"大学生多为独生子女，即使生活在家庭经济较为困难的家庭，他们往往仍旧以自我为中心。来自家庭的过度关爱，使他们普遍缺乏艰苦奋斗、吃苦耐劳、自立自强的精神品格，对社会、对父母、对他人的所求多，容易为了获得一己私利而违背诚信要求。

2. 青年大学生特点

当代青年大学生乐于接受新鲜事物，好奇心强，勇于尝试，不满足于因循守旧，渴望突破固有传统。这些思想上的开放性特点就容易受到社会多元价值观的影响，容易接受一些社会上消极的非主流的价值观，出现思想及行为上的偏差。

三、高校资助工作中诚信教育的路径探索

高校资助工作不仅是体现对家庭经济困难学生群体的关心爱护，不仅是解决燃眉之急的物质资助，更是希望通过经济上的帮助使更多的受资助同学能常怀感恩之心以回报国家和社会，从而实现资助和育人的双重功效。因此，资助工作中的诚信缺失现象，不仅违背了国家资助体系的内在精神，损害家庭经济困难学生的切身利益，也不利于培养大学生良好的道德素质和塑造健康的人格，更有碍于高校人才培养根本任务的实现。这就对高度重视资助工作、健全工作机制，完善信用评价体系提出了更高的要求，要深入挖掘传统文化教育资源，丰富教育载体，从而保障资助政策目标的顺利实现，促进学生成长成才。

（一）强化诚信教育工作意识

目前高校资助工作多重扶贫解困、轻教育引导。然而，家庭经济困难同学由于家庭经济状况的原因，比其他同学面临更多的生活压力和心理压力，加之他们多来自较偏远的农村地区，自身综合能力、视野等都与发达地区同学有一定的差距，这

---

❶ 唐绍利：《大学生诚信教育现状及教育对策》，载《商业经济》，2008年第2期，第114页。

就导致他们进入大学后，面对集体生活，更容易出现心理上自卑自闭，情绪上敏感抑郁，无法乐观积极地接纳自我现状等问题，极易出现心理和行为上的偏差。

这就要求高校资助工作从人文关怀出发，不仅要帮助家庭经济困难同学减轻经济上的压力，还要着重帮助他们摆脱心理上的困境。将资助工作与思想政治教育、心理健康教育结合起来，变"输血"为"造血"，变"供给型"为"经营型"❶。帮助学生正确面对贫困，克服心理障碍，端正不良动机，使学生常怀感恩心、责任心、自信心，逐渐具备诚信品质，认识到自我发展的潜力并不断挖掘自己，进而不断提高综合素质，锻炼自身能力，真正在思想上坚强起来。

（二）健全资助育人工作机制

科学合理的工作机制，是提高高校资助水平和育人效果的基本保证。在高校资助育人工作中，公正、公开和公平地进行资助工作本身就能起到重要的教育作用，增强工作透明度。这就要求高校必须进一步完善资助工作机制，结合学校实际，建立健全家庭经济困难学生的资格认定办法、管理监督制度、国家助学贷款管理规定、各类奖助学金的评定制度、违反诚信的责任追究制度等各项规章制度，并在工作中严格执行。既要从德育层面鼓励诚实守信的行为，又要适度提高不诚信者的违规成本，从制度层面严惩弄虚作假的行为。❷

首先，在家庭经济困难学生资格认定上，要采取定性和定量相结合的方式，建立合理可行的资格认定标准。第一，应明确"经济困难"的标准并进行确定性描述。例如"经济困难"应指学生家庭经济收入无法或很难满足在校学生学习、生活基本需要❸。第二，根据家庭困难学生信息、消费数据、资助需求等数据，运用统计学方法，以生源类别、家庭收入、家庭人口数、健康状况、教育支出等多个因素为主要参数，建立科学合理的学生贫困程度量化评定公式，并由此建立健全贫困生分类办法，依据统一评定标准来减小仅依靠单一因素而引起的评定误差。❹ 在此基础上，要广泛征求班级同学、班干部、辅导员的评议意见，要规范

---

❶ 陈蓉蓉，姚裕萍，陈云峰：《国家助学贷款与诚信品质教育结合体系研究》，载《新西部》，2008 年第 16 期，第 156 页。

❷ 廖克敏，张欣，侯玉新，刘堂宇：《高校受资助学生诚信教育存在的问题与对策》，载《产业与科技论坛》，2013 年第 12 卷第 4 期，第 240 页。

❸ 李祖超，夏丽君：《高校学生资助新体系下的诚信问题预测与防范》，载《理论月刊》，2008 年第 4 期，第 80 页。

❹ 杨晓慧：《高校贫困生"双线资助"模式研究》，载《中国高等教育》，2007 年第 19 期，第 44 页。

和完善学生自评、同学互评、老师评议程序，扩大评议的范围，杜绝评议中不公平现象的产生。

其次，还应着重关注对家庭经济困难学生在校期间的各项表现及动向，以期实现建立第一时间掌握家庭经济困难学生情况的反馈机制。目前，各高校都建立了家庭经济困难学生数据库。在此基础上，还应注重对其进行动态管理和调整，加强对受助学生的监督和约束，健全数据库的准入和退出机制。同时，还应广泛利用新媒体手段，建立网络服务平台，以保障同学们的知情权、监督权，并可通过该网络平台中同学们反馈的了解不诚信行为，为高校辅导员、高校资助工作者进一步调查以实现最优资助效果提供多方渠道。另外对意见反响大的学生进行专门的摸查监督，从而提高家庭经济困难学生服务的准确性和客观性。❶

再次，要建立和完善责任追究办法，对于具有弄虚作假情结的学生应根据相关规定予以处罚，一经发现并查实相关行为，除立即追回受助资金外，还从其他方面严肃处理，如取消当年甚至全部学习期间内各项评奖评优资格，取消担任学生干部、入党资格，以及将其不诚信行为记入档案等纪律处分。❷ 通过责任追究机制，对不诚信行为进行惩处，从而促使学生诚信品质的逐渐确立。将高校德育培养落实到学生的行为习惯中，也将督促同学们严格要求自己，诚实守信、实事求是。❸

最后，还应充分发挥教师的表率和榜样作用，要求高校资助工作者把诚信教育落实到工作中的一言一行和一举一动上，通过自己"言必信、行必果"的诚信行为去影响受资助的学生，多方共同努力促成诚信至上的风气和氛围。

（三）丰富诚信资助教育载体

针对当代家庭经济困难大学生诚信现状的新特点，大学生诚信教育应坚持"贴近学生、虑及实际、关注生活"的原则，尊重学生的主体地位和必要需求，整合现有教育资源，从传统的单一道德说教扩展到感恩、励志、成才教育，通过采用更多灵活多样的教育方式来进一步丰富教育载体、拓展教育渠道，使得诚信教育与专业培养、体育锻炼等多种教育环节同步进行，开展各种主题突出、吸引

---

❶ 周茂春：《大学生受助工作中诚信缺失的理性思考》，载《边疆经济与文化》，2014年第7期，第100页。

❷ 周茂春：《大学生受助工作中诚信缺失的理性思考》，载《边疆经济与文化》，2014年第7期，第100页。

❸ 岑道权：《高校资助工作中学生诚信问题探析》，载《陕西理工学院学报》，2009年8月第27卷第3期，第84页。

力强、特色鲜明的活动，以实现打造良好的校园诚信氛围的目标。使诚信教育渗透到学生学习生活的各个角落，让学生耳濡目染，潜移默化中受到诚信教育，使诚信内化为学生的自觉情感，从而逐渐养成诚实守信的良好品质，增强诚信教育实效性。

充分利用网络思想政治教育新阵地，通过 QQ、微信、微博、校园 BBS 等当今大学生乐于接受的新鲜途径开展诚信教育工作。同时，利用主题摄影展、条幅、宣传栏、校电视台、广播台校报等传统方式构建全方位的宣传模式，着力营造多层次全覆盖的校园诚信文化氛围，加强正面的引导和宣传，调动学生潜在的社会责任感和道德良知，引导并帮助大学生树立诚信观念，使诚信意识真正地"入耳、入脑、入心"，从而达到使大学生健康成长成才的目的。

注重发挥先进典型的示范引领作用，挖掘、培养、树立一批诚信方面较为突出、具有一定影响力的先进典型，以身边的榜样为契机，用身边的人和事来教育同学，发挥以点带面的功效。❶ 通过组织宣传典型案例、"讲一个难忘的事"等形式，使学生们在活动中激发朴素的道德情感，逐渐增强同学们的诚信意识，实现自我教育和互相勉励，并达到道德上的成熟，自觉主动地践行诚信，实现他律向自律的转化。❷

通过开展广泛的诚信主题教育活动，如举办诚信主题报告会、演讲比赛、诚信承诺签名、网上诚信论坛、诚信你我他征文、自助雨伞、爱心志愿服务等活动引导学生在具体活动中受到感染和熏陶，使其主动走到诚信教育中来，进一步自觉树立诚信意识。邀请银行等相关专业人员开展诚信内容的沙龙及讲座，为同学们深入讲解个人信贷诚信的重要性，深化同学们的诚信意识，逐步树立起"人无信不立"和人人讲诚信的道德观念。❸ 邀请社会诚信典型人物做专题讲座或主题活动，介绍诚信人物典型事例，使同学接受现实教育，切实感受诚信与否与成功与否的关系，意识到诚信不仅是个人的道德需求，更是全面建设和谐社会的现实需要。

---

❶ 李颖华：《高校资助工作中学生诚信缺失现象与对策研究》，载《大众文艺》，2014 年第 3 期，第 226 页。

❷ 陈蓉蓉，姚裕萍，陈云峰：《国家助学贷款与诚信品质教育结合体系研究》，载《新西部》，2008 年第 16 期，第 156 页。

❸ 傅群：《新资助政策体系下高校贫困生诚信问题易发性及其对策》，载《东华大学学报》，2014 年 3 月第 14 卷第 1 期，第 29 页。

（四）建立健全学生信用评价体系

诚实守信作为社会公认的道德标准的重要内容，不能只靠良好的教育进行积极方面的塑造，还需要建立一套科学的、完善的同时可以量化考核的诚信评价标准。建立这样一套信用评价体系，能够更公正、合理、高效地进行高校学生思想政治教育工作，尤其是为家庭经济困难学生资助工作的开展提供重要支撑。同时，对大学生的诚信行为作出价值判断，不仅有利于大学生自身诚信品质的培养，更有利于校园诚信氛围和社会诚信道德风尚的形成。❶

学生信用评价体系应以互联网为依托，将学生个人信息、学习成绩、考试有无作弊、学术论文有无抄袭、是否申请国家助学贷款、是否获得各类奖助学金、是否申请各类补助等相关信息形成电子诚信档案，明确各项指标后进一步量化，据此制定形成统一的评价尺度和诚信评估方案，客观评价学生诚信状况。

学生屡屡出现失信行为，究其原因主要是缺少切实有效的失信惩罚机制，因此，应建立系统、完整的针对失信行为的惩戒措施，赏罚分明，让每一位学生避免侥幸心理，在诚信问题上得到公平对待。将学生诚信评价与奖助学金评定、入党保研、评优评先、毕业鉴定、就业推荐等相结合，针对严重失信行为采取"一票否决制"，同时将学生在校期间的诚信状况准确录入毕业生生源信息系统，并生成个人档案，将学生的诚信记录由学校延伸至社会，❷ 与申请房贷、车贷或各类资格考试等相结合。诚信记录上的污点，意味着今后在工作、生活等方方面面都将处于极大劣势甚至失去全部重要机会❸，这就增加了失信的成本和风险，从而使学生深刻意识到失信行为对自身带来的不利影响，慎重考虑失信和守信的利害关系，❹ 有助于提高学生践行诚信行为的自觉性，使诚信成为每个学生的良好习惯。

（五）开展回报式资助教育

社会实践作为大学生了解社会、奉献社会并锻炼其意志品质的重要途径，对

---

❶ 吴燕端：《大学生资助体系下诚信和感恩教育探析》，载《内蒙古师范大学学报》，2013 年 11 月第 11 期，第 57 页。

❷ 李颖华：《高校资助工作中学生诚信缺失现象与对策研究》，载《大众文艺》，2014 年第 3 期，第 226 页。

❸ 吴燕端：《大学生资助体系下诚信和感恩教育探析》，载《内蒙古师范大学学报》，2013 年 11 月第 11 期，第 57 页。

❹ 周茂春：《大学生受助工作中诚信缺失的理性思考》，载《边疆经济与文化》，2014 年第 7 期，第 100 页。

于培养大学生的社会责任有着不可替代的作用，是增强大学生道德评价能力和道德修养自觉性的有效途径❶。现行的高校资助模式基本上是学生只享受资助的利益，并不承担获得资助的义务。高校的诚信教育工作也往往更易形成偏重理论教育而忽视实践教育的状况，这也在一定程度上导致了学生诚信意识和感恩意识的缺乏。因此，有必要通过开展回报式资助教育工作，着力将诚信认知教育和社会实践活动结合起来，创设道德实践情境，鼓励大学生在家庭、学校、社会中主动寻找自我诚信角色。

高校应认识到对学生的帮助不是一味地给予，而应在校园营造出付出劳动获得报酬是一种光荣的氛围，鼓励家庭经济困难学生在不影响学习的前提下，发扬艰苦奋斗与义务奉献的精神，利用自身知识和技能优势，主动参与勤工俭学或社会公益劳动。让学生通过切身的实践，真切感受到诚信对个人成才、对社会发展的重要作用，体验诚信和感恩带来的乐趣与荣耀，从而把诚实守信的理念转化为自身需求，并成为自觉行为，在实践中学会做诚信人、办诚信事。❷ 社会实践也为同学创造了一个与他人交流学习的机会，有助于学生扩大社会接触面，提升自身的综合素质和能力，从而增强就业竞争力。同时，他们在服务社会、帮助他人的过程中，获取一定的经济收益，才会更加懂得财富的获得需要艰辛的努力，从而增强其学生合理使用资助款的自觉性。❸

（六）用社会主义核心价值观培养诚信品质

习近平总书记指出："深入挖掘和阐发中华优秀传统文化讲仁爱、重民本、守诚信、崇正义、尚和合、求大同的时代价值，使中华优秀传统文化成为涵养社会主义核心价值观的重要源泉。"

社会诚信意识，尤其是大学生群体诚信意识的缺失严重背离了社会主义核心价值体系。高校作为大学生思想政治教育的阵地，承担着大学生诚信教育的重要任务，务必要大力挖掘诚信教育资源，吸收优秀传统文化精华，形成独具特色的诚信文化传统，从而营造诚信、友善、厚德、和谐的校园文化氛围，使学生在潜移默化中受到熏陶，逐渐学会宽容和尊重，常怀感恩之心，使诚信观念在其思想

---

❶ 中共中央国务院发《关于进一步加强和改进大学生思想政治教育的意见》（中发〔2004〕16号），第1页。

❷ 岑道权：《高校资助工作中学生诚信问题探析》，载《陕西理工学院学报》，2009年第27卷第3期，第84页。

❸ 陈蓉蓉、姚裕萍，陈云峰：《国家助学贷款与诚信品质教育结合体系研究》，载《新西部》，2008年第16期，第156页。

深处自觉"固化"。

四、结语

　　大学生的诚信感恩教育是一个细水长流、润物无声的过程，高校资助工作者只有坚持不懈地贯彻"资助育人"的教育理念，不断充实新内容、探索新方法，不断完善教育方式、改进教育形式，建立健全科学合理的诚信教育长效机制，将诚信教育落到实处，方可实现国家设立资助政策的真意，才能帮助大学生树立正确的世界观、人生观、价值观。

网络思想政治教育

"微文化"视野下思想政治教育工作的创新与发展
——以中国政法大学"微思政"模式的实践探索为例

学生处　卢少华

摘　要 "微思政"作为一种全新的思想政治教育模式,不是传统的模式在形式与手段上的简单替换和发展,而是在"微文化"对学生的学习方式、交往方式、生活方式、行为方式、思维方式和价值观念产生了重大影响的背景下,思想政治教育者应融入微时代,探索微规律,把握微特点,创新微形式,开展"微思政",力求大作为。应当以学生为主体,契合学生健康成长成才的需要,充分运用微博、微信等网络媒介便捷性、平等性、灵活性、交互性以及注重主体性等特点,以学生喜闻乐见的形式,开展潜移默化、润物无声,触动心灵的思想政治教育工作。在全面分析中国政法大学"七微"构成的"微思政"模式的基础上,提出了做好"微思政"工作的建议。因此"微思政"对在校园中唱响主旋律,传播正能量,培养全面发展的人才大有作为。

关键词 微文化　微思政　网络　思想政治教育

近两年,一首由"90后"现代时尚派歌手朱雅作词演唱的《微时代》在网络上传播,受到众多的学生歌迷热捧。❶ 正如歌词所述,随着网络信息技术的发展,我们进入了一个无微不至的"微时代"。当前"微电影、微小说、微音乐、微表情、微公益、微整容、微社区、微课程、微权力、微经济……""微文化"渗透大学生学习生活的方方面面,并深刻影响乃至塑造了作为网络原住民"90

---

❶ 《微时代》歌词:"开通你的微博和我们分享你的生活,其实你不必害怕寂寞。微时代会有你的依托。……这个新的时代布满了诱惑,你有事可以微博里私信给我,你有事可以微信里留言给我。你没事看看微电影和微小说,你没事可以听听微音乐和陪陪我。"

后"大学生的思想行为特征。

"微文化"与微博、微信相伴而生，当代大学生深受微文化的影响。据中国政法大学对全校学生开展的德育状况调查显示，网络社交工具已成为大学生重要社交工具之一，其中微信的使用频率最高，有94.9％的同学经常使用微信这一网络社交工具，69％的同学经常使用QQ，34.4％的同学经常使用微博。因此要提高思想政治教育的针对性和实效性，就必须与时俱进，融入"微时代"，利用"微文化"，开展"微思政"，推进"微创新"。

一、如何认识"微文化"

一般而言，"微文化"是指由于微博、微信等网络平台的产生和普及而衍生出来的注重向个体和微观发展的文化现象，它已经并继续深刻地影响着人们的学习方式、交往方式、生活方式、行为方式、思维方式和价值观念，影响人们的世界观、人生观和价值观。"微文化"主要具有以下特点：

（一）主体性与平等性

在网络虚拟空间，淡化个人现实身份差异，无论身份高低都可以在网络上作为独立的个体进行平等的发言。网络空间强调个人的主体性，赋予了每一个体拥有与别人平等的发言权。

（二）简洁性与便捷性

内容比较简洁，微博在140字以内，微电影不超过5分钟，微信也是简短的文字或语音进行交流，同时微时代也是读图时代，政府工作报告等重要文件都是以图文的形式在网络广泛传播。依靠移动互联设备（手机、IPAD），随时传递信息，实现了信息传递便捷性。信息的简洁性以及传递便捷性充分契合当前生活节奏快，充分利用碎片化时间的特点。

（三）互动性与传播性

通过微博、微信，依靠手机可以不受时空限制进行一对一或一对多以及多对多的交流与互动。微时代是自媒体时代，人人都是麦克风，都可以迅速传播信息，形成集群关注，造成广泛影响。因此，互动性和传播性是微文化的重要特征。

（四）丰富性与放大性

关于微博、微信等传播内容和形式具有丰富性，形式包含文字、图片、音频、视频等，也可分为"微聊天""微状态""微电影""微学习""微实践"等。内容从晒个人心情到天下大事，包罗万象。基于内容和形式的丰富性，深受大众的喜爱，同时微博、微信具有评论功能，为了吸引关注，大家进行转发并评论，在转发传播过程中容易将事实放大甚至导致信息的失真。

（五）复杂性与多变性

内容来源复杂多样，价值认识多元，不乏敌对势力抹黑、污蔑之举，但其手段又极为隐秘，如前段时间流传"火烤邱少云"的段子，其貌似言之凿凿，用心则极为险恶。受微文化影响的信息鱼目混珠，缺乏权威性。同时在微时代，信息瞬息万变，由于每人都在转发，都在评论，通过不断传播，自然就会导致信息的多变性。

二、中国政法大学"微思政"工作模式探究

基于"微文化"以上特点，我们充分认识到"微文化"对学生的全方位影响，"微文化"的发展带给思想政治教育的挑战，绝非形式与手段上的简单替换和发展。正如李克强总理提出的"互联网＋"所指，在学生思想政治教育领域，我们理解这个"＋"不仅是指深度和广度融合，更是明是非、辨善恶、分美丑、激浊扬清对于以"社会主义核心价值观"为中心的正能量的挖掘、传播与弘扬。

对此，中国政法大学探索"微思政"，打造"七微"的"微思政"模式。"微思政"是思政教育者应对微时代全新的特点，契合学生个体化的成才需求，以学生为主体，充分运用微博、微信等网络媒介便捷性、平等性、灵活性、交互性以及注重主体性等特点，以学生喜闻乐见的形式，开展潜移默化、润物无声、触动心灵的思想政治教育工作。

（一）微引领

学校探索思想引领的"O2O"（Online To Offline，在线离线、线上线下相结合）"微引领"模式。

1. 高端引领，引实入微

线下举办高端引领讲座，聚焦热点，答疑解惑，线上全方位宣传和互动，扩大活动的覆盖面和影响力。此外，学生处微信平台中开设了"好好学习""经典E言"专栏，引导学生学习习近平总书记重要讲话以及在学生中弘扬优秀传统文化。

2. 体验教育，感想入微

为纪念中国人民抗日战争暨世界反法西斯战争胜利 70 周年，我们开展毕业红色之旅，组织学生参观了焦庄户地道战遗址和古北口抗战纪念馆，并通过微信平台展示学生观后感，实现了线下和线上教育相结合。

在"卓越领导力"学生骨干训练营中开展"我为社会主义核心价值观代言"健康长走。健康长走全程以"富强、民主、文明、和谐、自由、平等、公正、法

治、爱国、敬业、诚信、友善"设置 12 个站点。学生每经过一站，都会在活动卡上加盖相应站点名称的印章，与站点名称主题海报合影并通过微信分享至朋友圈，积极为社会主义核心价值观代言。同时学校征集活动图片，专门制作"我为社会主义核心价值观代言——主旋律写真"，依托微信平台进行传播。通过这种寓教于乐，线下和线上相结合，立体化全覆盖的创新活动形式，充分发挥了学生骨干的主体作用，运用学生骨干朋友圈的辐射效应，在校园中充分唱响主旋律，传递正能量。

3. 典型教育，事迹入微

立足于"微文化"的特点，深入挖掘"高端上档次"抑或"低调有内涵"的正能量微素材，发挥朋辈教育的作用，以身边的人、身边的故事来传播正能量。

（1）开展了"低门槛，高频率，接地气"的"CUPL 正能量人物系列展播"，共展播 90 期，该项目荣获"第三届首都大学生思想政治教育工作实效奖特等奖"。

（2）毕业教育中强调学生的参与性，"毕业说吧"自动录制学生对父母、学校以及自己未来想说的话，编辑后进行网络展播以及在开学典礼上播放家长寄语。开展"百分之百法大人"网上答题活动，基本覆盖毕业生和大多数在校生，同时还吸引了部分校友参与，两天时间参与量就超过 7000。

（3）拍摄《法大学子的追梦故事》《身边的党员》《最美法大人》系列等精品微视频，各平台累计点击量达万余次。其中"法大人追梦故事"系列微视频被评为全国"中国梦"微电影征集"网络人气奖"和北京高校社会主义核心价值观宣传教育优秀项目。而"法大，让我再爱你一次"的摄影展单条阅读量达 4833 次，并入选校园网主页头图。

4. 积极创新，形式入微

立体化延伸入学教育，新生入学前在网络上启动"我秀我的大学梦"主题活动，学生踊跃参与，今年征集到绘画、书法、文学作品以及微视频等作品 300 余份，其中"我的大学梦——开学典礼新生代表发言稿"232 篇。而在来校报到前，借助于数字化迎新平台，建立了网络 E 班级，以集体智慧创作了"我的大学梦"班级集体微视频 22 部，展示了他们的学业梦、公益梦、法治梦以及报国梦。对这些作品进行了评比表彰和网络展示，并集结成册制作了《我的大学梦——中国政法大学 2015 级新生梦想册》进行网络展播。

在入学教育中，将纪律、日常行为规范、心理健康以及大学生涯规划等内容首次以舞台剧的形式进行展现，并通过网络平台传播辐射到全校甚至校外。连续几年，开展《法大校园》迎新航拍活动，让学生尽快地了解和熟悉校园，培养学生的校园认同感和归属感。此外还组织录制了法大版《南山南》和《小幸运》，阅读量超过十万，深受在校生和校友的喜爱，将校园物质元素和精神元素融入学生喜爱的歌曲，让学生传唱，是一种非常具有实效的爱校教育形式。

（二）微建设

积极运用网络平台开展"微党建""微团建"，班级和社团组织的建设，不断提升"微思政"工作的实效性。为落实《中共中央宣传部　中共教育部党组关于加强和改进高校宣传思想工作队伍建设的意见》，进一步加强学生基层组织建设，提升学生骨干的领导力和执行力，学校通过举办"卓越领导力"学生骨干训练营，对各班级主要学生骨干进行培训。在训练营中深入开展"中国梦"主题教育，以及培育和践行社会主义核心价值观活动，通过教师引导与学生自主管理相结合，线下学习与线上传播相结合的模式，充分利用网络创新，组建网络班级，实现学生骨干"以点带面"，充分发挥学生骨干在微信朋友圈中的影响作用，形成网络传播辐射效应，快速实现传播的全校覆盖。

（三）微学习

"微学习"则以网络创新、便捷和高效的方式，提升广大师生的文化素养以及营造良好的学习氛围，引导学生主动参与，互学互促互进。

一是开设学工"微课堂"，进行理论宣传学习、热点焦点分析、时事政策解读等。

二是倡导组建以学生自愿组合的读书会、学习小组、学习俱乐部、专题讲座、学习社团等为形式的"学习圈"。并对学习圈活动进行总结和提炼，在校园网进行分享推广。

三是学生搭建了网络英语角、学习讨论组等微学习平台。充分调动学生学习的积极性和主动性，激励学生刻苦学习，培育良好的学习氛围。

（四）微健康

大学生健康已经成为我们关注的话题，要让大学生主动参与到健康行动中来，必须将健康理念融入互联科技之中。

（1）和中科院合作开发微信心理测试和干预系统。学生可以直接在学生处微信平台上进行匿名的心理测试，系统自动进行分析，并进行部分的干预和提出可行的干预方案。让学生更加关注自己的心理健康，能主动到心理咨询室进行咨询。

（2）在微信平台开通了心灵驿站栏目，普及心理知识，并且针对新生入学适应、考试等心理调适进行专题的宣传。

（3）倡导"健康法大"。在"缘聚法大""欢乐法大""感动法大""榜样法大""依依法大""五个法大"品牌活动的基础上，倡导开展了"健康法大"品牌活动。线下"健康法大"举办常规的"健康法大"系列讲座。线上开辟"健康法大"专栏，在网络微信平台推广和普及健康知识，宣传防范艾滋病和毒品。

此外，学校还通过微信平台发起"早起签到"等活动，倡议学生开展"晨曦法大"锻炼计划，引导学生走下网络、走出宿舍、走向操场。

（五）微服务

为全面提升学校学生管理服务的科学化、规范化、自动化水平，学生处还进行了以下尝试。

（1）开发学生就业服务 APP，学生可自动获取就业求职信息，学校就业部门及辅导员能及时了解学生就业求职进程。同时可以为学生提供针对性的就业辅导。

（2）建立了"数字化、一站式"网络迎新平台，运用信息技术、以线上线下无缝连接为目的，进行数字化迎新。2015 年 95％以上的新生完成了网上报到，近 80％的新生完成了缴费环节，近 80％的新生通过系统自选宿舍、自选舍友。报到当天，新生通过扫码可以在很短时间完成报到。而根据迎新系统的个人信息，辅导员在来校报到前就能全面了解学生的信息。

（3）积极开展信息服务。如在迎新中，学校借助校园网、微博、微信等多媒体平台全方位推送迎新消息。作为迎新牵头部门，学生处在校园网主页、迎新网站和学生处微信公共平台专题发布《2015 级新生迎新指南》，并专门制作 3 万余字迎新电子杂志，内容涵盖法大概览、新生报到、学在法大、新生一点通和学生事务攻略等法大校园生活中方方面面信息，发布两周，仅校园主页点击量就近万次，成为新生的报到"宝典"。

学生处迎新微信公众平台和微博，于录取结束后，自 8 月初相继推出多期迎新专题，涉及法大介绍、迎新安排、辅导员介绍等各项内容，微博 15 条，微信 12 条，其中微信的总阅读量 20000 余人次，平均阅读量 1700 余人次每条。截至 8 月 28 日，微信的新生关注量已经达 1880 人，覆盖 90％以上的新生。学生处微信公共平台还专题开设"新生 i 问"栏目，安排专门人员全天值班，个性化回复新生的分班、接站、入学准备等咨询，共接受信息咨询 2500 余人次，回复信息 6000 余条。而且各学院及各班级也基本建立了各自的微信群或 QQ 群，实现了辅导员与学生的提前交流，部分学院还提前开展了专业思想教育，促进学生建立专业认同，尽快适应专业学习。

（六）微公益

积极借助网络平台培育和践行社会主义核心价值观活动中，开展西部远程支教、网络捐助、网上法律援助等"微公益"活动，培养学生的社会责任感。此外，通过"感动法大"和"榜样法大"微视频的展播，在学校弘扬正能量，目前已有多位同学参与了造血干细胞捐献，每年献血时，报名也非常踊跃。

（七）微矩阵

学校积极推进"微思政"，目前形成了"三、四、五"的学工"微矩阵"。

"三"是指的三项机制：

一是激励引导机制。为引导和激励全校学生组织积极开展网络思想政治教育，学生处每月定期制作发布了"木笔数据"，对全校微信平台点击量进行评比。并开展十佳学生微信平台和推送的评选活动。

二是培训交流机制。举办"新媒体引航学生成长"系列讲座，对各微信平台100 余名学生负责人定期进行培训。

三是帮推机制。学校以及学生处、校团委官方微信公众号和微博可以帮助相关组织进行推送，对于特别重要的信息形成了互推互转。

"四"是指四级平台。形成了学校的微信公众号、官方微博——学生处、校团委等职能部门的微信公众账号、官方微博——各学生组织微信公众账号、官方微博——民间个体微信公众号等四级平台。

学生处微信公众号自 2014 年 7 月开通以来，关注人数已经过 1 万人，覆盖全体在校生 70％以上。2015 年微信推送 180 期，推送图文消息 506 条，累计图文阅读次数 56 万人次，分享＋转发＋收藏人数 10 万余人次。《飘在法大遥远的雪》单条最高点击量 12 小时达 3.5 万余次，获点赞 352 个。有特色微信平台的还有"法大小石桥"等，主要推送选课、学校各类通知等学生关注和实用的信息。

"五"是指"微思政"依托五支专门的队伍。

一是专门网络思政队伍。宣传部、学生处以及校团委的网络思政有专门工作人员，学校宣传部有网络文化工作室，学生处设有网络思想政治教育工作室，由专门老师负责。

二是网络评论员队伍。校团委牵头组织的由专任教师、行政人员以及学生组成的网络评论员，在网络中主动发声，引导舆论。这个试点得到了团中央首肯，并专门到我校进行调研，我校还应邀在全国共青团交流会上进行经验交流和推广。

三是辅导员和班主任队伍。辅导员班主任主动与学生成为微信、飞信、QQ、人人好友，主动及时发声，可以通过观察学生的朋友圈，从"细微之处"了解学生的动态，发现问题，及时进行引导。

四是学生骨干队伍。只有学生才最了解学生，且最具有创造力，制作的东西非常接地气，受到学生欢迎。对班级学生骨干以及视频、图文制作人才等进行专门的培训和评优表彰。

五是学校领导、具有较高知名度的专任教师（大V）等。校长等学校主要领导有自己的微博、人人网主页以及微信，经常与学生互动。关键敏感时期，通过在学生有较高威望和知名度的教师发声，引导学生正确理性对待问题。我们还邀请光明新闻传播的专业教师作为"微思政"的专家团队，为我们进行专题培训和提供技术指导。

三、做好"微思政"工作的几点思考

通过探索"七微"的"微思政"模式，发现微思政要有大作为，必须要做好以下几个方面的工作。

（一）做好"微思政"，转变观念是根本

要将互联网思维运用到思政政治教育工作中，要以平等、尊重的态度去契合同学们个性化的成才需求，在工作中树立以学生为主体的教育理念，将育人融入教育、管理、服务之中，去做学生的知心朋友和引路人，全方位地服务于学生的健康成长成才。

（二）做好"微思政"，把握方向是核心

在各种思潮充斥、纷繁复杂、令人扑朔迷离的微空间，教育者应当始终牢记立德树人的使命与责任，牢牢把握政治方向，贯彻党的教育方针，把握目标、方向、主题、主线、热点、难点、时效，积极培育和践行社会主义核心价值观，开展"形散而神不散"隐性而有效的思想政治教育。

（三）做好"微思政"，搭建平台是基础

搭建与学生共同的交流平台，是开展微思政的基础。首先必须要充分了解学生常用的网络工具和网络平台。在此基础上，积极搭建相关交流平台，与学生在同一场域是开展"微思政"的基础。目前大学生常用的网络平台涵盖微博、微信、易班以及校园网等网络媒体。因此，教育者可以在学生活跃的网络场域，搭建相应的网络交流平台。交流平台又分为公众平台和一对一的私人交流平台。对于一对一的个人交流平台或者私人账号，主要是由辅导员在刚介入班级时，就应积极与每一位同学成为好友，并保持良好的互动和交流。

（四）做好"微思政"，建设队伍是关键

配齐配强"微思政"队伍是我们开展好工作的重要保障。"微思政"工作人

员必须具备基本的微素养：一是知识和能力素养，教育者应当具有丰富的知识储备、加强团队合作、协同创新，必须与时俱进，不断学习，提高自身的网络媒介素养，掌握最新的信息传播技术的能力，同时要了解网络传播的基本规律；二是学会使用微语言，与学生在同一话语体系，便于沟通和交流，增强辅导的感染力和有效性。在工作中，使用学生比较容易接受的网络流行用语，让学生产生亲近感，拉近与学生的距离，便于开展有效的辅导。

（五）做好"微思政"，建立机制是保障

"微思政"作为一种新探索，还呈现碎片化、割裂化的状态，资源分散，缺乏统合等不足。要积极稳固推进"微思政"，必须建立相应的机制。一是推进协同创新，建立激励约束机制。搭建校际"微联盟"，建立定期评比、培训以及帮助机制。同时为加强校级间交流，积极与本地区相关兄弟高校协同建立校际"微联盟"，通过高校网络思想政治教育论坛等，加强交流，相互学习，共同提高。二是推进依法依规治网，完善相应制度。为做好"微思政"，学校应立足学校实际和"微时代"的特点，按照国家相关法律法规要求，积极制定相应的制度，通过制度规范引导积极力量主动开展"微思政"，对消极力量和不利因素进行规避。

（六）做好"微思政"，追求实效是目的

无论是形式的创新，载体的转变，内容的丰富以及机制的协同，都以追求思想政治教育的实效性为目的。为增强"微思政"的实效性，要在快、实、新上下功夫，在确认消息真实性和可靠性的基础上，抢占首发。同时在内容上更加真实，依靠数据和事实说话，增强说服力。形式上进一步创新，更加喜闻乐见，从学生的关注点和兴趣入手，更加贴近学生，让教育内容真正入脑入心。

习近平总书记指出，"要注意把社会主义核心价值观日常化、具体化、形象化、生活化"，"要使核心价值观的影响像空气一样无所不在、无时不有"❶。对于高校思想政治教育工作者而言，应融入微时代，借助微文化，探索微规律，把握微特点，创新微形式，开展"微思政"，深化中国梦主题教育，培育和践行社会主义核心价值观，唱响主旋律，传播正能量，加强对大学生的思想引领，促进大学生健康成长全面发展，因此我们任重道远，大有作为。

---

❶ 新华网：http://news. xinhuanet.com/politics/2014—05/24/c_1110843342_2.htm，访问时间：2015年11月9日。

引导大学生自主教育意识构建，把握高校网络思想政治教育新际遇

民商经济法学院　孙　沁

摘　要　新媒体时代，互联网深刻地影响着大学生的思想意识、价值观念和行为方式，时事发展的要求使大学生网络思想政治教育成为重要课题。目前，高校网络思想政治教育存在一些不足，面对严峻的挑战，我们需更新教育理念和方法，把握时代赋予的新机遇。大学生自主教育在新的环境下呼之而出，前卫的教育理念、多维的教育方式、承担的多重责任都体现了时代赋予其重要的内涵和意义。创新高校网络思想政治教育理念，重视大学生主体意识培养，探寻新媒体条件下引导大学生自主教育意识构建的有效途径，对把握时代际遇，推动大学生网络思想政治教育发展具有重要意义。

关键字　高校网络思想政治教育　新媒体　自主教育

随着现代信息技术的发展，新媒体时代到来，也意味着社会信息媒介的变革和公民思维载体的转变。而在新媒体环境下，互联网、手机等媒体的普及和广泛应用，已深刻地影响了大学生的价值观念、思想道德取向和行为方式，面对时代发展与科技革新对大学生思想问题的影响，网络思想政治教育承担着重要的任务。研究新媒体的特点和影响，有效借助新媒体手段，顺应和准确把握时代发展对大学生思想政治教育提出的现实问题和要求，帮助大学生完成主体性认知从而实现自主教育，对高校把握时代际遇，推动网络思想政治教育具有重大而深远的意义。

一、大学生网络思想政治教育现状概述

（一）大学生网络思想政治教育现状

在以数字化、信息化为代表的现代信息技术迅猛发展的今天，互联网已成为思想文化信息的集散地，大学生的思想意识、价值取向、行为方式等方面都被刻上了网络的烙印。在这种新形势下，全国高校无畏思想政治教育的新难题，纷纷创新形式开辟平台，直面网络思想政治教育的需求。随着高校网络思想政治教育

的实践和研究，我们发现："大学生对网络思想政治教育工作的需求程度较高，其原因在于网络新颖的形式、丰富的内容、便捷的传播以及平等的交流形式都符合大学生接收信息的特点，受到大学生青睐。"❶

1. 高校网络思想政治教育丰富程度

目前，大学生网络思想政治教育的常见载体主要集中为红色专题网站、BBS、QQ微信及飞信等形式，内容和形式均有待丰富。

2. 大学生对网络思想政治教育的熟悉程度

普遍来讲，大学生对所在学校网络思想政治教育的熟悉程度并不高，这源于高校相关教育的针对性和吸引力不强，也不排除教育对象自身的叛逆情绪导致其不接受、不知晓思想政治教育内容。

3. 大学生对网络思想政治教育的适应程度

总体来看，大学生对运用网络开展思想教育工作的方式是适应的，这种与时代接轨的形式和较为新颖的内容是寓教于乐的新体现。也正是因为适应，才产生了需求，学生的需求也直接影响了网络思想教育工作的有效性和必要性。

（二）新媒体时代下，大学生网络思想政治教育的机遇与挑战

1. 新媒体的特点

对于新媒体的界定，至今没有定论。相对于传统媒体的形式、内容和类型而言，新媒体不仅是一个质变，更是在此过程中不断创新和变革的量变，"新传媒产业联盟秘书长王斌：'新媒体是以数字信息技术为基础，以互动传播为特点、具有创新形态的媒体。'美国《连线》杂志对新媒体的定义：'所有人对所有人的传播。'"❷ 据此，我认为新媒体具有以下三个特点：

首先，新媒体之新体现在原创性，这里的原创性既包括一般意义上个人单独的原创，又体现一段特定的时间内时代所赋予的新的内容的创造，是内容、形式、理念上的一种创新。然而同时，原创用户的语言组织和概括能力不设门槛，简单通俗也体现了较强的草根性。

其次，新媒体之快体现在便捷性，自由、随性、交流等使原创性信息爆发式产生，随之而来的是其在更快更广的平面上激起了更多的效应反应。

---

❶ 易鹏，李荣华，徐晓黎：《大学生网络思想政治教育需求调查研究》，载《思想教育研究》，2012年第1期，第100页。

❷ 搜狗搜索：词条新媒体，http://baike.sogou.com/v623372.htm? fromTitle＝％E6％96％B0％E5％AA％92％E4％BD％93。

最后，新媒体之全面体现在交流方式多样化，"背对脸""面对脸""背对背"等交流方式满足了不同人群的需要，而传播方式裂片式也加快了信息的传播和接受信息者碎片式地阅读和理解事物。

2. 新媒体为高校网络思想政治教育提供了机遇

新媒体在一些方面对大学生有着积极的影响，例如信息来源的增加能够使他们更好地关注时事、增强社会责任感；也满足了大学生个性发展、情感宣泄和心理成熟的需要。同时，新媒体时代推动了高校思想政治教育的创新，同时也为其提供了条件，思想政治教育与互联网的结合就是同新的认识工具和交流工具相结合，赋予其新的生机和活力。

3. 高校网络思想政治教育在新媒体条件下面临着挑战

新媒体传播的信息数量大、内容良莠不齐真假难辨，由于大学生的价值观还不够成熟，并且受知识、经验水平的局限接收信息较盲目，很容易受到生理和心理的伤害。文化环境和现实情况的复杂使高校思想教育模式受到冲击，网络思想政治教育能否平衡学生好奇心理、矫正不良信息冲击、培养学生取精去糟的能力成为不小的挑战。

二、新媒体条件下大学生自主教育思考

（一）自主教育概念概述

"自主教育，相对于他主教育，是指个体根据自身内心需要和社会需求，通过自觉发挥各方面主观能动性，使自己伴随生命成长发展为理想的人的实践活动。个人生存与发展的需要是自主教育存在的基础，而教育促进个体有目的、自觉地影响自己的发展。"[1] 教育，是引导学生做最好的自己，自主教育异于传统以"灌输"为主的教育方式，可以最大限度地调动学生参与教育过程的主动性和积极性，是具有进步意义的全新的教育理念。

（二）大学生自主教育的时代际遇

新媒体的发展在推进信息化进程、影响学生思维行为模式的同时，也丰富着高校人才自主教育的内涵。我们了解到，新媒体不仅仅是一种人们生活的宣传媒介、辅助工具，而且还作为一种充盈着自身独特内涵的新鲜事物，改变着大家的生活。特别是在学生的自主教育方面，发挥着独特的优势。

首先，在这个信息时代，大学生极富时代气息的年龄，在交往、认知和获取

---

[1] 董旭明：《中国自主教育思想的历史研究》，云南师范大学 2013 年硕士学位论文，第 14 页。

手段上更有意与潮流同步。新媒体大环境为大学生拓展了生存空间,使他们在有限的时间空间范围里接触更多的人和事。更丰富的渠道和更广泛的视野都在向大学生呈现社会和事物的本貌,帮助他们进行主体性内涵的解读,为他们的自我认知自我管理自我教育提供机遇。其次,借助新媒体的力量,大学生可以进行选择性学习并在此过程中优化他们的成长实践,完善他们的道德品质,强化他们的意识立场。与此同时,个性化需求的实现和主体人格的不断完善能够为他们适应新的时代、发现新的自我创造条件。最后,正因为网络是无疆的,新媒体时代的发展现实给大学生带来的不仅是多元化的选择,更多的是价值领域的迷惘。文化理念的相互碰撞,思想观念的矛盾冲突,理想与现实的博弈,时时刻刻都会通过新媒体产生印象……而正是这样的对比,才会引起更多的思考与质疑,推动着善于思索的大学生在多维性的文化空间中形成自己的意识理念,增强其认知能力、自控能力和实践能力。

(三) 大学生自主教育的重要意义

1. 网络思想政治教育的内核在于实现交互环境下的自主教育

立德树人,是高校思想政治教育的根本出发点,教育学生成为理想远大、品德高尚、意志顽强的新一代是我们要始终坚持的任务。"新时代条件下,网络虚拟生存环境的存在拓展了人的生存内容,人的虚拟生存重构了思想政治教育的生存背景。"❶ 这样的情况下,原始封闭而又单纯的思想政治教育已无法安之泰然,面对多元化的价值考验,思想政治教育迫切需要不断的改革和发展。

面对网络环境的各种挑战,无可置疑的是高校网络思想政治教育需要针对自身生存境遇的变化,有效地运用符合时下网络特点的思维方式和行动模式,不断探索以革新出能够充分激发大学生主体意识、自我认知的教育理念和机制。简而言之,在这种网络现实的交互环境下,实现大学生自主教育是网络思想政治教育的重要任务。

2. 大学生自主教育是净化网络信任源,规避信仰冲击的迫切需要

媒介素养是新媒体时代对人的素质的又一要求,"对于大学生群体来说,媒介素养不仅是指对信息的存取、制作和传播能力,还包括对媒体信息的理解、沟通以及驾驭、把控能力,从受媒体影响的被动方,转变成既受媒体影响,又能影

---

❶ 陈丹志:《大学生微博自主教育机制的构建》,载《教育评论》,2014 年第 11 期,第 69 页。

响媒体的主动方。"❶ 媒介素养的养成是对大学生参与网络、分辨信息的现实要求，也是大学生自主教育需要完成的重要任务。面对大量的信息冲击，面对恶意造谣或干涉民意的精心策划者，降低信任信息的盲目性、正确抵制腐朽与暴力、形成自身的监管防御，则显得格外重要。

3. 大学生自主教育是提升学生自控力，防止虚拟影响现实的有效途径

目前，许多大学生沉迷于网络的各种平台、游戏中，由此产生的依赖心理是严重且危险的。一方面，他们在虚拟世界中活跃，另一方面，对现实世界冷漠无情、逃避责任、逃避社会，甚至在人际交往方面出现问题。在自主教育的过程中，大学生的主体性意识会敦促他们更好地认识自己，参与到教育活动中的主动性和积极性也会使他们产生自我管理的热情和责任感。借此，大学生的自控力便得到充分发挥，从而更好地防止虚拟世界的混淆。

4. 大学生自主教育是学习贯彻党的十八大精神，提升大学生思想政治教育质量的现实要求

"党的十八大报告提出了'把立德树人作为教育的根本任务'、'培养学生社会责任感、创新精神、实践能力'、'全面提升党的建设科学化水平'等一系列战略部署，为贯彻党的教育方针赋予了新的时代内涵，为加强大学生思想政治教育指明了方向。"❷ 学习贯彻党的十八大精神，就是要深刻认识其高度，赋予大学生思想政治教育新的内涵，将其提上新的高度；就是要进一步落实立德树人这一根本任务，坚持育人为本；就是要不断创新高校思想政治教育建设，夯实高校在培养人才、推动发展、促进和谐的基础。大学生自主教育，是区别于他主教育的有效教育方式，能够更加实事求是、贴近需求地帮助大学生成长成才，能够培养学生对社会责任感、求实创新、不断实践的理解和追求。

三、创新高校思想政治教育工作，推动大学生自我教育

（一）加强网络思想政治教育工作队伍建设

目前，高校网络思想政治教育队伍主要由党团干部、辅导员、专业课老师和网络技术人员组成，他们在各自的位置上发挥专长，关注并维系着高校学生的网络动态与安全。然而也存在着一些不足，例如人员不同岗位间的交流协作有待加

---

❶ 王淼：《新媒体条件下大学生主体性培育的反思》，载《技术经济与管理研究》，2014年第12期。

❷ 冯刚：《学习贯彻党的十八大精神努力提升大学生思想政治教育质量》，载《思想理论教育导刊》，2013年第2期。

强，在各司其职的基础上取长补短、加强协作能够实现更加全面、完善的网络监督管理；此外，鉴于专业课教师在大学生心中的权威地位，他们的言行引导可以更直接地影响学生的思想动态，因而应更多地调动专业课教师在网络思想引导方面的积极性，使他们多与学生交流，充分发挥其德育功能；同样重要的是加强对现有教育队伍的针对性培养，使其不仅具备较高的思想政治理论素养，又不乏网络信息管理能力，为高校网络思想政治教育贡献力量。

（二）践行新兴网络思想政治教育工作理念

在新的历史条件下，创新思想政治教育工作理念是十分重要的，而将教育者自身纳入教育与被教育的体系中，更快地进入工作的核心范畴也是一种新型的理念和实践。这就要求教育者积极践行新兴网络思想政治教育的工作理念：

1. 平等尊重的理念

在新媒体时代，网络中交流、分享的自由与平等给大学生留下了深刻的印象，也因此吸引着更多的人投入到该种形式的实践中。网络思想政治教育同样是做"人"的工作，尊重每一个学生的独特性、重视每一个学生的人格尊严是走近学生、帮助学生、教育学生的前提。教育者要改变教师是主体、学生是客体的认知，准确把握学生的心理状态，做学生的良师益友，用人文关怀和实际行动赢得学生的信任。

2. 自主发展的理念

在网络思想政治教育过程中，教育者要坚持"自我发展，助人自助"的理念，不断鼓励学生认识自我、提升能力、实现自助。在纷繁复杂的网络环境中，引导学生学会独立思考、掌握科学辨别方法、培养自主学习的能力，这将是学生一生的财富。

3. 个性发展的理念

由于年龄、家庭环境、受教育模式、生活环境等方面的不同，学生中存在着个体的差异性，每个人都应当有权利有空间发展自己的个性。当代大学生渴望独立、与众不同与被认可被欣赏，因此对个性化的思想政治教育方式更为推崇。这要求教育者要充分了解不同学生的需求情况、因材施教，同时要因势利导，根据学生的差异性做出不同的分析和引导，帮助其上进。

（三）重视新媒体条件下大学生主体性培育

有人说，教育的目的是达到"可以不教"，我是赞同的。没有哪一种教育可以持续陪伴每一个学生一生，只有让学生自身明白了教育的内涵，学会学习、学会做事、学会做人，才能保证其长久地进步与发展。"主体性是指人在实践过程中表现出来的能力、作用、地位，即人的自主、主动、能动、自由、有目的地活动的地位和特性。"❶ 主体性认知是充分认识、肯定自身的主体性，并能充分发挥调动主观能动性去做事。对于大学生来说，主体性认知关系到其能否主动地进行自我教育，关乎其成长的主体性、能动性和创造性人格的养成。

科学技术不断发展的今天，人在社会发展中的主体性越发受到重视。大学生群体作为社会发展建设的接班人，他们在教育活动过程中不仅是被教育的角色，而且是自我教育的主人。大学生在被赋予社会接班人、具有较高知识水准的人、被社会高度期待的人等角色的同时，他们在教育过程中的主体地位也必须被充分认知，并从家庭、学校、社会等各种外界因素的载体中得到有效的体现与传递。只有这样，才能帮助大学生更好地感知自身的主体性，充分调动主观能动性，实现自我发展。

（四）提高网络思想政治教育的针对性与实效性

中共中央办公厅、国务院办公厅于 2015 年 1 月印发《关于进一步加强和改进新形势下高校宣传思想工作的意见》，指出高校是意识形态工作的前沿阵地，肩负着学习研究宣传马克思主义、培养中国特色社会主义事业建设者和接班人的重大任务。意见中提到："要着力增强大学生思想政治教育针对性、实效性，启动大学生思想政治教育质量提升工程，深入开展中国特色社会主义和中国梦教育，加强党史国史和形势任务政策教育，把社会主义核心价值观融入高等教育全过程。"

大学生思想政治教育形式多样，网络思想政治教育在增强思想教育的针对性和实效性方面也承担着很大的责任。大学生乐于接受新鲜事物，强调开放、独立、平等，而网络平台的开放性与自由性恰方便了高校教育工作者与大学生零距离接触，更有"一对一""一对多""多对多"等形式多样的教学模式可以更加及时地掌握学生信息，提供及时完备的指导帮助。

大学生思想政治教育还是一个系统，需要社会、学校、家庭的共同努力与协助配合。网络作为一个全面而开放的平台，有效地转换了有限的空间，方便并加强了社会、学校和家庭间的联系，将不同层面、程度的教育培养有机结合，更好地关注到每一位学生。

---

❶ 搜狗搜索：词条主体性，http：// baike. sogou. com/v71379797. htm？ fromTitle＝％E4％B8％BB％E4％BD％93％E6％80％A7。

四、结语

网络时代是自由而开放的，对网络影响的排斥或封堵不仅不能帮助蒙住大学生好奇的双眼，反而会距他们越来越远。善于将网络变为高校思想政治教育的重要载体，利用网络的开放性和平等性实现与学生深层次的交流与互动，才能更有效地提高思想政治教育时效性。当然更重要的，是在网络思想教育中引导大学生构建自我教育的意识，并且帮助他们在日后的理论学习和实践中实现自我教育与能力培养。这样，才能更好地确立大学生网络行为道德规范，促进大学生网络行为自律；同时不受网络消极影响的腐蚀，秉持健康的世界观和人生信仰，做一名理想远大、道德高尚、敢于实践、有责任感的社会接班人。

高校辅导员微信公众号建设初探❶

商学院　　王晓曦

摘　要　网络的迅速发展对高校辅导员的网络思想政治工作能力提出了新的要求，网络"微媒介"也逐渐成了辅导员开展学生工作的新型载体。在微信公众号深受大学生青睐的情况下，建立优秀的辅导员微信公众号能够进一步加强辅导员对学生的思想引领，为学生提供学习和生活方面的指导，有效增进师生互动及同学关系，并创新辅导员的工作方式。辅导员微信公众号在建设的过程中，可以从寻找公众号定位、丰富公众号内容、拓展公众号信息获取途径等方面入手，实现通过网络有效开展学生工作的目的，提高辅导员的网络思想政治工作能力。

关键词　辅导员　微信公众号　必要性　建议

微博、微信等社交工具的产生，在网络上掀起了"微媒介"传播方式的浪潮，而这种"微媒介"也正以其信息传播的及时性和传播内容的广泛性以及传播信息的大众性逐渐为大学生所青睐。微信（We Chat）是目前大学生广泛使用的社交工具，微信公众号是最受欢迎的微信工具产品之一。近年来，本着"学生在哪里，我们的工作就做到哪里"❷ 的理念，越来越多的辅导员乘着"微文化"的浪潮，走近"微媒介"，开始利用微信公众号在网络上开展思想政治教育工作。

一、微信公众号的特点

（一）信息发布的及时性

微信公众号的运行者可以采用文字、图片、视频等多种形式向关注者传递信息。根据公众平台的一般设置，用户在关注了公众号之后，能够在信息发出的第

---

❶　微信公众平台所承载的微信公众号被分为服务号、企业号和订阅号，其中只有订阅号可为个人发布消息所使用，辅导员以个人身份注册微信公众平台所使用的一般为订阅号。本文以辅导员微信公众平台订阅号作为研究对象，文中简称"微信公众号"或"公众号"。

❷　北京科技大学"星辰大海"工作室：《当前高校辅导员网络思想政治教育的价值挑战和对策》，载《微信公众号"大冰辅导员"》，2016 年 5 月 27 日。

一时间收到提醒，而无须通过主动刷新页面来获取信息，在很大程度上保证了信息传递的时效性，避免了重要信息的遗漏，正符合大学生思想政治教育和学生管理工作中信息传递需及时准确之要求。

（二）受众群体的广泛性和精准性

公众号关注方式简便易操作，公众号一旦发布消息，便可以即刻传递至所有关注者，这种"一对多"的传播方式确保了受众的广泛性。另外，在公众号后台可以通过设置用户分组来实现精准化推送。具体落实到学生工作上，即辅导员可以将受众按照年级、是否贫困生、是否学生干部等多种分类方式将关注者进行分组，以便针对不同群体发布消息，保证各类信息能够精准地投放给有需要的群体。

（三）信息接收方式的便捷性

公众号的主要载体为移动设备，即智能手机。因此，学生只要拥有智能手机，就可以随时随地查看公众号信息，不受时间和空间的限制，接收查阅信息的方式简单便捷。

（四）信息发布者和受众关系的互动性

订阅号运行者和关注者不仅可以通过后台留言的方式直接进行交流，运行者还可以充分利用订阅号"消息自动回复"的功能，通过设置关键词的方式，在关注者向订阅号发送关键词的时候自动回复相关信息，及时解答相关问题。

二、进一步推动辅导员微信工作号建设的必要性

（一）加强网络时代大学生思想引领的需要

在网络迅速发展的时代背景下，《普通高等学校辅导员队伍建设规定》和《中共中央国务院关于进一步加强和改进大学生思想政治教育的意见》等政策、法规都对高校辅导员的网络思想政治工作能力提出了新的要求，鼓励学生工作者主动占领网络思想政治阵地。

当代大学生的思想政治状况虽基本上呈健康向上的状态，但是由于思想尚未完全成熟，缺乏经验和实践，部分大学生对现实社会和政治生活中存在的一些问题正确认识不够，[1] 在当今网络信息爆炸的时代，学生获取信息的途径呈多元化发展趋势，这些原因相结合极有可能导致学生信息甄别能力的不足，甚至在与主流相左的意识形态的影响下走入认识误区。微信公众号是学生在日常生活中信息来源的重要途径之一，在这种形势背景下，辅导员通过微信公众号及时把握主流

---

[1] 教育部思想政治工作司：《高等学校辅导员工作概论》，高等教育出版社，2014年版，第62—64页。

话语权是加强网络时代大学生思想引领的需要。

（二）便捷服务学生学习生活的需要

帮助学生处理好学习成才、择业交友、健康生活等方面的具体问题，是辅导员主要工作职责之一。❶ 基于微信公众号受众广泛性和信息接收方式便捷性的特点，辅导员不仅能够通过公众号针对大多数学生在日常学习生活中所遇到的问题统一提出建议，还可以及时通过公众号为学生传递通知公告等信息，学生也能够通过最简便的方式及时获取建议和信息，因此，辅导员微信公众号的建设也是便捷服务学生学习生活的需要。

（三）有效增进师生互动与同学关系的需要

通过微信公众平台与学生进行交流符合当代大学生社交方式，辅导员和学生可以通过后台留言进行互动，以学生喜闻乐见的方式走进学生的生活，有效增进师生感情。另外，大学中班级概念较为模糊，辅导员的公众号还可以为学生班集体和个人提供展示平台，打造增进同学关系的桥梁。

（四）辅导员自身探索创新工作方式的需要

青年学生是最易接受新事物的群体之一，面对工作对象的这一特点，辅导员应当在工作中始终保持终身学习和与时俱进的意识理念，在"微媒介"迅速占领学生学习生活的今天，通过"微媒介"开展学生工作正是辅导员探索创新工作方式的需要。

三、关于有效发挥辅导员微信公众号作用的建议

（一）找准公众号定位，锁定主要用户群

微信公众号的定位决定了公众号在开通后发布的内容和主要想吸引的用户群。因此，在公众号开通之前，明确目的、找准定位就是为公众号今后的建设确立方向，这一点在公众号的建设中尤为重要。根据公众号发布的主要内容和其所针对的主要群体这两种标准，可以在以下几种类型中对公众号定位进行选择。

1. 资源共享型

这类公众号主要针对的用户群并非学生，而是高校学生工作者，特别是高校辅导员，发布的信息包括学生工作先进经验总结，辅导员参加与工作相关比赛及考试的经历心得，以及在辅导员工作中所获得的感想、体会等，其建设的主要目标是为辅导员群体提供网上交流学习的平台，以此引领辅导员职业发展。这类公

---

❶ 《普通高等学校辅导员队伍建设规定》第五条。

众号的典型代表包括"饶先发""高校辅导员联盟""浙群辅导员""四川辅导员之家""萌哥有话说""第一辅导员"等。

2. 思想引领型

此类公众号主要针对者是在校大学生,其内容除了包含从方方面面帮助大学生适应大学生活的指导性文章,更包括从大学生普遍关注的热点话题延伸出来的评论与思考性文章,旨在对在校学生进行思想引领,引导学生成长成才。这类公众号的创立不仅可以由高校辅导员设立,还可以由在高校中专门讲授思想政治类课程的教师设立。其典型代表包括"大冰辅导员""辅导员娘亲""琪人琪语""别笑我是思修课""辅导员说""邑人邑语""陌上花开"等。

3. 资讯服务型

此类公众号针对的主要群体亦为在校大学生,主要是为提供生活学习方面的资讯服务,例如成绩查询、通知送达、学生事务咨询等,其目的在于帮助学生了解学校相关政策规定和日常事务办理程序。然而,随着学校办公系统的信息化,单纯为学生提供信息咨询的辅导员公众号很容易被更加专业的查询系统所替代,从而丧失生存空间,因此这类公众号并不常见。

4. 综合型

综合型公众号还可以被分为两种,第一种是既针对辅导员,也针对在校大学生的综合型公众号,但其受众仍以学生为主,这类公众号不仅发布对大学生进行思想引领的内容,也会发布提升辅导员工作能力、介绍学生工作先进经验等方面的内容,许多已经发展得较为成熟的思想引领型公众号正在向此方向发展,例如"大冰辅导员""琪人琪语""萌哥有话说";第二种是集思想引领型与资讯服务型于一体的公众号,这类公众号的主要目标用户群是在校大学生,除了发布与大学生思想政治教育、成长发展相关的内容,同时也通过各种形式为学生提供在校信息咨询服务。

(二)丰富主题与内容,注重品质与内涵

内涵丰富、形式多样的主题与内容是公众号的灵魂,因此,能以学生喜闻乐见的方式发布高品质内容,是辅导员公众号作为一种自媒体可持续发展的生命力。

1. 在信息"碎片化"的环境中,把握整体系统性

受"微传媒""微文化"的影响,大学生从网络上接收到的信息、知识等易出现"碎片化"状况,这种"碎片化"信息容易使大学生对社会现象及其背后的理论知识的认知出现偏差,在网络信息鱼龙混杂的情况下,这种偏差可能会给大学生在政治信仰、理想信念及价值取向等方面带来负面影响。如果辅导员公众号发送的内容也是碎片化的，则难以起到帮助大学生从根本上认识问题的作用，从而难以消除消极信息给学生带来的影响。然而，微信公众平台作为一种"微传媒"，确实难以做到在一篇推送的内容中将相关的理论知识进行系统输出，因此，辅导员在运行微信公众号时应当从整体上把握输出理论的系统性，例如在探讨一个社会热点问题背后的理论时，可以通过设置专题的方式，将同类问题放入一个专题中分期探讨，使学生能够通过阅读相关专题的信息而形成相关知识链条，系统地了解他们关注的社会问题背后的理论依据，引导学生理性、科学地去看待问题，最终树立正确的价值观和坚定的信念。

除此之外，根据《普通高等学校辅导员队伍建设规定》和《高等学校辅导员职业能力标准（暂行）》，辅导员的工作职责包括对学生进行思想道德引领和心理健康指导，学业指导，应对校园危机事件，落实贫困生资助工作，开展就业指导服务，做好党团和班级组织建设，以及培养优秀学生骨干等几大方面❶，在建设公众号的过程中，辅导员也应围绕这几大方面，系统地对公众号所发布的主题和内容从整体上进行设计和构思，有计划地通过网络对学生进行思想引领。

要想将系统化的理念注入公众号的实际运行，需要辅导员不断充实自己在思想政治教育各个方面的理论知识，坚定理论自信，在保证公众号所发布主题内容的风格贴近学生生活的基础上，增强公众号的教育性，突显辅导员公众号的特色。

2. 贴近学生实际，增强内容吸引力

在信息传播过程中，受众并不是完全被动地存在，他们在媒体接触、内容选择方面有着某种自主性和能动性。❷ 根据微信公众号的特点，虽然用户能够在关注公众号以后及时收到信息提醒，但是是否对信息进行浏览则仍由用户自主选择。具体落实到辅导员公众号来说，若信息主题和内容对学生不具有吸引力，就无法吸引学生关注查看，公众号的作用也会因此而减弱，因此，在利用微信公众号开展思想政治教育工作之时，可以从以下几个方面选择贴近学生、贴近生活、贴近实际的主题和内容，使思想政治教育能够达到入耳、入脑、入心的效果。❸

挖掘学生兴趣点，实现公众号"供给侧"改革。首先，辅导员除了关注校园新闻、关注社会热点，还要深入学生学习与生活，通过日常沟通、谈心谈话、开

❶ 《普通高等学校辅导员队伍建设规定》第四条、第五条。

❷ 郭庆光：《传播学教程》，中国人民大学出版社，2011年版，第161页。

❸ 黄静：《基于微信公众号的高校辅导员工作创新研究》，载《思想理论教育》，2015年第11期，第75页。

展集体活动、创设班级日志、设计问卷调查、公众号后台大数据分析等方式挖掘学生的兴趣点和关注点，打破辅导员个人关注点的局限性，使发布的内容更加"接地气"；其次，辅导员还应充分利用与学生群体紧密相关的特殊时间点，例如在心理健康日、世界读书日、青年节、国庆节等日期到来之时发布相关主题推送，及时把握教育时机；最后，辅导员不仅可以发布文字消息，还可以将教育意义融入图片、视频中，使推送形式呈现多样性，达到更好的教育效果，同时也吸引学生关注。

满足不同群体需求，提高内容的针对性。学生在大学学习生活中的各个阶段有着不同的需求，大一学生最需要适应大学的学习和生活，大二学生主要需要在专业学习上的引导，大三学生开始为今后的发展进行一些社会实践、课题研究，大四学生则主要面临就业和职业生涯规划问题，家庭经济困难学生更需要了解资助相关的政策信息，学生干部更应学习如何进行组织管理，等等。因此，辅导员应当根据学生的发展，根据不同学生群体的不同需求，发布不同的内容，切实解决学生在学业、生活和思想上面临的问题；在技术方面，可以通过后台设置对不同学生群体进行分组，实现各类信息的精准投放。

为学生提供展示平台，进一步增进同学关系。大学中班级的概念较为模糊，辅导员可以通过定期在公众号中对学生集体活动进行展示和点评的方式，培养学生的集体归属感和集体荣誉感，为班团组织建设提供新路径。与此同时，还可以利用公众号为优秀学生个体提供展示平台，为学生们展现朋辈榜样的风采，增进学生之间的相互了解与学习。

集合各类通知公告，辅助学生成长成才。通过微信公众号发布通知能够保证消息送达时效。为了能够更好地为学生提供服务，辅导员可以在网络上广泛搜集整理与自己负责的学生相关的通知，如学工、教务、后勤信息，各类竞赛、交流公告，各种资格证考试报名通知，并通过公众号发布，让公众号在对学生进行思想引领的基础上，还能够起到"广播台"的作用，辅助学生成长成才，同时在一定程度上也能够起到增强用户黏度的作用。

选择合适的语言风格，有效拉近师生距离。"95后"大学生自我意识较强，因此，辅导员所发布的推送在语言风格上不仅应体现真挚的情感，还应体现与学生平等交流的精神，培养师生情感，优化教育效果；除此之外，使用生动有趣的语言，也是拉近师生距离、提高内容吸引力的有效方式。在这方面值得注意的是要在用语上把握底线原则，不能够单纯为追求语言的趣味性而导致用语低俗，要保证辅导员微信公众号的教育性与正能量。

（三）充分利用后台功能，拓宽信息获取途径

微信公众平台订阅号有一些实用性较强的后台功能，例如"自动回复"功能、"自定义菜单"功能等。若能对这些功能加之充分利用，能够在很大程度上拓宽用户通过公众平台获取信息的途径，为用户提供优质服务。例如，在"自动回复"功能中，添加"学生证"作为关键词，并在自动回复的消息中添加相关信息，则学生可以通过发送"学生证"一词获得学生证办理程序、学生证基本用途等相关信息，实现自助服务；利用"自定义菜单"为公众号内容划分栏目，可以使用户通过菜单搜索查阅往期相关内容，使公众号更好地发挥作用。

（四）吸纳多方资源，体现"众筹"力量

建设运行一个微信公众号需要投入大量的时间和精力，而要想扩大公众号的影响，使公众号内容精品化、系统化，还需集合多方智慧与想法。具体做法可以包括组建团队共同运行公众号，团队成员可以有学生工作者，也可以有学生，为了能够集思广益，团队应定期组织研究讨论，并在此基础上分工合作；公众号还可以通过向一线辅导员、学生工作者或思想政治理论专家以及广大学生群体征稿的形式，利用多方资源开展网络思想政治教育；公众号运行者需要广泛关注其他优秀思想政治教育类公众号，借鉴有效做法，收集有益资料，为公众号的建设寻觅更大的成长空间。

大学生微信订阅号使用现状及影响研究

马克思主义学院　吴韵曦　俞　羚

摘　要　订阅号是微信的重要组成部分。随着微信在大学生群体中的普及，微信订阅号成为大学生获取信息的重要途径和社交互动的话题来源，并且影响着他们的思想观念。良好的媒介素养、完善的规章制度、优质的平台内容和良性的交流互动是引导大学生合理运用订阅号的基本条件。

关键词　微信订阅号　大学生　浅阅读　网络思想政治教育

互联网是信息技术的代表，深刻改变着人们的生产生活，有力推动着社会发展。根据中国互联网络信息中心第 37 次《中国互联网络发展状况统计报告》，截至 2015 年 12 月，中国网民规模达到 6.88 亿，互联网普及率达到 50.3％，中国居民上网人数已过半。❶ 移动互联网的实现，新媒体的层出不穷，开启了"人人都有麦克风"的时代。

本文通过一项"大学生关注微信订阅号情况"的问卷调查，对中国政法大学在校本科生随机发放网络问卷，最终有效问卷为 210 份。问卷涉及微信订阅号的使用情况、对订阅号内容的看法等内容。通过抽样调查的方法，分析大学生使用微信订阅号的现状及影响。

一、微信与微信订阅号

大学生思维活跃，容易接受新事物，热衷尝试新事物，是互联网的重要用户群体。从网络聊天、网络小说到网络课程、网络购物，互联网改变了大学生获取信息和社会交往的习惯，影响着大学生的思想、心理和行为。互联网为大学生开启了一个全新的"数字化生存"空间。有一种比喻称，如果说"70 后"是"电视一代，"80 后"特别是"90 后"则是"网络一代"。他们的学习、就业和日常

---

❶ 中国互联网络信息中心：《中国互联网络发展状况统计报告》，http://www.cnnic.net.cn/hlwfzyj/hlwxzbg/201601/P020160122469130059846.pdf.

生活与网络紧密相连。正在就读的"95 后"本科生便是互联网时代的"原住民",其思维模式、行为模式、学习模式与过去的学生具有明显区别。

微信是为智能终端提供即时通信服务的免费应用程序,2011 年问世以来发展迅速。截至 2016 年 3 月 31 日,微信和 We Chat 的合并月活跃账户数为 7.62 亿,比上年同期增长 39%。❶ 大学生是使用微信的活跃群体。Curiosity China 制作的《2015 年微信平台数据研究报告》表明,微信用户普遍年轻,平均年龄为 26 岁,45.4% 的用户在 18 岁到 25 岁之间。❷

2012 年,腾讯公司在微信基础上新增了功能模块,随后经过"官号平台""媒体平台"和"公众平台"的变迁。个人和企业利用该平台能够群发文字、图片、语音、视频等类型的内容。认证账号拥有更高权限,可以推送丰富的图文信息。不同于新浪微博起步阶段的明星战略,微信依靠庞大的用户,注重挖掘个体价值,为公众平台增添优质内容,进而增强用户黏性。

公众平台账号主要有三种类型:一是订阅号,侧重宣传推广,每天只能发送一条信息;信息显示在用户的订阅号文件夹中,用户接收信息后不会收到即时信息的提醒;订阅号有一次升级为服务号的机会,但这个过程不可逆转。二是服务号,侧重提供服务,每个月只能发送四条信息,可以在会话界面底部进行自定义菜单;信息显示在用户的聊天列表中,用户接收信息时能即时收到信息提醒。三是企业号,侧重内部管理,推送信息数量不受限制;通过信息安全设置保证消息的私密和安全,用户接收信息时能即时收到信息提醒。2016 年版的《微信影响力报告》显示,公众账号超过了 1000 万,企业号有 65 万,订阅号和服务号占绝对主流。❸ 本文主要研究与大学生联系更加密切的微信订阅号。

二、微信订阅号对大学生的影响

在接受调查的大学生中,使用微信订阅号的比例高达 95.24%(见表 1)。选择未关注的群体中,有一部分是因为准备考研而"闭关"的大四学生。由此可见,订阅号在大学生群体中拥有广泛的影响。

---

❶ 《腾讯公布 2016 年第一季度业绩 总收入 319.95 亿元》,http://news.xinhuanet.com/tech/2016-05/19/c_128996926.htm。

❷ 《2015 年微信平台数据研究报告》,http://mt.sohu.com/20151030/n424741512.shtml。

❸ 企鹅智酷、中国信息通信研究院产业与规划研究所:《微信影响力报告》,http://tech.qq.com/a/20160321/007049.htm#p=9。

表1 订阅号的使用人数

选项	数量	比例
是	200	95.24%
否（调查结束）	10	4.76%

（一）获取信息的重要途径

在订阅号使用时长方面，41.9%的大学生每天查看5～10分钟，47.62%的大学生为10～30分钟，选择60分钟以上的仅占1.9%（见表2）。在订阅号使用频率方面，每天查看1～2次的大学生占33.81%，几天看一次的占26.19%，有16.19%的受访者一有新推送就会看，从来不看即不使用订阅号的仅有4.76%（见表3）。

表2 订阅号的使用时长

时间	5～10分钟	10～15分钟	15～30分钟	30～60分钟	60分钟以上
比例	41.9%	27.14%	20.48%	8.57%	1.9%

表3 订阅号的使用频率

频率	每天1～2次	每天3次及以上	几天看一次	发现新推送就看	从来不看
比例	33.81%	19.05%	26.19%	16.19%	4.76%

在使用时段方面，选择睡前阅读的大学生为54.29%，课间休息和其他休息时间分别为47.62%和57.14%，自习和上课时阅读的分别为22.86%和31.43%，发现新推送就看的则占20.48%（见表4）。一般来说，大学生不会花费整块的连续时间去浏览订阅号内容，但他们会不定时地拿出手机查阅微信，使用时间呈现"碎片化"的特点。此外，近三成的大学生在上课期间查看订阅号，反映课堂正常教学秩序受到了智能终端的较大冲击。

表4 订阅号的使用时段（多选）

时间段	比例
上课期间	31.43%
课间休息	47.62%
吃饭期间	20%
睡前	54.29%
发现新推送就看	20.48%
自习时	22.86%
其他休息时间	57.14%
其他	4.76%

在关注数量的统计中，28.57％的大学生选择关注 6～10 个订阅号，选择 11～20 个的占 38.09％，21～30 个的占 10.47％，而 5 个以内和 30 个以上的分别为 9.52％和 13.33％（见表 5）。结合使用时长的统计，使用 30 分钟以上查看订阅号的仅占 10.47％，所以每个订阅号的实际停留时间相当有限，属于浅阅读的方式。

表 5　关注订阅号的数量

数量	5 个以内	6～10 个	11～15 个	16～20 个	21～25 个	26～30 个	30 个以上
比例	9.52％	28.57％	21.9％	16.19％	5.71％	4.76％	13.33％

大学生感兴趣的订阅号类型依次是学校信息、所学专业知识、娱乐八卦、读书教育、时事政治、音乐电影、生活健康和求职招聘（见表 6）。根据腾讯发布的《2015 年微信生活白皮书》，"90 后"对娱乐八卦更感兴趣，与"80 后"关注国家大事、"60 后"关注鸡汤文化有明显区别。❶ 除了与自身学业生活密切相关的"学校信息"和"所学专业知识"，学生对"娱乐八卦"的关注度与腾讯报告的取向相一致。

表 6　关注订阅号的类型（多选）

类别	人数	比例
所学专业知识	125	59.52％
学校信息	164	78.1％
娱乐八卦	88	41.9％
心灵鸡汤	50	23.81％
求职招聘	52	24.76％
生活健康	55	26.19％
体育新闻	26	12.38％
时事政治	74	35.24％
游戏动漫	26	12.38％
音乐电影	57	27.14％
购物旅游	43	20.48％
财经金融	25	11.9％
读书教育	86	40.95％
其他	7	3.33％

与报刊、电台、电视等传统媒体和书本、课堂等传统方式相比，大学生从订

---

❶ 《2015 年微信生活白皮书》，http：// tech. qq. com/a/20151023/057238. htm＃p＝24。

阅号获取信息更加便捷、及时和广泛。订阅号已是大学生获取信息的重要途径。约17％的大学生表示从订阅号中获取"较多"信息，60％的大学生表示"一般"（见表7）。在信息大爆炸的时代，订阅号无法也不会取代其他资讯手段，仅仅是渠道之一。值得注意的是，推送形式是影响订阅号阅读量的重要因素。篇幅和图片对大学生阅读产生了较大影响（见表8）。一般来讲，短小精悍、图文并茂的订阅号文章更受欢迎。

表7 从订阅号中获取资讯的比重

选项	很少	一般	较多	全部
比例	22.86％	60％	17.14％	0％

表8 影响订阅号阅读的因素

选项	很大	较大	不大	没有
篇幅	23.33％	38.57％	25.71％	12.38％
图片	20.48％	42.38％	26.67％	10.48％
视频	22.86％	24.29％	30.95％	21.9％

（二）社交互动的话题来源

社交功能是微信的基本属性。由于碎片化时间有限和功能的部分替代性，订阅号的兴起导致部分社交平台出现流失用户的现象（见表9）。

表9 订阅号对其他社交平台的影响

选项	比例
是，其他的不经常登录	16.67％
有一定影响，使用少了	31.9％
否，对其他的没影响	34.76％
谈不上影响，都不常使用	16.67％

与相对开放的微博相比，微信更像构建了一个"熟人社会"。微信是基于熟人关系链的在线社交，微信联系人中主要有同学、现实生活中的朋友、亲人/亲戚、同事，占比为80％～90％。"和朋友互动，增进和朋友之间的感情"是人们使用微信的主要目的，提及率为80.3％。"及时了解新闻热点"、"分享、获取生活/工作中有用的知识"的提及率均在50％左右。❶ 微信用户添加好友初期以

---

❶ 中国互联网络信息中心：《2015年中国社交应用用户行为研究报告》，http：//www.cnnic.net.cn/hlwfzyj/hlwxzbg/sqbg/201604/P020160408334860042447.pdf。

QQ 好友和手机通讯录为主。微信好友分组功能便于发布朋友圈时选择可见人群，营造了安全和私密的空间。相对于在公开场合直接分享观点，人们在相对隐蔽的朋友圈里更愿意发表自己的看法。

朋友圈是订阅号阅读量的重要来源。以朋友圈为媒介，在分享、转发、评论、点赞订阅号文章的过程中，大学生产生与他人、群体互动的社交行为。获得评论和点赞意味着自己受到关注，得到认可，满足了大学生的归属需求和自我认同。在社会事件转发评价意愿的调查中，28.1％的大学生表示"会转发并发表观点"，26.19％的大学生选择"会转发但不会作出评价"，25.24％的大学生倾向于"只评论而不转发"，仅 20.48％的大学生表示完全不会参与（见表 10）。

表 10　对社会事件转发评价的意愿

选项	比例
会转发并发表观点，促进朋友间的交流	28.1％
会转发，但只是围观大家的看法或者评论	26.19％
不会转发，但看到朋友转发会评论	25.24％
不会，置之不理	20.48％

订阅号的内容是大学生转发、互动的重要素材。在看到有意思的内容时，近八成的大学生愿意转发（见表 11）。由于好友之间存在着社会关系的交叉重叠，经常出现大批好友在同一时间段分享同一条内容的"刷屏"现象。

表 11　对有意思内容转发的意愿

选项	是	否
比例	77.14％	22.86％

（三）思想观念的影响方式

互联网营造的虚拟社会具有主体平等、信息膨胀、时空延伸、开放互动、资源共享等特征，契合大学生独立性强的特点和自主学习的潮流。网络传播讲求简洁、形象、活泼，符合新时期大学生的思维习惯、语言习惯和生活习惯。网络话语改变着人们的认知模式和思维模式，影响着人们对现实社会的重新认识，进而塑造一个全新的现实社会。虽然订阅号内容的真实性和有效性参差不齐，但高达71.9％的大学生表示"基本相信，对较专业的内容会改变认知"（见表 12）。

表 12　对订阅号内容态度的统计

选项	完全相信	基本相信，对较专业的内容会改变认知	不太相信	无所谓
比例	1.43％	71.9％	13.33％	13.33％

大学生的文化水平相对较高，对订阅号内容具备一定的甄别能力。在订阅号对其价值观影响方面，67.62%的大学生表示"影响较少"，仅有3.33%的大学生表示"影响很大"。不过，表示"影响较大"的大学生有20.48%，已是不小的数目（见表13）。

表13 订阅号对价值观影响的统计

选项	影响很大	影响较大	影响较少	完全没有
比例	3.33%	20.48%	67.62%	8.57%

三、应对微信订阅号普及的几点建议

2015年中共中央办公厅、国务院办公厅印发的《关于进一步加强和改进新形势下高校宣传思想工作的意见》指出，要创新网络思想政治教育，开展高校校园网络文化建设专项试点工作，建设一支由学生和青年教师骨干组成的网络宣传员队伍，推进辅导员博客、思想政治理论课教师博客、校务微博、校园微信公众账号等网络新媒体建设。2015年中共中央宣传部、教育部印发的《普通高校思想政治理论课建设体系创新计划》强调，建立大学生思想政治理论课主题学习网站和微信公众账号学习平台，使之成为宣传展示学生理论学习成果的阵地。近年来，从论坛、博客到微博、微信，层出不穷的网络媒介给高校宣传思想工作带来新的挑战。网络平台是宣传思想工作的重要阵地，围绕价值观念和发展模式的对话与碰撞日益频繁。网络技术再发达，也取代不了现实生活，要坚持以"治理的思路"应对"发展的技术"，推动高校宣传思想工作的创新发展。

第一，规范为先。以订阅号为代表的资讯方式带来的多元话语变革冲击了原来的话语体系，使"谁在说""如何说"和"说什么"的问题呈现新特点。新媒体以其传播快、覆盖广、影响大等特点，在新闻宣传和舆论引导方面日益发挥重要作用。如今，大学生运营的个人订阅号越来越多，影响力不容轻视。不管是订阅号运营者还是普通大学生，他们的媒介素养都亟须提升。媒介素养指公众通过学习和实践，认识媒介和选择、理解、评估和传播各种媒介信息以及用之服务于个人工作和生活的能力。❶ 高校利用法学、传播学、社会学、心理学等学科的师资力量，开设帮助大学生树立互联网时代正确世界观、人生观、价值观的核心课程，以及普及新媒体知识的选修课程、微课程或者专题讲座，系统讲授理论知识、规章制度、行业状况和现实案例。例如，中国政法大学学生处多次对校内各

---

❶ 熊科伟：《媒介素养手册》，经济日报出版社，2015年版，第17页。

学生微信平台负责人开展"新媒体引航学生成长"专题培训，促进和引导校园学生新媒体平台的健康发展。

在建章立制方面，加强校园各类新媒体的管理，促进高校各新媒体平台的交流互动与资源共享。为了整合校内各单位新媒体平台资源，明确各类新媒体账号主管单位责任，中国政法大学成立了校园新媒体联盟，推出了《中国政法大学新媒体建设与管理工作实施办法（试行）》，把学校、学院和学生组织的官方微信账号纳入统一管理的体系，明确分管领导、指导老师和管理人员的职责，依照规定设置、开通和运营账号，及时进行登记备案和年检，定期监督平台内容。

第二，内容为王。"学校信息"和"所学专业知识"是大学生非常关注的订阅号类型。高校各部门开通和运营订阅号要根据工作特点，满足学生需要，建设思想教育、专业学习或生活资讯等不同类型的阵地，让主流、权威、真实、可靠的话语占据网络虚拟社会的主导地位，使网络讨论、网络政治社会化朝着理性和务实的方向发展。以中国政法大学"澡堂事件"为例，因澡堂临时改造而引起生活不便，一条来自个人订阅号的文章对澡堂改造原因的解读在朋友圈掀起轩然大波，引发学生对学校的诸多不满。学工队伍要及时把握学生思想动向，做好上传下达工作，寻求缓解矛盾方式，对大学生的学习和生活给予更好的引导和教育。

办好校园订阅号不仅要综合运用文字、图片、语音、视频等表现形式，更要在内容方面下功夫，注重思想性、知识性、真实性、时效性的统一，避免形式内容的庸俗化、低俗化、媚俗化。iiMedia Research（艾媒咨询）发布的《2015 中国手机网民微信自媒体阅读情况调研报告》显示，有 70.8％的微信用户曾经取消关注公众号。"广告、软文、虚假信息较多"、"原创作品太少，较多抄袭"、"推送频率过高"是制约公众号市场健康发展的重要原因。❶ 一篇高转发率的文章除了与公众号本身推广程度有关，内容上往往贴近生活、符合实际，与受众群体的生活息息相关。有价值、有趣味、有感动的内容有助于大学生通过朋友圈分享，增加订阅号的影响力。例如，清华大学清新时报曾以一篇《一网打尽大清女生节横幅》的文章取得了 100000＋的阅读量。该文对女生节话题进行了独特阐述，以图为主，搭配简要文字解说，起到了阅读轻松、视觉美观的效果。中国政法大学举办年度十佳学生微信公众平台、十佳微信推送评选颁奖仪式，有助于鼓励办好订阅号，多出精品内容，发挥新媒体平台在大学生思想政治教育、校园文

---

❶ 《2015 中国手机网民微信自媒体阅读情况调研报告》，http：// www. iimedia. cn/144680070076884178. pdf.

化建设以及服务师生等方面的积极作用。

第三，交流为本。网络的即时性和开放性衍生出强大的互动功能，在一定程度上消除了现实社会的个体差异，实现了身份平等和话语平等，使师生之间、学生之间的交流更加便捷。任课教师、班主任、辅导员借助与大学生的微信好友关系，转发和推广有价值的订阅号内容，把微信群和朋友圈打造为"微教育"的第二课堂。

以订阅号为代表的网络资源形式多样，门类齐全，内容丰富，成本低廉，获取和分享便捷，时效性和交互性强，改变了传统教学和信息传播的模式，也给高校课堂教学带来了新的机遇。正视"低头族"现象，主动运用网络资源是积极应对互联网时代的应有之义。例如，江西理工大学负责"C语言程序设计"课程的曹瑛老师运用订阅号推送下一次课的知识点和课外知识，给学生开辟了"第二课堂"，获得较好反响。合理运用网络资源和网络手段，有助于推动教学目标更贴近实际、教学手段更贴近学生、教学内容更贴近生活，使教学过程变得有趣、有料、有用。

高校教师只有加强媒介素养，更新教学理念，提高教学水平，才能主动应对网络浪潮，有效运用网络资源，探索互联网时代背景下富有吸引力、感染力、创造力的教学方法。任课老师和教研室可以先行先试、稳步推进专业知识或者课程知识订阅号的运营工作。有需要的课程先试行，有条件的教师先试行，从课堂教学中的重点、难点、热点问题着手，探索网络手段的运用，积累网络资源的内容，逐渐形成教师个人资源、学科点团队资源和学科群共建资源的网络教学资源体系。鼓励学生通过网络平台提交教学资源，经教师审核后补充进入教学资源库，推动网络教学资源的动态发展。

即时网络时代高校学生深度辅导的探索与创新

外国语学院　　许慧芳

摘　要　即时网络化发展引发了教育模式的变革，多样化网络的交互平台和丰富的信息资源不仅对高校传统思想政治教育提出了新的挑战，也为深度辅导工作的开展提供了新的发展空间。即时网络信息交流为构建彼此认同的师生关系，创新深度辅导模式，拓展深度辅导工作效度，通过"互联网＋"延伸"线上"与"线下"双线深度辅导空间提供了新的媒介和思路。

关键词　即时网络　深度辅导　辅导员

2009 年 12 月，互联网实验室预测，在之后的 10 年中国即将迎来以大规模同时在线的网民实时互动为基础，生活网络全直播的即时网络时代❶，在这个时代，网民不仅仅是互联网网络化阶段的用户与受众，甚至不仅仅是互联网社会化阶段网络内容的创造者和应用的主导者，而是全面融入了互联网，互联网在满足网民生活各个方面需求的同时，也使得网民的虚拟生活和现实生活融为了一体，虚拟的网络成为人们真实的生存空间。现在我们已经深切地感受到了即时网络时代的生活的便捷，而即时网络时代不仅改变了我们的生活，也正在改变着我们的世界，即时网络时代为高校提供多样化交互平台和丰富的信息资源的同时，也对传统高校思想政治教育工作，尤其是深度辅导工作产生了重大的冲击。如何应对互联网时代对高校深度辅导工作的挑战，把握新的工作机遇，成为高校学生辅导员们所亟需解决的问题。

---

❶　关于即时网络时代的概念界定，特点及现状，参考方兴东：《方兴东诠释"即时网络时代"》，载中国信息产业网，http://www.cnii.com.cn/20080623/ca595661.htm，最后访问时间，2016 年 6 月 8 日，10：14；全权：《即时网络时代高校思想政治教育面临的挑战与应对》，辽宁工业大学硕士学位论文，2014 年 3 月。

一、语境分析：即时网络时代高校学生深度辅导工作所面临的挑战与机遇

无论是作为学生的即时网络时代的"原住民"，还是作为辅导员的即时网络时代的"新移民"，都已经深深地嵌入这一时代中，同时生活在现实的虚拟和虚拟的现实之中。我们在网络上直播生活，直抒胸臆，我们在网络上畅谈倾诉，交流互动，即时化网络满足了人类自我表达和渴求关注的本能需求。在虚拟的现实中，每个人都成为自己王国的"主人"，虚拟突破了现实的边框，跨越了时空的限制，为人们更为真实地展现、舒展自我提供了无限大的宽广空间，而这个空间以虚拟的形式生动地再现着一个个真实的或者潜意识中期待的本我。

（一）即时网络时代与高校学生教育格局的变革

随着即时网络时代的到来，互联网已经不仅仅限于知识性的搜索引擎，还成为信息交互与传播的重要空间，互联网中的个体不仅是获取信息的一方，而且同时是信息的接受者和发布者。互联网所创造的无限可能，使得网络已经逐渐成为影响高校学生思维和行为的重要空间。无论在课堂抑或是课堂之外，校园中随处可见的"低头族"恰恰生动地体现了在课堂教学、校园文化建设的第一课堂和第二课堂之外，网络已经成为学生思维和言行习得的又一重要"课堂"。这个新的"课堂"，教师不确定，教授内容不确定，学生不确定，但是教学效果却丝毫不输于传统教学中的第一课堂和第二课堂。学生通过网络了解世界时事，浏览各类时评；通过网络研读学术，研讨问题；通过网络探析情感，寻求心理纾解；通过网络进行购物、旅游，甄别真伪，学习生存技能；通过网络进行创业、实习，积累人生的第一笔职业经验……而微课、慕课等课程视频以及各类学习软件甚至为学生提供了更为便捷的随时随地进行学习的平台。教育格局的变革为高校深度辅导工作提出了新的挑战。

1. 价值判断的甄别

即时化网络中全球化、全方位信息的交互传播，使学生所接收的信息不仅限于知识，而且更多的是包括价值判断的时评内容。快速传播的碎片化信息在不同的叙事逻辑中被剪裁整合，承载着不同的意识形态和价值体系，以各种生动的形式诱导学生关注和接受。学习模式的改变将使得甄别并辩驳网络信息及其时评命题的真伪，并以此矫正学生的世界观、人生观和价值观，成为高校辅导员不得不面临的严峻挑战之一。

2. 学习模式和社交模式的变革

与传统的学习模式和社交模式相比，网络这种生动活泼的多媒体表现形式以

更为感性化的方式吸引和影响着网民的理性思维和言行。一个生动的故事往往会比一篇逻辑缜密的理论文章更能激发学生的阅读兴趣，一个有趣的视频或者测试可能会引起学生潜意识中的共鸣，在潜移默化中改变学生的言行。虚拟的网络无法取代现实中的面对面的交流，然而源于现实的虚拟空间却可以通过学生对网络信息的自主接受与创造，实现对学生群体类别的自然划分，实现信息的立体化、全方位表达与互动，从而实现针对性的群体交流与共享。网络对于学生个体及群体的吸引力和影响力已经将一个新的问题呈现在辅导员面前：在学生思想政治教育工作任务日益严峻、辅导学生人数众多、学生问题更为复杂多样的情境中，辅导员与学生面对面的深度辅导模式能否利用学生学习模式和社交模式的变革来实现辅导资源的最大化整合呢？

3. 行为向度的预期

即时化网络实现了跨国度、跨文化的交流，尤其是生活的即时直播将人们的思想，甚至是欲望展现在公众的视野之中。在非网络时代的寻常小事，在即时网络情境中所可能呈现的就是一个轰动性的新闻事件。网络恰如一个放大镜，将人们的思想、言行，甚至是内心的欲望以夸张的形式放大地展现出来。人们在网络中寻求内心的回应，人们在网络中为自己的行为寻求合理性的证成。作为网络生活的"原住民"，学生的行为发展日益呈现出多向度、多样化和复杂化的特点。如何通过网络了解学生，通过网络生存情态熟悉学生的生活，进而对学生的言行作出合理的预期，将成为新时代高校学生辅导员所必须解决的问题。

（二）即时网络时代与高校学生深度辅导的创新发展

即时网络时代为学生深度辅导工作提出了新的问题、新的挑战，同时也为辅导员深度辅导工作的创新性发展提供了新的契机[1]。

1. 关于学生的大数据信息分析

即时网络时代同时是大数据的时代[2]。网络与现实的交融，使得原本难以捉摸的思想、话语以及行为都在网络的数据空间中被定格、被量化，交错流动的信息成为甄别、评定人们行为情态乃至思想倾向的重要参考。在这个时代，学生的贫困生评议不再单纯地依靠同学之间的口头评议或者是拥有手机、电脑等物品的

---

❶ 关于网络为高校思想政治教育工作提供的发展机遇，可以参考陈君：《新媒体时代高校思想政治教育创新研究》，太原科技大学硕士学位论文，2014年7月，第18—20页。

❷ 关于"大数据"的界定及其对高校思想政治教育工作的影响，参见梁家峰，亓振华：《适应与创新：大数据时代的高校思想政治教育工作》，载《思想教育研究》，2013年第6期，第63—65页。

数量，而是可以参照对学生日常生活消费水平的评估；对学生学习态度的考察，将不必单纯地依赖教务系统中的学科成绩，而是可以参照学生借阅图书情况的统计，学生课下自习时间的统计，以及学生参加讲座、竞赛等学术研讨互动的统计等。网络的多维化和大数据分析以便捷、高效的方式为辅导员提供了更为全面的学生信息，为辅导员以及学院、学校对学生的全面了解、合理评估以及针对性帮扶最大化提供了翔实而较为可靠的数据支撑。

2. 关于学生深度辅导的重心迁移

网络信息的多样化和复杂性，为辅导员深度辅导工作的转型提供了契机。授人以鱼还是授人以渔？深度辅导是帮助学生解决问题，还是扶助学生理清思路从而发现问题解决的路径是辅导员常常要面临的问题。然而在即时网络的信息交互中，不仅辅导员，即使是专业教师，在信息的搜索和接收方面也很难成为相对于学生的"权威"，辅导员对学生的指导更多的将不是对知识的辨识和对具体问题的处理，而可能更多、更有意义的在于帮助学生对其所收到的信息进行甄别，对所获得的问题解决思路进行梳理，对各种潜在的生存空间和发展方向进行分析和判断，从而提升学生的生存力和发展力。

3. 关于师生关系的构建

网络虚拟的现实模糊了现实中的身份和地位，弱化了师生的背景差异，和现实中的行政编制、教育体制所设定的身份地位不同，网络中的关系构建则更多基于对具体信息或事件的评议及共识，而基于共识基础上的关系构建将更有助于促进师生之间的互信互通，从而有助于推动现实中的关系建立和发展。

4. 关于深度辅导形式的拓展

网络中辅导员与学生彼此互为信息的表达者和互动者，表达者与互动者之间低成本、跨时空的彼此关注，宏大而丰富的信息数据的整合与解读，不拘一格且生动多样的表达与互动方式等为深度辅导形式的拓展提供了新的可咨借鉴的空间。只要一个话题可以引发关注，并能够获得持续的反思，那么这个话题就有可能发生思想政治教育所期待的影响力，甚至是改变力。

二、问题界定：即时网络时代中的深度辅导

深度辅导在深入了解学生情况的基础上，依据教育规律和学生成长发展的需求，运用科学的知识和方法，有目的地对学生进行思想、学业、情感、职业、心理等方面的深层次辅导。❶ 2009 年北京市委教育工委提出"确保每名学生每年都

---

❶ 寇红江，王洵：《对辅导员深度辅导工作的若干思考》，载《高校理论战线》，2010 年第 6 期，第 28 页。

能至少一次有针对性的深度辅导"，深度辅导成为北京高校辅导员工作的重要内容。开展深度辅导不仅是学生健康成长的迫切需要，也是实现辅导员工作精细化的基本要求。然而在非网络化的学生工作中，深度辅导工作难以全面开展。

首先，深度辅导难以实现全面覆盖。根据深度辅导工作的基本原则，深度辅导应面向全体，关注每一个学生，确保每名学生每年至少获得一次深度辅导。按照教育部关于辅导员和学生的配比要求，每 200 名学生配 1 名辅导员，依据深度辅导的精细化要求，每个学生的每次深度辅导时间至少为 30 分钟，那么 1 位辅导员完成 200 名学生的深度辅导，需要花费 6000 分钟，即 100 个小时。根据教育部关于辅导员工作职责的安排，辅导员需要承担学生思想政治教育、学生党员培养、学生资助、学生心理健康教育、学生职业发展辅导、学生班团组织建设等学生工作以及学校社会实践教学等多重工作任务。实践中辅导员 80％以上的时间可能都是在处理事务性工作。这样如果每天有 1～1.5 个小时的时间可以专门用于深度访谈，那么 1 个辅导员对她所辅导的学生（200 人为限）每人 1 次深度访谈至少需要 3 个月的时间，而事实上很多学生的问题需要通过多次访谈才能缓解并最终解决。仅仅一次深度访谈是远远不够的。

其次，辅导员深度辅导能力亟须提升。深度辅导是帮助学生理清问题思路，找到问题解决的办法，而这一工作的前提是辅导员与学生之间互通互信关系的建立，关键是辅导员能够打开学生的心扉，找到思想的症结。仅仅依靠学生档案、学生的宿舍巡查，学生实践以及学生上课考勤等碎片化的信息整合，对学生的了解仍是片面化的。对学生信息的整合和分析能力是深度辅导的基础性能力。另外，深度辅导的主要形式是师生之间的沟通与交流，因此辅导员的同理心、语言表达能力、观察能力、逻辑思辨能力和思想引导能力都是深度辅导的重要能力。

再次，不同于心理辅导，深度辅导基础关系的建立基于学生对获得辅导员帮助预期的实现程度。能够帮助学生有效解决问题的辅导员常常更容易获得学生的信赖。对于实际问题的分析处理能力也成为深度辅导的重要能力之一。和专业教师不同，辅导员不仅仅需要具备较高的政治素养、扎实的专业学识、良好的心理素质和较强的抗压能力，而且需要丰富的人际沟通与协作能力和实际问题的处理能力。如果仅仅依靠辅导员的具体工作经验积累和作为个体的辅导员的工作领悟能力，实现学生深度辅导水平的普遍提升仍然任重而道远。

最后，深度辅导的形式单一，有效性范围偏狭窄。当前高校深度辅导工作主要仍集中于师生面对面交流。不可否认，师生面对面交流不仅是现在，而且在之后的相当长时间内都将是深度辅导的主要形式，直接交谈将有助于辅导员通过学生的话语、肢体表现等感知、分析学生的思想信息，从而对学生的问题进行直观的评断。但直接交谈对辅导员与学生之间的关系基础，谈话的时间、地点，谈话的时机等都有较高的要求，在个案中行之有效的直接面谈，在进行有限时空中的大规模的逐一面谈或者多个团队辅导时，其实施效果则可能随着数量的增多而锐减。在辅导员有限，而学生众多且问题层出不穷的学生辅导实践中，如何采用更为便捷高效的深度辅导形式已经成为辅导员们亟须解决的问题。

三、对策研究："互联网＋"的深度辅导策略

即时网络时代，随着学生认知模式和社交模式的变革所引发的教育格局变迁，全球化信息的实时交互传播，学生学习和表达的日益多元化、多样化，网络时代的大数据信息分析，即时网络的无差别身份交流，以及跨时空、多层次的多媒体交流平台，为构建彼此认同的师生关系，创新深度辅导模式，拓展深度辅导工作效度，通过"互联网＋"延伸深度辅导空间提供了新的媒介和思路。

（一）校园数据化生活，构建学生成长档案

微数据记录，大数据分析，从虚拟现实和现实虚拟中了解、分析学生的认知与表达规律。即时网络在便于学生进行学习、工作和生活的同时，也以数据化的方式忠实地记录了学生的学习、工作和生活的轨迹，以及学生的成绩单、思想汇报，甚至与辅导员的面谈表现相比，这些数据更为真实、生动和丰富，它们不仅勾勒出学生的所行、所言，还可以让辅导员推演出学生的所思、所想。这些数据的整合，可以较为完整地体现学生的校园生活情态。

目前在各个高校均已建立了学生的学籍信息、学业信息、资助信息、奖惩信息、实践信息以及就业信息等数据库，如果可以用一个数据平台将这些数据库彼此关联、整合，就可以形成学生的基本信息数据图；在此基础上，导入校园一卡通系统以及校园线上服务平台中的学生使用数据，基本可以形成学生较为完整的校园成长档案，并可以据此对学生的现状和未来发展进行评估和引导，为辅导员的深度辅导工作提供更为全面的学生信息和学生成长情态。

（二）家校跨时空互动，协力扶助学生成长

跨时空网络即时交互平台，为学校和家长提供了较邮件、电话等传统交流媒介更为高效的沟通媒介。即时网络的微信留言、视频对话以及图像、文件的即时、低成本传递，不仅使得家长可以随时了解学生情况，也使得家长与学校咨询、沟通学生的学业规划、未来发展更为便捷。

不仅如此，学校还可以通过 APP 软件开发，使得家长在个性化环境下随时查询学生数据成长档案；辅导员可以通过 APP 软件，将学生不同成长阶段出现

的典型问题进行集中分析、解答，在 APP 上进行家长的团体辅导，这在强化家校沟通的同时有效减少了辅导员的工作量。沟通促理解，理解促协作。家校互通，彼此协作，将成为辅导员深度辅导的重要支持性力量。

（三）无差别自由选择与互动，建立互通互信师生关系

网络中的身份虚拟和自由选择，不仅使辅导员和学生获得了现实中无法获得的言行自由，也为潜意识中的自我表达提供了广阔的空间，师生可以通过彼此的网络个人空间确证彼此的差异和认同，并由此确证彼此的关系定位，这种关系定位将有助于现实中的师生交流。

作为人才培养和服务社会的学校，在即时网络中应紧跟网络技术的发展，关注并掌握学生常用的社交网络媒介，并对辅导员进行技术培训。辅导员应熟悉并掌握学生常用的网络社交方式，在分析学生数据成长档案的基础上，搭建网络工作平台，吸引并引导学生关注和互动。以学生认可的方式与其交流，是构建互通互信师生关系的重要方式，而互通互信的师生关系是深度辅导工作的基础。

（四）"线上"与"线下"，双线辅导拓思路

互联网为辅导员的深度辅导提供了虚拟的时空，在这个时空中，辅导员可以通过群聊、典型答疑表达等方式进行学生、家长的分类团体辅导，也可以通过私信等方式进行个体深度辅导。"线下"的现实生活中，辅导员通过"线上"数据的整理、分析和评估，对学生进行有针对性的指导和帮扶，"线上"和"线下"，双线之间的交流与互动，使学生获得了较传统非网络时代的更全面、更具针对性以及更为专业的深度辅导。

在"线上"，学生所面对的不仅仅是一个辅导员，他可以寻求多个辅导员，甚至是多个专家对其问题进行分析与解决。辅导员可以通过公众平台或者群聊探讨等方式，为学生聚合多重资源，为他的问题提供多元化思路和扶助资源；在"线下"，辅导员所面对的不再是一个单向度的学生，她/他所看到的将不仅仅是或内向、或开朗、或成绩出色、或存在着学业困难等单一的学生形象。网络信息聚合将为辅导员提供一个丰满、复杂的学生形象，在此基础上，是否能够帮助学生解决具体问题已经不是深度辅导的主要内容，帮助学生发现其在立足自身实际的基础上，分析、权衡各种选择，确定适合自己发展的思维路径将成为深度辅导的核心工作。"线上"与"线下"的双线辅导，将更有助于扶助学生形成会思考、慎选择、知努力、有担当的独立人格。

即时网络时代在为高校思想政治教育工作提出严峻挑战的同时，也为学生深度辅导工作提供了更为广阔的发展空间。积极了解、掌握即时网络技术，将为推

进深度辅导的全面展开，针对性指导、科学引导和资源整合提供更加丰富有效的解决方案。"线上"与"线下"的双线辅导，将是高校深度辅导的又一新的起点。

参考文献

［1］寇红江，王洵. 对辅导员深度辅导工作的若干思考［J］. 高校理论战线，2010（6）：28—31.

［2］梁家峰，亓振华. 适应与创新：大数据时代的高校思想政治教育工作［J］. 思想教育研究，2013（6）：63—67.

［3］陈君. 新媒体时代高校思想政治教育创新研究［D］. 山西：太原科技大学，2014.

［4］全权. 即时网络时代高校思想政治教育面临的挑战与应对［D］. 辽宁：辽宁工业大学，2014.

［5］方兴东. 方兴东诠释"即时网络时代"［EB/OL］.（2009—11—26）［2016—06—08］. http://www.cnii.com.cn/20080623/ca595661.htm.

当代大学生网络思想政治教育方法研究

光明新闻传播学院　　尚　　武

摘　要　随着网络技术的不断发展和进步，大学生思想政治教育产生了新思路的变革，在互联网＋的时代背景下，运用互联网开展大学生思想政治教育的工作是时代发展必然的要求，更是大幅度提升思想政治教育水平的不二之选。网络思想政治教育的进一步完善不仅有利于推进思想政治教育的发展和长足进步，有利于高校教育体制在网络时代的不断健全和完善，更有利于学生自身的发展。但是目前我国的思想政治教育活动存在着不少问题，如何应对这些问题并进行改进，最终实现大学生网络思想教育方式方法的进一步完善是本文主要探讨的内容。

关键字　网络　思想政治教育　大学生　互动性

从 20 世纪 80 年代初起，思想政治教育学作为一门应用性学科逐渐形成和发展起来。近年来，思想政治教育的研究取得了长足进步，学术界在思想政治教育的各个方面取得了大量成果。然而，随着网络化数字化时代的来临，特别是新媒体领域的异军突起，以网络为核心的信息革命给人类生产生活的方方面面造成巨大影响，在高校思想政治教育领域更加显著。在高等院校这样信息高度集中的场所中，网络成为大学生获取知识和传播信息的重要途径，不仅在改变着当代大学生的学习生活方式，更深刻影响着其人生观和价值观。

思想政治工作本身就是一个复杂的系统工程，是需要工作者综合多种因素、整合各种资源进行的活动。要想实现思想政治教育系统效益最大化并取得思想政治工作的实效性和长效性，就必须建立起协调、平衡、高效的运行机制。面对互联网高歌猛进的发展态势以及对于社会全方位的深刻的影响，如何利用好互联网，将其作为一个加强思想政治教育的利器，已经成为一项重大而紧迫的任务。传统的思想政治工作在思想观念和实践上都比较忽视方法建设，往往凭借感性经验和行政命令等手段来开展工作，这也进一步导致了思想政治教育工作至今未能全面走向科学化和规范化的道路。如今，建立并完善与社会发展要求相适应的思想政治教育方法越来越受到学者们的关注。这种趋势,一方面凸显出思想政治教育方法的重要性,另一方面显示出在当今互联网时代,大学生网络思想教育面临着更加严峻的挑战。如今,大学生的思维方式、生活方式也都发生了巨大的变化,高校的规模和管理体制也发生了巨大的变革,传统的思想政治教育方式不再适应当今大学生的教育理念,对现实工作的意义不大,因此,研究大学生网络思想教育方法有着更加鲜明的时代性、现实性和必要性。

一、大学生网络思想教育的内涵及研究意义

(一) 网络思想教育的内涵

大学生网络思想教育的内涵是随着网络参与高校建设和发展的过程中逐步形成的。目前关于网络思想教育的内涵正在逐步探索过程当中。从广义上说,网络思想教育是指在一定的阶级、政党、社会运用一定的规则,以网络为媒介,对受众加以有目的的影响,使受众形成符合一定社会和一定阶级所需要的品质和道德素养的实践活动。从狭义上看,网络思想教育在我国指的是在传统教育理念上,运用现代传播技术,以心理学、行为学、教育学为辅助手段,对网络受众的思想、行为规律进行研究,从而得出一般规律,引导受众形成符合社会主义核心价值观的思想、政治观念的实践活动。

(二) 大学生网络思想教育的目的

大学生网络思想教育是在网络环境下,以大学生为本的思想政治教育,是顺应时代发展潮流的新兴的教育方式,大学生是网络思想教育的主体。大学生网络思想教育应当以学生的实际需求出发,结合当今大学生思想教育实践,将学生的发展作为当代高校的网络思想教育的出发点和最终归宿。由此看来,大学生网络思想教育的核心目标和基本要求应当是:必须满足大学生的实际需求,促进大学生的思想、学习全方位进步,将培育有理想、有道德、有文化、有纪律的现代公民作为其中心任务,致力于以网络为媒介、融合现代化的教育方式,促进大学生的全面高素质的发展。为了实现这一核心目的,根据现实的需要,我们又可以将大学生网络思想教育分为四个具体目标,即心理健康、立场坚定、积极向上、知行统一。心理健康能使大学生在竞争日渐激烈的社会环境下保持健康的心理状态,不受外界环境的影响;立场坚定能够帮助和引导大学生树立社会主义政治立场,端正世界观、人生观和价值观;积极向上能使大学生奋发向上,积极进取;行知统一能够使大学生严格自律、自我约束、自我规范,实现人生价值。四者有机结合,不仅能够加强大学生的马克思主义理论水平和思想道德境界,坚定社会主义政治立场,坚定不移地支持党的基本路线,为中华民族的伟大复兴而奋斗,

更能够使其追求自我进步，从而达到自我的全面发展，进而实现大学生网络思想教育的核心目标。

（三）大学生网络思想教育的研究意义

1. 推进高校思想政治教育发展

大学生网络思想教育重新定位了当下网络化教育体系中施教主体与受教主体之间的关系。网络时代，施教主体与受教主体的地位更加趋向于平等，大学生作为受教主体，其思想意识更加独立和先进，处理好尊重大学生独立判断能力和网络思想教育之间的关系，更加具有了现实的意义。加强对于大学生网络思想教育方式方法的探究和钻研，用新的教育形式，针对性地转化教育内容，增强对于大学生的吸引力，在双向互动中实现教育成效的最大化。

同时，随着时代的发展，高校教育理念也在不断发展，其手段和方式日趋进步，更加现代化。思想政治教育应当迎接网络浪潮带来的机遇和挑战，转变传统的固化的教育观念和模式，在继承优良传统的基础上加以变革，使自身更加适应现代化的需求。当代大学生更加趋向于接受新鲜事物，思想政治教育工作应当紧紧跟随着大学生的思想动态，不断创新。因此，高校网络思想政治教育要实现由单一的传统手段向网络与传统相结合的工作手段的转型，迎合现实世界和虚拟世界并存着的工作环境，就必须大力促进大学生网络思想政治教育的完善。

2. 推进网络时代高校改革和发展

网络时代，信息传递更加具有及时性、开放性、交互性，网络的普及和发展为当前大学生思想政治工作开辟出了新的渠道，扩展了高校思想政治教育的发展空间，提供了全新的技术手段和工作平台。网络成为大学生思想政治教育工作者的一个巨大的资源库，各种信息应有尽有，可以从中取材，从而丰富大学生思想教育工作的内容。大学生网络思想教育可以使大学生们在网络上构建出属于自己的精神文化空间，进而丰富和提升校园文化，引导网络文化主流，营造高雅健康的校园氛围。同时，网络极具感染力，可以极大调动学生学习的自主性和对知识的吸纳。加强对大学生网络思想教育的研究可以使学生大力参与到积极健康的思想建设中来，鼓励学生自我发展、自我实现，营造和谐校园的建设。另外，大学生网络思想教育的途径之一就是丰富和健全校园信息化管理。据教育部统计，"2001 年 5 月，全国已创办有思想政治教育网站的高等院校就达到 200 余所，占全国高校的 20％"。❶ 近年来数量更是在不断上升当中，可以看出，大学生网络

---

❶ 新华网：全国 200 多所高校建立"红色网站"，http：// www. edu. cn/20010823/ 204847. shtml。

思想教育的研究和完善极大地推进了高校信息化进程，促进了高校网络基础设施建设。

3. 促进大学生的全面发展

网络思想政治教育可以促进大学生的全面发展。大学生正处在探索人生价值、思考如何实现自我价值的重要人生阶段，需要正确的价值指引和思想导向。而在网络时代，社会环境日趋纷繁复杂，大学生更容易在这种环境下迷失自我，网络思想政治教育作为传统思想政治教育的发展和补充，更适应时代的要求。一项有关大学生网络思想政治教育需求的调查显示，在1819份有效回答中，有501人选择非常需要，有效百分率为27.5%；有895人选择需要，有效百分率为49.2%；有384人选择比较需要，有效百分率为21.1%，有39人选择不需要，有效百分率为2.1%。❶ 结果表明，大学生对于网络思想教育的需求较高。它充分照顾到大学生的主体地位，更加尊重大学生个性的发展，为大学生提供了一个充分展示自我和与同龄人交流的平台，网络思想政治教育以认同和重视大学生在网络空间的活动为前提，具有不可替代的教育作用。

二、当前大学生网络思想教育存在的问题

（一）形式较为单一

目前，随着网络技术的发展，大部分高校网络思想教育工作都能利用网络开展对学生的思想教育工作，例如建立思想教育网站和利用网络社交软件加强沟通等。随着新媒体技术的发展，网络展现的强大优势更加突出，其便利性和互动性更加显著，更加适合作为思想政治教育的新方式。调查显示，在众多思想教育途径中，"大学生对于互联网等新颖的网络形式都具有较高的需求……大学生需求程度最高的是手机……结果表明，随着移动互联网的快速应用，手机上网的优势逐渐凸显，受到了大学生的广泛关注和喜爱。"❷ 然而部分高校的思想政治教育显然并没有紧跟技术进步的脚步，仍然仅仅停留在建立红色网站上，并没有充分利用新媒体的先进性，教育形式显得比较滞后，缺乏生机和活力。一方面，这显示出思想政治教育领域存在着一定的迟滞性；另一方面，体现出思想政治教育领域对于方式创新和手段创新的急切需求。

---

❶ 易鹏，李荣华，徐晓黎：《大学生网络思想教育需求调查研究》，载《思想教育研究》，2012年第1期，第100—103页。

❷ 易鹏，李荣华，徐晓黎：《大学生网络思想教育需求调查研究》，载《思想教育研究》，2012年第1期，第100—103页。

（二）实践中时效性和互动性较差

网络的特征正是时效性和互动性，网络作为一种现代化的传播方式，较传统媒介信息量更丰富、传递速度更快，能够较快传达信息的同时完成信息的双向流动，对于大学生思想政治教育大有裨益。但是在现实情况中，一方面，网络的时效性受到思想政治教育理论研究周期性长的挑战，在当今的大学生网络思想政治教育领域，未能充分把握网络时效性的优点，不能及时有效地向学生传达令其喜闻乐见的教育资源；另一方面，网络思想政治教育容易受到传统"灌输"式思维的影响，仅仅止步于建立红色网站，让思想政治教育的内容上网，导致限于说教，对于趋向于新鲜事物的大学生来说，这样的教育方式虽然利用了先进的载体，但是内容索然无味，形式呆板，不能吸引大学生主动参与互动和交流，缺乏影响力，很大程度上削弱了网络思想教育的互动性，使大学生网络思想教育难以达到预期的效果。

（三）思想教育政治类网络信息良莠不齐，受关注度不高

随着新媒体的发展和"互联网＋"理念的贯彻，网络上思想政治教育类信息日渐丰富。但是，这些思想政治教育类信息良莠不齐，有些水平不高，不能起到正确引导大学生的作用，甚至会误导接受者。有的内容较为空洞，形式不够多样，对学生的吸引力不大，很难吸引学生学习的兴趣。此外，相比较于综合服务类商业网站，内容单一且水平各异的思想政治类网站明显处于劣势。由此，网络上的大学生思想教育类内容虽然众多，但是除了一些较高水平的思想教育网站或者公众号以外，其他很难发挥对学生的教育作用，极大影响了其教育效果。

三、推进大学生网络思想教育发展的方法

（一）提高大学生网络思想教育者的基本素质，加强队伍建设

网络环境下的思想政治教育建设不仅要求思想政治教育工作者要具备马克思主义的高度的责任感和正确的世界观、道德观、价值观，拥有较高的理论水平和素质，更要求其具备一定的创新能力和探索精神，与时俱进，改进教育方式和途径。网络背景下的大学生思想政治教育工作，对教育者提出了更高的要求。当今，网络伴随着科技的进步不断发展，给大学生思想教育工作带来了机遇的同时又带来挑战。同时，大学生又是新思维、新观念不断涌现的群体，思想政治教育正是面对着这两项巨大的挑战，因此，教育者必须具备与时俱进的精神。与时俱进是马克思主义的理论品质，只有网络思想政治工作者不断更新自己的知识储备和价值观念，在掌握原来传统化教育方式的基础之上，熟练使用网络、驾驭网络，将网络作为传播知识的手段，才能在"互联网＋"的大环境下，引领时代潮

流，将大学生网络思想教育与现代科技相结合，取得较好的效果。

（二）加强网络载体建设，丰富网络思想政治教育路径

伴随着新媒体的发展，各种移动端都可以成为学生获取知识的途径。学生可以通过手机、电脑和数字电视学习各种知识。而随着新媒体的繁盛，大量自媒体不断涌现，教育者可以利用更加丰富的载体丰富思想政治教育的内容和形式，也可以自身作为教育资源的输出者。

一是微信公众号，微信用户群体数量不断增加，大学生中几乎人人都在使用微信。利用微信公众号开展对大学生网络思想教育，可以更大程度上贴近大学生的日常生活，使大学生仅利用碎片时间，就可以浏览思想政治教育的相关内容。

二是微博，开通思想政治教育类微博，可以更贴近大学生生活。微博具有互动性强的特点，利用好微博这一渠道，能够及时获取大学生的思想动态，根据学生的反馈情况，及时调整教育方式和教育内容。最大化地实现网络的互动性，调动学生学习积极性。

三是自媒体视频，利用小视频等方式，以新颖且有趣的方式，吸引学生的兴趣，更好地传达思想政治教育内容。

四是实时通信工具。相对于电子邮件来说，实时通信工具能够更快速地传达信息，且可以在一个较大范围内传播。QQ、微信、YY等实时聊天工具都可以作为思想政治教育传播的途径，通过建立群聊的方式，及时有效地传达各项内容。

（三）处理好各项关系，共同促进思想政治教育发展

当前的网络思想教育要想取得长足发展，应当处理好与以下几个方面的关系：

1. 与常规的思想政治教育相互配合

发展网络思想政治教育并不意味着对常规思想政治教育的全盘否定。应当与其相结合，将线上和线下相统一，具体问题，特别是一些敏感和疑难问题，仍然要坚持开展线下工作，与学生直接面对面进行交流，更加有助于掌握学生的思想动态。利用网络开展思想政治教育是思想政治工作在网络这一全新领域的延伸，与日常的教育并不矛盾，不可取而代之。

2. 与学生学习生活相协调

在网络上开展思想政治教育工作，应当与学生的学习生活相得益彰，更好地促进学生朝着健康全面的方向发展。针对学生不同时期的发展状况，有计划有步骤地开展。紧跟学生思想动态，将思想政治教育贯穿于学生学习生活的全过程。

3. 与新闻宣传相结合

思想政治教育的主要职能不是传播新闻，但是，良好的新闻宣传工作能够更吸引大学生的注意。网络环境下的大学生思想教育工作要充分利用新闻宣传的重要作用，加强信息的传播，吸引更多大学生关注相关内容，取得较好的影响力。

（四）加强大学生思想政治教育理论研究

理论是实践的基石。马克思主义哲学认为，理论来源于实践，对实践具有指导作用，最大的价值在于对实践的指导作用。大学生思想政治教育的相关理论研究相对较为丰富与完善，相比之下，大学生网络思想政治教育则受限于其起步晚、受重视程度不够以及学科跨度大等因素而表现出与实践脱节的现象。大学生网络思想政治教育作为一门前沿的学科，需要科学的理论作为支撑。当前，网络技术面临飞速发展，网络社会与现实社会互相影响和融合，线上线下的交互更加频繁，网络文化日益多样化。然而与之相对应的网络教育理论发展较为迟滞，网络思想政治教育理论的发展也是如此。因此，大学生网络思想教育的研究必须紧跟网络发展的步伐，不断深入和创新，充分借助已有的思想政治教育理论，实现网络思想政治教育理论研究的快速发展。

思想政治教育者是构建人类正确的人生观、世界观、价值观的工程师。高校思想政治教育面向的是社会主义现代化的接班人，更应该注重对受教育者三观的引导和教育。在网络发展的大潮下，信息泛滥，各种不正确的价值观念和人生观念也越来越被大学生接触到，高校的网络思想政治教育将是思想政治教育的下一个重地。所以，高校里的思想政治教育者要不断学习，掌握先进的教育理念和方法，不断创新教育方式、教育内容，提高思想政治教育形式与内容的时效性。依据国内外研究成果，结合本校实际，具体问题具体思考，创造性地开发适合本校并具有本校特色的网络思想政治教育方法。同时要在良好的实践基础上，加快与推进理论建设。

大数据时代下高校学生思想政治教育工作的挑战及其对策研究❶

学生处　周佳磊

摘　要　随着大数据概念的提出，大数据在高校学生工作中应用逐渐广泛。大数据在高校学生思想政治教育工作中，无论是在数据的收集、挖掘、管理，还是在隐私保护方面都存在着机遇与挑战，尤其是对思想政治教育工作提出了新需求和新方法。高校思想政治教育工作者通过提高意识、增强服务，搭建数据平台和打造工作队伍等策略来应对大数据的挑战。

关键词　大数据　学生思想政治教育　对策

《大数据时代》的作者维克托·迈尔·舍恩伯格认为："人们能在大规模数据的基础之上做到的事情，并且这些事情在小规模数据的基础上无法完成，就叫作大数据。人们能够通过大数据获得更新认知、创造更新的价值观念；大数据还可以改变组织机构和市场，以及政府与公民关系。"❷ 大数据技术影响了信息技术的创新，也不断影响着信息技术之外的领域，改变了人们的思维方式、生活习惯等各方面。在高校学生思想政治教育方面，大数据技术也在不断提供新的思路以及更广泛的研究和工作模式。在当前形势下，高校学生思想政治教育研究和工作的重点是如何在迎接大数据时代带给高校思政工作的机遇和挑战。

一、大数据及其在高校学生工作中的应用现状

2012 年以来，大数据（big data）一词越来越多地被提及，人们用它来描述

---

❶　本文系北京市教工委首都大学生思想政治教育支持课题"大数据时代下高校学生思想政治教育工作的挑战及其对策研究"结项成果。

❷　[英] 维克托·迈尔·舍恩伯格（Viktor Mayer-Schnberger）：《大数据时代》，浙江人民出版社，2013 年版，第 9—15 页。

和定义信息爆炸时代产生的海量数据，并命名与之相关的技术发展与创新。❶ 高校学生的大数据会在各种网络平台，比如微博、微信、QQ、人人网等产生，而高校学生工作可以收集到的大数据比这些还要多得多。除了网络平台，高校学生工作中的大数据可以来源于教师授课的课堂、学生社会实践活动、学生使用校园一卡通等带来的数据。大数据的形成赋予了高校学生工作新的内涵与特色。

大数据在高校学生工作中的应用也有不少实例。据媒体报道，南京理工大学根据"大数据"统计，对每月食堂吃饭超过 60 顿、消费不足 420 元的学生，暗暗进行了补贴。❷ 也有高校与网络巨头联手合作共建大数据平台，比如百度和西安交通大学共同举行了大数据战略合作发布会，旨在促进校企合作协同育人，通过高校和企业之间的优势资源共享，共建大数据创新人才平台。❸

《2014 中国大学生媒介与消费调研报告》显示，微博微信在大学生中的使用率分别为 71.1% 和 82.3%；目前，大学生通过两者发布信息频率都不算高，其中"3 天发 1 次微博或更少"的比例高达 68.3%，"在微信朋友圈 3 天发 1 次或更少"的比例也达 56.2%；而微博、微信之后大学生使用比例最高的社交网络媒体是"人人网"，占比 68.3%。❹ 通过调查分析，"90 后"大学生对网络具有很强的依赖感，特别是当互联网与手机通信相结合以及智能手机、平板电脑和笔记本电脑等相关电子设备的普及后，他们几乎将所有的课余时间甚至是部分课堂时间都用于上网，网络已经成为他们日常生活中不可缺少的部分，QQ、微信、微博、人人网等网络社交媒体也成为他们生活中必不可少的沟通交流工具。❺ 当代大学生愿意并且乐意通过网络社交媒体，发布自己或者身边发生的各种事情，将自己的信息分享给别人。显然，网络社交媒体已经成为大学生生活中不可缺少的组成部分。

❶ 百度百科：大数据，http：//baike. baidu. com/link？ url＝26l8TZQu2VjG2FGUuJzhsFvhinDXXyGKcQJ59ATNjlORaArshktoEdr8vAqeyyyMklJqSnKMHAya2HeLf0PRIobr-uZzPAAUpy-P8eVBBr＿，访问时间：2016 年 4 月 11 日。

❷ ZOL 新闻中心：http：// news. zol. com. cn/575/5751616. html，访问时间：2016 年 4 月 12 日。

❸ 华商网：http：// digi. hsw. cn/system/2016/0410/24009. shtml，访问时间：2016 年 4 月 12 日。

❹ 人民网：http：// sh. people. com. cn/n/2014/0520/c134768-21242507. html，访问日期：2016 年 4 月 28 日。

❺ 王海亮，孙竞博，王博，邓帷航，程占华：《90 后大学生特点分析及思政工作的对策研究》，载《佳木斯大学社会科学学报》，2012 年第 2 期，第 44—46 页。

在现实的高校学生工作中，辅导员、班主任或者其他学生工作者虽然可以通过微信、微博、人人网或者 QQ 等渠道来关注和了解学生，但是他们能够从上述网络社交媒体中所获得的学生信息是零散和片面的。究其原因，主要是一线学生工作者的人数偏少，根据教育部 24 号令，高等学校总体上要按师生比不低于1：200 的比例设置本、专科生一线专职辅导员岗位，❶ 而实际的比例也可能会高于此。即使是按照 1：200 比例配备了专职辅导员，但如果仅仅依靠一人之力去查看 200 名学生的相关信息，难免会力有所不逮。另外，目前高校学生工作主要还是以面对面谈话等方式来开展的。因此，面对日益庞大的学生数据信息，如何建立一个全面的数据信息收集系统；面对海量信息数据，学生思想政治教育工作如何更好地提供针对性和个性化服务；等等；都是高校学生思想政治教育工作在大数据时代所面临的新的课题。

二、大数据对高校学生思想政治教育工作的机遇与挑战并存

大数据时代的到来让人们能够从数据的角度来观察世界的发展，在海量的数据中探寻出事物发展的规律，为高校思想政治教育工作开辟了一个广阔而又重要的新领域。❷ 但是，对于高校学生工作而言，机遇是与挑战并存的。

（一）大数据下高校学生思政工作的信息来源与管理

1. 高校学生思政工作中的数据收集、挖掘与管理

高校最早通过高考招生可以获得学生一系列的基本数据。在大学生的整个大学阶段，高校的各个信息系统都能收集到学生的各种数据。比如，学生学籍管理系统收集学生的学籍信息，教务系统收集学生的学习成绩数据，一卡通系统收集学生一卡通的使用消费数据，网管系统收集学生的上网数据，公寓门禁系统收集学生的住宿和进出数据，图书馆系统收集学生进出图书馆和图书资料借阅的数据等。当然，学生在学校也有一些数据可能是高校的信息系统没有收集或者无法收集和记录到的，比如使用手机移动数据流量上网的记录。

在信息传播技术不发达的时代，学生的数据信息需要通过抽样调查的方式来收集，但是在大数据时代，由于互联网的扩大覆盖、信息传播技术的提高，高校能够全面地掌握学生信息。对这些数据再加以严格的管理，一方面可以让学校能够全面而动态地掌握学生的学习、生活状况，另一方面可以提高高校学生工作的

---

❶　见教育部令第 24 号《普通高等学校辅导员队伍建设规定》第六条。

❷　夏晓东：《大数据时代下思想政治教育面临的机遇与挑战》，载《前沿》，2014 年总第369、370 期。

效率，为思想政治教育的开展奠定基础。

高校获得了海量的数据和信息，可以帮助并解释学生中出现的新现象和新情况。但问题在于，作为高校学生工作者，无论是在数据的获取数量或者速度上，都弱于学生。这将严重地影响高校思想政治教育工作的有效性。❶ 在这种情况下，会产生信息的不对称，必须要不断地收集、挖掘和分析学生的各项数据信息。如果这项工作做得充分，将会对学校的思想政治教育工作有很大的推动；如果高校的这项工作做得不充分，将会加深学生信息数据的数字鸿沟，最终影响高校的思想政治教育工作。❷

2. 高校学生思政工作中的隐私保护

在大数据环境下，我们的隐私泄露变得更加容易，我们时刻暴露在"第三只眼"下，如淘宝、亚马逊、京东等各大购物网站都在监视着我们的购物习惯；百度、必应、谷歌等监视我们的查询记录；QQ、微博、电话记录等窃听了我们的社交关系网；监视系统监控着我们的邮箱、聊天记录、上网记录等；Flash-cookies 泄露了我们的某些使用习惯或者位置等数据，广告商便跟踪我们的这些信息并推送相关广告等。❸ 高校学生工作的数据来源广泛，不仅包括学生的基本信息，诸如年龄、家庭情况等，还有学生的成绩、奖惩、身心状况，甚至可能包括学生的个人爱好、交友等信息，这些大量数据的聚集，容易吸引潜在的攻击者，并且一次成功的攻击容易泄露更多的数据。❹ 另外，这些数据的使用权和所有权也没有明确的界定，数据如果被滥用，也容易造成对个人隐私的侵犯。

（二）大数据下高校学生思政工作的新发展

对于高校学生思想政治教育工作而言，大数据具有多大的创新力我们尚未可知，但互联网与大数据成为新核心竞争力是不争的事实。❺

1. 高校学生思想政治教育的新需求

作为互联网的主要使用者，大学生所面对的各种数据数量之巨大、内容之纷

---

❶ 姜奇平：《大数据的时代变革力量》，载《互联网周刊》，2013 年第 1 期。

❷ 张锐，董志，夏鑫：《大数据时代高校思想政治教育工作创新探索》，载《学校党建与思想教育》，总第 481 期。

❸ 刘雅辉，张铁赢，靳小龙，程学旗：《大数据时代的个人隐私保护》，载《计算机研究与发展》，2015 年第 1 期，第 229—246 页。

❹ 冯伟：《大数据时代面临的信息安全机遇和挑战》，载《中国科技投资》，2012 年第 34 期，第 49—53 页。

❺ 中国商网：《互联网与大数据成为新核心竞争力》，http：// www. zgswcn. com/2014/0411/369391. shtml，访问日期：2016 年 5 月 9 日。

杂令人感叹，这些数据信息会对大学生的思想产生各方面的影响。❶ 大数据的海量特质，使得学生在网络中能够快速地获得所需要的信息，但是同时也会被动地浏览到负面的消极的信息。在大学时代，人的世界观、人生观、价值观、民族意识、文化意识的形成正处于关键时期，一些垃圾信息和西方的腐朽价值理念也有可能影响其世界观、人生观和价值观，甚至使其行为放纵，社会责任感缺失，道德观念模糊。❷ 因此，大数据时代思想政治教育就需要在网络上传播正能量，从积极的方面指导学生，促使他们能够形成健康积极的世界观、人生观和价值观。

2. 大数据时代思想政治教育的新方法

大数据给思想政治教育提供了新的方法。大数据从传统的因果分析转换为相关分析或者关联分析，因而可以解释社会事件与大学生之间的相关性或关联性。比如，对某社会事件的关注者进行分析，找出其中可能是大学生身份的信息，从而了解大学生对社会事件的关注度、参与度以及他们对此事件的看法与态度。通过大数据分析，可以预测到将来此类社会事件发生时大学生的思想状态，从而使高校的思想政治教育就能比较有针对性地开展。思政工作者也可以参与学生当中，与他们交流，引导他们正确地理解所发生的社会事件。但是如果在这方面处理得不好，也会引发高校危机事件。这对于处理大数据的部门来说同样也是个较大的挑战。

3. 大数据时代思政工作者的新成长

在思想政治教育与大数据的结合过程中，除了思想政治教育的专业知识外，思政工作者还需要具备一定的计算机信息网络知识等。通常，思政工作者难以兼具这些专业知识和能力，相对地，大学生接受运用新科技的意识和能力普遍较强。思政工作者在大数据时代的优势不再是掌握数据信息和使用新科技的能力，而更多的是对于思想政治教育理念和方向的理解和把握。

作为思政工作者，需要投身于大数据的学习当中，主动参与大数据的学习，掌握新科技的应用。大数据时代不仅是海量数据的存在，也是数据多样和快速发展的并存。思政工作者如果在这方面落后于人，那就无法吸引学生加入思想政治教育的学习。思想政治教育是理论学习与学生实践活动的结合；翻转课堂与传统讲授、讨论的结合；教师数据共享、集体备课与学生信息收集，汇报交流的结

---

❶ 杨阳：《浅谈未来大数据时代的大学生思想政治教育》，载《才智》，2013 年第 17 期。

❷ 中国教备网：《大数据背景下思想政治教育载体变革应对之策》，http：//www. ceiea. com/html/201508/20150819103216258. shtml，访问日期：2016 年 5 月 24 日。

合；借鉴"大数据"分析与个别谈心、生活细节观察的结合；思想政治教育原则和爱心育人的结合。❶思政工作者要与学生一起学习、共同成长，成为学生思想政治教育的领路人和新伙伴。

4. 大数据与思想政治教育融合的新技术

大数据放弃了对因果性的强调，转而注重数据的相关性。但是思想政治教育在分析数据时则比较看重因果性。对于思想政治教育工作者而言，数据并不是越多越大越可靠，思政工作者需要分析数据背后的因果关系，才能得出最终的结论。大数据与思想政治教育的融合需要各种专业能力，思想政治教育的数据平台也一定是多学科的结合。思想政治工作者开展大数据分析，需要具备数据分析预测能力，数据技术人员开发思想政治教育相关数据平台，也需要了解思政工作的流程和方法。因此，大数据与思想政治教育融合的新技术是两方面专业知识和能力的融合，需要思想政治教育工作者提升数据分析能力，数据信息工作人员提升思想政治教育专业水平，只有两者的结合，才能更好地开展数据的挖掘、收集、管理和分析、验证等各项工作。

三、大数据时代下高校学生思想政治教育工作的应对

高校学生思想政治教育工作运用大数据思维和大数据技术，全面地开展数据收集、数据挖掘和数据共享等活动。高校学生工作者可以通过大数据分析，更全面客观地获得学生生活、学习、思想动态等各方面的信息。大数据也可以让学生的真实情况更贴切地展露在高校学生工作者面前，从而促进高校学生工作者更加细致地开展学生工作，让学生工作走入学生内心，实现思想政治教育工作的个性定制。

（一）提高大数据意识、增强服务功能

1. 增强道德意识，注重保护个人隐私

按照目前的数据技术，分析专家可以在不涉及个体识别的前提下完成分析，这样可以消除很多关于隐私的忧患。❷但是一旦涉及个人隐私的数据，高校思政工作者应该坚持隐私保护的原则，保持客观公正的态度，避免个人信息的泄露。如果因为惧怕个人数据泄露，而不去收集数据，那只能导致工作止步不前。思政工作者应当加强自身的道德意识，担当起数据的保护责任，合理使用个人数据，

---

❶ 胡纵宇，黄丽亚：《大数据时代大学生思想政治教育面临的问题及应对》，载《学校党建与思想教育》，总第 484 期。

❷ Bill Franks：《驾驭大数据》，黄海等译，人民邮电出版社，2013 年版，第 31 页。

最大限度保护个人隐私，发挥大数据在思想政治教育工作中的正面作用。

2. 提高大数据意识，深入开展网络思政

思政工作者需要主动学习、深入了解并努力应用大数据。其中，最重要的还是大数据思维意识的确立和提高，以及大数据思维能力的培养。思想政治工作者应高度重视并主动开展对大量的、多维的数据信息的收集、储存、整理、分析运用大数据技术，挖掘学生思想政治教育的深层次规律，有针对性地开展思想政治教育工作，提高大学生思想政治教育质量。[1] 思政工作者缺乏大数据意识，相应的数据挖掘和分析等能力也会缺失。

而收集到数据以后，需要确定思想政治教育的方向和目标，才能决定如何去挖掘和分析数据。使用大数据也需要思政工作者的正确判断。无论大数据有多"大"，思想政治教育的很多细节工作是大数据无法取代的，仍然需要思政工作者应用情感教化、深入工作的方式来实现对学生的教育和引导。如果一味依靠数据科技，思想政治教育缺少真情实感，也会缺乏生命力。

因此，思政工作者一方面要深入开掘大数据的作用理念，另一方面要高度重视思想政治教育的研究，判别思想政治教育数据的发展变化，跟随技术时代的发展变化来更新自己的意识和观念。

3. 强化思想政治教育的大数据服务功能

广义上讲，大数据在思想政治教育领域的应用属于网络思想政治教育，但也并不等同于网络思想政治教育。大数据为高校思想政治教育提供了更广阔的空间和更大的可能性。通过大数据，网络可以帮人们分析总结各种个人偏好，比如网购平台通过你的购买记录会大概猜出你喜欢购买的东西[2]，移动运营商可以精准分析用户吃喝玩乐的偏好[3]。高校思想政治教育可以应用大数据，分析出学生的偏好。比如通过网络在线点击记录、图书馆借阅记录等，分析出学生对思想政治领域的偏好，具体了解到学生对哪些内容或形式感兴趣，从而更多地投放他们感兴趣的内容，或者以他们感兴趣的形式开展思想政治教育活动。高校思想政治教育还可以将经典文献、科学理论、时事报道、观点述评整合起来，将政治教育、

---

[1] 吴雷：《大数据助力高校网络思想政治教育创新的长效机制构建》，载《淮海工学院学报（人文社会科学版）》，第13卷第3期，2015年3月。

[2] 网易：《大数据网购细致到你的偏好》，http://tech.163.com/12/0711/07/8648CNAM00094MOK.html，访问时间：2016年5月24日。

[3] 赛迪网：《中国电信大数据揭秘：精准分析用户吃喝玩乐偏好》，http://www.ccidnet.com/2015/0706/9996535.shtml，访问时间：2016年5月24日。

道德养成、伦理教育、就业指导、创新指导、心理辅导材料整合起来，如同网页广告的投放思路，根据大学生的点击兴趣订单推送，实现个性化的资源配套。❶

总之，思想政治教育需要强化在大数据时代下的服务功能，主动地应用大数据为学生服务，更新数据思维，创新服务功能，才能确保在发展的道路上走得更远更好。

（二）利用现代技术，搭建大数据平台

1. 通过提供更多便捷的网络服务，达到收集信息的目标

在高校学生思想政治教育过程中应用大数据，首先要确保网络覆盖校园，为大数据搭建基础设施平台。高校为学生提供更好的网络服务，消除数据传输的孤岛，才能保障数据的收集以及数据收集的全面性。而只有全面收集了学生的数据，才能为高校思想政治教育提供所需要的大数据。

2. 建立数据资源的共享云平台，实现"一站式"信息查询

目前高校现有的数据信息系统大多是分门别类的，每个机构部门都有各自的数据信息管理系统，收集与各自工作相关的数据。这就存在数据多渠道、数据不统一、数据更新不同步等问题，数据缺乏及时性和可信性；同时，这也对思政工作者对学生相关数据的获取造成了障碍，尤其是一线辅导员需要通过各种端口了解学生信息，在获取数据的过程中时间成本增加，数据还得不到充分的使用。

因此，高校很有必要建立一个数据资源共享的统一的云平台，实现无缝连接。所有学生数据的收集、发布、挖掘和分析都可以统一起来。这样可以保持数据更新的一致性和及时性，从而使数据更加可信。思政工作者通过一个账号就可以实现信息的"一站式"查询，能够非常便利和直观地了解学生的各种情况，及时开展针对性工作，提高工作的时效性和科学化水平。

3. 构筑育人网络、打造技术型学工队伍

一方面，学工队伍的构成可以更加多元化，可以吸纳技术型人才加入学工队伍，以适应大数据与思想政治教育的融合要求。

另一方面，大数据技术促使现有的学工队伍逐渐走向科学化的管理方式。通过数据信息管理系统平台，辅导员对学生的各种情况能有更加全面、具体的认识和了解，并且通过对数据的挖掘、分析，能够为学生提供个性化的服务，有针对性地开展思想政治教育工作，同时还能及时地预测学生的思想动态。

---

❶ 胡纵宇，黄丽亚：《大数据时代大学生思想政治教育面临的问题及应对》，载《学校党建与思想教育》，总第 484 期。

大数据技术在学生思想政治教育工作中的应用还需要进一步去探索与验证，但是我们相信通过不断的尝试与创新，大数据技术将能够更加合理地应用在学生思想政治教育中，从而使学生工作由宏观向微观发展，让思想政治教育以个性化的方式服务每一名学生，实现思想政治教育工作的私人定制。❶

---

　　❶　顾秋丽，徐纪周：《大数据思维的高校学生思想政治教育工作研究》，载《学理论》，2015 年 5 月。

教学和人才培养

加强职业发展教育　创新法治人才培养机制

学生处　解廷民

摘　要　开展职业发展教育实践、建立职业发展教育体系是提高高等教育质量的一项重要工作，对创新法治人才培养机制具有积极的促进作用。新时期，如何抓住高校深化教育改革的有利契机，积极开展学生职业发展教育，促进学生全面发展和法治人才培养机制的创新，是高校教育工作者面临的新课题、新挑战，需要我们认识到位，加强教育及创新机制。

关键词　职业发展　法治人才　创新机制

一、大学生职业发展教育的认识与发展

（一）问题的提出

2012 年以来，提高人才培养质量工作在高等学校教育改革中得到越来越高的重视，各高校每年面向社会发布本科教学质量和毕业生就业质量报告，以此完善高校"招生—培养—就业"联动机制，促进人才培养。在 2016 年开展的全国第四轮一级学科整体水平评估中，评价指标的一大特色就是把人才培养放在首位，构建"培养过程""在校生质量""毕业生质量"三维度评价模式。其中，跟踪学生毕业后"职业发展质量"、以"代表性优秀毕业生"职业发展情况来体现该学科毕业生质量，体现了高校所培养学生的社会认可度和契合度。[1] 由此不难看出，学生职业发展情况已经成为学科建设、人才培养和毕业生就业质量的衡量标准和评价指标的重要内容，需要我们加以关注与研究。

（二）大学生职业发展教育的定位与认识

关于职业发展教育，一般认为是职业生涯发展教育的简称，认为它是就业指导工作与职业指导教育的延伸和发展，包括职业生涯规划教育、职业心理测评与

---

[1] 教育部学位与研究生教育发展中心：《全国第四轮学科评估邀请函》（学位中心〔2016〕42 号），附件二：第四轮学科评估指标体系及有关说明。

职业咨询、求职择业指导、创业教育等内容。❶ 在近年来工作实践中，职业发展教育理念一般包括以下内容：以人为本，一切以学生为出发点，以学生的发展为根本；全面发展，将学生职业发展教育置于社会大环境中谋划；可持续发展，着眼于学生就业后的职业发展，着眼于职业生涯的长远发展。在"2012年大学生职业发展教育国际学术研讨会"上，教育部副部长杜玉波指出，建立与学生职业发展愿望相结合、与学校教育教学相结合、与市场需要相结合的职业发展教育体系，是提高高等教育质量的一项重要工作。❷

从近年来高校职业发展教育的实践来看，对大学生职业发展教育一般有如下认识：高等学校的根本任务在于立德树人，提升人才培养质量，应当从高校育人使命以及国家战略需要的视角认识学生职业发展教育工作的重要意义，围绕人才培养、大学生的职业发展与成长成才来开展学校各项工作；大学生职业发展教育是大学人才培养的重要内容，是促进大学生个人全面发展、提高高校人才培养质量的一项重要工作，应当成为高等教育体系的重要组成部分；对于受教育主体而言，开展大学生职业发展教育有利于帮助大学生认识自我、了解职业环境以及社会对人才的要求，自觉培养职业发展意识，强化在就业中的主体意识，从而在求职择业中合理定位，成功就业，逐步实现由工作向职业、职业向事业的转变。

（三）大学生职业发展教育的形成与发展

20世纪90年代中期以来，随着改革开放和对外交流的扩大和深入，国外职业生涯规划理论重新得到重视，并逐步交流引入和加以运用，高校纷纷开设职业生涯规划课程，职业生涯规划教育逐步得到广泛重视。在高校内部，有关职业咨询、个体咨询过程与技术的研究逐步深入，开始重视案例素材的积累与示范性教学作用，分专业、分类型、分行业职业发展规律的研究方兴未艾，本土化理论研究方面也取得长足进展。有关大学职业生涯发展教育的国际交流不断加强，有关方面陆续举办关于职业生涯发展教育的国际性研讨会、相关业务培训等。

关于职业发展教育理念的形成，先后经历了"就业指导→职业指导→生涯规划→职业发展"的发展过程。主要内容为，一是根据学校办学定位、培养目标，以及学生自身特点，树立生涯发展与教育的理念，帮助大学生成长成才，全面发

---

❶ 雷五朋：《论职业发展教育在高等教育中的定位》，载《教育与职业》，2006年第2期.

❷ 高靓：《推动职业发展教育促进高教质量提高》，载《中国教育报》，2012年5月28日，第1版.

展；二是结合学生身心特点与具体条件进行升学或就业、创业选择的指导，有计划地进行科学规划与实施；三是引导学生适应社会需求，适应行业、职业要求，结合自身兴趣、特点，顺利就业、自主创业；全面发展与大学生成长成才。近年来，在高校职业发展教育实践中，其教育内容已拓展到生涯发展教育、学业规划辅导、形势政策教育、求职择业指导、就业推荐及事务管理、职场适应及职业发展指导等诸多方面；教育的承担者为学校就业指导部门的专职人员、就业指导课专任教师、院系学生工作负责人、专兼职辅导员、班主任和专业课教师以及校外专家、校友等社会公益人士；教育实施的主要途径有开设职业发展和就业指导课程、专业理论课教学影响、职业辅导与就业咨询、校园职业文化活动与氛围营造、专业实习和社会实践等。

（四） 高校开展职业发展教育的现状与不足

"十三五"期间，为提升我国高等教育综合实力和国际竞争力，我国将加快建成一批世界一流大学和一流学科。同时 2015 年以来高校内部实行教育综合改革，应该说这些都为高校大学生职业发展教育提供了有利契机，需要我们着眼建设，适应新形势发展的客观需要，不断改进和完善职业发展教育，建立与学生职业发展愿望相结合、与学校教育教学相结合、与市场需要相结合的职业发展教育体系。我们也应看到，当前高校学生职业发展教育也存在一些不尽如人意的地方，表现为以下方面。

1. 对高校开展学生职业发展教育认识不到位

人们一般更多地是把开设就业指导课、进行职业发展规划教育作为解决毕业生就业求职、提高就业率的手段和途径，而不是从立德树人、提升人才培养质量，从实现高校育人使命的视角来认识学生职业发展教育工作的重要意义。往往是就业状况不好的学校对学生职业发展教育和就业指导重视程度更高些。

2. 高校职业发展教育工作机制不顺畅

目前，大学生职业发展与就业指导课程一般由高校就业指导部门或学工系统组织承担。近年来在新形势、新要求下，高校就业指导机构实际上兼有指导（包括创业指导）、教育管理、服务等职能且各有侧重。受制于高校现行机构设置以及人事管理规定制度的局限，学校就业指导机构、学工部门职能定位显然为校部机关而非教学单位，更多的是行使管理职能，名不正则言不顺，不利于职业发展教育工作的开展。

3. 职业发展教育学科建设任重道远

近年来，国办及教育部有关文件均明确要求加强就业创业指导课程和学科建设。❶ 从高校开设就业创业指导课程的情况看，现有课程建设与学生多样性发展、学校办学定位、社会人才需求的有机结合需要进一步加强；课程缺乏专任专业教师，大多由学生辅导员、校级专职就业指导人员、心理学教师等兼职承担，尽管不乏岗位培训、专业进修，但教学水平和课程建设仍参差不齐；学科建设还在起步和探索阶段，缺乏对行业、企业、职业的系统研究与积累，教育辅导形式与内容与学生职业发展实际需要不相适应，存在人员工作稳定延续性不够等问题。

二、加强学生职业发展教育，促进法治人才培养机制创新

党的十八届四中全会通过的《中共中央关于全面推进依法治国若干重大问题的决定》对全面建成小康社会决定性阶段的依法治国工作进行了全面部署，对"创新法治人才培养机制"提出新的更高要求，对高校人才培养与就业创业工作具有重大而深远的指导意义。从专业人才培养的视角来看，政法院校法学专业人才培养应是法治人才培养的重要渠道。尽管从现行政法干警招录体制来看其他专业人才培养也未尝不可，法治人才的范畴当然也可以有广义和狭义之别。这里仅就狭义的法治人才（亦称之为法律职业共同体）、法学专业人才培养进行研究。

同加快建设社会主义法治国家的新形势、新要求相比，政法院校法治人才培养机制还存在与之不相适应的方面，亟待寻求有效的方法和途径加以解决。目前法治人才培养机制中存在的薄弱环节有以下方面。

1. 法学人才培养教育体系中存在薄弱环节

法学教育的功能定位之一便是职业教育，由于思想认识、重视程度等原因，面向法学专业普遍开展职业发展教育还没有形成共识并得到足够的重视。学生在校期间未能培养树立较强的职业发展意识和择业观，在生涯规划、就业选择和职业发展中存在一定的盲从现象。

2. 专业教育、思想政治教育与职业发展教育结合不够

受内部机构设置、工作机制、条块管理等分割，学校内部不同部门、工作系统各自为战、协同管理水平不够。法律教育、司法考试、法律职业之间的衔接不够紧密，且法律专业教育偏重理论、司法考试注重现行法律规定、法律实践注重

---

❶ 教育部办公厅关于进一步做好高校毕业生就业创业工作的通知（教学厅〔2016〕5号）。

法律运用，造成人才培养脱节的现象。

3. 部分学生思想道德素质和专业文化素质存在失衡现象

虽然他们中不乏有才华和发展潜力之人，但是其信念和意志不足以支撑他们适应国家法治工作建设的需要。

4. 部分学生专业实习流于形式，效果难以得到保证

尽管培养方案中有专业实习环节（一般多安排在第六学期结束后的暑期进行），由于备考法律职业资格考试和研究生入学考试，许多学生的实习流于形式，缺乏对法律相关职业的深入了解；而多年前法学专业学生大多采取的班级集体实习、学校指派专业指导教师带队、单位指定实习指导教师等一些行之有效的做法不复存在。

三、加强大学生职业发展教育，促进法治人才培养机制创新

1. 用新视角诠释职业发展教育在创新法治人才培养机制中的地位与作用

职业发展教育作为提高高等教育质量的一项重要工作内容，对创新法治人才培养机制来讲不应忽略。要提高认识，站在高校实现育人使命以及国家人才战略需要的高度来，正确认识职业发展教育的重要性。在创新法治人才培养机制和加强法学人才培养体系建设中，需要包含法学专业学生的职业意识培养、职业伦理教育、职业能力培养等职业发展教育内容，并将其纳入课程体系、教材体系，从而适应法治人才培养的需要。在高校毕业生就业创业工作中，不仅要关注毕业生就业落实率，更从紧密结合国家经济建设和发展需要，引导高校毕业生就业合理布局，促进毕业生的职业发展，从而最大限度地体现学校所培养学生的社会认可度和契合度。

2. 建立健全政法专业学生职业发展教育体系

要建立完善与政法专业学生职业发展愿望相结合、与学校法学教育教学相结合、与建设法治人才后备力量需要相结合的职业发展教育体系，切实开展职业发展教育。在大学分年级、分层次、有侧重地对学生进行教育和指导，实现大学生职业发展教育的健康和可持续发展，从而促进具有健全人格、全面发展素质、符合社会需求的应用型、复合型法治人才的培养。

3. 完善司法实习、实践环节，提高教育实效

开展职业发展教育，不能忽视一段时间以来法科大学生就业状况欠佳的实际，不能局限于原有的教学内容和教育方式。既要与时俱进、充实教学内容、改进教学方法，又要加强调研，遵循职业发展教育的规律，有针对性、科学地加以实施。要重视学生社会实践、专业实习、就业实习（实践）等环节，为开拓学生

的国际视野，提高学生的职业素养、职业能力发挥应有的作用。

4. 健全职业化、专业化、高素质队伍建设机制

开展职业发展教育，同样需要切实加强与法律实务部门的多方位合作，建设一支高素质、专兼职指导教师队伍。要加强研究，既要着眼于学生的职业发展和成长成才、着眼于社会各界和用人单位的人才需求、着眼于辅导员队伍自身健康发展，加强辅导员队伍的专业化、职业化建设；也要建立长效工作机制，加强就业指导课和学科建设，培养职业发展教育专业专门人才。

双创理论导向下的法学人才培养质量体系标准的构建
——以六年制法学人才培养模式改革实验班为对象

法学院　　管晓立

摘　要　近些年，政法类院校大量增设，法学专业学生人数骤增，而法学专业就业率却一直排名倒数。所以，务必反思自身：我们的人才培养质量是否出了问题，人才培养质量体系标准是否适应了当下社会、政治、经济、文化的发展，是否满足了党、国家和人民对创新型法律服务的需求。教育部意识到了问题的严重性，倡导推行了"卓越法律人才教育培养计划"，中国政法大学"六年制法学人才培养模式改革实验班"即为该计划建设的特色基地之一；同时，当下国家大力提倡"大众创业，万众创新"，其理论和实践的渗透力和带动性具有经济、社会发展国家层面的战略意义。特此希望通过对法大8年来人才培养质量体系标准构建的分析，在双创理论导向下构建新型法学人才培养质量体系标准。

关键词　法学人才培养　双创　质量体系　六年制实验班

传统上，法学人才培养质量体系标准的构建需经过三个阶段。首先，明确法学人才培养的目标是什么，这个要从国家教育战略及高等教育直管机构教育部在大政方针上的原则规定着手；其次，对现有体系标准进行解构分析，通过对比具有代表性的法学院校对法学人才培养质量体系标准建设的具体规定及实践效果，对比各法学院校在人才培养质量体系标准构建上的优势和不足，克服老旧模式，发现成型的优良模板；最后，在以上两阶段的基础上，总结经验，构建自身所在院校合适的质量体系标准，指导现实的人才培养。而原来我们法学人才培养质量体系标准的构建模范，不是西方大陆法系的学院式、研究型人才培养质量标准，就是英美法系判例式、应用型人才培养质量标准。虽然，本源于西式的中国现代法学目前还无法强大到创造自己独特的法系，迎接新中华法系的凤凰涅槃，但是，培养适合中国特色社会主义建设、能够为党的"依法治国"战略提供法治服务的人才，却是刻不容缓的。所以，新型法学人才培养质量体系标准的构建，也就具有了国家改革发展战略的高度和意义。

李克强总理在 2015 年的《政府工作报告》中首次将"大众创业、万众创新"（双创）上升到国家经济发展新引擎的战略高度。党的十八届五中全会随后提出，创新是引领发展的第一动力。随着"大众创业，万众创新"双创理论体系的不断完善，其基础性、大众性、前瞻性、导向性渐显优势和力量，双创理论和实践不仅能够为新常态下经济发展提供有力而持久的支撑，也将给我们的社会、政治、经济、文化等各方面的深层次改革带来重大而长远的影响。

综上可见，法学人才培养质量体系标准如何在双创理论导向下适时、适合地构建就成为各法学院校必须面对的课题。随着中国政治、经济、社会的发展，法学人才培养近些年已显疲态，一方面各大法学院校法科学生的大量毕业，另一方面公检法司、律所、企事业单位无法招聘到满意的法学人才。如果法学院校依然没有意识到为不断发展中的党、国家和人民的需要培养人，为双创理论导向的中国社会政治、经济、文化新常态发展而培养人，那党的十八届四中全会确立的全面推进依法治国，建设中国特色社会主义法治体系，建设社会主义法治国家的目标就会成为空想。双创理论，为我们培养建设社会主义法治国家的法学人才提供了导向，为法学人才培养质量体系标准的构建提供了新的坐标，我们务必直面挑战，紧抓机遇。

一、教育部对人才培养质量体系标准的构建

构建新式人才培养质量体系标准意义重大。2010 年 7 月 29 日备受关注的《国家中长期教育改革和发展规划纲要（2010—2020 年）》（以下简称《纲要》）正式全文发布。这是中国进入 21 世纪之后的第一个教育规划，是今后一个时期指导全国教育改革和发展的纲领性文件。《纲要》明确地指出要"把提高质量作为教育改革发展的核心任务。树立科学的质量观，把促进人的全面发展、适应社会需要作为衡量教育质量的根本标准。"《纲要》认为，当下"学生适应社会和就业创业能力不强，创新型、实用型、复合型人才紧缺"，因此，要"着力提高学生服务国家服务人民的社会责任感、勇于探索的创新精神和善于解决问题的实践能力"，同时，要"牢固确立人才培养在高校工作中的中心地位，着力培养信念执著、品德优良、知识丰富、本领过硬的高素质专门人才和拔尖创新人才。"《纲要》在行文中明确指出人才培养体制改革的最终目的是要提高人才培养质量。这是改革的归宿，也是改革的起点，更说明建立高校人才培养质量标准已经提升到

国家高等教育改革和发展的战略高度。在《中国教育概况——2014 年全国教育事业发展情况》中，教育部明确指出，"2014 年，教育系统坚定不移贯彻落实党中央、国务院的决策部署，牢牢把握全面深化综合改革的主题，紧抓促进公平和提高质量两大任务，在'破解'一些人民群众关切的重大热点难点问题、促进教育公平方面取得新成效，教育内涵发展迈上新台阶，在培养学生成长成才、服务经济社会发展等方面取得了新成绩"，❶ 再次强调中国教育未来发展务必解决的两大任务是教育公平和提高质量。

教育部有关人才培养质量体系标准构建的举措。2012 年 3 月 16 日，教育部以教高〔2012〕4 号印发《关于全面提高高等教育质量的若干意见》（以下简称《意见》）。该《意见》分 30 部分，全面而系统地阐释了如何提高高等教育质量的问题。其中，第三部分完善人才培养质量标准体系，提倡建立健全符合国情的人才培养质量标准体系，落实文化知识学习和思想品德修养、创新思维和社会实践、全面发展和个性发展紧密结合的人才培养要求。鼓励行业部门依据国家标准制定相关专业人才培养评价标准。高校根据实际制定科学的人才培养方案；第五部分创新人才培养模式，推进实施卓越工程师、卓越农林人才、卓越法律人才等教育培养计划，以提高实践能力为重点，鼓励因校制宜，探索科学基础、实践能力和人文素养融合发展的人才培养模式。同时，"社会服务、科学研究和高级的专业人才培养这三大功能，相辅相成，辩证统一，共同由高等教育承担。高等教育赋予最基本的、最初的功能是高级的专业人才培养。高等教育的主要内容是提高人才培养质量，这是因为提高教育质量才能培养出高级的专业人才。"❷ 综上可知，其一，作为高等教育主管部门，教育部鼓励各高校在坚持国家教育方针的前提下，积极创新符合自身发展需求的人才培养质量体系。其二，强化落实智育与德育结合、创新思维与实践能力共进、个性与全面兼顾发展的人才培养要求。其三，对于法学专业，又特别强调实施卓越法律人才教育培养计划。所以，由此可以推论，教育部希望各高校构建德智全面发展，兼顾个性，具备创新思维，又有强大实操技能的精英法律人才培养质量体系。那具体应该如何来构建高校自己的人才培养质量体系标准呢？在全国教育工作会议上，国家教育部副部长杜玉波

---

❶ 《中国教育概况——2014 年全国教育事业发展情况》，中华人民共和国教育部网站，2015 年 11 月 25 日，网址：http://www.moe.gov.cn/jyb_sjzl/s5990/201511/t20151125_220958.html。

❷ 林怀满，陈亚晶：《能力本位视阈下法学本科人才培养质量标准的构建》，载《教育教学论坛》，2015 年 9 月第 36 期，第 108 页。

认为，构建人才培养质量体系的关键在立标准，而"立标准，就是要建立完整的监测评估和质量保障体系，要深入研究，形成符合校情、国情的高等教育质量标准，让高等教育质量可监测、可比较、可评价。"❶ 教育部高等教育司司长张大良认为，高等院校在提高人才培养质量方面，可以采取以下五个方面举措来具体实施：一是优化学科专业和人才培养结构；二是创新人才培养模式；三是强化实践育人环节；四是加强创新创业教育和就业指导服务；五是加强和改进思想政治教育。这五大举措反映了以人才培养为中心，以适应经济社会发展和国家战略需求为检验标准以及以学生为本的三大理念。❷ 五大举措的实施和三大理念的树立是各高等院校构建特色人才培养质量体系的准则，其中，创新和适应经济社会发展是未来构建人才培养质量体系标准的核心。

二、国内典型法学院校"卓越法律人才教育培养计划"对人才培养质量体系标准的构建

为了提升法学人才培养质量，培养适应社会发展需求的应用型高级法律人才，彻底改变法学人才需求和培养的矛盾，2012 年，教育部遴选并确定建设 58 个应用型、复合型法律职业人才教育培养基地、22 个涉外法律人才教育培养基地和 12 个西部基层法律人才教育培养基地。教育部对其的解读是："培养应用型、复合型法律职业人才，是实施卓越法律人才教育培养计划的重点。适应多样化法律职业要求，坚持厚基础、宽口径，强化学生法律职业伦理教育、强化学生法律实务技能培养，提高学生运用法学与其他学科知识方法解决实际法律问题的能力，促进法学教育与法律职业的深度衔接。"❸ 这一"卓越法律人才教育培养计划"的实施，对新时期我国法学高等教育和培养法律人才来说，都是重大的历史发展机遇。❹ 下面选取几个典型学校的特色卓越法律人才实验班，对其人才培养质量体系标准做一介绍，总结对比利弊得失，以利于我校卓越法学人才培养质量体系标准的构建。

---

❶ 杜玉波：《在 2012 年全国教育工作会议上的讲话》，中国教育报，2012 年 2 月 22 日。

❷ 《教育部官员谈提高人才培养质量五举措》，人民网教育频道，2012 年 4 月 20 日，网址：http://edu.people.com.cn/GB/8216/36635/17708290.html。

❸ 《教育部、中央政法委员会关于实施卓越法律人才教育培养计划的若干意见》，教高〔2011〕10 号。

❹ 何勤华：《建立质量保障体系，提高卓越法律人才培养质量》，载《中国高等教育》，2013 年 12 月，第 24 页。

1. 西南政法大学卓越法律人才教育培养基地建设

西南政法大学在法学专业设立了两类卓越人才培养模式，一为侦查学人才培养模式，一为复合型知识产权应用人才培养模式。其总的目标是要培养具备系统的法学专业基础知识、理论和扎实的实务技能，具有社会主义法治理念、实践能力、创新精神和良好的科学文化素养，能在国家机关、企事业单位和社会团体从事法律实务工作及法学教育、研究等工作的德才兼备的务实创新人才。其中，侦查学人才培养模式着重培养具备较高法律素养、扎实理论功底和较强实际操作能力的复合型高级侦查人才。复合型知识产权应用人才培养模式是要着重培养能在知识产权相关领域从事咨询与服务、经营与管理、运用与保护、宣传与推广等工作的复合型应用人才。

2. 西北政法大学卓越法律人才教育培养基地建设

西北政法大学将法学专业分为三个培养类型："应用型、复合型卓越法律人才教育培养基地"（简称"应用型复合型"）、"西部基层卓越法律人才教育培养基地"（简称"西部基层型"）和"涉外卓越法律人才教育培养基地"（简称"涉外型"）。该校除西部基层卓越法律人才教育培养类型和涉外卓越法律人才教育培养类型将从每年新生中选拔外，法学专业其余学生均纳入应用型、复合型卓越法律人才教育培养类型。而每年最终具体哪些学生进入哪类培养类型依学生个人兴趣，采取遴选的方式确定，并颁布《"卓越法律人才教育培养计划"学生遴选管理暂行办法》，规定：学生根据个人兴趣、发展要求等原因，可以申请退出所在类型培养计划转入其他类型（"西部基层型"和"涉外型"不能互相转）培养计划继续学习，"应用型、复合型"转入"西部基层型"或"涉外型"培养计划的必须经过相关学院考核。

3. 中南财经政法大学卓越法律人才教育培养基地建设

中南财经政法大学法学类院系分法学院和刑事司法学院两类，据其公布的《2013年度培养方案》可见，本专业方向培养德、智、体、美全面发展，适应社会主义市场经济建设、社会主义法制国家建设的需要，基础扎实、知识面宽、业务能力强、综合素质高、富有创新意识和开拓精神，具备经济学、管理学等方面的知识、良好的政治素质和职业道德，能在国家立法机关、司法机关、行政机关以及教学科研机构和各类企事业单位从事相应工作，尤其是能够从事涉外法律事务的法学专门人才。其中，法学院法学专业（涉外经贸法方向）全程培养方案解读本专业的特色是通人文、宽口径、厚基础、精专业。

三、我校"六年制法学人才培养模式改革实验班"人才培养质量体系标准的构建

(一) 现状的分析

中国政法大学有关法学人才培养的特殊类型，目前共有四类，归属于法学院分管的有两类，第一类是"政法干警招录培养体制改革试点班"，该实验班的设立主要是对中西部地区基层法院、检察院新入职人员进行第二学位的培养。第二类是"六年制法学人才培养模式改革实验班"（以下简称"六年制法学人才实验班"），这是教育部鼓励设立的"卓越法律人才教育培养计划"的标准版本。第三类是国际法学院设立的"涉外法律人才实验班"。第四类是采取遴选制的"法学专业（西班牙语）特色实验班"（2015 年 9 月设立）及"法学学术精英人才培养实验班"（2016 年 3 月设立）。目前，"政法干警招录培养体制改革试点班"招生的人数逐年下降，"涉外法律人才实验班""法学专业（西班牙语）特色实验班""法学学术精英人才培养实验班"是初设，所以对我校卓越法律人才教育培养进行总结和分析最具典型性的就是"六年制实验班"了，以下分析内容只以该模式为对象。"六年制实验班"自 2008 年第一次招生，学生人数限定为 50 人，归属民商法学院管辖，2009 年归属法学院管辖，2010 年归属国际法学院管辖，但保持招生形式和规模不变。2011 年之后，招生规模扩大为每年 200 名，主管学院也规定只为法学院一家。其间，教务部门共制定了四版《中国政法大学六年制法学人才培养模式改革实验班培养方案》，分别是 2008 年 8 月、2011 年 8 月、2012 年 8 月、2014 年 9 月。其中，2008 年 8 月培养方案未出现"六年制"字样。下面将四版培养方案中有关卓越法学人才培养质量体系标准构建的内容加以整理和分析，以了解其演进，观察其得失。

培养方案分前言和正文，其中正文分六个部分，分别是：培养目标，培养要求，学制、修业年限与学位授予，学分要求，考核，课程序列表和指导性教学进度表。就前言论，2008 年 8 月前言部分确立实验班以法律职业教育为目标，分为基础学习阶段 4 年和应用学习阶段 2 年。特别强调，基础学习阶段结束后，经考核合格，方能进入应用学习阶段学习。由于 2010 年以"六年制法学人才培养模式"为基准模式的"高级法律职业人才培养体制改革"被确定为国家教育体制改革试点项目，所以 2011 年 8 月、2012 年 8 月、2014 年 9 月三培养方案前言保持一致，均将实验班培养目标修改为"培养法律职业人才"；学习二阶段保持不变，但能否进入应用阶段学习的标准修改为："学生完成基础学习阶段，经考核合格，获得本科毕业证书与学士学位证书并进入到应用学习阶段。"从这一表述

可知，"并进入"作为不带强行要求的陈述句语气，与 2008 版"方能进入"表述相比，表面上看后续内容，即"获得本科毕业证书与学士学位"，是对 2008 版方案"考核合格"笼统表述的具体化，其实却是对基础学习阶段考核合格是否作为进入应用阶段学习必要条件更加模糊的回答。

从培养目标看，2008 版内容表述为："本专业培养具有厚基础、宽口径、高素质、强能力的法学精英人才。学生具有忠于国家、忠于人民、忠于法律的政治道德和公平正义的价值观；具有高尚的职业道德；具有良好的人文和科学素养；具有坚实的法学理论基础，系统掌握法学知识和法律规定，了解国内外法学理论发展及国内立法信息；形成严谨的思维方式，具有较强的分析能力、判断能力和职业技能。"2011 版修改为"本专业培养具有厚基础、宽口径、高素质、强能力的复合型、应用型、创新型高级法律职业人才"。2012 版再做修改，"本专业培养具有厚基础、宽口径、高素质、强能力的高级法律职业人才。"随后的 2014 版保持不变。

就培养要求而言，四版方案一以贯之，未做变化，具体内容为："毕业生应获得以下几方面的知识和能力：（一）熟悉国家法律，熟练掌握和运用法学的基本概念、基本理论和基础知识；（二）熟练掌握法学理论研究的基本方法，了解法学的前沿理论及其研究的发展动态，具有一定的教学、科学研究和较强的实际工作能力；（三）身体素质达到国家规定的大学生体育锻炼和军事训练合格标准，具备健全的心理和健康的体魄，能够胜任从事本专业范围内的各项工作的要求；（四）掌握一门外国语，能够熟练应用。"

从学制、修业年限与学位授予表述看，四版方案保持不变，具体规定为："基准学制 6 年。修业年限可以延长到 7 年。第一学年至第四学年为基础学习阶段，第五学年至第六学年为应用学习阶段。完成基础学习阶段学习经考核合格的，可以申请法学专业本科毕业并申请获得法学学士学位，或者进入应用学习阶段学习，完成应用学习阶段学习的，准予毕业并授予法律硕士学位。"

学分要求方面，四版方案每年都有细微变化。图 1 为四版培养方案总学分比较图，可见，2011 年总学分最高，主要是因为在这一年专业必修课共有 32 门，学分也达到 84 分。专业课程和学分的增加与法学专业人才培养质量不成正比关系，在实践中，多数情况下恰恰相反。创新型人才需要一定的思维发散空间，学生自主时间的增多，实实在在有利于学生法律思维的构建，而这于法学人才培养质量关系紧要。

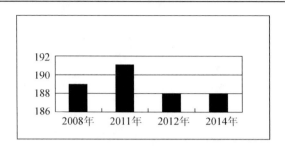

图 1　四版培养方案总学分比较图

图 2 为课堂教学学分分类比较图，课堂教学课程分为通识必修课、专业必修课、专业选修课、全校通识选修课、专业方向讲座（司法考试辅导）五类，总学分 2008 年规定为 154 分，2011 年规定为 159 分，2012 年规定为 153 分，2014 年规定为 153 分。2011 年将 2008 年全校通识选修课 6 分（哲学社会科学类 4 学分，自然科学类 2 学分）更改为全校通识选修课 8 分（通识主干课 6 学分，一般通识课 2 学分）。2012 年、2014 年将实验班应用学习阶段司法考试辅导删除，只保留下专业方向讲座，学分也由原来的 18 分降低为 8 分；但同时增加全校通识选修课至 16 分，一增一减，导向性明显，就是要强化学生的人文社科基础知识，以丰富学生的社会常识。2014 年将专业选修课中的 8 分明确规定为研讨课，以锻炼学生的法律实务能力。

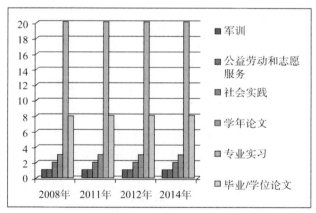

图 2　课堂教学学分分类比较图

图 3 为实践教学学分分类比较图，有关实践教学的规定，四版培养方案在学分上一直未做改变，只是后两版将前两版学年论文的时间安排由第 2～4 学年改为第 3、5、7 学期。由图可见，第 8、9 学期为期 40 周的专业实习是最大的特色，足见学校对培养高级法律职业人才目标的重视和坚定，这一举措抓住了职业法学人才培养的核心。

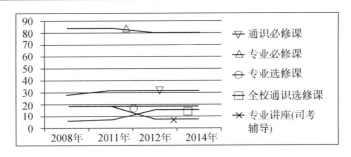

图3　实践教学学分分类比较图

就考核方面的规定，方案一直未做修改，统一表述为："考核分考试和考查两种。必修课必须考试，选修课一般为考查。考试分笔试与口试：笔试采用百分制；口试和考查采用五级分制，即优、良、中、及格、不及格。"课程序列表和指导性教学进度表本文不做论述。

通过对我校四版培养方案分析可见，我校六年制实验班在人才培养质量体系标准构建方面，第一个着重点在于"高级法律职业人才培养"；第二个重点在于"厚基础、宽口径、高素质、强能力"四类对职业人才的限定词，从中可见，无论是对基础的强调，还是对素质和能力的要求，最终就是要求培养的法学人才具备服务于党、国家和人民的能力。从我校六年制实验班人才培养的着重点看，虽然文字表述尚不明确，可是，法学人才的职业性和服务能力已经是我校人才培养质量体系构建不言自明的标准了。那为什么我们在抓住了问题的核心，知晓了法学人才培养发展未来模式时，8年来却未成为卓越法律人才培养的引领者和先锋呢？原因之一是我校人才培养质量体系标准虽然方向准确，但是措施不力。其一，指明了培养职业能力需要更广博的人文社科知识，却依然将专业必修课扩充为四年制本科的两倍至30门，近80学分，学生前三年疲于上课考试，几乎无时间顾虑其他。可是专业课数量的增多从来就不代表基础知识的厚实，更不代表法学素养的提升；其二，35学分实践教学学分，现实中唯有40周、20学分的专业实习是六年制实验班培养职业服务能力的特色，其余15学分至少对学生实践能力锻炼鲜有功效，而即使35学分课程均为有效实习，也无法满足对卓越法律人才培养实验班高级法律职业人才的实务能力锻炼。原因之二是，在构建法学人才培养质量体系标准的实践中心知肚明，却缺乏勇气。由上述对原因之一的分析可见，我们知道六年制法学人才培养实验班的培养质量在于职业素养和服务能力，也尝试了传统的教学、实习来加以提升的方法，可是一旦做得不到位，效果就不理想，面对创新方法与改革路径，却缺乏勇气，无所作为。

（二）法学专业以双创理论为导向构建人才培养质量体系标准的必要性

综上对西南政法大学、西北政法大学、中南财经政法大学和我校人才培养质量体系标准的分析，职业素养和服务能力是这一人才培养质量体系标准的关键，而这两大关键标准的构建与双创理论不谋而合。

一方面，坚持以双创理论为导向是法学人才培养回归职业化教育的必要。法学教育是精英化的职业教育，是素质教育和职业教育的融合，必须与法律职业紧密相连。而中国的法学教育一方面缺乏司法伦理的培养，另一方面又缺乏职业技巧的培训。职业化教育一边培养法科学生职业道德，统一的法律思维和法律价值观；一边培训法科学生规范的法律语言，逻辑推理和法律论证能力。❶ 具体到实践就是如何利用创新创业磨砺学生的就业能力而不是消灭他们的热情；如何通过创新创业辅导，让政府的各方面支持物有所值，能带动实体经济的发展；更别提法科学生利用专业知识助力专利申请和保护，助力知识产权战略规划、监控和发展。这些都是职业化的法学教育的核心内容。所以，政法类院校开展双创教育，坚持双创理论导向是内在需求的促推，是谋生存、谋发展的必然之举。

另一方面，坚持以双创理论为导向是法学人才培养体现服务社会本质属性的必要。十八大四中全会《中共中央关于全面推进依法治国若干重大问题的决定》中明确表述："法律的生命力在于实施，法律的权威也在于实施。"❷ 法学专业服务社会必然也是该专业的生命之源。如何提供更加多样、优质及新颖的法律服务产品是法学专业职责所系，发展所需。目前，除了传统法律服务，诸如诉讼业务服务和非诉讼业务服务，更有适应时代发展的新式法律服务的扩展内容，包括基层法律服务工作和公共法律服务。基层法律服务是一项具有中国特色的法律制度，应改革开放和加强民主与法制建设之需要而产生。公共法律服务是由司法行政机关统筹提供的，旨在保障公民基本权利，维护人民群众合法权益，实现社会公平正义和保障人民安居乐业所必需的法律服务。包括法律知识普及和法治文化教育活动，法律援助，公益性法律顾问，预防和化解民间纠纷的人民调解活动等。

综上，双创理论强化了法学人才培养的职业化和服务社会属性，是法学教育本质的回归，是法学人才培养质量适应时代发展的表现。

---

❶ 戴谋富：《法学专业职业化教育模式探讨》，载《法学研究》，2009 年第 14 期，第 83 页。

❷ 《中共中央关于全面推进依法治国若干重大问题的决定》，中央政府门户网站，2014 年 10 月 28 日，网址：http://www.gov.cn/zhengce/2014-10/28/content_2771946.htm.

（三）双创理论导向下我校"六年制法学人才实验班"培养质量体系标准的构建

经过以上宏观上对国家教育战略和高等教育主管机构教育部有关人才培养质量的政策和指导性建议的阐述和微观上对相关专家理论的分析，通过教育部针对法学专业特别推行"卓越法律人才教育培养计划"的说明以及相关高校具体施行情况的考察，可以看出，双创理论导向下的职业素养和服务能力是新时期构建六年制法学人才培养质量体系的关键要素。

1. 有关职业素养的构建

职业素养分为职业能力和职业道德，其中，职业能力包括社会常识、法学基础知识、法律实务技能和专业创新能力；职业道德包括政治道德和人文品质。法律是历史的产物，源于生活，所以具备对所生存社会的基本认知是一切法律能力培养的前提。早在中国法律近代化的初期，有关学者对此就多有论述，孙晓楼在其所著《法律教育》一书中，第二章"法律教育之目的"专分第三小节"要有社会的常识"对此加以论述，孙先生认为："法律教育的目的，是在训练为社会服务为国家谋利益的法律人才，这种人才，一定要有法律学问，才可以认识并且改善法律，一定要有社会的常识，才可以合于时宜地运用法律，一定要有法律的道德，才有资格来执行法律。"❶ 具备法律学问、社会常识和法律道德的人才是能为社会服务的有用之才；燕树棠先生认为法律教育于训练所得专门知识之外，尚需别种的东西，他将其称为"法律头脑"，而拥有这一头脑，必须具有五个条件，第一条即为须有社会的常识，他认为："其实，法律问题都是人事问题，都是关于人干的事体的问题——油、盐、酱、醋的问题……假设我们依据对社会的经验和视察而研究法律，我们了解法律的程度一定增进不少。所谓社会常识即指对于社会人情之了解。"❷ 邱汉平先生有关"熟悉人情世故"的观点也是在讨论法学人才具备社会常识的问题。

职业能力中的法学基础知识和法律实务技能一目了然，不再赘述。专业创新能力是要求法学人才具备在专业层面上的创新研究能力，将法学知识精深化，不但推进个性化法律实务问题的解决，也促推中国特色社会主义法治理论的进化。政治道德分为对从政者的要求和对一般政治生活参与者的要求两个层次，第一个层次在此不论。一般政治生活参与者的政治道德要求就是具备忠诚度和信念力，对党、国家和人民的忠诚和坚持社会主义社会制度的信念力和建设社会主义法治国家的信念

---

❶ 孙晓楼：《法律教育》，中国政法大学出版社，第12页。

❷ 孙晓楼：《法律教育》，中国政法大学出版社，第142页。

力。有关人文品质的要求可以归纳为要做一个态度谐礼（和谐之礼）、行为法信（法治之信）、待人仁善（仁义之善）、为事廉正（廉洁公正）、明耻敏行的法律人。

2. 有关服务能力的构建

服务包括方式和内容，所以本文对服务能力的解读以创新服务方式的能力和创新服务内容的能力为观察点。其一，创新服务的方式。"大众创业，万众创新"（双创）是在当代以互联网、大数据发展为代表的科技大发展条件下，以及在制度变革和政策创新作用下，中国社会生产力的又一次解放，它带来了国家治理模式的变化，并对个人生活方式产生了深远的影响。而其中大数据的细分化、个性化、精准化、动态化，可以实时模式化各主体的需求行为。同时，大数据具有无限接近消费者潜能的性质，它极大地推进了人的愿望需要和现实需求与可能提供的产品、服务在更细微层面的匹配。❶ 而这首先带来了对法律服务方式个性化和精确化的要求，法律服务的提供不再是静态的而是动态的，不再是粗放式的卖方市场而是按主体需求精细化配置的市场。在双创理论导向下，法学人才服务能力的提升要以互联网为依托，为社会和广大群众提供法律服务的方式要更讲求实时性，考虑对象的个体化需求；以大数据分析为前提，提供未来式法律服务。其二，创新服务的内容。法律服务内容的创新着眼点在于法律服务内容务必与社会、政治、经济、文化发展共同前进，能够满足社会、政治、经济、文化的快速发展需要。这才是创新，这样的创新也才有意义。从大形势上看，2013 年，我国第三产业（服务业）占 GDP 比重达 46.1%，首次超过第二产业；同年 9 月 26 日，国务院办公厅出台《关于政府向社会力量购买服务的指导意见》。"对于政府购买的社会服务，涉及需要运用法学专业知识的领域有社会救助、社区建设、精神卫生、教育辅导、就业援助、犯罪预防、禁毒戒毒、矫治帮教、纠纷解决、应急处置等领域，并且也涉及辅助性和技术性事务，如课题研究、政策（立法）调研、监督评估、材料整理、会务服务等。"❷ 而十八届四中全会《中共中央关于全面推进依法治国若干重大问题的决定》更是列有"建设完备的法律服务体系"专节。具体内容包括："推进覆盖城乡居民的公共法律服务体系建设，加强民生领域法律服务。完善法律援助制度，扩大援助范围，健全司法救助体系，保证人民群众在遇到法律问题或者权利受到侵害时获得及时有效的法律帮助。发展律

---

❶ 张晓强，徐占忱：《关于大众创业万众创新的理论思考》，载《人民日报》，2015 年 11 月 13 日。

❷ 陈丹妮：《"3＋1"法学创新人才实践能力培养研究——以法律诊所为平台》，载《法制博览》，2015 年第 10 期（中），第 53 页。

师、公证等法律服务业，统筹城乡、区域法律服务资源，发展涉外法律服务业。健全统一司法鉴定管理体制。"❶ 同时，从决定全文还可以总结出，在有关社会主义市场经济发展，坚持社会主义先进文化前进方向，保护生态环境，推行政府法律顾问等方面大有可为。适应经济社会发展，创新法律服务内容，是一名合格法学人才务必具备的能力。

20 世纪 30 年代，著名法学家杨兆龙就曾对当时的法学教育问题作过评述，"人家具有创造和应变的精神，所以他们的学问是活的；我们中国的学者是惯于保守自足的，所以那学问就变为死的了……我们什么法律制度都要盲从人家；等到采行之后，也难得有人去切实研究其利弊，更难得有人肯用一番苦功，根据中国的需求，提出什么新的方案……所以养成创造及应变的精神，在中国今日的法律教育上，实是非常重要的一件事。"❷ 强调法学人才培养要有创造和应变的精神。何勤华先生在依据华东政法大学实践经验总结教育部"卓越法律人才教育培养计划"时，对法学人才培养质量体系标准有全面的论述，"卓越法律计划基地的人才培养标准包括基础素养、专业素养和职业素养三方面……基础素养要求学生具有较高的人文、社会科学素养，现代社会信息处理和分析能力，较强的沟通和交流能力，探索精神和创新能力，较为宽广的国际视野和国际交流能力。专业素养要求学生具备扎实的法学知识、法律实务工作技能、较强的法律思维能力和法学研究能力、创造性思维、批判性思维和独立判断的能力。职业素养要求学生具有正确的人生观、价值观、复合型知识结构和良好的法律职业道德。"❸ 杨先生的创造及应变，何先生的基础、专业和职业三大素养，恰好反映了当下法学人才培养质量务必坚持的标准。这与现时双创理论导向下人才培养讲求创新理念、创新方法、创新内容以及法学教育发展的自身内在需求要回归法学人才培养职业化和服务社会属性，不谋而合。所以，我校"六年制法学人才实验班"培养质量体系标准的构建务必坚持从职业素养和服务能力两方面着手，明确方向，措施得力，敢于引领。唯有此，法学人才服务于坚持走中国特色社会主义法治道路，服务于建设中国特色社会主义法治体系，服务于"互联网＋"和大数据时代的社会、政治、经济和文化的发展，服务于人民群众不断增加的对新式法律服务内容的要求，才是可期待的。

---

❶ 《中共中央关于全面推进依法治国若干重大问题的决定》，中央政府门户网站，2014年 10 月 28 日，网址：http://www.gov.cn/zhengce/2014—10/28/content_2771946.htm.

❷ 杨兆龙：《杨兆龙法学文选》，中国政法大学出版社，第 159 页。

❸ 何勤华：《建立质量保障体系，提高卓越法律人才培养质量》，载《中国高等教育》，2013 年 12 月，第 24 页。

专业课教师在大学本科生培养中的作用之探讨
——以日本"演习课"为例

比较法学研究院　原　洁

摘　要　在大学本科生的培养上，我们可以考虑借鉴日本高校"演习课"制度，为专业课教师和本科生之间创造一个持续沟通学习交流的平台，在大学本科生的论文写作课题研究、人格培养、就业指导等方面引入专业课教师的力量，完善大学生培养体系。

关键词　专业课教师　本科生　培养　演习课

一、引言

目前，在我国的大学本科教育中，以法学专业为例，专业课教师的定位主要是开设专业必修课或者专业选修课，为本科生传授相关专业的知识和进行案例研讨等。大学本科阶段和研究生阶段的一个很大的不同就是，本科生没有固定的导师。在本科阶段虽然也有论文写作课，但往往仅是传授论文写作方法。在毕业论文的写作上也主要是学生自行联系某专业课教师作为毕业论文的指导老师，论文内容的指导在时间和深度上是有局限的。另外，本科阶段在大学生的人格培养和就业指导等方面，往往是由辅导员和班主任来承担，但是辅导员和班主任的人数有限，很难对人数众多的本科生进行全面深入的沟通与了解。在大学本科生的培养上，我们也许可以借鉴日本高校"演习课"制度，在大学本科生的论文写作课题研究、人格培养以及就业指导等方面引入专业课教师的力量，完善大学生的培养体系。

二、日本高校"演习课"的概述与特点

（一）日本高校"演习课"的概述

"演习课"（ゼミナール）常简写成"演习"或者ゼミ，一般多以老师姓氏来命名，比如"阿部ゼミ""伊藤ゼミ""神田ゼミ"等，参加该课的学生被称为"ゼミ生"。有别于以老师讲课学生听课为主的传统课程，"演习课"人数较少，

一般是以某论题为中心，大家进行研究、调查、撰写报告，并在课堂上讨论。"演习课"上，学生需要发挥主观能动性，自己去查资料、做调查，然后在课堂上发表、讨论，一系列课下的准备工作其实相当耗费时间和精力。通常，每周一次的"演习课"，平均需要 5 个小时以上来预习、准备。不仅文科类专业会开设"演习课"，理工科专业也会开设"演习课"。在摆脱老师讲课学生听课为主的传统课程，主要引导学生讨论的方面，中国政法大学目前开设的"案例研讨课"类似于日本高校的"演习课"，但是日本大学对于"演习课"的设置还有诸多特殊之处。

（二）日本高校"演习课"的特点

1. "演习课"的课程设置

各大学依据自身情况，把"演习课"定为必修或者选修课程。例如日本一桥大学，其是第一个导入"演习课"制度的日本大学，一桥大学要求"演习课"是必修课❶。在东京大学经济学部，"演习课"则是选修科目，一年两个学期都选修可以获得 4 个学分，可以多年连续选修，但截至毕业最多只能计入 16 个学分❷。

2. "演习课"的开课时间与开课内容

大学几年级开始设置"演习课"，是各大学自由决定的。有的日本大学，从大一就开设"演习课"，例如大阪经济法科大学，其大一开设的"演习课"，需要学习和讨论老师指定的题目和内容，主要是学习在大学里的学习方法、发表和讨论的方法❸。从大二开始学生可以自己选择自己喜欢的研究课题，指导老师也是在教授专业课知识的同时，引导学生发表和讨论。大三和大四则是两年连续的"专门演习课"，学生在确定了自己的兴趣方向后，如果这个"演习课"的指导老师在这个领域不是很擅长，学生可以变更指导老师，即可以换到在该领域更为权威的其他老师指导的"演习课"。"演习课"课程的具体设置上，各个学校也会各具特色。另外，每个"演习课"的指导老师也各具特色。由于学生不是只参加一个学期，有可能从大一、大二或大三开始直至毕业一直参加这个"演习课"，指导老师不能每年都讲同样的内容，这也会无形地促使老师不断更新教学内容和讨

---

❶ 一桥大学：《一桥大学的特色》，http://www.hit-u.ac.jp/admission/guide/，访问时间：2016 年 5 月 20 日。

❷ 小川庆将：《ゼミ選考制度改革》，东京大学经济学部 2015 年硕士论文，第 3 页。

❸ 大阪经济法科大学：《演习课制度》，http://www.keiho-u.ac.jp/faculty/law/seminarl.html，http://www.hit-u.ac.jp/admission/guide/，访问时间：2016 年 5 月 20 日。

论的题目，不断调整与完善教学方法。

3. "演习课"的学生构成

"演习课"的学生构成，各个学校的情况略有不同。例如，一桥大学要求"演习课"在 7～8 人的小范围内上课。在其他的日本大学，"演习课"的课堂人数较多的在 20 人左右。限定在非常小范围的上课，充分尊重每个学生的兴趣与能力是一桥大学和其他大学不同的地方❶。另外，一个老师的"演习课"，不是一个学生在大学四年只能选修一学期，而是往往该学生可以一直参加某个"演习课"直至毕业。例如一个学生在大二参加了神田老师指导的"神田ゼミ"后，其可以之后每个学期都参加"神田ゼミ"一直到大四毕业。有比较多的"演习课"要求至少 2 年（四个学期）连续参加❷。所以经常可以看到某个老师的"演习课"里面，既有大二的学生，也有大三、大四的学生。有的大学甚至可以跨越本科与研究生的限制，允许同一老师指导的"演习课"里，有不同专业的本科生、硕士研究生甚至博士研究生。

4. "演习课"的论文指导

学生在"演习课"上写的论文也可以直接作为毕业论文使用。所以，"演习课"的指导老师往往也是参加"演习课"的本科学生的毕业论文指导工作的指导老师。学生会在"演习课"发表自己写的论文，然后由同学和指导老师提出问题和修改意见，在讨论与切磋中加深对论文题目的深入研究，利于提高本科生毕业论文的质量，同时也有助于参与讨论的其他同学了解论文相关的知识点与问题点。

5. "夏季集训"与就业指导等

日本大学设置的"演习课"包括"夏季集训"（利用暑假，老师带领同一个演习班的学生住在一起，进行短期的共同学习、生活）的环节。他们之间的交流不限于学习方面，还有"ゼミ旅行"，由"演习课"的同学组成队伍参加日本全国组织的"商务辩论赛"等，另外，在就业方面，前辈学生会给后辈学生做就业面试指导、分享就业经验；指导教师会给"演习课"的毕业学生做就业方向、就业选择等方面的指导，并会在能力范围内推荐学生到就业单位。

---

❶　一桥大学：《一桥大学的特色》，http：// www. hit-u. ac. jp/admission/guide/，访问时间：2016 年 5 月 20 日。

❷　小川庆将：《ゼミ選考制度改革》，东京大学经济学部 2015 年硕士论文，第 3 页。

三、以日本"演习课"为视角探讨专业课教师在大学本科生培养中的作用与完善

在日本的"演习课"中，专业课教师的作用很多元化。其不仅要在各个论题讨论中就专业知识进行讲解，引导学生的讨论，同时，"演习课"的教师还起到了本科生毕业论文指导教师的作用。在此之外，"演习课"的教师会和"演习课"的学生一起参加"夏季集训"、"演习课"的学生聚会、"演习课"旅行等课堂外的活动；与此同时，大多数"演习课"的学生至少连续两年（四个学期）参加同一个老师指导的"演习课"，有的学生甚至是大学四年一直参加同一个老师指导的"演习课"，老师和同学之间的交流非常深入，有的同学连谈恋爱等个人性的事情都会和"演习课"的指导老师探讨，老师和同学之间的关系变得亦师亦友，这大大拉近了学生和专业课老师的距离，也有利于专业课老师对大学生的人格、人生观和价值观的培养等方面进行有效的积极引导。以日本"演习课"为视角，我们反观一下中国大学的专业课教师在大学生培养中的作用。

（一）在专业知识的传授方面

在专业知识的传授方面，目前我国高校的专业课教师的作用还是很突出，这方面是值得肯定的。专业课教师现在不仅可以设置必修课、选修课，还可设置具有实务性、着重引导学生讨论的案例研讨课等。在培养模式上，专业课教师也大多摆脱了照本宣科的传统教学方式，譬如采用了 PPT 展示、视频播放、模拟辩论等形式。

（二）在本科毕业论文的写作指导方面

1. 目前我国存在的问题

本科生毕业论文的写作指导方面，个人觉得，是我们目前大学生培养体系中比较欠缺、需要完善的地方。目前我们的大学生培养体系中，从研究生阶段才开始配置固定的指导老师，本科生是没有设置导师的。本科阶段的学生在"导师归属""专业方向确定"方面的意识一般来说是比较低的。另外，对于本科生毕业论文的审查是较为宽松的。既没有教育部针对硕士论文或博士论文的论文内容抽查制度，对于没有获得 85 分以上的本科毕业论文也无须进行答辩。所以会出现的一种怪现象是会有学生要求毕业论文指导老师不要给其毕业论文打分超过 85 分，因为不想参加毕业优秀论文的答辩审查。本科生到大四需要写毕业论文的时候，自行联系本科课程的授课老师或者熟悉的老师，申请其作为自己毕业论文的指导老师。之所以目前的毕业论文指导老师机制不能有效地发挥作用，可以归结为以下几个原因。

其一，由于本科生不可以重复选修特定老师的课程，如果重复选修，则只能记一学期的学分，加之专业课老师的授课与科研任务繁重，这就必然导致本科生和专业课老师之间的交流与接触的机会是有限的，对本科生的毕业论文的指导往往难以深入。

其二，即使专业课老师有心从较早的阶段（例如大三）就开始着手指导本科生的毕业论文，毕竟在学生看来毕业论文还是一年后很遥远的事情，没有压力则没有动力，本科生往往不愿意这么早去联系指导老师。另外，目前的本科生培养体系下，也不允许专业课老师去单方强制要求本科生提前准备毕业论文。如果有一个类似于"演习课"这样的设置，专业课老师和学生有一个持续维持师生授课关系的场合，则更利于专业课老师对学生提出有系统有规划的要求，可以促使本科生提前开始准备论文的资料搜集等。

其三，目前的本科生毕业论文，往往只是和指导老师简单商量一下，很少有一个在课堂上发表自己的论文、"集体讨论"（Group Discussion）的过程，这也在很大程度上限制了本科生毕业论文的质量与研究深度。

因为上述几个客观原因，不乏有本科生为了应付毕业学分的要求，泛泛地找些资料和论文书籍攒出一篇本科毕业论文的现象。不可否认的一点，本科生对于本科毕业论文投入的时间和精力都是较为有限的，在这样的情况下写出的本科毕业论文很难是经过严谨思考、反复辩证的结果，这不仅使得本科毕业论文质量较低，还使得本科生错失了对论文写作能力的训练，出现了高质量的学术论文写作是上了研究生之后要干的事情的意识倾向。

2. 以洞口治夫"演习课"为例

例如日本法政大学经营学专业的洞口治夫教授，其非常重视"演习课"生的论文指导，在大一"演习课"上，其要求学生轮读课本外的知名学者的论文。洞口治夫教授认为经营学这一学科，课本上的基础概念较为抽象，对于深入讨论的资料是不够的，而知名学者的论文往往反映了前沿问题，利于学生在学习基础知识的同时培养对前沿问题的高度敏感度❶。在大二"演习课"上，其会传授学生写作论文的基本方法，例如在脚注、参考文献等标注规范方面进行指导和训练，在大二下学期会要求学生提交"晋级报告"，初步培训学生的论文写作能力。在大三"演习课"上，则要求学生考虑毕业论文的方向，在提交"晋级报告"之

---

❶ 洞口治夫：《学部ゼミナールにおける経営学教育の方法と実践》，载《経営志林》，2007 年第 1 期。

外，要求学生读一篇知名教授发表的论文，并反映到"晋级报告"中❶。在大四"演习课"上，则主要打磨本科毕业论文，要求学生就毕业论文不断修改发表、再修改再发表，所以洞口治夫教授的"演习课"生的毕业论文被评选为优秀论文的比例非常高。在日本的"演习课"中，某个大四学生的毕业论文有可能会安排 2 次以上的课时由学生和指导老师一起讨论、分析，这样一方面会给大四学生自己深入调查研究的压力（因为大四毕业生是这个"演习课"里的大前辈，其不想发表的论文质量太差，在师弟师妹面前丢脸），另一方面又可以获得不同角度思考问题的启发（因为虽然大二、大三的学生问出的问题可能很粗浅，但是往往简单的问题亦是基础性的问题，是容易被忽视的；与此同时，知识渊博、经验丰富的指导老师同步进行知识性的深度讲解与引导），这对于本科生来说是非常难得的学习和研究机会。

在日本，如果本科毕业继续读研究生的，在研究生期间的论文题目常常是本科毕业论文的延伸。而在我国，由于较多的本科毕业论文是为了应付毕业，读了硕士之后研究方向或者论文题目另起炉灶的现象是很常见的。目前，虽然我们本科毕业论文也有指导老师，但是这样的指导是有时间和精力诸多方面的局限性的，与前述日本洞口治夫教授的"演习课"上的一贯四年的论文指导是相差甚远的。所以在本科生毕业论文的指导方面，我们可以在某些层面借鉴日本的"演习课"的做法，思考如何进一步锻炼和加强培养本科生的分析问题、研究问题和论文写作等方面的能力，改善现有存在的问题。

（三）在本科生人格培养方面

不得不承认在大学生的人格培养与就业指导方面，目前我们主要依赖辅导员和班主任。专业课老师通常在课堂之外是没有机会和本科生深入交流的。而在课堂上，专业知识的授课任务很重，专业课老师很难在课堂上与学生聊人生观、价值观等专业知识之外的话题。不可否认会有一些大胆积极的学生主动索要授课老师的个人联系方式，与授课老师在课外沟通一些就业留学等方面的问题，但是这样的学生占很少的比例。另外，需要特别关注进行人生观等方面开导的学生（例如较为自卑、内心压力大、感觉孤独无助、迷惘的学生）往往没有勇气或魄力去主动联系专业课老师敞开心扉，吐露自己的心声。本科生，特别是大一的学生，刚刚结束高中时代，离开父母自己独立生活，有很多不适应的地方是很常见的。

---

❶ 洞口治夫：《学部ゼミナールにおける経営学教育の方法と実践》，载《経営志林》，2007 年第 1 期。

如何在大学期间形成健康积极的人生观对于一个学生来说也至关重要。但是由于辅导员和班主任人数有限，很难对人数众多的本科生做到全面深入的沟通与了解，这就很容易使得一些学生的心理问题得不到及时的关注与引导。

在这一方面，日本的"演习课"模式给我们提供了一个比较好的思路。由于"演习课"的教师每年都会和"演习课"的学生一起参加"夏季集训"、"演习课"的学生聚会、"演习课"旅行等诸多课堂外的活动，老师和同学之间的交流非常深入，老师和同学之间的关系亦师亦友，大学生可以很容易地向专业课老师倾诉自己的烦恼。所以在日本大学，本科学生选择参加哪个老师的"演习课"被认为是最重要的选择❶，因为"演习课"所带来的归属感是非常强的，通过"演习课"可以形成一个"演习课"社群，在学习知识的同时，结交朋友。"演习课"里的指导教师和前辈被认为是大学里最值得信赖的导师。因为在日本大学，本科学生选择参加哪个老师的"演习课"是一个非常重要的选择，所以受欢迎的老师的"演习课"就会有很多学生报名，但是"演习课"的参加人数是有限制的，不能过多，所以会有很有意思的现象，即有的老师的"演习课"会设定入门选考，在报名的学生当中，选择优秀的学生进入"演习课"。在"演习课"的入门选考方面，为了确保公平性，有的"演习课"会进行面试、有的会要求提交研究计划书等进行书类选考。所以通过入门选考，可以参加受欢迎的老师的"演习课"的学生，某种程度上证明自己很优秀，会有很高的荣誉感和自豪感，可以更大地增强对该"演习课"的归属感。"演习课"的上课资格的选择上，一方面给予了学生之间竞争的压力，同时也给老师施加了竞争的压力。因为如果老师授课不好，学生则不愿意选择该老师指导的"演习课"，会导致参加"演习课"的学生人数过少，老师会很没有面子，这样无形中促使老师必须认真关心与指导学生。

综上，我们可以考虑借鉴日本"演习课"的方式，为专业课教师和本科生之间尽可能创造一个持续沟通学习交流的平台，这样可以充分发动专业课教师的力量来完善对大学本科生的人格培养。

（四）在本科生就业指导方面

目前高校里设置有专门的就业指导中心。但在就业指导上，就业单位的招人信息，特别是用人推荐渠道的开拓等方面，还是有局限性的。

在日本，"演习课"的专业课教师往往会帮助学生推荐就业单位。尽管专业课教师本身的资源有限，但是因为通过"演习课"形成了一个具有高度归属感的

---

❶ 小川庆将：《ゼミ選考制度改革》，东京大学经济学部 2015 年硕士论文，第 1 页。

群体，毕业生渐渐在工作岗位上崭露头角，"演习课"老师的推荐信也变得更有分量。"演习课"老师亦会邀请"演习课"已毕业多年的学生，为"演习课"的在校师弟师妹介绍面试经验、工作经验，甚至由已经毕业多年的"ゼミ生"帮助后辈"ゼミ生"推荐就业单位等。"演习课"每年都会组织聚会，例如"神田ゼミ"，参加了神田老师指导的"神田ゼミ"的所有同学〔包括已经毕业的"ゼミ生"，一般称为 OB·OG（old boy·old girl）〕都可以参加"演习课"聚会。同一个"演习课"的前辈和后辈，即使在大学期间没有交集，在工作中如果提及是同一个"演习课"的学生，亦会迅速拉近距离。

日本的"演习课"给我们提供了一个思路，即可以考虑发动专业课教师的力量完善本科生就业指导的工作。

四、结语

对大学本科生专业知识、人格完善等方面的培养是重要且复杂的工程。日本的"演习课"给我们提供了一个新的视角，即专业课教师不仅可以在专业知识传授上发挥作用，还可以在论文写作、研究能力、人格完善、就业指导等方面发挥重要的作用。我们可以考虑借鉴日本高校"演习课"制度，为专业课教师和本科生之间创造一个持续沟通学习交流的平台，在大学本科生的论文写作课题研究、人格培养、就业指导等方面引入专业课教师的力量，完善大学生培养体系。

浅析新时期普通高校少数民族大学生的
特点及教育培养途径

国际法学院　杨俊丽

摘　要　少数民族大学生的有效教育培养工作，是关系到少数民族大学生健康成长成才的关键问题，也是关系到少数民族地区乃至全国的稳定、发展和民族团结的大问题。本文以我校国际法学院少数民族大学生为例，通过分析普通高校少数民族大学生的特质，阐述他们在大学成长中遇到的困难和压力及培养中面临的问题，并提出有针对性的建议。

关键词　少数民族大学生　特点分析　培养困扰与途径

少数民族大学生是来自我国边疆、少数民族地区的优秀青年，他们既要担负建设国家、实现中国梦的历史使命，还是我国民族地区未来社会建设与发展的主力军。当今普通高等非民族院校中的少数民族大学生比例逐年增大，比如在中国政法大学国际法学院，全院本科生共 1407 人，其中少数民族学生 232 人，约占全院学生总人数的 16.49%，少数民族分布有回族、朝鲜族、藏族、蒙古族、苗族、维吾尔族等 23 个民族之多。这对于少数民族地区人才培养是大好事，加强少数民族大学生的教育培养就显得格外重要。因此，在像法大这样的非民族院校，如何在新形势下加强对少数民族大学生成长成才的教育培养工作，是一个必须面对的重要课题。本文将结合本人在辅导员工作中少数民族学生教育培养工作的实际情况和案例，来对少数民族学生特性及培养建议进行粗浅的阐释。

一、我校少数民族大学生的主要特点

要做好对少数民族大学生的教育培养工作，充分了解不同少数民族大学生的特性是其首要前提。少数民族大学生成长的环境、教育基础及文化宗教习俗等都造就了少数民族学生特有的思想、行为方式与心理特征。

（一）上进心和求知欲是比较强烈的，但文化基础相对薄弱导致学习压力较大

受生活贫困的成长环境影响，少数民族大学生大多积极上进，珍惜机会，热爱学习，渴望成才。但是，也由于他们所处的祖国边疆，教育较弱，交通不便，信息闭塞，经济落后等特殊的生活、人文与教育环境等因素，自身的基础文化教育水平相对偏低，在我校不论是来自内高班，还是预科班等不同类型的学生，他们自身的汉语学习能力具有差异性，特别是与汉族学生差距较大。因而在大学的学习中，尤其是大一、大二的低年级阶段，相当一部分学生很难适应大学这一新的学习环境，难以准确、全面地把握和吸收教师的授课内容，对知识和文化的消化能力也较弱，这就导致部分学生不自觉地产生学习压力，甚至产生厌学情绪，这不利于少数民族大学生的学习与成长。

（二）民族意识比较强烈，但因不适应容易产生一些心理不平衡问题

第一，较强的民族认同意识与汉族同学不理解之间的问题。少数民族大学生具有很强的民族认同以及强烈的民族意识和情感，并希望得到其他民族特别是汉族学生的理解与尊重。但是由于部分汉族学生不太了解各少数民族的文化与风俗习惯，在相处中容易引发各种矛盾。第二，自我认识偏差带来人际交往困境。少数民族大学生大多存在经济困难、学习基础薄弱、饮食文化差异、人际交往局限等方面的困扰，在大学中很容易发生自我认识的偏差，致使少数民族学生往往聚集在本民族同学的小圈子内，不易融入班级或学校大集体之中，无形中出现了人际困扰。第三，少数民族师资缺乏造成的心理失衡。普通高校辅导员、老师多是汉族的，文化上的差异影响了少数民族学生与老师、辅导员之间的交流与沟通，易使少数民族学生产生某些心理失衡。第四，"加分"、照顾引发少数民族学生的多疑、敏感心理特性。民族加分，优先录取政策，对少数民族地区的学生来讲，是一种享受高等教育方面的优待政策，他们对党和国家心存感激。但是，这些优待也容易使少数民族同学产生"特殊""弱势"的心理，并且担心别的同学也这么认为，因而极易形成思想敏感、多疑，情感脆弱的心理特性。第五，自卑心理对其成长的不良影响。来自经济文化欠发达的边远地区的少数民族大学生，因家庭生活贫困带来的经济拮据、学习基础薄弱引发的学习压力等易导致其出现自卑心理，因民族习惯造成人际交往上的局限等心理困扰，如果得不到及时的化解和引导，不利于少数民族大学生的健康成长。

（三）绝大部分同学具有坚定的政治立场，能遵守大学生行为规范，但少部分学生中存在着某些消极行为[1]

依据学院少数民族大学生的情况分析，我认为大多数学生关注国家与民族地区的发展等问题，具有坚定的政治立场，在学校里遵守校规校纪，具有诚实守信、热情好客的优良品德。比如对于近几年发生的"3·14"、"7·5"暴力事件，"5·22"特大暴力事件等，能够有较好的认识，认为是极少数民族分裂分子的暴行，也非常痛恨。少数民族大学生大多能较好遵守国家法律法规和高校学生管理规章制度。但特定的成长环境使得部分学生也存在一些较消极的现象，比如行为上自由散漫，看问题有时会比较片面，情绪易激动，自控能力较差，甚至出现酗酒打架等不遵守校规校纪的行为，在学习和生活中缺乏必要的自我约束，思维感性化。

二、当前少数民族大学生教育培养中存在的困难与问题

为了做好对少数民族大学生的教育培养工作，我们不仅要分析少数民族大学生自身在大学学习生活中面临的学习压力、民族情感、心理困扰、人际交往等方面的特性与困难之处，还要客观分析我校现有的教育培养方案中的局限性，科学认识当前我校少数民族大学生教育培养中存在的困难与问题。

（一）课程开设上的困扰

对于普通高校来讲，由于少数民族大学生的人数在学校里占的比重比较低，很难根据少数民族大学生自身的学习能力的实际来设置课程，如何进行课程设置，是一个比较困难的问题。就我校而言，针对少数民族大学生的实际情况，现已经开设了汉语言、英语等相关课程。但是在关于是否开设马克思主义民族理论、少数民族宗教信仰等的政治类课程，是否需要开设专业基础辅导等专业学习类课程，以及怎么开设既能不引发少数民族学生敏感的心理，又能起到教育引导之效果，实在是需要思考的问题。

（二）教育的人力资源配备与方式方法上有待改进

对于来自祖国边疆和少数民族地区的少数民族大学生，怎样充分考虑到少数民族大学生思想、心理特点进行有效教育引导，着实需要思考与探索。但现实中，辅导员、教师中缺乏懂少数民族语言的教师，在对少数民族大学生进行思想政治教育的过程中，因自身文化差异缺少对少数民族大学生生长环境、文化传统、思想特性等的了解，难以形成共识与理解，容易忽视少数民族大学生教育培

---

❶ 参见陈喆：《对高校少数民族大学生教育管理的研究》，载《前沿》，2012年第10期。

养的特殊性，难以总结教育培养的有效方式方法，这样的教育培养显然很难达到较好效果。

（三）对少数民族大学生这一教育对象复杂性的认识有待提高

少数民族大学生来自二十多个不同的少数民族，各民族学生的成长环境、教育背景、民族文化与习性各不相同，他们在有共性特点的同时还具有不同少数民族学生的个性特点。这决定了少数民族群体思想的复杂性，规律的不可复制性，无疑给少数民族学生的教育培养工作带来很大的困难。另外，近年来，"我国民族分裂势力、宗教极端势力、暴力恐怖势力和西方敌对势力等在少数民族地区有所抬头，甚至猖狂，再加之网络信息的广泛传播和少数民族大学生辨别是非的能力有限，这对少数民族大学生思想状况产生了很大的影响"❶，这给我校开展少数民族大学生教育培养工作带来新的严峻挑战。

三、加强少数民族大学生教育培养的有效途径

在当今新形势下，要增强少数民族大学生教育培养的实效性，需要紧紧抓住少数民族大学生的思想、心理与行为特性，立足他们成长中的实际需求，积极探索少数民族大学生成长成才教育工作的有效途径。

（一）加强辅导员自身建设，为做好少数民族大学生的培养工作奠定组织基础

对于少数民族大学生，辅导员同样在思想教育、日常管理、成长成才培养等方面起着非常重要的作用。这就需要辅导员在职业化和专业化的知识储备中，具备关于民族、宗教政策及各少数民族的文化、风俗习惯等知识。因此，可以通过定期的集中学习，通过组织由不同少数民族学生主讲的辅导员沙龙等，提高辅导员对党和国家的民族宗教政策、各少数民族的历史文化等的把握与了解。通过走访、调研、座谈等加深对各少数民族大学生思想、心理、性格和习惯等特点的认识和了解，了解他们的实际需要，坚持尊重、理解、信任、细致的原则，结合他们成长中的实际问题，不断总结探索工作中的新思路、新模式。

（二）加强思想政治教育，帮助少数民族大学生树立科学的国家观、政治观、民族观

对于少数民族大学生的教育培养工作，首要任务就是通过加强思想政治教育

---

❶ 徐广洲：《非民族院校少数民族大学生思想政治教育研究》，东北石油大学硕士论文，2012 年 6 月。

工作，引导少数民族大学生树立正确的国家观、政治观、民族观。主要是：一是政治认同教育。通过开展对中国共产党这一执政党的政治认同教育，树立少数民族大学生对我们党的道路自信、理论自信、制度自信、文化自信的认同意识，使少数民族大学生认同中国共产党这一政治体系，真正内化为自身的政治信仰。二是进行民族宗教理论与政策教育，树立科学的民族、宗教观。通过加强对各民族大学生党的民族理论和民族政策的宣传教育、爱国教育、党的宗教信仰自由政策教育等，进行民族、宗教观教育，树立正确的民族观、宗教观和爱国观，从而引导他们树立正确的人生观、世界观和价值观。三是立足当今错综复杂的国际国内形势，进行社会主义核心价值观教育。通过加强理想信念教育，引导少数民族大学生把个人价值和社会价值统一起来，牢固树立中国特色社会主义共同理想和信念，勇于承担起为实现祖国的稳定繁荣、少数民族地区的发展进步而努力奋斗的神圣职责，发挥新时代大学生的使命与担当。四是进行竞争意识教育，树立正确的竞争观。学校对少数民族大学生要给予更多的关心、理解和帮助，引导他们树立远大人生理想与目标，培养他们的上进心与竞争意识，采取措施提升他们的综合素质，求职技能等，在国家改革与发展的进程中发挥新时代青年大学生应有的作用。

（三）加强心理健康教育，培养健康的心理素质

针对少数民族大学生因环境、经济、学习、人际及就业等带来的自卑、心理上承受的巨大压力等，切实高度重视并认真做好少数民族大学生的心理健康教育。一是学习了解心理学相关知识，增强自我防御能力。动员少数民族学生学习我校的心理健康课程，了解一些基本的心理健康知识，增强心理自我健康意识，掌握心理健康调适能力。以便能够及时进行自我调节，保持良好的身心健康状态。二是健全心理健康教育工作机制，引导学生成长。通过定期开展心理普查，了解少数民族学生的心理健康状况，建立动态的心理健康档案。实行辅导员、班主任定期谈心制度，及时帮助他们疏通思想上的困惑与心理上的障碍，引导他们学习与成长。三是发挥学校心理咨询专业老师的作用。对少数民族学生的心理问题及时给予干预和引导，引导他们不断克服自卑、思想波动等方面的问题，不断增强他们的自尊心与自信心。通过一系列的教育措施，化解少数民族大学生的各种困扰，培养他们积极上进、勤于学习、竞争进取的良好心理品质。

（四）加强骨干与党员队伍培养，带动少数民族大学生共同成长与进步

在对少数民族大学生的教育培养中，重视发挥少数民族大学生骨干和党员队伍这一榜样与正面典型群体的朋辈带动引领作用。少数民族大学生骨干与党员同学，拥有共同的信仰与文化，更易于了解少数民族大学生群体思想动态与成长需求，为学校更好地开展少数民族大学生的教育培养工作提供客观、真实的信息。一是加强对少数民族大学生学生干部的培养。在少数民族学生干部选拔上，坚持注重综合素质和发展潜力的原则，选拔有威信、综合素质高的同学，组织和承担相应的学生群体活动和社会工作任务，让他们在其中经受锻炼、拓宽视野、增长才干并且规定在学院社团、年级和班级干部中所占有的比例。二是做好发展少数民族大学生党员的工作。通过党的政治理论、民族政策的教育，增强少数民族大学生的入党意识。在重点积极分子培养上，从大一新生入学开始就着手选拔、重点培养；在对入党积极分子、发展对象、预备党员等不同阶段的考察、培养中，同等条件下对少数民族学生给予一定的倾斜，通过少数民族大学生党员的力量带动少数民族学生发展进步。

（五）做好少数民族大学生的扶持工作，为其健康成长提供良好环境

在对少数民族学生的教育培养中，非常重要的一点就是立足他们大学生活中的实际问题，为他们提供较好的环境和各类支持。一是做好贫困生资助工作，从经济上为其学习、生活提供支持。针对少数民族学生大多数家庭经济比较困难的实际，学院应积极帮助少数民族贫困学生减轻经济压力，在每年的各类经济资助工作及勤助工作中，向少数民族学生倾斜，缓解他们的经济压力，使他们能够安心学习。二是在校园文化中，创造助于他们成长的民族文化环境。基于少数民族学生的特殊情况，结合法学专业实际，通过举办少数民族联谊会、各民族语言的辩论赛、模拟法庭等活动，调动少数民族同学的积极性，活跃少数民族文化，有助于汉族学生对少数民族文化的了解，促进各民族学生的团结。三是加强学业发展辅导，提升学习能力。针对他们学习基础较弱、学习成绩不理想的情况，采取团体辅导、"一对一"的朋辈辅导办法，从所在班级、寝室选拔一名成绩优秀、思想素质好的同学重点帮助一位少数民族学生。必要时选派兼职班主任老师给予个别辅导。通过采用多种方法，引导、鼓励和帮助少数民族大学生树立学习自信心，最终克服学习生活中的困难。四是加强基本技能的教育培养，提高求职能力。通过举办计算机培训，开办英语课基础学习班等，提高少数民族大学生的计算机、英语能力与水平；通过团体辅导与个别辅导相结合形式，对他们进行专门的职业能力辅导，通过开展职业规划座谈会、就业政策宣讲、简历制作、求职与面试技巧等，引导他们合理规划大学生活，提升综合能力，提高他们的求职与就业能力等。

总之，在新时代对少数民族学生的教育培养工作是一项具有重要战略意义的、具有严峻挑战性的工作，同时又是高校必须面对的一个重大课题。这就需要我们不断总结经验教训，切实了解新时期不同民族大学生的特点与需求，探寻有针对性、实效性的成长成才教育培养途径，切实为少数民族地区培养优秀人才，推进民族地区的发展与繁荣，从而推动祖国的发展繁荣与民族的团结稳定。

参考文献

[1] 袁淑清. 论高校少数民族大学生教育管理新途径 [J]. 黑龙江民族丛刊，2010（4）：187—190.

[2] 斯日古楞. 关于少数民族大学生思想教育和管理工作的几点思考 [J]. 内蒙古农业大学学报：社会科学版，2010（4）：4—5.

[3] 韦国善. 加强少数民族大学生思想政治教育的着力点 [J]. 思想理论导刊，2010（8）：102—105.

[4] 江远. 论在少数民族大学生中发展党员的多元意义及其培养路径 [J]. 中央民族大学学报：哲学社会科学版，2011（1）：65—69.

[5] 陈喆. 对高校少数民族大学生教育管理的研究 [J]. 前沿，2012（10）：181—183.

[6] 杨英. 浅谈新时期内地高校少数民族大学生教育现状和对策研究 [J]. 前沿，2013（12）：199—200.

[7] 元修成，张澍军. 多元文化背景下大学生政治认同教育策略分析 [J]. 思想政治教育研究，2014（3）：54—56.

[8] 范晓燕. 以人为本视域下新疆高校大学生思想政治教育研究 [D]. 新疆：新疆师范大学，2010.

[9] 徐广洲. 非民族院校少数民族大学生思想政治教育研究 [D]. 黑龙江：东北石油大学，2012.

[10] 王芳. 普通高校少数民族大学生的思想政治教育研究 [D]. 山西：中北大学，2015.

试论新闻舆论工作对建设世界一流
法科强校的作用
——以"双一流"建设为背景

宣传部 米 莉

摘 要 新闻舆论工作是党的一项非常重要的工作，是治国理政、定国安邦的大事，而落实到高校建设中，新闻舆论工作对于高校党的建设和事业发展也发挥着重要作用，特别是在高校的"双一流"建设过程中，新闻舆论工作更是肩负着重大使命和神圣职责。本文从高校新闻舆论工作的重要意义以及如何做好这一工作两个方面展开论述。

关键词 新闻舆论 "双一流"建设 作用

2016 年 2 月 19 日上午，习近平总书记来到人民日报社、新华社、中央电视台等三大中央主流媒体视察，召开党的新闻舆论工作座谈会并发表重要讲话。总书记指出："做好党的新闻舆论工作，事关旗帜和道路，事关贯彻落实党的理论和路线方针政策，事关顺利推进党和国家各项事业，事关全党全国各族人民凝聚力和向心力，事关党和国家前途命运。"❶ "五个事关"，充分表明了新闻舆论工作在各项工作中的极端重要性。他强调，新闻舆论工作是治国理政、定国安邦的大事，必须从思想认识上高度重视、实际工作中精准有力。

而落实到高校建设中，新闻舆论工作对于高校党的建设和事业发展也发挥着重要作用，特别是在高校的"双一流"建设过程中，新闻舆论工作更是肩负着重大使命和神圣职责。

2016 年，随着国家建设世界一流大学和一流学科重大战略决策的出台，中国政法大学提出了建设世界一流法科强校的目标。在向这一目标大步迈进的时候，我们需要深刻认识到新闻舆论工作在高校建设及发展中的重要地位和作用，明确营造一个良好的新闻舆论环境会对学校的建设发展产生怎样的积极意义。

---

❶ 习近平：《在党的新闻舆论工作座谈会上的讲话》，2016 年 2 月 19 日。

一、做好新闻舆论工作对建设世界一流法科强校具有重要作用

习近平总书记在党的新闻舆论工作座谈会上明确指出："在新的时代条件下，党的新闻舆论工作的职责和使命是：高举旗帜、引领导向，围绕中心、服务大局，团结人民、鼓舞士气，成风化人、凝心聚力，澄清谬误、明辨是非，联接中外、沟通世界。"❶ 这 48 个字深刻阐述了党的新闻舆论工作起到的作用和意义，同时也给予了本文开始提出的"一个良好的新闻舆论环境会对学校的建设发展产生怎样的作用"这一问题的最好解答。可以说，营造一个良好的新闻舆论环境，对于建设世界一流法科强校这一目标的实现起到了保驾护航的积极作用，是建设"双一流"高校中不可忽视的重要环节。

第一，新闻舆论工作"高举旗帜，引领导向"。高校新闻舆论工作的立足点在于保证学校的社会主义办学方向，保障人才培养的正确方向。而要办什么样的大学、怎样才能办好大学，究竟要培养什么样的人、如何培养人，这是中国特色社会主义大学必须要思考和回答的根本问题。2014 年 5 月 4 日，习近平总书记在北京大学的讲话中指出，办好中国的世界一流大学，必须有中国特色，坚持社会主义大学的办学方向，是中国大学最鲜明的特色❷。因此，办好中国的大学，必须有中国特色，这个特色中最重要的一点，就是我们要始终坚持社会主义办学方向，始终坚持马克思主义指导地位。巩固马克思主义在高校建设发展中的指导地位，这既是坚持社会主义办学方向的根本要求，也是推进高等教育的综合改革、科学发展，以及办好世界一流大学的内在需求。而高校的新闻舆论工作则必须要以马克思主义新闻观为统领，这就要求我们的新闻舆论工作必须要讲马克思主义，并且坚定不移地用中国特色社会主义武装头脑，用社会主义核心价值观凝聚人心，不断增强广大青年学生的道路自信、理论自信、制度自信。从学校的实际情况来说，新闻舆论工作中重要的一大块就是要坚持进行理论阵地的建设，这是常抓不懈的重要工作。

第二，新闻舆论工作"围绕中心、服务大局"。党的十八大报告指出："坚持教育为社会主义现代化建设服务、为人民服务，把立德树人作为教育的根本任务，培养德智体美全面发展的社会主义建设者和接班人。"❸ 因此，以人才培养

---

❶ 习近平：《在党的新闻舆论工作座谈会上的讲话》，2016 年 2 月 19 日。

❷ 习近平：《在北京大学的讲话》，2014 年 5 月 4 日。

❸ 2012 年 11 月 8 日《十八大报告（全文）》，http://www.xj.xinhuanet.com/2012-11/19/c_113722546.htm。

为直接目标，为社会输送新鲜血液的高校，立德树人是其中心工作，还肩负着培养中国特色社会主义建设者和接班人的崇高使命。因此，高校的新闻舆论工作也始终以培养人才，立德树人为中心任务，始终要服务于学校的大局，尤其在现在面临着新形势下各种思潮的涌现，内外环境复杂又多变，还有各种挑战和困难，我们的新闻舆论工作更需要牢固树立阵地意识，要通过不断加强壮大主流的思想舆论，在教书育人的过程中融入社会主义核心价值观的培育和践行，不断加强思想上的引领，牢牢把握高校意识形态工作领导权。

第三，新闻舆论工作"团结人民、鼓舞士气，成风化人、凝心聚力"。高校新闻舆论工作一个非常重要的价值就是要"内聚人心"，要让师生清楚了解学校的校史校情，大政方针，发展改革，从而能够凝聚人心，聚合各种资源和力量，共同为学校的发展献计献策，贡献力量。我们的新闻舆论工作就是要把中央、教育部、学校党政的大政方针、决策部属、要求措施宣传引导好，从而能够振奋、号召、聚集全校师生与广大校友的智慧、资源与力量，让大家拧成一股绳，为着共同的目标同心同德，一起奋斗。高校新闻舆论工作成效如何，直接关系到师生在思想上的政治认同，对在处事行为上的情感认同。因此，高校新闻舆论媒体作为学校的宣传阵地，始终直接面向广大师生，要坚持号召团结倡导稳定，以鼓劲助威和正面宣传为主，围绕学校中心任务，根据师生思想实际和工作特点，做好针对性差异化传播，弘扬主旋律，传播正能量。

第四，新闻舆论工作"澄清谬误、明辨是非，联接中外、沟通世界"。学校形象非常重要，她集合了一所学校在社会上的认知度、美誉度和影响力，是一个学校最有效、最显著的原动力。好的学校形象，可以给学校带来巨大的社会资源和效益，还有良好的生源，能使一所学校保持长久的生命力。新闻舆论工作直接关系到一所高校的自身形象，无论是日常的形象塑造还是突发事件发生时的危机公关，都是在展示学校形象，讲述学校故事，解决自身问题，推动建设发展，让学校获得更多的社会认可度和美誉度，提升学校的整体影响力。而我们提出要建设世界一流的法科强校，而这一目标更需要有一个非常良好并有力的新闻舆论来支持，从而能够获得社会各界的广泛认可与支持，能给我们的建设提供助力。

实践证明，学校新闻舆论工作就是要能够把中央、教育部、学校党政的大政方针、决策部属、要求措施宣传引导好，把教书育人的中心任务确立好宣传好，把全校师生校友的智慧、资源与力量汇集好，把学校的形象展示好、把学校的故事讲述好、把师生的诉求表达好，才能真正推动学校的各项事业进取发展，蒸蒸日上。新闻舆论工作做好了，还能使广大教职员工与学生同心同德、士气高涨、奋发有为。反之，如果忽略这一工作，或者是错误的舆论工作方向和形式，将会对学校的整体发展产生极其不利的影响。

中国政法大学正处在加快战略转型、深化综合改革的关键时期，无论是世界法科强校的建设，还是自身各项改革的任务，无不在考验学校党政及领导干部治校办学能力，同时也极为强烈地需要广大师生员工同心同德、埋头苦干、再创佳绩。要实现提出的办学目标、完成改革任务，更需要大力加强思想舆论引导作用，从而不断巩固师生齐心奋斗的思想基础。

新形势下，学校新闻舆论工作重点，就是要向广大师生描绘好学校"十三五"发展的前景蓝图，透彻清晰地解读好学校全面深化综合改革的各项举措，传递和宣传全校上下目标一致、争创一流，同心同德、攻坚克难的决心和勇气。积极营造善谋事、能干事、干成事的良好氛围，共同为建设世界一流法科强校，实现每位法大人的梦想共同助推中国梦的实现而努力奋斗。

二、如何营造一个良好的新闻舆论环境，从而推动学校的世界一流法科强校建设目标

（一）思想上高度重视

首先，全校上下要正确认识新闻舆论工作的重要意义，对高校来说，做好新闻舆论工作，也事关旗帜和道路，事关贯彻落实党的理论和路线方针政策，事关顺利推进学校各项事业发展，事关全校师生的凝聚力和向心力，事关学校的前途命运。因此，做好新闻舆论工作，对学校各级党委的自身建设和提高治校理政能力都有着极其重大的意义。由此，习近平总书记会将48字作为党的新闻舆论工作的职责和使命，也才可以理解，为何党中央多次强调，"意识形态工作是党的一项极端重要的工作"。而在我校建设世界一流法科强校的过程中，必须要重视宣传思想工作，牢记新闻舆论工作的职责和使命，把职责使命细化落实到新闻舆论工作的全过程和各个方面，落实到学校改革发展的各个环节。

（二）工作中精准有力

除了在意识上重视，在平时的工作中要做好新闻舆论工作，必须坚持以下四点：

一是要坚持党性原则。就是要坚持正确的政治方向，站稳政治立场，理直气壮地宣传党的理论、路线、方针和政策，深入阐释党的重大决策和工作部署，坚定宣传中央关于形势的重要分析判断，坚决同党中央保持高度一致，维护中央权威。学校里所有的校园媒体都要强化党性意识，坚持党性原则，自觉遵守宣传纪律，坚持团结、稳定、鼓劲，正面宣传为主的方针，围绕"综合改革"战略布局

和"法大精神及建设目标"反映学校师生的奋斗实践和精神风貌，弘扬主旋律、传播正能量，凝聚广大师生校友团结奋斗的强大力量。为建设世界一流法科强校扬正气、鼓士气、聚人气。

二是要树立全局意识。随着媒体环境的复杂变化，各种载体技术都在深入创新，自媒体肆意生长，微博、微信、客户端等新兴媒体应接不暇，我们已经进入了"人人都有麦克风"的全媒体、融媒体新时代。而越是这样的环境，越要求全校上下要有整体意识，全局意识，要把每一次发声都纳入学校的发展当中，要有责任和担当，始终坚持社会主义办学方向，坚持立德树人，强化思想引领，牢牢把握高校意识形态工作领导权。守好自己的阵地，坚定正确的政治导向，真正将新闻舆论工作纳入学校的建设与发展的大局之中。校报校刊和电台电视台、各类新媒体、各类新闻报道和专题节目、广告宣传等都要遵循团结稳定鼓劲、正面宣传为主的基本方针，根据事实情况来描述事实，既要准确报道个别事实，又要从宏观上把握和反映事件或事物的全貌；新闻媒体要直面工作中存在的问题，发表批评性报道要事实准确、分析客观。要始终坚持以马克思主义为指导，大力弘扬中华传统文化，讴歌时代精神，弘扬社会主义核心价值观。

三是要创新高校媒体宣传，讲好法大故事，传播法大声音。学校媒体具有显著的教育引导功能，因此需要把好关、定好向，而不能与低俗、庸俗、粗俗的媒体混为一谈。要积极适应广大师生对宣传思想文化工作的质量、品位、风格、载体的更高需求，遵从传播规律，从打造精品栏目、创新报道形式、培育人才队伍、提升报道品质等方面探寻新思路、新方法、新形式，尽量选择那些具有说服力的事例进行宣传。宣传思想工作要讲求方式方法的多样化，综合运用好微信、微电影、网站、报纸等各种宣传手段，编织立体宣传网，真正贴近师生、校园、生活。宣传报道内容要让大家喜闻乐见、易于接受。还要把镜头、笔头对准广大师生员工中涌现出来的先进人物和事迹，大力传播学校发展取得的新进展、新经验。对广大师生员工的思想和行动进行积极、正面的引导。

四是要奋发进取，提升媒体人综合素养。高校里的新闻媒体人更要严守政治纪律和政治规矩，践行"两学一做"和忠诚干净担当要求，加强党性修养，争做合格党员，增强职业操守，提高专业素质，不仅用真情抒写师生故事、感知校园发展、记录时代变迁，还要肩负起教书育人、守望公平正义的职责使命。要博闻广记，不断提升修炼自己的政治文化素养，用敏锐的观察视角挖掘反映法大精神、师生精神风貌的新闻素材，善于体察校史校情、爱校护校，了解广大师生需求，多报道师生的事情，多用群众耳熟能详的语言、喜闻乐见的形式、有目共睹的事实教育引导师生，达到润物细无声的工作效果。

学科评估促进研究生培养质量提升问题研究
——以研究生教育综合改革为背景

发展规划与学科建设处　　王志永

摘　要　经历了研究生教育的大规模扩张后，我国的研究生培养进入了质量提升时代。为了深化研究生教育改革，提高研究生教育质量，国家制定了一系列纲领性政策文件及改革举措，逐步确立了以评估促进研究生教育质量提升的实施路径。正在开展的第四轮学科评估也突显了对研究生培养质量的考察和评价，评估指标体系的设计和评估工作的开展，反映出研究生培养质量提升中还存在一系列急需解决的问题，本文对此进行了探究，并尝试提出解决这些问题的举措。

关键词　学科评估　研究生教育　质量　高等院校

一、问题的提出

近年来，随着我国研究生教育规模的不断扩张，在学和毕业研究生数量都有了大幅度的增长，2015 年，在学研究生已达到 230 万人，比 2010 年增长约20%；2014 年授予博士、硕士学位 66.9 万人，比 2010 年增长 32%。2014 年专业学位硕士研究生招生占硕士研究生招生总数的比例达 43.5%，比 2008 年刚刚提出发展专业学位时的 7% 有大幅提高❶。我国的研究生培养规模已经远远超过英国、日本、澳大利亚等国家，远远走在了世界前列。但是，我们在追求研究生教育发展规模和速度的同时，却忽略了对研究生质量培养的关注，致使我国研究生教育的发展尚无法满足国家经济社会发展的多样性需求，不能完全适应建设创新型国家的需要，制约了我国向教育强国迈进的脚步。

当今世界，国际竞争空前激烈，世界各国都加强了对高层次人才培养的重视力度，人才竞争日趋激烈，发达国家和新兴经济体都把研究生培养作为国家教育

---

❶　参见《刘延东副总理在国务院学位委员会第三十二次会议上的讲话》，2016 年 1 月 8 日。

的核心任务，把提升研究生教育质量作为抢占发展制高点的战略选择，高等教育和人才培养在综合国力竞争中的重要性日益突显。随着我国大国地位的不断夯实，国际影响力的日益扩大，在国际社会中的重要性日益增强，参与国际事务的深度和广度都将不断拓宽，这都对我国国际化人才的培养提出了新的要求。

当前我国正处于全面建成小康社会的决定性阶段，世情、国情、党情继续发生着深刻变化，面临的发展机遇和风险挑战前所未有，发展不平衡、不协调、不可持续的问题依然突出，社会矛盾呈现集中爆发的特性，面对激烈的国际竞争和复杂的国内形势，全面实现党的十八大提出的"两个百年"奋斗目标，基本实现教育现代化都对我国的高层次人才培养提出了更高要求。

为了应对新形势下对研究生培养提出的新要求，中共中央、国务院印发的《国家中长期教育改革和发展规划纲要（2010—2020 年）》确立了"优先发展、育人为本、改革创新、促进公平、提高质量"的工作方针，明确提出把提高质量作为教育改革发展的核心任务，要求建立以提高教育质量为导向的管理制度和工作机制，把教育资源配置和学校工作重点集中到强化教学环节、提高教育质量上来。❶ 制定教育质量国家标准，建立健全教育质量保障体系。2012 年 11 月召开的党的十八大也对"深化教育领域综合改革，着力提高教育质量"提出了明确要求。刘延东同志在 2013 年 7 月召开的全国研究生教育工作会议暨国务院学位委员会第三十次会议上的讲话中，进一步指出了深化研究生教育改革、提高研究生培养质量的重要性、紧迫性，提出推动研究生教育内涵式发展，加快建成规模结构适应需要、培养模式各具特色、整体质量持续提升、拔尖创新人才不断涌现的研究生教育体系。❷

为了深入贯彻党的十八大会议精神、落实国家中长期教育规划纲要，深化研究生教育改革，提高研究生教育质量，国家制定了一系列纲领性政策文件及改革举措，对树立科学的研究生教育质量观、建立健全内部质量保障体系、切实强化外部质量评价与监督等提出了指导性意见和可行性措施。因此，在构建高等院校内部学科评估机制的同时，建立和完善以教育行政部门为引导，学术组织、行业部门和社会机构广泛参与的外部质量评价与监督机制就成为研究生教育质量保障体系建设的重要组成部分。

---

❶ 参见《国家中长期教育改革和发展规划纲要（2010—2020 年）》。

❷ 参见《刘延东副总理在全国研究生教育工作会议暨国务院学位委员会第三十次会议上的讲话》，2013 年 7 月 10 日。

2016 年 4 月，第四轮学科评估工作的开展适逢我国全面提升研究生教育质量、实现内涵式发展的重大战略机遇期，因此，在指标体系的设计上对人才培养质量的重视度明显增强。学科评估的开展主体是学位与研究生教育发展中心（以下简称学位中心），其作为教育部的直属事业单位，具有浓重的官方色彩，学位中心对高等院校学科建设进行的考量和评价在一定程度上也代表了教育部的意志和态度，这更进一步突显了学科评估的社会影响力和结果导向性。学科评估作为评价高等院校学科建设和学科质量发展的一项重要举措，其对研究生教育所发挥的风向标的作用不言而喻，因此，在我国研究生教育综合改革的新形势下，如何以学科评估指标为导向，提升研究生教育质量就成了高等院校在人才培养过程所必须面对的严峻问题。

二、以评估促进研究生教育质量提升的实施依据

2013 年 3 月，教育部、国家发展改革委员会、财政部联合发布实施的《关于深化研究生教育改革的意见》（以下简称《改革意见》）提出，研究生教育，要坚持走内涵式发展道路，以服务需求、提高质量为主线，以分类推进培养模式改革、统筹构建质量保障体系为着力点，更加突出服务经济社会发展，更加突出创新精神和实践能力培养，更加突出科教结合和产学结合，更加突出对外开放，为提高国家创新力和国际竞争力提供有力支撑，为建设人才强国和人力资源强国提供坚强保证，并进一步提出，在研究生教育质量监督体系建设上，要强化研究生培养单位质量保证的主体作用，通过"定期开展自我评估，加强国际评估"等方式，加强对研究生培养过程的质量管理；并加快建立以教育行政部门监管为主导，行业部门、学术组织和社会机构共同参与的外部质量监督体系，开展研究生教育质量评估，以确保研究生教育质量的不断提升。❶

《改革意见》作为指导全国高等院校研究生培养和教育的重要文件，不仅明确了深化研究生教育工作的一系列改革举措，而且重点提出了以构建研究生质量保障体系为着力点，建立和完善研究生培养单位内部评估和社会组织外部评估相结合的研究生教育质量评估制度，以评估促进研究生教育质量的提升。

2014 年 3 月，国务院学位委员会、教育部发布实施的《关于加强学位与研究生教育质量保证和监督体系建设的意见》（以下简称《建设意见》）在贯彻落实《改革意见》的基础上，不仅明确了研究生教育质量保证和监督体系建设的目标，

---

❶ 参见《教育部、国家发展改革委、财政部关于深化研究生教育改革的意见》（教研〔2013〕1 号）。

而且提出要建立学位授予单位、教育行政部门、社会机构分工合作的研究生教育质量监督体系，充分调动各主体的创造性，形成上下配合、内外协调、积极有效的质量保证和监督机制。学位授予单位作为研究生教育质量保证的主体和重心，要通过建立和完善研究生教育质量自我评估制度，不断改进学科建设和人才培养工作，提高研究生教育的质量；教育行政部门要加强顶层设计，建立和完善相关制度，制定科学的评估标准，不断改进学科评估工作，指导和开展研究生教育质量评估；行业部门要充分运用其专业和人才优势，积极参与研究生教育质量监督，并逐步建立独立、科学、公正，且具有良好声誉的研究生教育质量社会评价机制。

《建设意见》在深入贯彻实施《改革意见》的基础上，对如何提升和保障研究生教育质量提出了明确要求，对研究生教育质量保证和监督体系的建设进行了顶层设计和科学谋划，对以评估促进研究生教育质量建设明确了实施路径和工作方向。《建设意见》构建了以学位授予单位为基础，教育行政部门为引导，学术组织、行业部门和社会机构参与的"五位一体"的质量保证和监督体系框架，明确了培养单位作为研究生教育质量保障的第一主体责任，要求学位授予单位建立研究生教育质量自我评估制度，确保研究生培养过程的质量保障；教育行政部门建立学位授权点合格评估制度，以人才培养为核心，制定科学的评估标准，开展研究生教育质量评估工作；鼓励社会机构积极参与研究生教育质量监督，逐步建立独立、科学、公正，且具有良好声誉的研究生教育质量社会评价机制。

2015 年 9 月，中共中央办公厅、国务院办公厅发布实施的《深化科技体制改革实施方案》中，提出要明确推进世界一流大学和一流学科建设的总体方案，进一步完善高等院校专业设置和动态调整机制，建立以国际同类一流学科为参照的学科评估制度，加快世界一流大学和一流学科的建设步伐，不断提升我国高等教育的综合实力和国际竞争力。

2015 年 10 月，国务院发布实施的《统筹推进世界一流大学和一流学科建设总体方案》中，明确提出要完善学生培养的质量保障体系，建立导向正确、科学有效、简明清晰的评价体系，着力培养拔尖创新人才。

2016 年 2 月，教育部发布的《教育部 2016 年工作要点》中，提出要深入推进科技评价改革，完善学科评估机制，加快推进一流大学和一流学科建设。

上述一系列政策和文件的发布实施，都彰显出国家对研究生教育质量的高度重视，也突显出以学科评估促进研究生教育质量提升的路径设计，以评促教成为研究生教育质量保障体系建设的重要一环。

三、第四轮学科评估指标及其反映出的研究生教育中存在的问题

2016 年 4 月，学位中心印发了《全国第四轮学科评估邀请函》（学位中心〔2016〕42 号）的通知，决定在全国范围内开展第四轮一级学科整体水平评估。此次学科评估是在统筹推进世界一流大学和一流学科建设以及全面提升研究生教育质量的时代背景下开展的，其指标体系的设计毋庸置疑地体现了对高等院校学科建设成效和研究生培养质量评价的重视。

（一）第四轮学科评估对研究生教育质量的侧重

2011 年学位中心开展的第三轮学科评估中，对研究生培养质量的评价主要从以下 5 个二级指标，即学位论文质量、学生国际交流情况、授予博士/硕士学位数、教学成果奖数、教材质量进行评价，其中学位论文质量二级指标，侧重于考察高等院校全国优秀博士学位论文入选论文、提名论文的数量，并综合考虑全国博士学位论文抽检情况；学生国际交流情况二级指标，主要考察高等院校学生赴境外交流或联合培养的人数以及授予境外学生学位的数量；在授予博士/硕士学位数二级指标中，不区分学术性学位研究生和专业性学位研究生，将全日制专业学位研究生也纳入考察范围；教学成果奖数二级指标，主要考察高等院校获得的国家级和省级优秀教学成果奖的数量；教材质量二级指标，主要考察"十一五"国家级规划教材（含"国家精品教材"）的数量。

从第三轮学科评估对研究生培养的指标体系设计上不难看出，第三轮学科评估中对研究生培养的评价更侧重于学位论文质量、学生的国际化程度以及教学质量等，仅仅通过上述指标难以对研究生培养质量进行全方位、立体型的评价，因此，在对研究生培养质量二级指标的设计上尚欠缺一定的合理性和全面性。

与第三轮学科评估指标相比，第四轮学科评估在研究生培养质量的指标设计上分为培养过程质量、在校生质量、毕业生质量 3 个二级指标和课程教学质量、导师指导质量、学生国际交流、学位论文质量、优秀在校生、授予学位数、优秀毕业生、用人单位评价 8 个二级指标。

"培养过程质量"二级指标包括"课程教学质量""导师指导质量""学生国际交流"3 个三级指标。其中，"导师指导质量"通过对在校生的问卷调查，考察和评价导师在培养研究生中发挥的作用，以此强化导师对研究生培养的责任；"在校生质量"二级指标包括"学位论文质量""优秀在校生""授予学位数"3 个三级指标。其中，"优秀在校生"属于主观评价指标，通过列举 15 名优秀在校生及其在校期间取得的成果考察培养学生的质量；"毕业生质量"二级指标包括"优秀毕业生"和"用人单位评价"2 个三级指标。"优秀毕业生"指标通过列举

20 名近 15 年的"代表性优秀毕业生"的职业发展情况来体现该学科毕业生的质量，促进培养单位关注人才培养的反馈机制；首次借鉴国际学科评估通用的"雇主调查"机制，试点开展用人单位问卷调查，摸底高等院校所培养学生的社会认可度和契合度，将学生质量评价的话语权扩展到"系统外"。❶

第四轮学科评估在第三轮学科评估的基础上，对指标体系进行了改进和完善，将研究生培养质量放在首位，建立了"培养过程质量""在校生质量""毕业生质量"三维度评价模式，侧重于对研究生教育质量的全方位评价，并提升了该部分指标在整个学科评估中的权重。与第三轮学科评估指标相比，第四轮学科评估指标体系的设计更加符合了研究生教育质量保障体系建设的要求，更加注重了对研究生教育质量和成效的考察，指标体系设计不仅全面，而且更加合理和更加侧重于质量。

（二）第四轮学科评估反映出的研究生教育中存在的问题

第四轮学科评估响应研究生教育质量提升的时代要求，加强了对研究生培养质量的考察和评价力度，将对研究生培养质量的评价分三个部分进行，在评估工作收集和统计数据的过程中，我们发现存在以下问题制约了研究生培养质量的提升。

1. 导师在研究生培养中的责任尚不明确

梅贻琦先生说："所谓大学者，非谓有大楼之谓也，有大师之谓也。"大师不仅是高等院校的名片，更是高质量研究生产出的保障，一流的师资队伍不仅是高校发展的中流砥柱，更对优秀拔尖人才的培养具有至关重要的作用。因此，研究生导师队伍建设，对研究生教育质量的提升具有关键作用。可是，受传统因素制约，研究生导师尤其是博士研究生导师更多是作为一种学术称号和身份象征，与导师享受的各种福利待遇紧密挂钩，而脱离了导师遴选产生的原有目的，对研究生导师指导和培养研究生作用的发挥缺乏考察和评价机制，致使一部分学术不优、品德不良的教师仍然在导师队伍中滥竽充数，影响了研究生教育的质量；此外，由于导师责任机制建设尚不健全，缺乏对导师履行职责范围、指导研究生培养过程、研究生培养质量责任的详细规定，不仅难以明确导师在研究生培养过程中的责任，而且也制约了导师在研究生培养过程中作用的发挥。

2. 研究生教学质量的提升路径尚不明晰

课程建设是保障研究生教育质量的重要环节，提高研究生课程建设的质量对

---

❶ 参见《全国第四轮学科评估邀请函》（学位中心〔2016〕42 号）。

研究生培养质量的提升具有重要作用。当前，受制于传统中形成的单一学科专业组织结构和传统的培养方式，研究生课程体系的完整性不高，既没有形成高水平、高质量的适应研究生教育综合改革需求的研究生培养教材，也没有发挥学科前沿学术理论在研究生培养过程中的引导作用；在科研实践过程中，导师受本人的研究领域、研究范围和学术视野所限，再加之对实践教学缺乏明确具体的要求，"现实中一些导师只是将研究生作为廉价劳动力使用，没有真正针对学生自身成长需要进行科研指导，安排科研任务"❶。因此，在研究生实践教学过程中，既没有发挥科研项目在研究生培养中的有效作用，也没有体现出跨学科、交叉学科共同培养人才的综合作用，制约了拔尖创新人才的培养能力。

3. 研究生就业跟踪反馈机制尚不健全

研究生的就业率、就业去向、就业质量反映了社会和用人单位对高等院校研究生培养质量的评价和认可度，因此，建立健全研究生就业跟踪反馈机制对研究生培养质量的保障不可或缺。正在开展的第四轮学科评估中对研究生培养质量的评价中首次试点进行用人单位问卷调查，聘请专家对毕业研究生的职业胜任力、职业道德和用人单位满意度等进行评价。可是在数据的收集过程中发现，当前的毕业生总体就业情况统计是以应届毕业生的初次签约情况为基础进行的。这样统计得出的毕业生就业情况是一个僵化、静态的数据，不仅难以动态地反映出毕业生的就业变动情况、用人单位对毕业生的满意度，而且也无法准确和全面反映研究生的就业质量。作为培养主体的高等院校毕业生与用人单位之间缺乏有机的信息交流反馈机制，使得培养单位不仅无从掌握研究生对用人单位的满意度以及毕业生对社会需求的适应性，❷ 更无法分析和探究这背后存在的原因以及研究生培养过程中存在的问题，制约了研究生培养质量的提升。

四、提升研究生教育质量的实施举措

1. 健全导师责权机制建设，充分发挥导师在研究生培养中的作用

加强导师队伍建设，推进导师岗位聘任制改革实施。以激励导师提高科研水平、增强导师队伍活力、改善导师队伍结构、提高人才培养质量为宗旨，以科研任务、科研经费和科研成果作为确定导师岗位的重要因素，制定并实施《中国政

---

❶ 廖文武，陈文燕等：《研究生教育质量影响因素分析与对策研究》，载《研究生教育研究》，2012 年第 2 期，第 13 页。

❷ 参见臧其林：《大数据时代毕业生就业跟踪反馈机制构建》，载《教育与职业》，2015 年第 24 期，第 37 页。

法大学研究生指导教师岗位聘任办法》，建立导师招收培养研究生资格审核制度，形成进退有序、动态上岗管理机制。建立研究生导师综合管理系统，动态、实时跟踪导师的教学、科研和指导成果，记录并监督导师的指导过程，制定导师质量评估指标，建立导师质量评估体系，每3年进行一次导师质量评估，评估结果作为导师岗位聘任、评优奖惩、责任认定的重要依据。健全和完善研究生导师职责规范，强化导师作为论文质量第一责任人对学位论文的指导责任，并结合研究生学业情况、学位论文答辩成绩、抽检结果以及学生评价等信息，对导师的指导责任进行客观分析与合理处理。

2. 加强研究生教学体系建设，重视发挥课程教学和实践教学在研究生培养中的作用

把课程体系建设作为提高研究生培养质量的重要抓手，落实各专业培养方案要求的学位和非学位课程，积极开设培养方案以外的交叉学科、新兴学科课程，提高课程教学内容与国家经济社会发展对研究生需求的契合度，及时根据学科专业建设，课程体系、课程内容改革的需要，编选出有创新性又切合教学实际需要的新教材。在知识体系上注意理论深度和广度，并反映现代科学水平，出版有关系列教材，做到教材建设紧密围绕学科发展，形式多样❶。加大创新创业课程和慕课建设力度与投入，择优遴选部分创新创业教育优质课程建设为网络课程，设定开放课程学习认证和学分认定制度，加强对研究生创新创业教育的培养和训练。建立并完善研究生教学课程体系的改进、优化机制，健全课程规范化审查程序，加强教学过程的质量评价。进一步增强学术学位研究生课程内容前沿性，通过高质量课程学习强化研究生的科学方法训练和学术素养培养。

充分发挥实践教学在研究生培养中的积极作用。重视对研究生进行系统科研训练，要求并支持研究生更多地参与前沿性、高水平的科研工作，以高水平科学研究支撑高水平研究生培养。大力加强研究生实践实习基地建设，建立校院两级实习实践基地网络，持续做好博士生挂职实践基地建设工作，建立实习实践基地与培养单位的长效合作机制。利用好、发挥好实践基地在研究生培养中的理论联系实际的实务操作优势，培养具有历史使命感和社会责任心，富有创新精神和实践能力的各类创新型、应用型、复合型优秀人才。

3. 健全和完善研究生就业跟踪反馈机制，及时调整研究生培养结构，提升

❶ 雪城：《谈学科评估指标体系与研究生教育的有机衔接》，载《吉林师范大学学报（人文社会科学版）》，2009年第5期，第78页。

研究生培养质量

建立健全毕业生就业跟踪和反馈机制。做好毕业生离校前的联系方式统计工作，充分发挥高等院校校友会、学生处的作用，加强与毕业生的日常沟通和交流，增强培养单位与毕业生之间的联系，通过校庆等时间节点开展校友返校等活动，密切毕业生与培养单位之间的联络，增进毕业生与母校之间的情谊，确保毕业生与高校之间的联络纽带畅通无阻。通过发放调查问卷等方式，定期开展与毕业研究生的就业情况调查，及时掌握毕业生的就业变动情况、学以致用情况以及对用人单位的满意度，为高等院校研究生的教育收集第一手资料。

建立和完善毕业生用人单位反馈机制。作为毕业生的接收人的用人单位，对毕业生的职业胜任能力、职业道德、满意度等最清楚，最有发言权，因此建立和完善毕业生的用人单位反馈机制对掌握毕业生的就业情况至关重要。高等院校在收到毕业生与用人单位签订的就业协议书、接收函的同时，就应当在第一时间与用人单位建立联系，邀请用人单位进入本校的"雇主名单"，通过电话沟通或者开展网络问卷调查等方式，定期或不定期地向用人单位进行回访，对毕业生就业比较集中的单位，可以采用调研或座谈的方式，向用人单位了解毕业生的就业情况、工作表现及知识学习与实际工作的契合度，听取用人单位对高等院校研究生培养的意见和建议，为培养单位及时调整研究生培养结构，完善研究生培养方案，提升研究生培养质量提供实践基础。

再谈大学体育在高校教育中的必要性

体育教学部　徐京生

摘　要　体育教育是我国高校教育工作的必要组成部分，在培养学生的竞争意识、团体意识，增强体质，健全人格等方面发挥着不可替代的重要作用。本文结合我国当前体育教学现状，采用文献资料法，思考并论述了大学体育在高校教育中的必要性，促使提高对大学体育教学的重要性认识。

关键词　大学体育　高校教育　体育教育

长久以来，在我国高校教育体系中，体育教育没有受到足够的重视。但是，大学体育教育对于增强学生体质、健全学生人格、提高综合素质具有不可替代的重要作用，有利于为构建和谐社会提供全面发展、综合素质高的优秀人才。增强对大学体育教育的必要性、重要性的认识，促进大学体育教育合理开展已经成为高校刻不容缓的研究课题。

一、何为体育教育

体育教育，是教育的组成部分，是通过身体活动和其他一些辅助性手段进行的有目的、有计划、有组织的教育过程。体育教育以教学为主要途径，以课堂教学或专门性辅导为主要形式，以身体练习和卫生保健为主要手段。

体育教育是学校教育的重要组成部分和学校课程体系的重要内容。"实施素质教育，必须把德育、智育、体育、美育等有机地统一在教育活动的各个环节中。学校教育不仅要抓好智育，还要加强体育、美育、劳动技术教育和社会实践，使诸方面的教育相互渗透、协调发展，促进学生全面发展和健康成长。"❶由此可以看出，体育教育是实现素质教育的重要路径，突出了体育教育在学校教

---

❶　中华人民共和国教育部：《中共中央国务院关于深化教育改革，全面推进素质教育的决定》，http：// www. moe. cn/publicfiles/business/htmlfiles/moe/moe ＿ 177/200407/2478. html，2012 年 12 月。

育中不可或缺的重要地位。

二、大学体育教育的必要性

（一）有利于增强体质

近年来，有关大学生体质下降问题的讨论不绝于耳。根据最新发表的 2014 年全国学生体质健康调研结果显示，我国大学生明显存在体育锻炼不足，耐力、速度、爆发力、力量素质继续下降等一系列令人担忧的状况。"高等教育的终极目标是为社会培养真正可用之人才，为社会输出栋梁之材，这也是教育的目的所在。而实际上，在高等教育人才真正报效社会之前，首先应有一个健康的身体，而体育教育正是为此而设。"加强大学生体育教育，增强体质刻不容缓。❶

体育锻炼是增强体质最积极、有效的途径。通过体育锻炼，学生能够促进自身骨骼、肌肉的生长发育，改善血液循环、提高心肺功能，有利于提高自身免疫能力、抗病能力，增强机体适应能力。体育锻炼还能够在一定程度上改善神经系统的调节功能。学生能够通过在复杂多变的体育活动中迅速反应与判断，促使机体作出有效快捷的反应，提高自身对外界环境的适应能力，保持机体生命活动的正常进行。

随着现代社会生活节奏的加快，生活压力的增大，工作和学习的强度不断增加，学生的身体与心理面临着较大挑战，容易产生心理与精神疲劳、神经衰弱等疾患。同时，学生群体还面对着饮食营养过剩、营养不平衡或营养不良等疾病。只有通过适当强度的体育锻炼与运动，才能够缓解人体不良症状，疏导与缓解心理不良情绪，促进学生群体身体与心理素质的双重完善与提高。

（二）有利于健全人格

任何一种体育运动都需要一定的心理品质作为基础，没有健全完善的人格难以在体育活动中收获快乐感和满足感，通过加强丰富多彩的体育运动，可以提高学生的心理素质，促使其在各方面全面发展，进而培养学生健全完善的人格。比如，在很多欧美国家的高校教育中，"运动第一，学习第二"是一项广为倡导的教学理念，因为只有通过在体育运动中培养顽强的意志、合作的意识和审美的能力，才能够培养学生的抗压能力、适应能力、挑战精神，促使其成长为具有健全人格的人才。

---

❶ 唐晓亮：《论体育理论课在高校体育教学中的必要性》，载《高教论坛》，2016 年第 1 期，第 89 页。

1. 体育教育能够锻炼意志品质

在体育活动中，学生往往不仅需要承受一定程度的生理负担，更要承受很多心理负担。只有通过锲而不舍的训练、持之以恒的付出、坚持不懈的重复与磨炼才能够提高自身技术，掌握运动技巧，实现生理与心理的双重享受与飞跃。例如长跑活动需要极强的意志面对身体乏力与呼吸的困难，短跑运动需要付出巨大的体力消耗来锻炼爆发力与冲刺速度，轮滑运动、足球运动等则需要注重防范运动中的危险性，保护自身。由此可以看出，体育教育能够锻炼学生意志，对培养学生顽强勇敢的意志品质具有重要作用。

2. 体育教育能培养竞争与合作意识

有一部分体育运动是团体运动项目，离不开参与者的相互竞争与相互合作。即使是非团体性的体育运动，在训练的过程中，也存在相互竞争，互相协作的可能。现代社会是个竞争社会，敢不敢竞争，善不善于竞争，是一个人乃至一个国家在事业上能否成功的关键，体育竞赛胜负的转换是竞争意识长期存在的土壤，不甘服输又是人们共同的心理，体育竞赛正迎合了学生们的这种心理。❶ 因而体育教育在学生竞争与合作意识的培养中必不可少。通过体育教育，学生能充分参与到体育活动优胜劣汰的机制中，在共同的规则之下平等竞争，努力超越，不断地提高自身，同时学会与竞争对手相处，正确地对待他人，对待成败。在足球、篮球、橄榄球等需要团体合作的体育运动中，学生则学会分工配合、相互协作、共同提高，有利于培养和提高与他人合作的能力，增强集体荣誉感，升华自身。

3. 体育教育能够提升审美

美是体育活动的重要追求，在体育锻炼的过程中，人们也能够充分体会到运动所带来的力量美、韵律美、动态美，因而通过对体育教育的加强，能够提高学生的审美意识，使其在运动锻炼的过程中加深对美的认识，对美的体验，增强对美的追求，对美的鉴赏能力。很多体育活动都带有美的特征，例如足球在空中划出圆润的弧线；健美操配合动感的音乐展现出富有韵律的动作；轮滑运动通过人体对力度与角度的精准控制，展现出优美的技术动作。在体育教育的过程中，学生能够获得身心双重享受，提升自己对审美的追求，这对于丰富自己的生活也具有重要的意义。

（三）有利于提高专业素质

体育教育不仅能够促进学生自身的发展，还能够为培养高等专业人才奠定基

---

❶ 苗秀丽：《试论体育在高校素质教育中的作用》，载《哈尔滨体育学院学报》，2001年第70期，第36—38页。

础。通过体育活动的开展，体育理论的学习，学生不仅能够增强体魄、提高自身素质，还能够系统地学习一些自我保护、强身健体的科学知识，使自身真正感受到体育教学的必要性与重要性，以更好的身体状态、精神状态投入到为社会服务、为国家做贡献的事业中，发挥更大的作用。

当前大学生中普遍存在重视专业课、忽视体育锻炼的现象，而这是本末倒置的。因为只有通过体育教育、体育锻炼实现强身健体，提高素质的目的，才能够为社会服务做出更长久的贡献，发挥自己应有的作用。因而大学体育教育具有提高专业素质，增强大学生社会责任感的作用。

（四）有利于构建和谐社会

体育教育是培养人的综合素质，促进人的全面发展的重要途径和手段，而和谐社会的构建更依赖于人的全面发展和提高，病态的、扭曲的人格显然不满足建设社会主义和谐社会的内在要求。通过对素质的全面完善，学生能够增进自身智力水平的提高、心理的健康发展以及高尚道德品质的培养，从而成为建设社会主义和谐社会必不可少的人才。另外，体育运动在增强人对感情的控制、意识的把握、营造和谐的气氛方面也具有不可替代的重要作用，有利于社会整体气氛的改善与进步。

"发展高校休闲体育教育，可以引导大学生在闲暇时间内积极参加丰富多彩的体育活动，充实他们的业余文化生活，使他们的身心在闲暇时间内得到更好的调节与发展，这对避免不良社会现象的发生有积极的促进作用。"❶ 通过体育教学，学生群体能够在群体体育运动中促进自身思维的完善、品质的养成，同时能够提高自身规范意识，体育课程满足着现代学生群体对生活品质的追求，能够提高人的尊严，调节人的情感，营造和谐的气氛，从而使学生群体能够更好地适应当代社会。

更为重要的是，通过对体育教育的提倡，能够更为广泛地传播体育运动本身所具备的进取精神与价值取向，运动中所包含的顽强不屈、奋勇拼搏、百折不挠等精神气质影响着当代大学生的价值理念，更进一步为营造文明、积极进取的社会氛围，全面建设和谐社会打下良好的基础。

三、大学体育教学现状

由于各方面的原因，当前我国大学体育教育存在一系列问题，整体发展并不

---

❶ 穆飒：《休闲体育在高校体育中的发展探究》，载《科技咨询》，2007 年第 22 期，第 235—236 页。

理想，体育教学在整体教学组织工作中处于较为边缘化的尴尬地位。下文将从学生、教师与学校三个角度分别分析造成这一问题的原因。

（一）学生体育锻炼积极性差

近年来，随着国家"每天锻炼一小时"要求的提出以及部分高校增加体育课课时等政策的实施，部分大学生的体育锻炼积极性有所提高，但大多数人仍是在机械地、被动地完成学校规定的体育课任务与课时要求，以期获得必要的学分，完成课程。这部分大学生自身的运动积极性仍未得到切实有效的提高，也没有认识到体育教育的教育性，从而无法达到全面发展自身素质的要求。究其原因，大学生主体对体育运动的兴趣不足，没有真正意识到运动的重要性，也没有感受到运动所带来的乐趣。这和当代部分大学生生活颓废空虚，缺乏积极的目标追求也有不可分割的关系。

（二）教师队伍综合素质不理想

从教师这一层面来看，教师队伍素质参差不齐，教学方法、教学观念、教学模式等方面也存在较大问题，对大学体育教育的健康发展造成了一些障碍。在教育理念和方法上，高校教师的选择存在较大差异，部分偏向过于自由放养式的教学方法，使学生在学习的过程中缺少必要的指导和帮助，难以找到正确的运动路径与方法，从而错失运动的乐趣，丧失运动锻炼的积极态度；另一部分老师则走向另一个极端，过于严格控制与主导，重复高中式体育教学方法，缺乏体育理论讲解，忽略学生创新能力、应对能力等的培养，没有在学生头脑中构建出完善系统的体育科学知识，使学生难以体会到体育运动中的自由与个性，从而限制了学生自身的发展，难以真正发挥出体育教育对全面提高学生素质，培养完善人格的作用。

（三）学校对体育课程重视不足

从学校层面看，部分高校存在对体育教学重视程度不够，投入不足的情况，使得体育教学在学校教育工作中处于边缘化的位置，难以获得足够关注。在体育教学的硬件设施和软件设施方面，投资不足，导致师资建设、体育课程建设等方面皆出现问题。另外，部分高校还存在体育教学指导思想落后，与社会价值脱节，与学生现实情况脱节的问题，而这一问题则是由于部分高校对体育教学的认识仅停留在课程与应试的层面，而忽略了通过体育教学，使大学生主体建立起健康生活、终身体育的价值理念，从而导致对大学体育教学的认识停留在较为肤浅的层面。在当前的高校体育教学工作中，传统教学理念带来的误解仍广泛存在，在不少学校师生心中，体育课就是大家聚在一起运动，锻炼身体，不仅缺乏对体育理论的学习与重视，更缺乏对高校体育教学内在目标与价值的正确把握。

四、优化高校体育教学的路径

明确了体育教育在高校教育中的必要性，并进一步了解了大学体育教学现状后，我们会发现，优化高校体育教学，促进高校体育教育的有效开展已成为亟待解决的问题。对体育教育的完善有以下路径：

（一）培养学生的体育意识

高校应注意树立正确的体育教育观念，引导学生建立起"健康第一，终身体育"的价值理念和运动意识，使学生充分意识到体育锻炼的重要性，认识到体育课程的必要性，从而养成坚持锻炼的良好习惯。在教学工作中，学校和教师应根据学生的情况制定科学合理的培养计划，在教学中渗透终身体育的理念，提高学生的体育意识。

（二）优化课程设置与师资队伍

首先应注重对课程的优化，"体育课程内容的设置符合了现代教育规律和学生的心理需求，学生的积极性、主动性才能被激发出来，体育教学的实效性才能得到彰显。"❶ 另外，教师队伍的结构组织与专业能力是保证教育质量的重要条件。要建立完善的培训与监督体制，促使高校教师不断提升自身素质，从而提高大学体育课程教学质量。另外，高校应增加在师资方面的投入，不断引入优秀人才，改革教育理念，了解当代大学生的需求与想法，使体育教学贴近生活、贴近社会、贴近学生。学校内部应定期开展教师交流，促进体育教育的更新，更应加强与其他院校教师队伍的沟通与接触，取长补短，促进发展。

（三）加大投入，加强体育设施建设

为加强高校体育教育，督促大学生树立"终身体育"的观念，必须有相应的场地与设施以供学生锻炼。因而，高校应加强在体育硬件设施与软件设施方面的投入，建设足够的训练场地，满足学生的运动与锻炼需要。同时，高校还应帮助完善课外体育活动制度，鼓励建立形式丰富的体育社团与运动俱乐部，以寓教于乐的方式扩大体育教育在校园中的影响力，吸引更多的学生关注体育运动，并切实参与其中。

五、结论

培养德智体美全面发展的高素质人才是高校教育的重要目标，重视体育教育

---

❶ 王春力：《大学体育教学优化的基本对策》，载《教育艺术》，2013 年第 10 期，第 79 页。

也是由这一内在目标所决定的。通过对体育教育在增强大学生体质、健全人格、提高专业素养、构建和谐社会等方面的作用分析，体育教育在高校教育中的必要性和重要性可见一斑。而通过对当前高校体育教育现状的分析以及完善体育教育路径的探讨，意在引起高校对体育教育的重视与关注，不断促进高校体育教育的完善与发展。

实践教学与法律职业人才培养

比较法学研究院　　徐　妍

　　摘　要　实践教学作为一种具有独特教学目的并依托于课程的教学模式越来越受到学生的欢迎，在具体的教学实践中，如何开展实践性教学，实践性教学的最终效果及与法律职业人才培养的关系等问题一直备受关注。本文拟对上述问题进行分析，并探讨可能的实践教学模式的改进路径。

　　关键词　实践教学　法律职业　人才培养

一、法学教育中开展实践教学的必要性

　　关于在法学教育中是否需要开展实践性教学，笔者曾经以税法教学为例做过一个问卷调查，调查学生所感兴趣的税法课程、所学的税法课程与未来职业作用的关联度、学生在课堂上的参与度、教学内容、方法及考核方式等急需改进的问题等。采取通过网络平台发放问卷的方式，共收到有效问卷样本 104 份。参与者包括目前在校本科生、研究生，也包括已经毕业从事有关财税法工作的研究人员和实务工作者，其中目前所处的学习阶段是本科生的调查对象占样本总数的 43.27%。

　　根据调查报告形成的数据分析，"对课堂兴趣度"，32.69% 的人认为一般。"在课堂上的参与度"，35.58% 的人认为一般。"是否需要增加课堂练习时间"，35.58% 的人认为"比较需要"，26.92% 的人认为"非常需要"。至于"所学的财税法类课程对实际操作是否有效"，44.23% 的调查对象认为一般。"是否达到对财税法课的期望值"，43.27% 的人认为一般。财税法课程的考核方式是"开卷答题"占 42.31%，"课堂展示"仅占 2.88%，"实践操作"仅占 1.92%。

　　通过数据研究发现，学生目前对于财税法课堂的兴趣度一般，对于课堂参与度感觉一般的占 35.58%，过半数的人员认为应增加课堂的练习时间。这说明，目前开设的财税法课程，在教材的丰富性、课堂的实践性方面都亟需加强。法律不仅是书本中的法律，更是行动中的法律。如何提高学生的课堂参与意识，使学生能够把书本知识和法条变成真正感兴趣的研究和探索的问题，加强与社会实践

的结合，这是目前我们培养专业化法律人才需要重点思索的问题。

在法学教育中开展实践性教学是解决这一问题的有效路径。实践教学是相对于理论教学的各种教学活动的总称，包括实验、实习、设计、工程测绘、社会调查等。旨在使学生获得感性知识，掌握技能、技巧，养成理论联系实际的作风和独立工作能力。各类型高等教育共有的实践教学环节包括实验、实习、工程训练、实训、课程设计等。❶ 根据教育部高等教育司在 1998 年颁布的《普通高等学校本科专业目录和专业介绍》中规定："主要实践性教学环节包括见习、法律咨询、社会调查、专题辩论、模拟审判、疑案讨论、实习等，一般不少于 20 周。"《国家中长期教育改革和发展规划纲要（2010—2020 年）》中要求"创新人才培养模式，坚持教育教学与生产劳动、社会实践相结合，特别是在高等教育领域，不断强化实践教学环节，着力培养学生的学习能力、实践能力、创新能力。"2011 年 12 月 23 日，教育部、中央政法委员会联合发布了《关于实施卓越法律人才教育培养计划的若干意见》也提出"适应多样化法律职业要求，坚持厚基础、宽口径，强化学生法律职业伦理教育、强化学生法律实务技能培养，提高学生运用法学与其他学科知识方法解决实际法律问题的能力，促进法学教育与法律职业的深度衔接"。可见，在本科法学教育职业化趋势逐渐得到认同的背景下，就学生法律技能的训练方面来看，传统法学教学模式已不能适应培养应用型法律人才的需要，实践性教学应与理论性教学并重，这对法律专业化人才的培养至关重要。

二、实践性教学与法律专业人才培养的正相关性

实践性教学能够积极促进法律人才专业化的形成，有助于培养学生的实际应用能力和分析解决问题的能力，实践性教学与法律专业人才培养之间具有正相关性。此点可通过我所在的比较法学研究院近年来开展实践性教学的具体数据来说明。

我院首先通过建立实践性教学基地促进法律人才培养。实践性教学基地是开展实践教学的重要形式。法学实践教学基地既是法律专业学生锻炼实践能力的载体和平台，也是高校和教师实施法学实践教学的重要舞台，法学实践教学基地建设是培养高水平应用型法学专业人才的重要基础。❷ 我院自 2010 年起先后与德国工商大会北京代表处和德国纬泽咨询公司建立了教学实践基地，开展长期接受我院学生进行带薪实习，并与中国国际经济仲裁委员会、中国法学会等机构开展

---

❶ 周建平：《大学实践教学的变革：情境学习理论的视角》，载《高教探索》，2009 年第 4 期。

❷ 沈玉忠：《法学实践基地建设研究》，载《北京工业大学学报（社会科学版）》，2012 年第 2 期。

约定接力实习，我院学生目前在上述机构已累计实习人次 67 人。目前，正在接受我院学生实习，正在洽谈实践基地的有中国国际商会、荷兰昊博律师事务所、北京高众律师事务所、京师律师事务所等机构。

通过近 6 年来教学实践基地的运作，我们认识到教学实践基地是一种双向互利的机制，它不仅为学生提供实习的平台，锻炼学生的实际应用能力，而且我院教师与实践基地人员也相互交流，互开讲座，教师和实践基地之间也建立了联系，可以进行理论和实践相结合的研究。更重要的是，通过教学实践基地的实习，用人单位通过对实习学生的实际观察，会优先录用实习学生。目前德国商会录用我院实习学生 2 人，德国纬泽咨询公司录用 1 人。这些单位并非大规模招录人员的单位，但从事的业务工作面广，平台高，对学生来说是一个难得的机会。

通过实习，学生们受益匪浅。真正感受到了什么叫作法律思维的运用和法律人的执业。通过实践活动，学生们自己的体会是第一次真正知道了外事合同怎么写；知道了一个电话打过来咨询法律事宜，该如何回答；知道了外国公司在中国投资需要面对哪些法律风险和问题；知道了涉及资本、劳务、税收、保险等方面的法律实务问题。学生的法律职业能力得到了锻炼和培养，专业知识转化为实际的业务能力，并就工作中接触到的问题进行进一步的思考和调研，很多学生毕业论文的选题就是直接来源于工作实习中获得的灵感，在写作中锻炼了自己的研究能力和创新能力，做到了产学研相结合。

除了实习和依托实践性教学基地的实践性教学之外，我院教师还通过课堂中的案例分析、辩论，邀请实务部门的专家进行讲座、与学生共同进行课题的研讨、学生模拟法庭、学生创新项目等方式进行实践性教学，取得了很好的效果。无论哪种实践教学形式，都体现了与法律职业人才培养的正相关性。实践教学促进学生法学职业能力的提升，反之又促进了学生对于法学问题深入研究的兴趣和理解掌握。

三、更好地开展实践性教学的有效改进路径

实践性教学可大体分为课内的实践性教学和课外实践性教学。课堂内教学包括课堂内的案例分析、情景模拟、热点讨论、问题辩论、小课题研究、实务讲座、参访等。课堂外教学包括教学实践基地、实习、法律诊所、社会调研和社区服务等。由于实践教学的手段和形式不断地更新和完善，已经越来越难以区分课堂内的实践教学和课堂外的实践教学。比如有些学校将模拟法庭开到了法院的法

庭里；法律诊所也包括了课堂教学内容等。❶ 因此，笔者在此也就实践性教学的改进路径进行统一论述。

（一）实践性教学目标的强化和方法的改进

首先，应明确实践性教学的培养目标。依据法学各专业性质及培养目标，着力对课程进行规范化与系统化建设，优化课程内容体系，尽量拓宽实践性教学内容，明确本科法学的教学目标是从理论和实践角度培养"熟悉"法学知识的专业人才，培养目标应脚踏实地，使学生了解基本法律领域的理论和制度，着力培养学生对法学知识的兴趣点，有助于以后进一步地研究和探索。

其次，最重要的就是关于具体实践性教学方法的改进。适当的教学方式方法，可以灵活生动地讲授法学的基础知识，并且提高学生在课堂上的参与度，提高对法学课程的兴趣。需要强调的是，在采用实践性教学方法的同时，要重视法条背后的东西，采用启发式教学，让学生看到问题的症结所在，激发出研究探索的热情和思想的火花。

比如，同是案例分析，就可以尝试比较在不同司法语境下同一案件的审理结果是否相同及成因，此部分可采取分组讨论、课堂辩论等形式开展。也可从法学和经济学或者其他学科的视角分析同一问题，注意法学与其他学科知识在理论和实践中的不同应用，分析实践中的问题，帮助学生理清其他学科与法学不同的思维路径，引发学生对实践中的问题进行再思考，促进法学与其他学科的融会贯通。法学由于其学科的特点，与经济、社会、伦理、财政、金融等具有密不可分的关系，在实践教学过程中应注意相关知识点的关联与融合。要为学生营造一个与所接触的问题相通的市场与行业环境，培养学生适应社会，在实践生活中解决问题、创新发展的能力。

（二）对实践性教学考核方式的改进

与此同时，在加强实践性教学的目标指引下，对于课程的考核方式也应进行相应的配套改革，建立激励机制，提高教师和学生参与实践性教学的积极性。就目前掌握的资料而言，对实践性教学的课程考核方式，不外乎两大类。

第一类以美国大学为代表，加大平时成绩比重。如哈佛大学，对选修课的考核方式完全由教师自行决定，平时成绩可以占总成绩的 75％，最后的论文或考试仅占 25％。此举大大提高了学生参与实践教学活动的积极性和主动性，由被

---

❶ 叶永禄：《论法学实践教学与卓越法律人才培养》，载《云南大学学报》，2013 年第 5 期。

动上课变成主动上课，由听众变成参与者，收到良好的授课效果。

第二类以德国为代表，将大课与研讨课相结合，采用笔试与口试并行的方法。一般包括学生撰写研讨课论文和在研讨课堂上就论文做报告，授课老师根据论文和报告对学生提问，并综合论文、报告及回答问题情况，给学生打分，该成绩最终计入国家司法考试成绩中。

以上两种考核方式都具有启发意义，国内大学近年来也在不断探讨考核方式的改进，如进行分组策划、预演人大议案、专业知识 PPT 展示、小型学术论文等。此外，增加学生参与课外实践性活动的学分；举办更多的创新实践性项目大赛并建立有效的后续追踪反馈机制；对积极开展课内外实践性活动的老师建立激励机制等，都有助于实践性教学活动的良性发展。

总之，结合国内外经验，通过灵活的考核形式，注重对学生学习兴趣、研究兴趣的培养；着重基础知识和实务运用相结合；变被动教学为主动学习，逐渐发挥学生在课堂中的主导作用，这是值得我们借鉴和思索之处。

（三）实务性课程和辅导课的增加

国外法学教学的经验表明，在理论教学的基础上增加专门的讨论实践练习课和辅导课，专门就课堂上无法解决和没有时间解决的问题在辅导课时间解决，能充分调动学生学习的积极性。例如在课堂内的实践教学方面，德国法学专业的重点课程会安排针对考试的辅导课和练习课。而辅导课与练习课则将重点放在了案例上，授课人员主要是助教和讲师。因为德国国家司法考试的形式也是以案例分析为主，引导学生按照一定的逻辑分析案例，并作出解答是这类课程的训练重点所在。学生会在分析和解答案例过程中，不断尝试解答问题，并与讲授者提供的解答方式对比，锻炼案例分析和解题的能力。

一些部门法的教学也多采取实践教学模式，由理论课教学和实务课教学两位教师相结合进行讲授，也可以由实务人员或研究人员直接上一门课。比如德国慕尼黑市是德国联邦财政法院所在地，慕尼黑大学的一些课程会聘请联邦财政法院的法官，包括首席法官来授课。授课老师往往会在课堂讲授中穿插实践案例，并从司法者的角度，给学生以多方面的思维体验。同时，德国马普所研究机构也设在慕尼黑，有些课程也会聘请马普所的研究人员来授课，其学术研究型特点也会被带入课程中。专门的实务性课程和辅导课程的开展是实践性教学活动的有益尝试，也是国际上比较流行的发展趋势。

（四）实践性教学的队伍和教材建设

我国《关于实施卓越法律人才教育培养计划的若干意见》中也指出，探索建立高校与法律实务部门人员互聘制度，即鼓励支持法律实务部门有较高理论水平和丰富实践经验的专家到高校兼职任教，选派高校法学骨干教师到实务部门挂职，促进理论和实践的双向结合，打造专兼结合的适应实践性教学需要的教师队伍。一方面，具有实务工作背景的教师授课，能够在为学生讲述理论知识的同时分享实务经验，使学生能有更直观的理解和认识。另一方面，专职教师通过挂职锻炼，有助于自身教学科研及实务能力的提高。

另外，高水平的教材与授课资料对于实务教学至关重要，应鼓励具有丰富教学经验的一线教师结合法学教学的理论和实践编写教材。首先要注意教材的专业性。技术性很强的课程，如何在有限的教学时间内体现出明晰的知识点，需要专业的理论体系做支撑。其次要注意教学内容的时限性。这就要求教师要随时注意自己知识的更新，随时关注网络、报刊、电视等媒体关于此法律问题的最新动态，在教案中及时补充最新知识与政策动向，随时安插新的政策专题，确保教学内容的科学性和连贯性，并把信息及时传递给学生。在美国，课前阅读笔记、课堂讨论以及针对税收前沿问题的评论都会被计算学分，有益于学生了解掌握最新的理论实践前沿问题及动态。

在教材问题上，除理论性教材外，还应增加练习类教材和实务性教材。尤其是对于学术性和实务性兼备的课程来说，如何在课堂教学中同时体现学术理论的专业性和实务知识的时限性，就成为课堂教学质量保证的关键因素之一。前文提到的德国法律辅导课和练习课所用的教材就是与理论教学相配套的实务性教材。因此，增加编写高质量的实务性教材对于提高整个法学教育的实践水平具有非常重要的意义。对于实务性教材的编写，应尽可能地吸收实践业务中的专业人士参加，更能体现出教材的专业性和时限性。

（五）加大社会实践力度

在课堂内的实践性教学以外，应加大社会实践力度。德国高校一般会积极与专业相关企业开展合作。拥有相关业务的企业、会计师事务所以及律师事务所都会在法律系或相关网站上定期发布实习及招聘信息。美国的律师事务所、会计师事务所，甚至国会、财政部、商务部、税务局的实习生项目比较正规、频繁，美国雇主一般都是从实习生中挑选雇员。美国各州均有比较完备的志愿者组织和政府部门一起对培训资源及部分资金提供支持，由慈善机构及高校学生组织具体实施，如设立一些公益性的咨询机构，可以让学生有更多的机会参与实务。

实践性法学教育的目的是学以致用。实践性教学，不仅能锻炼学生的法学实务能力，更重要的是还能培养其探索精神，增强其进一步研究的兴趣和服务社会意识。加大社会实践力度,一方面可通过依托相关法律实践教学基地,在校内外专业教师和实务导师的指导下,参与法律诊所、案例讨论、听审、实习等,为学生以后发展打下坚实的实务基础。另一方面引导学生走向社区、田野,参与志愿工作,进行公益服务和调查研究,提高学生的法律服务意识,关注社会中的实际问题。

综上所述,实践性教学对于促进法律职业人才的培养大有裨益。校内外应积极为学生创造实践性的教学机会,教学与实务相结合,培养和提高学生分析解决实际问题的能力,实现理论与实践的良性互动。这对于拓宽学生法学的知识面,提高学生的综合素质,更好地培养了解和熟悉法律知识、具有国际视野和国际竞争力的复合型和应用型法律专业人才至关重要,并进一步支撑和丰富法学教育体系,有助于适合法治社会需要的人才培养模式的建立。

学生事务管理和服务

高校学生校外住宿问题探究

法学院　　曾　蓉

摘　要　高校学生校外住宿问题是高校学生管理面临的重要难题，只有从这一现象产生的原因及影响着手，积极采取各种有效措施，辅之以合理的管理手段，正确的思想引导，才能趋利避害，为高校学生的校园生活创造良性、健康的环境。

关键词　高校　校外住宿

随着我国高校的扩招，大学生数量呈持续增长的趋势，与之相比较，高校的硬件设施，特别是住宿条件改善和扩容的空间却极为有限。伴随着 90 后、00 后逐渐成为高校学生的主流，他们对宿舍生活有着更多元化、个性化的追求，选择校外住宿的学生人数逐年增加。大学生校外住宿管理目前已经成为高校管理面临的重要难题。有些大学生因在校外住宿荒废学业，被偷、被抢，与社会人员打架斗殴，甚至发生命案的情况时有发生，为此教育部多次发布有关高校学生住宿管理的通知，强调原则上不允许学生自行在校外租房居住，对特殊原因在校外住宿的学生要加强教育和管理，各高校也相继出台具体规定，但是大学生校外住宿的情况仍然屡禁不止。

为了更好地应对学生校外住宿产生的各种问题，对学生校外住宿进行有效的监督和管理，我们应分析这一问题产生的原因和影响，制定相应的对策，坚决避免和杜绝各类校外住宿负面问题的发生，为学生校园生活的正常进行保驾护航。

一、大学生校外住宿原因分析

大学生选择校外住宿的内部因素分析，即是分析大学生选择校外住宿的内在动因，或从校外住宿能够满足大学生的需求方面进行分析，对内部因素的分析有助于学校管理者采取相应的措施、制定相应的对策，消除大学生选择校外住宿的动因，避免负面极端事件的发生。

大学生宁愿选择花费大量的金钱住在校外，而不选择住在校内的廉价公寓。

笔者调查走访了校外住宿的同学，他们的理由显得相当充分：

（一） 自由

校外住宿最吸引大学生的地方是自由，即大学生在校外住宿可以摆脱公寓住宿对大学生时间安排与行为的种种严格规定，同时也摆脱了舍友对行为自由的约束，校外住宿让大学生在时间安排上与行动自由上有较大的活动空间。

1. 时间自由

由于校内公寓在夜间准点断电断网，因而，有些喜欢熬夜学习的学生并不习惯，由于自身习惯的原因，他们对校外住宿的自由更加向往。同时，也有部分学生是因为平时作业繁重，晚自习回宿舍后至熄灯前根本完不成才选择在校外住宿。但是，也不排除部分学生为了上网、玩游戏而选择不断电不断网的校外出租屋住宿。

2. 行动自由

由于校内公寓多是四人间，甚至有些宿舍八个人一个宿舍，这种群体生活在一定程度上对学生的行为自由形成了无形的约束。比如，熄灯后打电话、上厕所、开充电台灯看书等行为容易打扰到其他同学。另外，有些合理行为也会受到宿舍内其他同学的排斥，如舍友间交谈、听歌、出声读书等行为也会受到极大的约束。

为了享受时间安排上、行动上的自由，部分大学生宁愿选择花费更多的钱在校外选择条件更好，但缺乏安全保障的出租房屋住宿也不愿意在自由处处受限制的校内公寓住宿。

（二） 安静

校内公寓由于是多人住宿，即使宿舍内能够保持较为安静的环境，但却不能制止其他宿舍同学和走廊上来往的学生制造噪音，同学间相互串门也是家常便饭，即使熄灯后也免不了有学生在走廊上高声打电话、交谈，宿舍内保持安静环境的概率几乎为零，这对于喜欢安静的学生来说是非常不利的。

因公寓吵闹而选择校外住宿的学生有几类，一类是正处于考研、考公务员等关键时期的学生，他们往往神经紧张，不希望被打扰；另一类是有睡眠问题，容易神经衰弱或有其他身体疾病的学生，他们更加不喜欢公寓内吵闹的环境；再一类是因偶发情绪问题，与宿舍同学不能和谐相处而选择在校外住宿的学生。这几类学生选择校外住宿的动机相对于其他原因选择校外住宿的学生而言更加强烈，如何创造条件使他们留在校内公寓住宿是亟待解决的问题。

（三）舒适

部分家庭经济条件较好的学生由于入学前过着较为舒适的生活，难以习惯公寓内狭窄、拥挤的住宿条件，尤其是当遇到卫生习惯不好的舍友时，他们选择校外住宿的愿望就更加强烈。除此之外，有些住宿条件较好的出租房屋能够更好地满足他们的需求，比如夏天时学生更加喜欢到校外住宿，因为校内公寓一般都不配备空调，也有些同学因为学校限电无法使用吹风机而选择居住在校外，甚至有些同学仅仅因为公寓内没有坐便式马桶而选择居住在校外。

（四）人际关系压力小

由于在校内公寓生活不是一个人在生活，而是与众多的同学一同生活，因而免不了要花费心思协调人际关系。一方面有些学生不善于处理人际关系，在群体生活中承受着来自人际关系的巨大压力；另一方面有些学生因学业紧张没有时间也没有精力去处理人际关系，因而这部分学生会因人际关系问题选择校外住宿。

（五）实现所谓的居住观念

校内公寓从根本上说就是一个休息的地方，由于公寓在各方面的限制，其居住的功能仅仅剩下了休息一项，无法满足部分大学生的居住观念，觉得处处都"不方便"。比如，有些学生有开音响听歌的爱好、唱歌的爱好等，而在学校里都没有条件满足这些兴趣爱好，他们需要更加独立、自由的空间；再如有些学生喜欢自己做饭，享受自己烹饪的美食，而校内公寓也无法提供这些条件；再者，也有部分同学因恋爱同居而选择在校外居住，营造他们所谓的二人世界。

二、校外住宿对大学生的影响

过去的研究普遍性地认为大学生长期在校外租房，不利于自身综合素质的形成和提高，认为那些在外租房子的大学生由于获得的校园文化知识少，与同学的沟通不够，从而影响了他们人际交往能力、协调能力的提高和集体观念、集体荣誉感的形成，造成学习生活懒散、松懈、盲目。

笔者认为，在分析负面影响时应当辩证看待，对于自制能力强、勤奋刻苦、性格外向的同学来说，这些负面影响并不大，而这些同学往往不会选择校外住宿，更留恋热闹温馨的集体生活。但是，相对于那些为了逃避人际关系压力、享受自由散漫生活而选择校外居住的同学来说，这些负面影响是客观存在的，不能忽视。尤其是目前还存在着一个重要的普遍的负面因素，即校外住宿大学生面临潜在的安全威胁。校外居住由于环境复杂，人口流动性大，人员性质复杂，没有安全保障，尤其是居住在城中村、郊区的民房中的大学生存在更大的安全风险。另外，部分大学生瞒着学校及家长在校外居住，因此怕被学校及家长知道，行事隐秘，更容易成为不良分子的目标，即使遇到危险也很难及时得到学校和家长的帮助，同时家长和学校之间也容易产生纠纷。

虽然大学生在校外住宿存在着诸多的负面影响，但是也不能否认校外住宿能够满足大学生的某些正当需求，实现他们个人的阶段性目标。

一方面，部分大学生出于考研、考公务员的动机选择在校外居住，希望短时期能够有一个安静、独立的居住环境，摆脱各种来自同学的干扰，静下心来学习以完成学业，实现人生目标。就我校来说，每年众多的法学专业大三学生自5月准备司法考试时起、大四学生自9月甚至更早准备考研开始便选择在校外居住，很多学生在校外居住期间实现了自己人生的阶段性目标后回归宿舍。

另一方面，对于那些出于个人身体原因（如神经衰弱疾病、传染性疾病）而选择到校外居住的学生而言，校外住宿是没有选择的选择，校外住宿的安静环境能够使他们的病情缓解，也能够避免宿舍同学被影响。

三、如何对校外住宿进行管理

鉴于上述正面影响与负面影响的分析，笔者认为，选择对校外住宿大学生的管理方法、实施相应的管理措施应当趋利避害，辩证对待。原则上要禁止大学生校外居住，对确因特殊情况需要校外居住的同学，应当采取相应的管理措施，并进行监督和管理。

（一）提高校内公寓住宿条件

一方面，随着社会的发展，学生的生活水平提高，校内公寓的条件也应当水涨船高以尽量满足学生的需要，从学生选择校外住宿的需求方面打消他们选择校外住宿的念头。比如扩建公寓，尽量避免八人间、六人间的情况，学校如果将现有的六人间、八人间住宿环境改成四人间、两人间，将能够有效地降低生活空间密度，改善人多嘴杂的环境，有条件的学校可以为学生宿舍安装空调或者选择让学生自费安装空调等制冷设备，放宽用电功率限制等，改善宿舍环境，提升大学生在宿舍生活的幸福感。

另一方面，管理人员应及时了解、协调宿舍人际关系。公寓管理应当转变观念，强化服务意识，宿舍管理以服务为原则，以育人为目的，服务的好坏直接关系到学生的切身利益，很多问题都是由于实际问题得不到合理解决引起的。学生辅导员要通过各种渠道主动关心学生间的人际关系状况，经常开展宿舍谈心等活动，及时了解、协调宿舍内的人际关系，了解学生过往的家庭和生活背景，进行针对性的心理疏导，积极引导学生融入集体生活，使他们在集体生活中学习人际交往、交流、互助的能力，解决他们的实际困难，努力给学生创造一个温馨的生活和学习环境，真正把寝室变成他们所热爱的家，避免学生因人际关系不协调而选择校外住宿。同学中确有实际问题而需要搬离宿舍的，可以采取为其调换宿舍，与学生家长联系沟通，家长陪读等方法。

（二）采取校外住宿许可制与四方协议制的结合

目前，我校采取的校外住宿管理制度是由学生自己申请校外住宿，校方相关部门审查许可。另外，大学生校外居住仅需要有校方、学生、家长三方参与，学生在征得家长同意后才能向学校申请校外住宿，这虽然使校方在一定程度上回避了风险，但是对于学生来说在校外住宿的风险并未减小。

因而，笔者认为，大学生在申请校外居住时应当将学生所租赁房屋的房东的信息与安全承诺书一并提交，一方面帮助校方回避学生因出现意外时的风险，另一方面也有助于督促房东履行对学生的安全保障义务。由于房东能够经常接触租赁房屋的大学生，对他们的日常生活有更多的了解，且当出现危险时也更能及时处理；因而，让房东承担安全保障义务极有助于保障学生的安全。

（三）及时清查校方不知情的校外住宿情况

学校一般更加关注已办理校外住宿手续的大学生的日常情况，事实上，那些隐瞒学校、家长而在校外住宿的大学生才是最大的安全隐患，当这类学生出现意外时学校陷入纠纷的风险更大，因而，学校应当在清查这类情况上绝不姑息。

随着科学技术的不断发展，宿舍管理的计算机硬件、软件被大量研发出来，比如我校已经采用了门禁刷卡感应系统，但是这套系统目前多用于防止校外人员及其他宿舍楼人员进入本宿舍楼，并没有采用数据库软件每日对学生的出入情况进行统计以发现未经申请而经常夜不归宿的学生，故而也未能及时对这类同学进行积极、有效的引导和管理。

总之，大学生校外住宿是高校学生管理面临的重要难题，我们只有从这一现象内部动因着手，辅之以合理的管理手段，积极采取各种有效措施，正确的思想引导，才能趋利避害，为学生的大学生活创造良性、健康的生活环境。

高校学生活动分类及发展前景分析

法学院　　杨婷婷

摘　要　高校学生活动的形式越来越多样化，同时它也是校园文化重要载体，在互联网高速发展的今天，各高校的学生活动却逐渐被广大学生所忽视，本文从高校活动的基础出发，对学生活动的分类和发展前景进行分析，对未来学生活动组织提供一定的参考。

关键词　学生活动　分类　发展前景

在我国，高等院校的学生活动是指各高校职能部门和共青团组织，以及各学生自治机构负责开展的活泼生动、健康新颖的各类课外活动。主要是针对在校大学生特长和爱好开展的有各类意义的活动，它不仅是繁荣校园文化、丰富业余生活、延伸课堂教育的有效途径，也是培养学生健康心理、陶冶道德情操、拓展综合素质的重要手段。高校学生活动是指在学生除了参与正常的课堂学习之外，学生组织开展的各类针对学生的具有有益的学术性、知识性、健身性、娱乐性、公益性的活动。但是在互联网时代集聚发展的今天，学生活动在实际开展过程中也存在着一些不容忽视的问题，面临着发展的瓶颈，学生的课余生活更加丰富多彩，学生参与校内各类活动的积极性逐渐降低，更多地是对一些娱乐性的活动稍微感兴趣，因此如何对学生活动进行合理组织和引导，是高校思想政治教育的重要内容之一，也是各高校在学生工作中亟待解决的重要问题。只有通过开展合适的活动，学生才可以在一个民主、开放、和谐的环境下施展自己的才华，开发自己的潜能，从而提高个人综合素质，促进全面发展，在国家日益发展的大环境中，适应学校、适应社会，为未来的个人发展做好充分的素质准备。

由此可见，高校的学生活动是学校不同部门以及各类学生社团共同努力的结果。高校学生社团组织是在校学生基于共同的兴趣、爱好，为实现共同的发展目标，以自愿参加为原则组织起来的非营利性群众组织。❶ 高校学生社团是课堂的重要延伸，是在校学生兴趣发展的主要载体；高校学生社团是传承和体现高校精神文化的重要平台；高校学生社团是高校文化思想碰撞和思想创新的重要来源。❷ 因此，对学生社团的正确指导也是对学生活动的正确指引的重要方向之一。

一、学生活动分类情况

根据不同的性质，学生活动可以分为不同的类别。按时间顺序划分，是常规的分类方法。根据学生活动在校内举办的周期长短以及次数的多少，可以将学生活动划分为常规类学生活动和创新类学生活动。

（1）常规类学生活动是国内高校校园文化活动组织，根据我国高等教育的实际情况，组织了多年的确定的一些传统活动，它具有一定的代表性，在高校中已经达成了共识，是能够长期组织下去的有固定学生群体的活动。根据自身的学科建设特点以及学生特点，每个高校的常规活动都表现出不同的特色。但是各高校又有相似之处，例如基本上各高校每年都会定期举办的春季、秋季学生运动会；校园歌手大赛；新生各类趣味比赛等，这些活动在各个高校都会以不同的名称定期开展。此外，还有一些具有专业特色的活动，在不同的高校中表现不一，但都是由于反响良好而被保留下来，如中国政法大学的校园"学术十星"论文大赛，以及论衡辩论赛等。

常规活动在各高校虽然形式和内容不一样，但是都在学校中具有一定的精品类活动效应，这类活动一般都举办过多届，同时具有一定的代表性和影响力。无论是在学生当中，还是在毕业的校友中，都能够产生共鸣。因此它们能够被大多数在校学生所接受和肯定。常规活动的长久一致性一般都会得到同学们一贯的支持，主要原因是活动内容和主题具有普遍性，能够满足学生除了课堂知识、学习以外的其他方面的需要。此类活动的"品牌效应"决定了它虽然随着每年新生的加入和老生的毕业会有人群变化，但是它仍具有固定的参与学生人群，在高校学生中有一定影响力。但是这一类活动因为活动主题已经相对固定，所以它的活动形式也基本上是代代传承，在形式、环节上缺少一定的变化。考虑以上因素，基

---

❶ 于晓，丁为：《高校学生社团组织建设分析》，载《中国校外教育（下旬刊）》，2008年第7期，第15页。

❷ 毛启蒙：《高校学生社团组织建设偏执与社团文化缺失的思考》，载《科教文汇（中旬刊）》，2009年第10期，第15页。

于多年的积累，常规活动在宣传方面的力度整体是呈现减弱的态势，同时活动形式和内容的创新上需要多改进和调整，才能吸引更多的关注。因此，各高校对常规活动基本秉承支持的态度，尽量在保持活动内容的同时，注重形式的多样化，来吸引更多的学生参与。尤其是组织一些纪念性质的常规活动宣传，更是对这类活动的创新起到了良好的作用。

（2）非传统类活动主要指高校组织的活动在活动主旨、活动形式甚至内容上与学校以往活动相比有所不同和创新，是学校以前没有开展过的学生活动。非传统类的活动，没有成熟活动经验和学生兴趣积累，基本上是一种探索的过程。有些活动是在以往活动的基础上增加难度和复杂化，有些则是顺应时代发展的需求作出的一些新尝试。因此，对组织这类活动的学校有关负责部门而言更多的是应该注意活动的质量方面，不断完善细节，严格把关活动质量，只有这样才能尽可能扩大活动的影响力，尽量把这类非传统类活动做得更长，使其逐渐成长为传统类的精品活动。这类活动要成为校园文化活动中的精华和引导者需要一定的时间考验，但是机会也相对更多，没有传统类活动的一些要求的束缚。非传统类的活动可以分为以下三种。

①适应社会新形势的、与时俱进的主题类活动，指为响应国家、学校的最新政策要求而组织的具有明确主题类的活动。主题类活动在高校内一直是活动形式较为多样丰富的一种，它区别于传统类活动的主要表现在于，适应不同时期，主题都不尽相同，组织的活动形式也都有所变化。例如主题党日活动，主题团日活动中的"十八大"主题活动、"中国梦"主题活动，"两学一做"主题活动等。

主题类活动在时间上往往都集中在一个较为固定的时间段，而且在不同的学院、班级都会按内容要求组织相关活动。主题类活动的优势在于，一般主题都比较紧贴当前最新政策或节日，活动的主题较为固定，因此造成的问题是活动形式也会受影响而较为单一化。所以，主题活动往往为了完成主题而设置，时间都比较紧张，没有充分的时间准备和调研，活动缺乏新颖的形式。同时由于主题活动时间紧张，没有足够的观众积累和传统类活动的"品牌效应"，加上主题一般都是较为固定的，如何吸引学生积极参与到主题活动中来是一个很大的问题，对于组织这类活动的负责部门的压力很大，处理不好效果也会大打折扣。

由于主题活动一般具有时效性，因此借鉴以往的活动经验，同时还要进行一些有新意的活动形式和宣传手段来吸引学生响应和参加，这已经成为现在组织主题活动成功与否的重要因素。尤其在宣传方面，必须加大力度，在短时间内做快速有效的宣传很重要。同时也要将各种各样的活动形式加入到主题活动之中，使得学生对主题活动以往严肃认真的活动要求有所改观，更能为学校的党支部、团支部活动提供行之有效的参考，全面带动学校的党建、团建工作。例如近期中国政法大学组织的"两学一做"相关的主题活动，在传统活动的基础上增加了一些学生较为感兴趣的知识竞赛、演讲比赛、参观交流等活动形式，使大家的参与度相对以往的主题活动高出很多。

②结合学校办学特色的专业类别的活动。主要是指高校以本学校的专业特色为主旨，适应国家大政策方针，提高学生创业创新能力而组织的活动。例如，中国政法大学为鼓励学生积极参与"挑战杯"而举办的创新活动，学校的就业创业大赛；为提高学术水平而举办的"学术十星"论文评比；为各类国际模拟法庭大赛进行的校内选拔比赛等活动。专业类别的活动由于是和高校学生学习的本专业结合较为紧密，一般都需要相关专业课老师的指导，在这个过程中，它也能反映出学校师资力量的水平，同时也是各专业知识、特点在校内的普及和展示的过程。这些活动的组织过程给具有创新能力的学生提供了自我展示的平台，同时也给参与活动的相关专业的学生提供了交流的机会；以专业基础知识为特点的专业活动往往能经久不衰，逐渐成为传统类活动的重要组成部分。

③借鉴类活动。此类活动是近几年高校活动的一种新的表现形式，活动内容一般是以文艺体育活动为主。它主要是结合校园特点创新的，从电视娱乐节目或其他渠道借鉴而来并稍作改变形式相似的活动。例如，借鉴"奔跑吧，兄弟"节目而组织的校园撕名牌比赛；或者是其他高校一些优质活动的模仿，例如"彩虹跑"等形式。这类活动和主题类活动相比，更容易受到学生的喜欢。借鉴类活动特色是在网络媒体较为发达的今天，学生对于该活动的主题和基本形式都有一定了解，因此在校园中宣传更为容易，参与度也较高。缺点是，由于学生对已有活动的印象已经根深蒂固，他们有着自己的偏好，仍有部分学生可能对已有活动兴趣不大。另一个问题是类似活动的经费需求一般都比较高，对于高校组织具有一定的难度。同时活动具有新鲜度的特点，也很难持久，做成传统的品牌活动困难比较大。

由此可见，要解决这些问题，要将这种借鉴类的活动与学校实际情况相结合。真正做到不同高校有各自的品牌类学生活动，同时对于新生各类学生活动的延续，需要相关负责的活动部门在活动形式内容等的改编上下功夫，这才是工作的重点。从学生的实际知识水平、组织团体的经济实力出发，把各类学生活动朝着更适合组织和学生更愿意参与的方向进行调整，才能保证活动的有效开展。

二、组织内容丰富、形式多样的学生活动意义所在

（一）在高校，组织内容丰富、形式多样的学生活动是营造和丰富校园文化的要求

校园文化是指在校园中，由共同的行为习惯、共同理想和共同的生活方式在一起的人类群体（其主要包括教师和学生）所创造形成的文化形态的综合，包括学校的办学理念、学风、校风、管理制度、学生活动及校园景观等。学生活动是其中的重要组成部分，只有活动内容丰富和充实，学生的课余生活才更加丰富多彩，对于学校的认知也就更有认同感和归宿感。

（二）在高校，组织内容丰富、形式多样的学生活动是健全大学生完善的人格，加强心理健康教育的有益补充

近年来，随着高校的扩招，高校的学生规模不断增大，大学生的心理素质逐年下降，入学后的心理测试结果也显示了这一情况。在目前的高校相关制度中，对于学生心理健康问题的规定基本处于空白阶段，学生要适应大学生活，心理健康是非常重要的一个方面，多组织有益的各类学生活动，现在已经成为各高校学生工作的重点内容之一，尤其是针对心理健康的一些活动已经在各高校陆续开展。

（三）在高校，组织内容丰富、形式多样的学生活动是培养学生创新性能力、实践能力的重要途径

近几年高校学生的第二课堂、第三课堂的学习越来越受到重视，课堂内学习主要着重于知识的传授和技能的培养；而第二课堂等的学习主要着重于学生创新能力和实践能力的培养，策划、开展和学生专业相关的学生活动，有助于学生的创新能力和实践能力的培养。例如学生活动中经常出现的读书会活动、各类讲座活动等，这些学生活动既提高了学生们的专业兴趣，又拓展了学生的综合素质，培养了学生们的创新学习的能力。专业活动中涉及的本专业的各类比赛也具有同样的效果。

只有把专业学习和学生活动结合，才能够达到较好的效果，一般情况下，经常参加观看外文电影、参与外文讲座和英语角、外文演讲等学生活动的同学，其英语水平普遍高于不经常参加该类学生活动的同学。

三、如何加强对学生活动的管理

（一）健全相关制度建设，为学生活动的组织打好基础

负责组织高校活动的大部分是各类社团组织，对于社团组织的基本制度主要

包括基本章程、人事制度、财务制度、考核标准、奖惩制度等。只有打造一支建设规范、素质过硬、群众基础好的社团队伍，才能把学生活动组织好，做到位，真正组织出学生满意度高的活动。同时，指导教师的作用也不可忽视，应该邀请校内专业水平高、关注学生活动发展的专家或教师来为社团的活动进行指导，为社团的发展参与规划。

（二）抓好学生干部的管理工作，发挥主观能动性

负责的学生干部对于组织一场成功的学生活动至关重要。只有激发学生干部的主观能动性，才能够真正组织大家感兴趣的学生活动。组织者们有着共同的兴趣爱好和追求，才会对活动有着共同的目标，因此，做好协调工作，发挥团体的积极性、创造性，创造平等宽松的环境和自我发展空间，提高成员的主人翁意识、责任心和使命感是尤为重要的。同时，发挥团结统一、友爱互助的精神，维护社团的荣誉和利益，完善内部章程，使部门的结构逐渐精简、科学，激励内部管理在传承优良传统的基础上得以创新，这样才能保障各项活动的质量。

（三）做好前期调研工作，切实做一些学生感兴趣的活动

由于现代社会的飞速发展，高校学生接受信息的速度也较以往学生更快，而负责指导学生活动的教师应该多做调研，了解学生的思想动态，多做有益学生综合素质发展的各类活动。尤其要做好前期的调研工作，避免活动类型的重复。比如理想信念活动、学风建设活动、体育锻炼活动，以及心理健康活动等，调动学生积极参与到各类活动当中去才是活动的真正意义所在。

学生事务管理法治化的路径与障碍：基于中国政法大学有关规范性文件的分析

法学院　马　允

摘　要　在推进依法治校的背景下，实现学生事务管理的法治化是依法治校的重要体现和着力点。通过对中国政法大学现行有效的有关学生事务管理的规范性文件进行梳理和检视，笔者发现，整体来看，我校学生管理制度规范化程度较高，但仍存在下述问题需要改进和完善：第一，若干条款可能抵触上位法，缩减学生权利或增加学生义务；第二，若干条款指向不清，可操作性不强，需要对条文和概念进行进一步的解释；第三，若干条款合理性存疑，如若严格执行，可能引发学生不满情绪，甚至是不正义；第四，若干条款的表述不完整、不规范；第五，在规范性文件的信息公开和学校决策的公众参与方面还有待加强。

关键词　学生事务管理法治化　依法治校　规范性文件

一、引言

"依法治校"是在依法治国的背景下推进教育体制改革和提高学校治理水平的必由之径。学生事务管理的法治化是实现"依法治校"的重要体现和着力点，校规校纪等规范性文件是学校对学生事务进行管理的主要依据和载体。因此，对校规校纪性质的认识及对其所存在合法性、合理性问题的检视便是实现"依法治校"的应有之义。实现依法治校对于以法学学科为特色和优势、以培养国家法治建设之栋梁为己任的中国政法大学（下文简称"法大"）来说更是意义重大。法大一直有培养学生的批判精神和公民意识的传统，训练学生的法律思维更是教学的首要之义。

为了提高学生的权利意识和运用法律知识进行批判性思考的能力，在教学过程中，笔者带领学生对我校现行有效的有关学生管理的规范性文件进行了梳理和检视，包括《中国政法大学学生违纪处分条例》❶《中国政法大学学生违纪处分解除办法》❷《中国政法大学考试违纪处分办法》❸《中国政法大学学生听证及申诉办法》❹《中国政法大学本科生学籍管理规定》❺《中国政法大学消防安全管理办法》❻《中国政法大学学生公寓管理办法》❼ 等。本文的主要结论便成型于这一教学互动的过程，以期对促进我校"法治校园"和"和谐校园"的建设形成助益。

二、学生事务管理法治化：校规校纪的合法性与合理性检视

在讨论我校有关学生管理的规范性文件之前，有必要先对高等学校学生管理法治化要求的标准与内核进行分析，并对高校校规校纪的性质及其合法性、合理性要求进行检视。

实现学生管理法治化目标的最大障碍来自教育管理活动与法治思维在价值观念、目标立场和手段选择上存在的区别与冲突。源于 19 世纪德国公法传统，大陆法系国家中高校与学生之间的关系被视为"特别权力关系"，这一理论也间接地影响到我国对高校管理活动和学生权益法律救济制度的整体建构。❽ 在法治治国理论兴起的背景下，"特别权力关系"理论遭到了普遍批评，各国司法实践也纷纷对该理论表示否定的态度。❾ 自 20 世纪 90 年代末，以田永诉北京科技大学案和刘燕文诉北京大学案为代表，我国高校与学生之纠纷日益增长并呈现多元化

---

❶ 法大发〔2014〕83 号（2005 年 6 月 30 日第 12 次校长办公会通过，经 2014 年 6 月 11 日第 8 次校长办公会修订，2014 年 9 月 12 日起生效实施）。

❷ 法大发〔2015〕81 号。

❸ 载教务处网站，未刊登文号和生效日期。链接：http://web. cupl. edu. cn/html/jwc/jwc _ 2043/20130430154834038178080/20130430154834038178080. html，最后访问日期 2016 年 5 月 11 日。

❹ 法大发〔2014〕84 号（2005 年 6 月 30 日第 12 次校长办公会通过，经 2014 年 6 月 25 日第 9 次校长办公会修订，2014 年 9 月 12 日起生效实施）。

❺ 载教务处网站，未刊登文号，自 2010 年 9 月 1 日起施行。

❻ 载学生安全手册，未刊载于校园网。

❼ 经 2005 年 6 月 30 日第 12 次校长办公会审议通过，2005 年 9 月 1 日起实施。

❽ 程雁雷：《高校学生管理纠纷与司法介入之范围》，载《法学》，2004 年第 12 期，第 34—35 页。

❾ 胡肖华：《论学校纪律处分的司法审查》，载《法商研究》，2001 年第 6 期，第 47 页。

的样态，学界和司法实务界开始对高校的学生管理行为进行反思和审视。❶ 高校与学生之间的管理关系正逐渐突破传统"特别权力关系"的理论束缚进入司法审查的渠道，并接受法治原则的检视。随着 2014 年《行政诉讼法》对行政诉讼受案范围的拓展以及第 12 条以兜底性条款的方式将司法审查的解释空间拓展到教育权等合法权益领域，❷ 可以预见教育行政诉讼将继续突破理论和立法障碍，司法也将以更积极和开放的姿态介入教育行政纠纷中。

学生管理法治化目标的实现，有赖于校规校纪及其他规章制度制定和实施的法治化。符合法律规范的、遵循正当程序要求的以及对高校处分权进行有效的自我约束的校规校纪，有助于构建和谐校园，缓解学生与高校之间的紧张关系，避免教育纠纷社会化。然而，在高校与学生的管理纠纷中，高校校规校纪因屡屡被诉诸法院和见诸媒体成为争议中心。无论是重庆邮电学院基于校规校纪勒令怀孕女大学生及其男友退学，还是女生因穿露背装和低腰裤受到校规校纪处分，抑或浙江某医科大学决定不招收吸烟学生，❸ 都反映出高校基于校规校纪行使学生管理相关的权力与学生正当权益保护之间可能存在的冲突与张力。例如在甘露诉暨南大学一案中，暨南大学基于自己制定的《暨南大学学生违纪处分实施细则》对甘露在课程期末考试论文中存在抄袭的情况作出了"抄袭、剽窃他人研究成果，情节严重"的定性，并基于此作出对其开除学籍的处分决定。最高法院经过再审，认定暨南大学援引自己制定的校规校纪对甘露作出处分决定属于适用法律错误，应予撤销。❹ 那么校规校纪的法律性质是什么？如何判断其在学生管理和司法审查中的法律地位？

一般认为，高校基于法律法规授权获得了教育管理相关的行政权力，进而获

---

❶ 相关研究文献，参见何海波：《通过判决发展法律——评田永案件中行政法原则的运用》，载罗豪才主编：《行政法论丛》第 3 卷，法律出版社，2000 年版，第 437—471 页。程雁雷：《高等教育领域行政法问题研究之回顾与前瞻》，载《行政法学研究》，2006 年第 1 期。袁明圣：《解读高等学校的"法律法规授权的组织"资格——以田永诉北京科技大学案为范本展开的分析》，载《行政法学研究》，2006 年第 2 期等。

❷ 《行政诉讼法》（2014 年）第 12 条 人民法院受理公民、法人或者其他组织提起的下列诉讼：……（十二）认为行政机关侵犯其他人身权、财产权等合法权益的。

❸ 参见张学亮：《关于高校校规的合法性思考》，载《高教探索》，2004 年第 1 期，第 29—30 页。

❹ 参见"甘露与暨南大学开除学籍决定纠纷再审案"，最高人民法院行政判决书，(2011) 行提字第 12 号，载《最高人民法院公报》，2012 年第 7 期。

得了行政主体之地位❶，校规校纪基于高校的行政主体地位获得了规范性文件的法律属性。除此之外，作为高校的内部规章制度存在的校规校纪，因高校"学术自治"等特殊价值理念的附加而获得了不同于普通的规范性文件的特质，包括相较于一般规范性文件而言更多的司法尊重。❷ 法院在审理相关案件时，应依据法律法规、参照规章，"并可参考高等学校不违反上位法且已经正式公布的校纪校规"。❸

在依法治校的理念下，校规校纪因其介入学生实体性和程序性权益的本质，需要接受合法性和合理性的双重检验。校规校纪的合法性问题指其存在与上位规范性文件相冲突、相抵触的情形，包括限缩学生的实体和程序性权利、限缩学校的法定义务范围，以及其制定方式不符合程序要求构成了程序违法；合理性问题指校规校纪在内容上未能充分考虑相关因素，对学生的权益构成了不合比例的减损，以至于学生群体无法形成对校规校纪的心理认同，校规校纪无法形成对学生具有引导作用的行为规范和指南。

三、对中国政法大学有关规范性文件的分析

基于上文对校规校纪性质的探讨和对其合法性、合理性要求的概述，下文拟对我校有关学生管理的规范性文件进行评价，指出主要问题并提出建议。通过对上述规范性文件的检索、研读与分析，笔者发现，整体来看，我校学生事务管理制度规范化程度较高，在涉及学生重大利益关系的若干领域都已经制定了规范性文件，并且适时修订，及时在网站上公布，基本达到了信息公开的要求。就规范性文件的内容而言，学生的程序性权利和实体性权利能够得到较高程度的保护。然而，我校学生事务管理规范性文件还存在以下问题需要进一步改进和完善：第一，若干条款可能抵触上位法，缩减学生权利或增加学生义务；第二，若干条款指向不清、指代不明，可操作性不强，需要对条文和概念进行进一步的解释；第三，若干条款合理性存疑，如若严格执行，可能引发学生不满情绪，甚至是不正义；第四，若干条款的表述不完整、不规范；第五，在规范性文件的信息公开和

❶ 参见湛中乐：《再论我国公立高等学校之法律地位》，载劳凯声：《中国教育法治评论》（第7辑），教育科学出版社，2009年版。

❷ 湛中乐：《教育行政诉讼中的大学校规解释——结合甘某诉暨南大学案分析》，载《中国教育法制评论》（第10辑），教育科学出版社，2012年版。

❸ "甘露与暨南大学开除学籍决定纠纷再审案"，最高人民法院行政判决书，（2011）行提字第12号。

学校决策的公众参与方面还有待加强。现详述如下：

（一）若干条款可能抵触上位法或缺乏上位法依据，建议修改

校规校纪与上位法相抵触，是指在法律、法规、规章已有明确规定，而又没有授权学校自主规定的内容方面，学校变更了上位法设定的条件、范围和处理方式，与上位法产生矛盾。主要表现在限缩学生享有的实体性和程序性权利、扩大其义务范围等方面。教育处分应当遵循法律保留原则。高校的自主权应当符合法律、法规和规章的规定，在没有上位法依据下，高校不能自行创制处分的条件、范围和种类。据此，笔者认为校方宜对下述条款予以重新审查，适时修订。

1. 《中国政法大学学生违纪处分条例》

本条例第 16 条规定了"开除学籍处分"适用的四种情形，其中还包括了一个兜底性条款，即"其他应当给予开除学籍处分的情形"。《普通高等学校学生管理规定》第 54 条列举了可以给予开除学籍处分的七种情形，而且没有兜底性条款。我校该条例中的兜底性条款实际上扩大了学校给予开除学籍处分的裁量权的范围。而且，由于该第 16 条列举未尽，很多上位法已经予以明确的情形未纳入考量范畴，容易造成滥用裁量权，引发学生和学校之间的纠纷。建议依据《北京市关于规范行政处罚自由裁量权的若干规定》❶ 和《北京市教育行政处罚裁量基准适用办法》❷ 的要求，科学合理细化、量化裁量权，完善适用规则，避免裁量权行使的随意性。

2. 《中国政法大学本科生学籍管理规定》

本规定第 21 条列举了"应予退学"的六种情形，《普通高等学校学生管理规定》第 27 条同样规定了"应予退学"的六种情形，但这些情形并不完全一一对应。比照上位法的内容来看，我校该规定没有对"学业成绩未达到学校要求或者在学校规定年限内未完成学业"这种情形进行规定，比上位法所规定的适用"应予退学"的情形较窄。上位法第 27 条是强制性规范，使用的是"应予退学"的表述，因此，该规定不应遗漏上位法已明确列举的"应予退学"的情形，建议补足。

3. 《中国政法大学学生听证及申诉办法》

该办法第 5 条对"可能给予留校察看以上处分的"学生申请听证的权利进行了规定，第 6 条规定"学生听证与申诉委员会在接到听证申请后，由主任在 3 个

---

❶ 京政发〔2007〕17 号，自 2007 年 7 月 27 日起施行。

❷ 自 2012 年 7 月 1 日起施行。

工作日内作出是否听证的决定"。

对可能基于留校察看以上处分的学生，申请听证是其享有的程序性权利。而学生申请听证以后，学校应当组织听证，而不是作出是否举行听证的选择决定。参考《行政处罚法》第 42 条的规定："行政机关作出责令停产停业、吊销许可证或者执照、较大数额罚款等行政处罚决定之前，应当告知当事人有要求举行听证的权利；当事人要求听证的，行政机关应当组织听证。"建议将第 5 条和第 6 条相关内容合并，并将第 6 条修改为："对可能给予留校察看以上处分的学生，应当书面告知其有申请听证的权利。学生申请听证的，学生听证与申诉委员会应当组织听证，并指定听证主持人，授权职能部门组织进行。"

另外，《普通高等学校学生管理规定》第 61 条将学生对有异议的处分决定提出申诉的时限限定在 5 日以内，而我校该办法第 6 条对于违纪学生提出听证要求的时限（3 天）明显短于上位法规定的 5 天，缩减了学生的程序性权利，增加了其义务。建议修改为将违纪学生提出听证要求的时限延长至 5 个工作日。

4.《中国政法大学学生公寓管理办法》

该办法第 14 条对学生使用违规电器的行为进行了禁止性规定。据学生反映，实践中，在学生宿舍发现违规电器时，一律予以没收。学校工作人员是否有没收违规电器的法定授权是值得推敲的。教育部与公安部在 2010 年联合发布的《高等学校消防安全管理规定》第 18 条规定：学生宿舍、教室和礼堂等人员密集场所，禁止违规使用大功率电器，在门窗、阳台等部位不得设置影响逃生和灭火救援的障碍物。除此之外，无论是《普通高等学校学生管理规定》还是《中国政法大学学生违纪处分条例》均没有赋予学校没收学生财物的权力。因此高校并不是没收学生财物，包括大功率电器的合法主体。建议修改为：

高校若发现学生在宿舍内使用大功率电器，高校可以在当事学生在场的情况下将其暂扣并向学生解释理由，高校须登记学生情况，妥善保管电器并在学生离校时归还学生。当事学生不在场时，高校须向寝室其他学生了解情况。对于正在使用的违规电器，可要求学生暂停使用并加以教育劝导。对于未使用的违禁电器，高校可要求学生自行妥善处理但不予没收，事后须向学生进行劝导教育。

该办法第 15 条禁止学生"在宿舍内存放、播放、传播违反法律规定的书刊及音像制品"。对比教育部制定的《普通高等学校学生管理规定》第 42 条和全国人大常委会制定的《治安管理处罚法》第 68 条，后者只对"制作、运输、复制、出售、出租"非法书刊和音像制品的行为进行了禁止性规定，❶ 并没有规定"存放"书刊及音像制品的责任。我校的该办法将禁止行为的种类扩大到了"存放"，扩大了处分的范围。

5. 有关于"通报批评"的适用条件

我校《学生违纪处分条例》第 4 条规定：学生有违反校规校纪的行为，但情节轻微不足以给予纪律处分的，应当由学生所在学院给予通报批评，督促其改正错误。其他规范性文件也使用了这种方式，例如《中国政法大学学生离校请假管理办法》第 11 条规定，学生未请假擅自离校 3 日以内的，给予通报批评或警告处分。尽管通报批评这种类型不属于正式的处分形式，但是它对于学生的声誉造成的影响不亚于警告这种处分形式造成的影响。《行政处罚法》虽然没有把通报批评纳入行政处罚的种类，但学界一般认为"通报批评"属于《行政处罚法》第 8 条第 7 项规定的"法律、行政法规规定的其他行政处罚"种类。尽管学生的违纪处分并不适用《行政处罚法》的规定，但通报批评这种方式对学生名誉权益可能造成的不利影响不容小觑。在《普通高等学校学生管理规定》中没有使用"通报批评"这样的字样，其中第 52 条规定，对有违法、违规、违纪行为的学生，学校应当给予批评教育或者纪律处分。因此，建议校方在拟定校规校纪时，谨慎使用"通报批评"的方式，更多地使用"批评教育"的方式。

6. 有关住宿条件

根据《北京高校学生公寓管理办法》第 16 条的规定，学生公寓室内生均使用面积，本（专）科生不少于 3 平方米，每室 4 至 6 人。据学生反映，我校部分学生公寓还存在 8 人间宿舍，不满足《北京高校标准化学生公寓标准》的相关规定。建议学校提高并改善学生住宿条件，满足以上两个相关规定。

（二）若干条款需要细化解释、明确适用条件

1.《中国政法大学本科生学籍管理规定》

该规定第 27 条规定"学生在学校规定年限内，未修完培养方案规定的内容，学校发给肄业证书"。对比《普通高等学校学生管理规定》来看，上位法规定必须在学满一学年以上退学的学生，发给肄业证书（第 34 条）。对于未满一学年的

---

❶ 参见《普通高等学校学生管理规定》："学生不得……传播、复制、贩卖非法书刊和音像制品等违反治安管理规定的行为"（第 42 条）；《治安管理处罚法》："制作、运输、复制、出售、出租淫秽的书刊、图片、影片、音像制品等淫秽物品或者利用计算机信息网络、电话以及其他通信工具传播淫秽信息的，处十日以上十五日以下拘留，可以并处三千元以下罚款；情节较轻的，处五日以下拘留或者五百元以下罚款"（第 68 条）。

学生，是否要颁发肄业证书，需要学校在规定中予以进一步明确。建议修改为"学生在学校规定年限内，未完成培养方案规定的内容，且学满一年以上者，学校发给肄业证书"。

2.《中国政法大学学生违纪处分条例》

该条例第 5 条对违反校规校纪的学生可以从轻处分的情形进行了列举，其中一项是"确系他人胁迫或诱骗，并能主动揭发，认错态度好"。在这个条款中，"主动揭发"的对象是他人胁迫或诱骗的行为，还是他人的其他违法违纪行为，指向不明。而且，"主动揭发"与"受胁迫或诱骗"是并列适用的条件，而非选择适用，这似乎对"可以从轻处分"的要求过重。建议改为选择使用，对揭发行为单设一项；或者将该项改为"有证据证明确系他人胁迫或诱骗，并能够积极配合调查、提供线索，认错态度好"。

该条例第 6 条对违反校规校纪的学生应当从重处分的情形进行了列举，其中一项是"同时有两种以上违纪行为（含两种）"。涉及两种及两种以上违纪行为的判断和适用时，可能会涉及竞合的问题，即一个行为触犯了若干个不同的规范，均构成违纪行为。例如《条例》第 31 条第 1 项"在建筑物、公用设备上乱涂、乱写、乱花、违章张贴的"行为同时触犯了第 31 条第 2 项"损坏校园公用设施的"行为。此时，应参考行政处罚法和刑法中关于竞合的理论，择一较重者进行处分，而不是适用两种以上的违纪行为分别处分或者从重处分。

该条例第 12 条对给予留校察看的学生给予开除学籍处分的情形进行了规定，即"经教育不改或察看期间又犯错误的"。第 16 条对一般情况下应当给予开除学籍处分的情形进行了列举，其中第 3 项规定"屡次违反学校规定受到纪律处分，经教育不改的"。在这两个条款中，"又犯错误"和"屡次违反"的表达都不具有很强的可操作性。又犯错误的错误的性质是违反校规校纪的行为，还是违反法律的行为？如果是违反校规校纪，那是什么程度的违规行为？轻微的还是严重的？另外，关于开除学籍处分的规定，上位法《普通高等学校学生管理规定》第 54 条并没有具体"屡次"所指代的次数，但高校规定宜对此进行细化，以便具有操作性。避免实践中因校规校纪所使用概念不明而产生纠纷。

该条例第 22 条规定"为作案者提供帮助的，比照作案者处理"。该条款中，"比照作案者处理"表述不明。比照刑法的有关规定，"从犯"所起的作用是次要或辅助的作用，应当从轻。

该条例第 24 条规定"未向学校请假或请假未被批准……擅自离校 4 至 6 个

教学日的，给予严重警告处分；擅自离校 7 至 9 个教学日的，给予记过处分；擅自离校 10 至 13 个教学日的，给予留校察看处分"。该条款中对擅自离校时间的计算方式表述不明：是必须连续计算，还是可以累计计算？如果可以间隔计算，是否需要设定一个时间段，还是说四年学制期间内擅自离校累计达到相应的天数，即可给予处罚？建议予以明确。

该条例第 30 条规定"伪造、变造、冒领、冒用、转让各种证件或证明文件的，视其情节、后果，给予严重警告以上处分"。该条款中规定"证件或证明文件"应当予以解释和细化，以便确立与行为的严重程度相当的处罚基准，毕竟该条款给予处分的幅度是"严重警告及以上的处分"，对学生的权益造成了相对较重的影响。

3. 《中国政法大学学生听证及申诉办法》

该办法第 4 条对学生听证与申诉委员会的人数和人员组成进行了规定。该条款对有关组成人员的规定不明确，15 名成员中包含教师代表 2 名，学生代表 2 名，分管学生、教学、保卫工作的校领导共计 3 人，职能部门 1 人，学院负责人 1 人，合计 9 人。其余人员组成并未明确，建议予以澄清或细化。

（三）若干条款合理性存疑

1. 《中国政法大学学生违纪处分条例》

该条例第 27 条规定学生"持有违规电器、易燃易爆物品的"，给予批评教育或警告处分。上文已经分析了对"存放"违法书刊和音像制品行为的处分问题；对于持有违规电器应受何种处分问题，上位法未做具体规定，因此该条款不存有是否抵触上位法的问题。然而，对"持有违规电器，给予警告处分"这种规定，学生反映处分过重，难以接受。如果仅是在宿舍里存放了未曾使用或暂时保管的应急灯等违规电器，就要接受警告处分的话，这似乎不符合比例原则，即处分和其行为的严重程度不相当。

2. 《中国政法大学学生公寓管理办法》

该办法第 14 条禁止在学生宿舍内安装床围。学生反映安装床围的行为在很多宿舍中普遍存在，其目的是在多人宿舍环境下形成学生自己的私密空间。多数学生认为该行为并不妨碍他人权益，应属于学生自主决定的范围。学校严禁安装床围的规定不仅过于严格，而且没有办法得到很好的执行。

3.《中国政法大学学生听证及申诉办法》

该办法第 15 条对听证笔录和评议意见的效力进行了规定。❶"听证笔录案卷排他"是正当程序原则的一个重要制度表现,指听证笔录是行政机关作出行政决定的唯一依据,未经听证的证据不能作为行政决定的依据。我校的《学生听证及申诉办法》没有规定这一重要制度,不无遗憾。建议修改为"学生工作领导小组及校长办公会应当根据听证笔录和评议意见作出处分决定"。

(四)若干表述不规范、不完整

1.《中国政法大学学生违纪处分条例》

该条例第 8 条所援引规范性文件名称为《中国政法大学考试违纪办法》,而相同文件第 25 条规定:"违反考试纪律及考试作弊的,按照《中国政法大学学生考试违纪处分办法》进行处理。"同一个文件中的两个不同条款所引规范性文件名称不统一,表述不严谨,容易产生误解。建议修改。

另外,该第 8 条对于违反《中国政法大学考试违纪办法》的学生的处分程序和普通违纪学生的处分程序进行了区分。从字面上解读,对于违反《中国政法大学考试违纪办法》的学生,应当给予警告、严重警告、记过的,由主管校领导批准决定。对于违反《中国政法大学考试违纪办法》的学生,应当给予留校察看处分的,按照一般程序,由学生工作领导小组研究决定。这种文义解释是否符合该条例制定者的本意,尚需进一步厘清。抑或此条表述上有遗漏,即对于违反《中国政法大学考试违纪办法》,应当给予留校察看处分的学生,也应当由主管校领导批准决定。

该条例第 9 条规定"违纪处分决定书由学校办公室以学校的名义统一行文,行文日期即为生效日期。"建议删除"行文日期即为生效日期"这句表述,并在第 10 条"处分决定由学生所在学院学生工作办公室送达受处分学生本人,并履行签字手续"后增加"送达即生效"的规定。

2.《中国政法大学违纪处分解除办法》

《普通高等学校学生管理规定》第 16 条规定"给予警告、严重警告、记过及留校察看处分的,经教育表现较好,在毕业前对该课程可以给予补考或者重修机会。"我校《中国政法大学违纪处分解除办法》中没有具体规定补考或者重修事宜,应给予进一步明确和细化。

---

❶ 第 15 条 听证评议员应当就听证的情况作出评议,并形成书面评议意见。听证笔录和评议意见是学生工作领导小组及校长办公会作出处分决定的重要依据。

（五）信息公开与公众参与须改进

教务处的网站上公开的是《中国政法大学学生听证及申诉规则》，学生处的网站上公开的是《中国政法大学学生听证及申诉办法》。二者名称不统一，内容也不一致，建议学校协调各部门清理其网页上公开的规范性文件，确保均为正确的、现行有效的规范性文件。

2005 年通过的《中国政法大学学生违纪处分条例》已经经过 2014 年 6 月 11 日第 8 次校长办公会予以重大修订，而教务处网页上公布的仍然是旧的《中国政法大学学生违纪处分条例》，学生处网页上公布的则是现行有效的版本。应及时更新教务处网站上公开的信息，保持不同部门信息公开的一致性。

学校在作出一些影响学生权益和生活便利的重大决策之前，应当遵循公众参与原则，引入学生参与，充分听取学生意见。例如有学生反映 2015 年春季学期学校对浴室进行整修时，正值夏季和期末考试季，这一整修决定因为事前未进行充分的听取意见，严重影响了学生的生活和考试复习，引发了学生的不满情绪。

（六）学生事务管理法治化的若干指标和整体建议

学校应积极制定校规校纪等规范性文件，凡是涉及学生基本或重大权益的事项，都应以书面规范性文件的方式规定下来，这一方面可以避免出现学校与学生之间的管理纠纷时无规可依，另一方面也可以为学生和相关管理人员提供行为标准和办事指南。

对现行有效的规范性文件，学校应责成相关职能部门及时梳理、清理和修订，并在网站上更新最终版本；对于已过时、失效、抵触上位法的规范性文件，应当及时废止或修订；加强各个职能部门之间的协调和沟通，避免不同职能部门出台相互抵触甚至冲突的规范性文件。

学校职能部门在制定涉及学生的重大权益的规范性文件之前，应当尽可能广泛地听取教师和学生的意见，并对拟出台的规章制度进行必要性和可行性的论证，避免规章制度在实施中出现反复和朝令夕改的情况。

规范规范性文件的语言表达，避免出现表述不清晰、模糊有歧义和语言不规范的情况，尽可能使用"立法语言"，提高"立法技术"。

培养学生社团的法治化思维，鼓励学生团体进行自治性管理活动，鼓励他们自己制定相关社团管理规范，通过清晰的法律语言的使用和表达，进行自我事务的规范和管理。

构建和谐研究生宿舍关系探索

刑事司法学院　　王红晓

摘　要　宿舍是研究生在校学习期间重要的学习、生活和社会交往的场所，宿舍成员间的联系紧密而频繁，成员间的差异性使他们在交往时产生摩擦和矛盾成为常态，本文尝试从提升研究生个体的宽容力、同理力和保持安全的交往距离等几个方面，提升研究生的人际沟通和交往能力，从而能够理性、有效地处理宿舍成员之间在交往中出现的问题和矛盾，构建和保持和谐的研究生宿舍关系。

关键词　研究生宿舍关系　宽容力　同理力

宿舍是研究生在校学习期间重要的学习、生活和社会交往的场所，对于文科专业的研究生来说，每天甚至有超过一半以上的时间是在宿舍里度过的，宿舍成员间的联系紧密而频繁，和谐的宿舍关系对研究生保持心理健康，顺利完成学业，提升人际交往能力和就业竞争力都有着重要的影响作用。

随着年龄的增长和经过大学本科阶段的进一步社会化之后，研究生的处事能力和人际交往能力已基本成熟，宿舍关系总体上来说是稳定和良好的，但是，研究生宿舍里的极端冲突却时有发生，造成了非常不好的社会影响。探索如何构建和谐的研究生宿舍关系，既是研究生群体的迫切需求，更是高校研究生思想教育工作者急需解决的重要课题。

一、研究生宿舍关系的重要性

研究生宿舍关系是研究生宿舍成员在共同的学习和生活中，通过语言和情感等相互交往而形成的关系，它以精神交流为主要内容，是研究生人际关系的重要方面。研究生在攻读学位期间，不仅要顺利完成学业，学会科学研究的基本方法和理论，也要进一步学习人际沟通的方法和技巧，为将来的事业发展奠定良好的基础。宿舍是研究生开展人际互动最直接、最便利、最有效的平台，宿舍关系的处理是人际处理的基础性锻炼，宿舍关系的好坏，是研究生人际交往能力高低的重要标志，直接影响到每个成员的学习、生活乃至心理健康。

（一）良好的宿舍关系有助于研究生保持身心健康

研究生阶段主要是提高研究生的科研能力，集中授课相对本科阶段而言有了大幅度的减少，大家更多的要靠自主学习和研究，来找到自己的研究兴趣和方向。这个特点也使得对研究生而言，更多的活动地点会安排在宿舍里，宿舍不仅是休息和生活的地方，也是学习和搞科研的重要阵地。同宿舍的同学抬头不见低头见，大家的联系和交往直接、频繁、琐碎而无可回避，如果大家关系良好，能够正确认识和处理各种问题和矛盾，那么宿舍就能给每个宿舍成员带来归属感和安全感，促进共同成长和心理健康。同时也要看到，由于研究生的生源多样化和差异性，比如有的是应届毕业生，有的是工作多年后选择继续深造的同学，有的人读研究生是为了在社会上找到更好的工作平台和职务，有的同学却是为了将来从事科研工作，他们在考研究生之前所就读的本科院校更是覆盖全国各地，这些背景和内在驱动力的差异因素，决定着他们在思想观念上存在着较大的差异，摩擦、矛盾的产生和存在成为常态，如果在与宿舍同学的交往中不能及时理性而有效地处理各种矛盾和问题，就会导致宿舍关系不良，进而增大心理压力，甚至会导致病态心理，严重影响身心健康，所以说，"良好的人际关系使人获得安全感和归属感，给人精神上的愉悦和满足，促进身心健康；不良的人际关系使人感到压抑和紧张，承受孤独和寂寞，身心健康就会受到损害。"❶

（二）良好的宿舍关系有助于研究生学业成功和未来事业的发展

戴尔·卡耐基在其《人性的弱点》一书中指出："一个人事业的成功，约有85％是由于人类工程。"❷ 这里所说的人类工程就是人际关系和处世技巧。可见，良好的人际关系对于人的生活、事业都十分重要。研究生处于青年时期，大家在追求学业上进步的同时，希望能获得综合能力的提升和将来事业发展的人脉资源，而人际交往能力是综合能力的重要组成部分，研究生阶段提升交往能力最直接、最安全有效的平台和场所正是研究生所在的宿舍，大家在提升交往能力的同时还可以获得大量信息，得到对自己学习、生活和就业有价值的信息，这些信息本身就是机会和财富。

（三）与宿舍同学的良好交往是研究生认识自我，完善自我的重要渠道

与宿舍同学的交往可以帮助研究生提高对自己的认识，以及自己对别人的认

---

❶ 吉红，王志峰：《大学生心理健康与调试》，中央编译出版社，2006 年版，第 125 页。

❷ ［美］戴尔·卡耐基：《人性的弱点》，翟文明译，光明日报出版社，2005 年版，第 4页。

识。彼此从对方的言谈举止中认识了对方，同时，又从对方对自己的反应和评价中认识了自己。交往越深，对对方的认识越完整，对自己的认识也越深刻。只有对他人的认识全面，对自己的认识深刻，才能得到别人的理解、支持、关怀和帮助，自我完善才可能实现。

二、研究生宿舍交往的特点

一般来说，一年级的研究生在与同宿舍的同学的交往过程中相互间的亲融性和积极性要高于其他年级，这是由于大家刚刚进入研究生阶段，虽然大家背景、年龄、经历不同，但是都面临着适应新环境、结交新朋友、学习新课程的共同任务，这些新任务已让大家自顾不暇，自然希望有融洽的宿舍关系，以避免后顾之忧。

研究生二年级是宿舍关系相对稳定的时期。随着对环境的逐步适应和学习生活步入有序的轨道，大家有了一定的时间和精力来了解宿舍舍友，展示自我，发展友谊，宿舍里的好朋友基本上是这个阶段发现和培养起来的。

到了研究生三年级，研究生宿舍里的人际冲突明显高于前两年，最主要的原因是随着时间的推移，宿舍成员的真实性和优缺点渐渐显露出来，彼此间的利益竞争和冲突也越来越多。舍友之间都面临着奖学金的评选、党员发展、学术发展、就业机会的把握和获得等，相互间更多的是处于竞争的关系之中，从而导致了矛盾的转移和容忍度的降低，引起较多宿舍人际关系方面的问题。

三、研究生宿舍交往中的常见问题

从多年实际观察的情况来看，生活琐事、学习和就业是研究生们在宿舍内讨论最多的三个话题，也是研究生在宿舍交往中最容易发生矛盾、出现问题的三个方面。

生活琐事是宿舍同学间交流最多的内容，也是矛盾最集中的地方，矛盾解决不好就容易出现问题和偏差。生活琐事中最常见的矛盾有：作息习惯方面，有的人习惯早睡早起，而有的人却是典型的"夜猫子"；有人喜欢开窗通风，只要天气允许，一天二十四小时开窗也不嫌多，而有人却不喜欢风吹，或者认为开窗容易把灰尘带进宿舍，总是喜欢门窗紧闭；有人有午睡的习惯，有人却要利用午休时间洗衣服整理内务；有人私人物品特别多，占用大量的公共空间，有人却喜欢简洁的居住环境；有人在谈恋爱的过程中，恋爱对象移情别恋同宿舍的他人，或者认为是由于同宿舍的舍友的原因而导致分手，等等。说起来这些都是生活琐事，但是由于在生活中经常发生，甚至每天都会发生，所以如果处理不当，积累时间长了，宿舍舍友之间就难以维系顺畅的相互关系，从而影响情绪，甚至会带来强烈的压抑和被排挤的感觉，对生活和学业均造成不好的影响。

专业学习是每个研究生的基本任务，也是他们攻读研究生的初衷。由于专业特点，和网络资源的丰富性，文科专业的研究生往往把宿舍作为进行科研的重要阵地。同宿舍的同学的学术交流也是相互交往的重要内容，通过思想的交流和学术火花的碰撞，相互启迪和丰富学术研究的思路和方法。与此同时，学术交流中出现的新思路、新观点和新的研究方法往往会引起大家的共鸣，那么，如果最先提出想法的同学尚在酝酿构思的过程中，而同宿舍的其他某位同学却将交流中受到的启发迅速转化为学术成果发表，那么最先提出来的同学往往会有学术思想和成果被剽窃的感觉。在奖学金的评选过程中，大家的成绩相差不多，科研成果的些微差距或者综合素质的微妙差异而导致评选结果上的大相径庭，也会导致同宿舍的同学之间产生龃龉。还有学术论文发表方面的信息共享和推荐环节，比如一个舍友在某个期刊上发表了一篇学术论文，之后推荐同宿舍的同学在此期刊上发表论文，可是由于种种原因结果没有成功，那么，宿舍同学的不满和猜疑也往往接踵而至，结果事与愿违。

能否成功就业是研究生综合素质的重要体现。同一宿舍的研究生往往专业相同和接近，即便不同专业的研究生，大家的基本素质和学术水平也很接近，在就业目标上有很大的相似性和趋同性。那么在毕业季，在找工作的过程中，在宿舍同学之间不经意的闲聊中，就业信息就可能被"窃取"，就业机会就可能被"抢走"。这种事情一旦发生，矛盾往往很难解决，甚至会导致较为严重的后果。还有的同学由于一些机缘而获得了一些就业信息，本来这些信息是要其通知其他同学的，可是处于竞争和私心，或者在无意中忘记而没有告知宿舍里的其他同学，等等，这些都是同宿舍的研究生在就业过程中容易出现的问题。

四、研究生宿舍交往中出现问题的原因分析

同宿舍的研究生之间由于地域原因和交往上的频繁性，导致他们之间不可避免地总会出现这样那样的矛盾和问题，梳理一下引起这些问题的原因，主要是由于彼此之间较大的差异性和人际沟通技巧的缺失。

首先，同一宿舍的研究生来源多样，有本校直读的，有外校考入的；有本科毕业直接读研究生的，有参加工作几年后才考上研究生的；有脱产读研究生的，有在职攻读研究生的；有准备毕业后继续搞科研的，有准备毕业后进入党政机关的，还有计划去公司发展的；有已经结婚甚至生子的，有未婚甚至还没有谈过恋爱的等，他们之间的差异性是客观的存在。

其次，同一宿舍的研究生在性格和习惯方面存在着差异，没有哪两个人的性格和习惯完全相同，再加上舍友来源的多样性，这方面的差异就会更加明显，大家的作息习惯、卫生习惯、饮食习惯都会有一定的差别，性格方面有的内向，有的外向，有的爱独处，有的有很强的乐群性，等等，这些都是导致研究生在与同宿舍的同学交往中出现矛盾和问题的重要原因，也决定了研究生之间的矛盾和冲突是常态的存在。

最后，人际沟通技巧的缺失。宿舍同学一起聊天的时候，有人会感觉自己像个局外人；有的舍友说话或做事伤害了别人的自尊，自己还一副无辜和不知情的样子；有的同学不管遇到什么问题，都只从自己的立场出发，活在自己的世界里，把自己的想法当别人的想法；有的同学在宿舍内开玩笑，由于相互关系很熟而不注意分寸，往往导致其他人的尴尬和羞恼，等等。这些原因看似琐碎，但是2013年震惊世人的"复旦大学投毒案"就是因为宿舍生活中的琐事积累和沟通障碍所引起的极端恶性事故，这类暴力事件虽然只是少数，但是其所折射出来的问题却是高校研究生思想工作者需要关注的重点。

五、提升研究生的宽容力和同理力，构建和谐的研究生宿舍关系

从研究生宿舍交往的特点和研究生宿舍交往中的常见问题及原因分析可以看出，宿舍里的矛盾大部分都是研究生日常生活中的琐事引起的，是每个研究生每天都必须面临而不可逃避的，所以应该从研究生个体入手，让每个人都从自身做起，掌握一些在研究生宿舍交往中必须具备的基本的交往技巧和能力。具体来说就是学校要加强心理学知识的教育和相关课程的设置，研究生本人也要加强相关的心理学知识的学习和运用，在与宿舍同学交往时以宽容为出发点，锻炼和提升自身的同理能力，同时保持适当的交往距离，从而达到相互间有效沟通，顺畅地处理宿舍交往中遇到的问题和矛盾，建立和谐的研究生宿舍关系的状态。

（一）提高研究生的宽容力

宽容，是一种在差异中共存的基础和方式，是"行为主体对其不喜欢或不赞成的行为、信仰和行为方式有能力干涉却不干涉的一种克制"。[1] 宽容力就是以宽容的心态去看待和处理人际关系中的矛盾和冲突的能力。研究生在宿舍交往时容易产生矛盾最多的方面就是日常琐事，以宽容为本，就是要求研究生在处理彼此之间这些非原则性的日常琐事时，要严于律己，宽以待人，要看到彼此之间的

---

[1]　刘曙辉：《宽容：如何在差异中共存》，上海三联书店，2013年版，第43页。

差异性是必然存在的，要允许宿舍舍友对同一件事情有不同的看法和意见，即使遇到自己有理的事情，也要注意适当退让，容许别人出错和改错，而不要得理不饶人。

宽容是在尊重同宿舍研究生具有多样性的基础上寻求和谐共处的方法，并不是无原则的放纵，在重要问题和涉及法律法规的原则性和法律性的问题上，还是要坚持原则和遵守法律的。

（二）着力提升研究生的同理力

同理力是指在与人交往时能够用同理心去理解对方，就是能够站在对方的角度，设身处地地理解对方的一种能力。同理心也叫共情，是心理咨询的一种技术，是指咨询师在接待来访者时"一边倾听来访者的叙述，一边进入来访者的精神世界，并能设身处地、感同身受地体验这个精神世界，然后跳出来以语言准确地表达对来访者内心体验的理解"。❶ 一般的研究生（心理学专业的除外）既不是专业学习心理学的，也不是专业的心理咨询师，所以并不需要做到这么专业，只是要掌握同理心的一些基本的方法和思路，提升自己与宿舍同学交往时换位思考的意识和能力。具体来说，就是以了解和肯定宿舍同学都有不同的成长背景、性格和行为方式为基础，在与同宿舍的舍友交往时，遇到任何摩擦和冲突，都尝试着站到对方的立场，用对方的思路去思考其行为背后的原因，然后再做判断和处理，也就是通常所说的换位思考。

同宿舍的研究生之间互相比较了解，彼此之间的差异性和不同点也是一目了然，那么彼此之间有冲突也就很正常了，遇到冲突，不要不自觉地从有利于自身的角度去理解问题，而是要学会换位思考，设身处地地体验对方的感受和心理路程，这样才能了解他（她）到底为什么会这么做，从而体谅和尊重对方，达到和谐共处的目的。美国著名的人际关系学大师卡耐基也说过："让我们尽量去理解别人，而不要用责骂的方式吧！让我们尽量设身处地去想——他们为什么要这样做。这比起批评责怪要有益、有趣得多，而且让人心生同情、忍耐和仁慈。"❷

在锻炼和提升同理能力的时候要注意有同理心并不是要求与对方有同样的心理和处世方式，而是一方面要站在对方的角度，以对方的心理框架为基础去理解和体验对方的感受，达到理解和接纳对方情绪和行为的目的，另一方面又要能够

---

❶ 刘宣文：《心理咨询技术与应用》，宁波出版社，2006 年版，第 50 页。

❷ ［美］戴尔·卡耐基：《人性的弱点》，翟文明译，光明日报出版社，2005 年版，第 30 页。

跳出对方的角度和处世方法，看到其不合理的方面，用自己更为理性和合理的方式，在不伤害正常交往关系的基础上，表达自己的情感和看法，处理矛盾和冲突，也就是要做到"求同存异"。

（三）保持安全的交往距离

同宿舍的同学关系很自然会比较亲近，但是要知道，同宿舍的研究生之间的关系从根本上来说是一种竞争性的合作关系，所以在交往中要注意保持一定的安全交往距离，正确处理竞争与合作的关系。到底什么样的交往距离才是安全的呢？每个人的理解都有所不同，但是在宿舍交往中，最基本的就是要做到既不能因为关系密切就毫无保留地把自己的一切完全告知对方，也不能要求别人完全"透明"，更不应该随意地侵犯对方的隐私，彼此在思想上、空间上和行为上都保持一定的独立性和私密性，在交往中既有互帮互学，又有个性发展和科研的私人领域，在合作中竞争，通过良性竞争达到互利共赢，和谐发展。

综上所述，研究生应该通过各种途径学习掌握一些人际交往的基本技巧，在宿舍交往中要时刻把握人际交往的黄金法则："你希望别人怎样对待你，你就应该怎样对别人。"以宽容之心对待宿舍同学之间的差异和矛盾，用同理心来理解和处理宿舍交往中的冲突和矛盾，锻炼和提升自身的同理力，与此同时保持安全的交往距离，相互宽容，相互谅解，相互支持，这样就能建设和保持和谐共容的研究生宿舍关系，使研究生宿舍成为研究生成功完成研究生阶段的学业，提升人际交往能力和综合实力，保持心理健康的平台和阵地。

培育精准化资助工作理念，构建高校
贫困生精准化资助教育体系

政治与公共管理学院　张艳萍

摘　要　高校资助工作在助力学生顺利完成学业，最终实现贫困学生家庭逐渐脱贫等方面做出了重要贡献，一些高校在实践中也总结了许多优秀经验和方法。但当前，高校资助工作仍然存在程序不严谨、不规范，量化分析手段和方法单一等问题。当前，结合高校资助工作实际，深刻学习、领会习近平精准化扶贫思想，积极构建高校精准化校院二级资助体系，是高校在新阶段实现资助工作科学化、精准化、育人化的重要任务。

关键词　精准化扶贫思想　高校资助工作　精准化资助体系

随着我国经济进入新常态，解决贫困问题也进入攻坚阶段，这是 2020 年我国实现全面建成小康社会目标的关键之役。为此，党的十八大以来，习近平总书记对国家贫困治理问题先后提出一系列重要论述，即习近平的精准化扶贫思想。精准化扶贫就是要求各级政府和组织转变扶贫工作思路，由以往"大水漫灌"的粗放式扶贫向"规划到村、帮扶到户、责任到人"的精准扶贫的思路转变，全面落实范围精准、对象精准、任务精准、目标精准、措施精准和责任精准的"六个精准"❶，真正实现"看真贫、扶真贫、真扶贫"。

高校是为国家培养优秀人才的主要阵地。帮助少数贫困学生缓解经济困难、疏解其心理和精神压力、助力贫困学生健康成长成才，是当前高校贫困生资助的核心工作。然而，高校学生资助工作也存在审核标准简单化、工作效果看重数量轻视质量、重视宣传效果轻视学生受益、重视群体忽视个体差异、物质资助为重、主动教育引导学生健康成长为轻等问题。当前，结合高校资助工作实际，深刻学习、领会习近平精准化扶贫思想，积极构建高校精准化校院二级资助体系，加强贫困生个体化教育、辅导工作，助力贫困学生健康成长成才是高校在新阶段

---

❶　习近平 2015 年 6 月在贵州调研讲话。

实现资助工作科学化、精准化、育人化的重要任务。

一、培育精准化资助工作理念，保证高校资助工作的公平性

（一）精准化理念是习近平精准化扶贫思想核心要义

习近平精准化扶贫思想的内容包括了精准识别、精准帮扶、精准管理和精准考核，其核心要义就是精准化理念，要求将精准化理念作为扶贫工作的基本出发点，贯穿于扶贫工作的全过程。❶ 高校学生资助工作是助力贫困学生健康成长成才的重要环节，面对助学资金的相对有限，能否最大限度做到"看真贫、扶真贫、真扶贫"，实现助学资金配置的公平性和贫困生思想教育、能力建设的并重是构建高校精准化校院二级资助体系最重要的价值追求。

（二）具体问题具体分析，分类分批解决贫困人员脱贫问题是习近平精准化扶贫思想的基本工具

在当前高校资助工作评价机制趋优价值导向下，关注弱势学生，加强校园二级资助工作人员分类分批理念教育是构建高校校院二级精准化资助体系的基础工作。

当前社会主流所推崇的现行资助标准体现了资助政策的"趋优"导向。❷ 当前国家和高校的大多数资助评选中，学业成绩作为最能量化考评的手段以刚性条件的方式成为资助对象筛选的重要依据。很多社会资助也都选择资助学习成绩较好的贫困生，这使得成绩较好的学生始终处于多种形式资助的参选范围之内。重复评选、重复获得资助，部分学习成绩优秀、积极进取、品学兼优的贫困学生由于符合社会公共选择标准的价值偏好，普遍成为现行政策安排的受益者。但是从数量上看，这部分学生仅占贫困生中的少数，而且并不一定是贫困生中程度最困难的，但贫困资助力度却最大。目前这种鼓励先进，资助成绩最优秀贫困生的评选标准固然有一定的积极意义但深层意义上是社会包容的缺乏和评价机制的单一。这将导致贫困生群体两极分化，那些来自偏远、欠发达地区的部分学生，由于原有不均衡的教育资源，使得他们在社会阅历、心理适应以及学习能力上原本的弱势形成"劣势积累"，学业评价的压力导致经济资助的不到位，经济、学业的双层压力导致学生心理、人际关系互动的不自信，在物质和精神扶助均不到位的校园环境中，达不到品学兼优的贫困学生逐步被忽视甚至被嘲弄，从而丧失信

---

❶ 唐任伍：《习近平精准扶贫思想阐释》，人民网—人民论坛，2015 年 10 月 21 日。

❷ 刘佳：《新资助体系下的助困资源公平分配制度探新》，载《黑龙江高教研究》，2009 年第 9 期。

心和求助的勇气，陷入了边缘化的境地。对这部分学生，关注和关爱是实现高校精准化助贫的应有之义。另外，学生来自五湖四海，每个学生的生活背景、家庭情况、个体差异的不同，背后的致贫原因不同，对贫困学生进行科学认定、分类分批帮扶和教育是实现高校助学工作不让一个学生掉队的精准化理念的具体体现。

（三）精神脱贫理念是习近平精准化扶贫思想的战略重点

所谓扶贫先扶志，关注贫困学生心理健康，加强对学生的诚信教育、价值观引领和能力建设是实现贫困学生健康成长成才的主观动因。当前高校资助工作要转变重视物质资助轻视教育和培养的工作思路。通过加强对贫困学生的关心和教育，激发贫困学生的主观能动性，坚定其改变困境的信心，帮助贫困学生充分发挥自身优势。实现学生在精神上脱贫是构建高校精准化校院二级资助体系的战略重点。

高校是人才培养的中心，是国家和社会智力财富的基地。正如习近平总书记所言，"把贫困地区孩子培养出来，这才是根本的扶贫之策"❶。每一个贫困学生都来自一个贫困家庭，都是这个家庭实现脱贫致富的主要希望。高校助学工作更应该营造和谐的助学育人环境，在保证物质资助到位的基础上，投入更多的力量到引领贫困学生健康成长成才工作上来。通过关注贫困学生的心理健康教育、学业帮扶和思想引领，培养学生树立正确的贫困观，养成积极乐观、自立自强的品格和毅力，顺利完成学业。加强贫困学生的职业规划与创业教育的培训使学生通过自身努力获得较好的工作机会，实现充分就业，进而实现个人和家庭脱贫。

二、构建高校精准化校院二级资助教育体系，助力学生健康成长

尽管近年来国家和省市及高校逐渐细化资助对象，更有针对性地分配资助力量，同步也提倡分类资助和科学认定的理念，但受益的贫困生主要还是学习成绩优秀的学生，对其他普通贫困生或经济、学业双困学生的关注不够，究其原因就在于没有建立完善的精细化资助机制。对精准化助学理念的认识，不能仅仅停留在具体工作层面上，而是应该提升到建设完善的高校资助体系的高度，同步在资助教育体制机制和政策体系中坚决贯彻。

（一）全方位科学设计精准化资助的工作流程

根据习近平精准化扶贫思想的指导，高校资助工作的工作流程主要包括精准认定、精准帮扶、动态管理与教育和精准考核四个环节。要分别设计不同阶段助

---

❶ 《习近平的"扶贫观"：因地制宜"真扶贫，扶真贫"》，人民网，2014 年 10 月 17 日。

学工作的精准化工作标准和方法，精准到人、规范资助、个性化指导教育、科学化考核。

作为资助工作的首个环节，高校贫困生认定工作是实现资助公平性的核心。要总结传统高校的贫困生认定实践经验，根据高校贫困生资助工作目标的需要，全面、科学地重塑传统的高校贫困生认定机制的方式、方法与程序，积极构建公平为先兼顾效率，规范透明、标准量化、弹性约束、目标精准的精准化资助认定工作机制。规范资助工作内容形成政府扶贫、贷款助学、贫困生基金、勤工助学、精神扶持、成功教育、能力建设等途径在内的高校精准化校园二级资助工作体系。

（二）形成高校精准化校院二级资助教育体系

首先，从开源方面，争取更多的资助资金。国家要继续加大对教育资金的投入，特别是加大教育资金中贫困资金的比重，保证贫困学生受众面和受众力度。高校要呼吁和争取社会多方力量关心教育资助事业，积极实现资助来源的多样化，整合企业资助、个人资助、社会团体资助等各种资助力量，同时，建立良好的校企双向合作互动机制，一方面高校鼓励企业为高校学生提供勤工俭学的实习机会，同时高校也主动为企业推荐优秀的贫困毕业生，实现双赢，以达到最终实现帮扶贫困学生的目的。

其次，制定科学的精准化资助政策体系。随着高校实行校院二级管理机制，高校资助工作也处于校院二级资助工作机制中。作为学校资助部门应该适应高校贫困学生现状和变化，积极探索制定出完整、科学的精准化资助政策体系与机制。高校精准化资助政策体系应当兼顾统一性和灵活性。一方面，政策体系必须要在全校范围内保持一致的政策强度，保证每个学院整体资助工作的规范性和有序性。另一方面，各学院因为专业划分、贫困学生数量、来源、少数民族学生情况、贫困生的贫困程度、特点等都存在差异，因此应该允许和鼓励各学院因地制宜、因人定策，灵活开展个性化的资助教育工作。

最后，形成针对性、个性化的贫困学生教育体系。通过精准认定、深入了解贫困学生贫困原因和问题，对贫困学生因材施教，针对性展开帮扶和教育。高校特别是学院针对不同贫困生的特点及问题，给予学生温暖和关怀的同时，重点要对贫困生进行思想引导工作，让贫困学生树立自立、自强、自信的价值观，铲除贫困生滋生"等要靠"心理的土壤，对于确有学业困难的学生，要多措并举引导他们努力学习，端正他们学习的态度，激发起他们学习的动力；对于学习压力过大的学生，高校可以针对性地开展心理健康辅导，给他们做减压的思想工作，重新振奋他们的精神，使他们奋发图强，努力成为合格优秀人才。

浅议"精准扶贫"思想指导下的
贫困大学生认定

政治与公共管理学院　　施春梅

摘　要　国家提出了"精准扶贫"的政策和要求,贫困大学生也同样存在"精准扶贫"的问题。大学生"精准扶贫",关键在于精准识别。贫困大学生的认定和资助上也存在精准度不够的现实问题。地方政府在推进"精准扶贫"工作上有很多做法值得高校在贫困大学生识别、认定上借鉴。各高校在贫困大学生"精准扶贫"上推出了很多有创意的做法。建议通过改进认定主体、完善识别程序、建立动态化管理,最终形成有定量数据支持、定性描述清晰、贫困程度分级、动态化的贫困大学生名单库,针对性地给予帮扶措施,从而在"精准扶贫"思想指导下把大学生贫困生认定与帮扶制度化提升一个新台阶。

关键词　精准扶贫　贫困大学生　认定

精准扶贫思想的背景是,目前仍有很多贫困人口因为扶贫政策缺乏精细化而导致覆盖不到位,一直存在一定规模的贫困人口,而这种状况一方面与我国"共同富裕"的发展理念不一致,另一方面也与我国要在 2020 年全面建成小康社会的目标有差距。因此,就要真正让还在温饱线下的贫困人口脱贫,把全面建设小康社会道路上扶贫工作的"最后一公里"完成。这是习近平总书记提出精准扶贫思想的背景和核心要义。

全国扶贫工作中存在的问题,在困难大学生资助问题上同样存在。尽管在国家和社会各方力量的共同作用下,贫困大学生能够得到各种形式的帮助。但是,仍然存在部分最贫困的大学生享受不到国家和社会资助贫困大学生的甘露,或者受资助的力度不够。要让真正贫困大学生得到更大力度的帮扶,是在精准扶贫思想指导下把握好贫困大学生资助问题上的核心要义。而对大学生的精准扶贫也能有效地解决其家庭存在的因孩子上学导致的贫困加深或者因学致贫的问题。

而精准扶贫的一个核心要点就是要通过恰当的程序或者过程准确界定贫困人口。本文就试图在精准扶贫思想的指导下探讨如何通过科学的方法和合理的过程来准确锚定贫困大学生。

一、大学生贫困界定上的现实问题

国家对贫困家庭、贫苦人口进行的扶贫，是一项重大的社会工程，也是党中央国务院高度重视的一项工作。国家之所以提出了"精准扶贫"的思想和要求，也是针对现实中扶贫对象瞄准精准不高的问题。扶贫对象不准，可以归纳为三种类型的误差：一是"弃真型"误差，即符合条件的目标群体没有全部受益；二是"存伪型"误差，即不符合条件的人享受到了社会政策；三是平衡性误差，即往往在对目标人群的帮扶上搞平衡，实行平均主义，导致真正应当得到更大力度支持的贫困人口得到的仍然是平均支持。这种平均主义在扶贫工作中就会导致实质上的扶贫力度不到位，导致最贫困人口无法真正脱贫。❶ 以上三种在社会扶贫上存在的误差，在贫困大学生资助中同样存在。

目前，部分高校对贫困大学生的识别工作还比较粗放，不够精细。主要表现在：①对大学新生贫困生的识别主要依靠入学时的"绿色通道"及后续学生的个人申请。很多家庭并不很困难的学生也拿到了贫困证明，相反，很多家庭困难学生没有通过绿色通道入学，也没有携带民政部门出具的家庭困难证明，入学后一比较，才发现自己比申请困难补助的同学还困难，因此，这种方式不能全面反映贫困生的真实情况。②对大学高年级贫困生的认定，除了申请学生提供的相关民政部门的贫困证明外，负责该工作的老师一般会采取提前向宿舍同学了解、与本人谈话、组织一定规模的评定小组等方式来确定贫困生以及其贫困程度。但仍然存在个别学生隐瞒、真正贫困的学生不愿申报、不是贫困的学生善于表现等情况，导致个别识别不准。③动态管理不足。很多同学一入学时家庭困难，后来家庭好转了还继续拿着补贴，而有些入学时家庭不错的同学，因家庭的一些变故致贫，但因为制度的僵化或者指标有限的问题，很难拿到足够的资助。即使有高校采取"临时补助"的救济，但名额比较有限。④资助层次简单。对于家庭困难的程度，一些高校往往不对大学生家庭实际情况进行走访调研，而是采取书面审查的方法，导致在给予困难同学补贴时，很多时候采取不做实质审查，而平均主义的办法。即使有分"特困与一般贫困"的等级，但等级资助的力度没有拉开合适的差距。

对贫困大学生的界定，国家相关主管部门有相应规定，而各高校一般在实践中又发展出了自己的一套做法。关于贫困生的界定，在政策法规上的依据是教育

---

❶ 参见左停，杨雨鑫，钟玲：《精准扶贫：技术靶向、理论解析和现实挑战》，载《贵州社会科学》，2015年第8期，第157页。

部、财政部 2007 年联合下发了《关于认真做好高等学校家庭经济困难学生界定工作的指导意见》（教财〔2007〕8 号，以下简称《家庭困难学生界定指导意见》）。该意见规定了家庭困难学生认定的适用对象、工作原则、组织机构、认定标准、认定程序。该意见应该成为高校认定家庭经济困难学生的指南，但由于该指导意见仅仅是行政指导性质，且可操作性不是很强，实践中的情况更为复杂，因此各高校在实际操作中一般都会有更加细化的规定和更加灵活的处理。

贫困生的界定，一般综合采取定性和定量分析两种方法❶。根据《家庭困难学生界定指导意见》，"家庭经济困难学生是指学生本人及其家庭所能筹集到的资金，难以支付其在校学习期间的学习和生活基本费用的学生。"因此，无论通过何种调查和获取信息的手段，最终得出"入不敷出"结论的学生就是家庭经济困难学生。但如何得出结论，就需要通过各种定量分析的方法，国内有学者提出了"应用模糊聚类分析划分贫困生的贫困家庭类型""基于模糊 C 均值聚类方法对高校贫困学生家庭进行特性分类""用层次分析法（AHP）模型来评判学生贫困程度的方法""居民最低生活保障线比照界定法""学生平均消费水平界定法"等定量分析方法。❷

综上，贫困大学生的界定上还确实存在一些现实问题，距离"精准扶贫"的思想和要求还有一定的差距。各高校可以在"精准扶贫"思想指引下，借鉴社会扶贫中"精准扶贫"的有益经验，改进大学贫困生界定工作。

二、精准扶贫的政府实践对贫困大学生界定的启示

在全国开展精准扶贫的实践中，不少地方政府根据党中央的精神，制定了适合本地方的精准扶贫政策，采取了有效的办法并取得了良好的成效。这些实践做法值得高校在贫困大学生识别中选择性地借鉴。

广东省在精准扶贫中积累了一些先进经验，在准确识别扶贫对象上采取了扶贫干部进村入户排查的方法，识别过程被形象地总结为"望闻问切"："望"，就是目测贫困户的居住条件、家庭生活情况，初步确定其贫困程度及是否达到扶贫标准；"闻"，就是向镇村干部、左邻右舍从侧面了解贫困户的基本情况；"问"，

---

❶ 彭仲生，罗筑华：《贫困大学生科学界定探新》，载《湖南科技学院学报》，2005 年第 10 期，第 142—143 页。

❷ 彭仲生，罗筑华：《贫困大学生科学界定探新》，载《湖南科技学院学报》，2005 年第 10 期，第 143 页。

就是详细询问贫困户的收入水平及致贫原因等；"切"，便是为贫困户把好脉，量身定制操作性强、行之有效的帮扶方案。❶

另如，湖北荆门精准识贫上采取了"四清""五评""六看"的评估识别办法。"四清"即贫困人口和人口结构清、贫困原因清、贫困程度清、有无脱贫能力清。"五评"即农户自评、群众互评、专班测评、张榜公评、集中确评。"六看"即一看房、二看粮、三看劳力强不强、四看有无读书郎、五看有无"病快快"、六看有无啥家当。❷

以上"望闻问切""四清""五评""六看"程序设计大部分也可以在贫困大学生的识别中使用，比如通过对大学生材料的审阅、大学生日常消费的观察（比如，有理工高校采取了直接给连续3个月一卡通消费低于某一金额的学生补贴的办法）、同班同学的反馈、老师对贫困大学生的调查了解等都是可以采用的，但是也有一些方面的办法不宜在贫困大学生识别中使用，比如公开测评、张榜公布这种方式，就不适宜在贫困大学生中使用，这涉及对贫困大学生自尊心的保护，值得注意。

在国外的发展研究领域已有较多的研究证明当外部资源输送进入社区时往往会出现"精英捕获"的现象。精英捕获是指本应该惠及大众的资源被少数群体常常是政治或经济上有权力的集团占有，从而导致在政治和经济上权力较弱的集团的利益受到损害的现象。这种现象在扶贫实践中通常在村庄层面表现为扶贫资源向经济基础好、容易出政绩的村倾斜以及在村庄内部表现为"扶富不扶贫"。❸如果在贫困大学生识别中工作不细致，也可能导致这种情况发生，常见的情况是"会哭的孩子有奶吃"，有的学生因为是班级干部或者性格比较外向或者在争取资源方面比较主动等原因，可能在贫困生认定上比较容易得到更多的资源，而实质上很可能有些学生的困难情况要比这些"近水楼台先得月"的学生更为严重。这尤其需要负责贫困生资助的班主任、辅导员、党团系统干部在具体审查时注重调查研究，多方面"望闻问切"，切忌不搞调查研究、切忌听信一面之词，在贫困生的认定上做到程序（过程）充分、实质（结果）公正。

❶ 唐园结，焦宏，曹茸，付伟，孙永健：《"精准扶贫"的广东先行探索》，载《农民日报》，2014年6月25日。

❷ 胡晓莉：《精准扶贫，首先要知道这些》，载《荆门日报》，2015年10月20日。

❸ 左停，杨雨鑫，钟玲：《精准扶贫：技术靶向、理论解析和现实挑战》，载《贵州社会科学》，2015年第8期，第158页。

在政府推进精准扶贫工作中，会面临很多问题，比如，贫困村与贫困户的关系问题，贫困农户识别中其他村民参与不积极的问题，因为部分贫困农户是懒惰致穷时扶贫工作中的公正性问题，扶贫资金使用方向是倾斜于致富项目还是提供直接物质支持（造血与输血的关系或者送白菜还是送种子的问题）的矛盾问题，等等❶，这些方面是贫困大学生的识别、帮扶过程中所不太突出或者没有的。贫困大学生的形成原因比较单一，就是由于家庭困难，在帮扶资金的提供上，也基本是直接提供物质帮助。因此，相比较而言，贫困大学生的识别要相对简单，直接识别到个人，对贫困大学生本人进行帮扶。但是，社会上存在的一些问题，多少仍然会有体现。比如，贫困大学生如果不够勤奋，不好好学习，也不团结同学，或者有奢侈浪费的恶习等，也会导致在贫困生认定上遭到公正性的质疑。还比如，是更多提供勤工助学的岗位还是更多直接予以资金的补助？也存在矛盾。过多的资金补助也会导致某些贫困生因为钱来得太容易而缺乏艰苦奋斗的精神。

因此，在从事高校贫困生的识别、帮扶的过程中，各地政府在精准扶贫中的一些经验教训，非常值得高校在贫困学生的认定和帮扶上比较、学习和借鉴。

三、部分高校在大学生精准扶贫上的做法及评价

自 2012 年起，国家组织实施面向贫困地区定向招生专项计划（以下简称专项计划），引导和鼓励定向招收的学生毕业后回到贫困地区就业、创业和服务。对于这部分专项计划的学生，目标是精准的，相应的帮扶措施也能够到位。通过普通招生计划入学的大学生，如果通过"绿色通道"入学，也能够成为大学贫困资助的关注目标，只是针对每一个贫困大学生需要深入了解。而在推出个性化、精准化的贫困大学生资助上，各高校也各有不同思路和举措。

有的大学成立专门的机构来进行贫困学生资助。比如北京大学 2005 年年底成立了专业化学生资助机构——学生资助中心。由学生资助中心统筹管理全校学生资助工作，并针对家庭经济困难学生差异化的成才需求，为每个家庭经济困难学生制定了个性化的资助方案——绿色成长方案，并直接面向学生服务。多年来，北京大学信守了"不让任何一个学生因经济困难而失学"的承诺，并进一步

---

❶ 葛志军，邢成举：《精准扶贫：内涵、实践困境及其原因阐释——基于宁夏银川两个村庄的调查》，载《贵州社会科学》，2015 年第 5 期，第 159—161 页。

承诺"让每一个学生都能成为有用之才"。❶

部分高校采用了对贫困学生官方定义进行细化、量化的方法，比如复旦大学和上海交通大学。❷

复旦大学对贫困生认定的主要依据是，学生的家庭人均收入与上海市当年城市居民最低生活保障的对比，家庭人均月收入处于或低于上海市低保的标准者为特别困难，处于最低生活保障标准1～1.5倍者为一般困难。

上海交通大学专门为贫困生认定而开发了"家庭经济可支持系数"（FFSC）计算方法，对学生的家庭经济状况进行量化分析。这个系数的研发是从贫困生的官方定义出发的，即"学生及其家长所能筹集到的资金不足以支付学生在校期间基本的生活和学习费用"，家庭经济可支持系数大于1，表示学生家庭可支付其生活，小于1则表示不可支持，也就是困难生。在以上定量分析的基础上，同时把定性分析作为补充。院系的辅导员、班主任老师会经常与学生谈话，了解学生的家庭条件，并对学生的助学金使用情况进行掌握。

同时，也有不少高校采取了很有创意的做法，引起了广泛的社会反响。

比如，南京理工大学启动"暖心饭卡"项目，和其他捐助方式不同的是，该校教育基金会通过数据分析，每个月在食堂吃饭超过60顿、一个月总消费不足420元的，被列为受资助对象。该校采取直接将补贴款打入学生饭卡的方式，学生无须填表申请，不用审核。❸ 这种方式大受好评，因为这种方式最大限度地保护了困难学生的自尊心和隐私。而且这种方式把贫困大学生的识别界定和补助直接合而为一了，而不像传统的做法中把识别和补贴分为两个步骤。

有的大学采用了饭卡大数据统计，而否定某些餐饮消费超标学生成为补助对象的做法。据新闻报道，华中农大2015年发布公告称，根据学生过去15天内饭卡的食堂中餐、晚餐消费记录，餐费平均值在前10%的同学，将取消贫困生认定资格。❹

❶ 《北京大学对家庭经济困难学生资助政策》，http：// edu. sina. com. cn/gaokao/2014—04—20/1400415757. shtml，2016年5月25日。

❷ 冯燕楠，刘昕璐：《单凭饭卡消费就能判定谁需拿助学金? 沪部分高校有新做法》，东方网 http：// sh. eastday. com/m/20151019/u1ai9068738. html，2016年5月22日。

❸ 《大数据"精准扶贫"—大学"偷偷"给贫困生饭卡充钱》，http：// news. xinhuanet. com/politics/2016—03/26/c_128836328. htm，2016年5月22日。

❹ 冯燕楠，刘昕璐：《单凭饭卡消费就能判定谁需拿助学金? 沪部分高校有新做法》，东方网 http：// sh. eastday. com/m/20151019/u1ai9068738. html，2016年5月22日。

而华东师范大学自主开发了"家庭经济困难学生预警系统",学校按照全校学生月度饭卡消费记录测算,向有可能存在经济困难学生发出短信关怀❶,有一名学生被"暖哭",微博发帖后被广泛转发,传为佳话。❷

以上高校都是依据学生餐卡消费情况,依靠大数据而进行了自动识别、主动关怀,值得赞扬和推广。尽管也有人对此提出质疑,但实际上,可能出现的问题这些高校都事先有所考虑❸。总体而言,这些做法作为有益的创新尝试,值得嘉许。

此外,根据笔者的了解,国家重点大学、名牌大学在贫困大学生资助方面,国家投入多、学校可供支配资源也丰富,贫困大学生的资助覆盖是比较全面的,可以进一步完善的是对最贫困的个体需要准确界定并更大力度的支持。而对于一些地方院校、高职院校来说,贫困生的比重更高,财政支持力度有限,贫困生得到资助的覆盖面和支持力度都需要提高。

四、贫困大学生识别精准化的制度思考及举措

扶贫方式从"大水漫灌"转向"精确滴灌",而"精确滴灌"的前提是找到需要滴灌的"苗株"。通过合适的组织、设置合适的程序来准确界定贫困大学生,是帮扶的前提性工作,也是非常重要的工作。但是,扶贫瞄准精度的提高伴随着管理成本的上升,任何扶贫瞄准机制都面临着信息失真、激励错误、方法无效、污名化和社会歧视、管理成本过高等方面的挑战,有时不当的扶贫瞄准机制产生的危害还要远远高于没有瞄准。❹ 这也正是某些地方的扶贫实践中搞平均主义的原因,在高校也经常流行这样的做法:对申报了家庭困难的同学,不进行仔细的调查研究和贫困程度区分,而是一刀切地进行同样的平均标准(往往也是较低标准)的帮扶。这种做法也有现实的合理性,毕竟对高校来说,全面地去调查学生

---

❶ 短信内容为:"同学你好,发现你上个月餐饮消费较少。不知是否有经济困难?如有困难,可电话、短信或邮件我。如无困难,也请回复一下,以便下月不再重复问询。"参见冯燕楠,刘昕璐:《单凭饭卡消费就能判定谁需拿助学金?沪部分高校有新做法》,东方网。

❷ 冯燕楠,刘昕璐:《单凭饭卡消费就能判定谁需拿助学金?沪部分高校有新做法》,东方网 http://sh.eastday.com/m/20151019/u1ai9068738.html,2016 年 5 月 22 日。

❸ 比如,对于南京理工大学的做法,有人提出,万一有不困难的学生为了拿补助而故意满足这一条件,学校表示,这样的学生是少数,而且如果能够坚持,证明学生需要钱,学校提供补贴也没关系。对于华中农大的做法,有人质疑,餐卡消费金额占前 10% 就不能参加贫困生认定,是否不够合理,但学校设置了申诉程序,可以人工排除误差。

❹ 唐丽霞,罗江月,李小云:《精准扶贫机制实施的政策和实践困境》,载《贵州社会科学》,2015 年第 5 期,第 152 页。

的家庭情况，存在困难，成本较高。如果需要老师逐个到贫困生家庭去实地进行调查，差旅费和人工的成本都远远超过了需要资助的费用。因此，高校往往相信书面证据，直接信任大学生提供的基层组织的证明。但是，这种粗放的做法，不符合精准扶贫的思想，对最困难的同学往往力度不够。因此，需要在制度上进行改进。

（一）识别主体

在贫困大学生的界定上，目前的界定主体是高校，学生生源所在地政府往往仅起到鉴证作用（提供家庭经济情况的相关证明）。但也有学者提出将生源地地方政府的助学机构也作为贫困大学生界定工作的主体❶，笔者也赞同这一观点。因为，大学生的贫困与否不是判断他本人，而是根据他的家庭经济情况进行判断，而地方政府无疑最能为高校提供信息来源，因为"以学生家庭为界定客体的办法最适合由生源地地方政府来统计相关信息，比高校搜寻信息更准更及时。"❷同时，从财政的角度而言，生源地地方政府也应当提供与中央政府提供的补贴成一定比例的配比补贴资金，或者对国家助学贷款由地方政府进行财政贴息，这样，有利于调动地方政府的积极性，让地方政府在提供信息方面更加负责、精准，避免目前完全由高校负责情况下，地方政府出具相关证明时的随意性。通过建立利益关联的方式，让高校与地方政府共同把精准扶贫思想贯彻到大学生困难资助中去。当然，这一建议需要国家层面制定具体的实施办法。

而根据财政部、教育部 2007 年发布的《普通本科高校、高等职业学校国家助学金管理暂行办法》，"国家助学金由中央和地方政府共同出资设立。中央部门所属高校国家助学金所需资金由中央财政负担。地方所属高校国家助学金所需资金根据各地财力及生源状况由中央与地方财政按比例分担。国家鼓励各省（自治区、直辖市）加大家庭经济困难学生资助力度，超出中央核定总额部分的国家助学金所需资金由中央财政给予适当补助"。可见，在助学金方面，区分了"中央部门所属高校"和"地方所属高校"，与上文所述的建议还有一定的差距。

（二）识别程序

在贫困大学生的识别过程中，也需要采取地方政府识别贫困户上的一些程

---

❶ 刘萌芽，王瑛，李望平：《对现行贫困大学生界定办法的反思——兼谈贫困学生界定工作的改进》，载《衡阳医学院学报（社会科学版）》，2000 年第 4 期，第 77 页。

❷ 刘萌芽，王瑛，李望平：《对现行贫困大学生界定办法的反思——兼谈贫困学生界定工作的改进》，载《衡阳医学院学报（社会科学版）》，2000 年第 4 期，第 77 页。

序、举措，进行全面的调查研究。程序是非常必要的，但是在贫困大学生的识别中，不宜采取过于刚性的程序，程序一旦刚性，往往导致僵化。过于刚性（僵化）程序化的贫困大学生识别过程，有其弊端。原因在于，如果采取诸如班级投票、公示等刚性程序，一方面可能导致结果和贫困学生实际状况不符，程序经过后又不宜更改，而另一方面，也可能导致学生的自尊心受到伤害，导致贫困大学生的心理问题。因此，上文中所述部分高校依靠餐卡数据而进行主动识别和补贴的做法值得推广。

同时，很多贫困情况的认定，在个人一对一的交流中（如贫困生与同学、辅导员的交流），往往能够发现最真实的情况。本身精准扶贫需要发现最客观的真实，发现贫困生的贫困程度差异，但是过于刚性的鉴别程序，必然会抹杀某些差别，导致认定结果上妥协和搞平衡。采取班级同学投票的方法，就不太适宜贫困学生的认定。某些人际关系好的同学就会受益，而有些人际关系相对较差的同学就会吃亏。这并不符合精准识别的要求。

笔者认为，在贫困生精准识别中，要充分发挥大数据在定量分析中的作用，同时，在定性分析上，充分发挥做思想政治工作的班主任、辅导员的作用。就像政府中从事扶贫工作的干部一样，大学里的班主任、辅导员是身在一线的工作人员，最了解学生，能够根据班级学生的反馈，自己的观察，准确判断出年级、班级中的贫困学生。相比较于程序化的精准定位设计程序所具有的弊端，信任班主任、辅导员，应当是一个值得推崇的思路。尽管直接信任个人，可能导致权力的滥用，但是，一旦明确了班主任、辅导员在这方面的权力和责任，他们也会面临学生的监督，假设班主任、辅导员认定的贫困生不是最贫困的，不符合同学们的日常观察结果，班主任、辅导员也会遭到质疑，对班主任、辅导员来说，公信力丧失是得不偿失的。因此，如果把更多的责任和权力给他们，反而更有利于他们根据客观公正的原则来识别贫困学生，让他们来保证识别结果的精准性和公正性。反之，如果学校规定了过于刚性的程序，反而没有人为结果负责了。即使存在实质不公平的情况，班主任、辅导员也会认为，是按程序进行的，自己无须为此负责。而且在针对不同的贫困学生采取何种具体帮扶方式，班主任、辅导员也可以根据贫困学生的具体情况进行灵活的匹配。比如，对于懒惰、贪玩甚至有沉迷网络的贫困生，可以更多采取勤工助学的方式，避免其沉沦，激发其斗志。只有通过班主任、辅导员实质性地了解并实质性地负责，采取个性化的帮扶措施，才能真正做到精准化。但同时为了对班主任、辅导员在识别、帮扶贫困生上的权力和责任匹配，学校可以采取让班主任、辅导员汇报其具体调查研究情况、向领导及时汇报、同事之间开展专项交流并评优表彰等方式监督班主任、辅导员的该项工作。

（三）动态化管理

在贫困生刚入学时依靠基层组织证明这种做法是完全可行的，也是不得已的做法。但是，到了学生大二、大三阶段，就应当在精准扶贫的思想指导下，进行帮扶对象精细化的微调，只有动态化管理才能做到精准化。因为经过一年两年的大学生生活，贫困大学生的实际困难已经可以通过学生个人的日常消费、同学们的观察、老师的了解，能够有比较清楚的认识，因此，这个时候应当对贫困大学生进行精细化的贫困程度认定。对于更困难的同学予以更大力度的支持，而将一些家庭条件不错或者有改善的同学要降低补贴标准或者移除补贴名单，而将一些家庭遭遇变故的同学纳入贫困学生名单。而这同样需要依靠班主任、辅导员发挥作用。

（四）形成有定量数据支持、定性描述清晰、贫困程度分级、动态化的贫困学生名单库

精准贫困生识别的最终目的，是形成有定量数据支持、定性描述清晰、贫困程度分级、动态化的贫困学生名单库，为对每一个贫困学生有针对性地采取帮扶措施提供基础。在每一个贫困生的识别过程中，应当通过各种可行的、低成本调查手段，定量分析和定性分析相结合，综合形成一个精准的描述。定量分析的数据主要来自家庭收入的数据及证明、地方最低保障数据、个人消费数据等。定性分析可以采取要点描述的方法，比如父亲失业、母亲生病/残疾、西部贫困地区生源、兄弟姐妹多、每月生活费仅 300 元等类似的描述语言进行较为全面的描述，对贫困等级分为特困、较困、一般贫困等细分情形。最后针对每一个学生做差异化帮扶措施的匹配，比如助学金、无息贷款、勤工助学、社会捐助助学金等，分别为每一位同学匹配相应的举措。

最为重要的是，针对不同学生的困难程度，帮扶措施要敢于差异化，不搞平均主义。过去高校中经常出现的情况是，评出了贫困生，但在助学措施上搞利益均沾，每人都是一点毛毛雨，导致真正最困难的学生无法得到有力的支持。一旦形成了准确的贫困程度分级名单，就应当大胆拉开差距，给予最困难学生最大力度的帮助。只有这样才能符合精准扶贫的指导思想。

负责贫困学生奖助工作的老师应当经常根据各种途径了解的情况对表格、名单库进行补充、修改，同时每当有奖助措施出台时，都仔细核对相应条件的学生是否享受了该项奖助，确保每位同学得到了恰当的资助和帮扶。

国家已经打响消除贫困的攻坚战，从而提出了"精准扶贫"的指导思想，在高校的贫困生帮扶工作中，也必须以该思想作为具体工作的指导，切实把最困难的贫困学生找出来，切实帮扶到位。破除过去贫困生资助中的平均主义思想，大胆进行差异化的帮扶。只有在精准扶贫思想指引下，充分借鉴地方政府的经验，结合高校实际，依靠相关老师，采取恰当程序和手段，才能把精准识别贫困生工作做到位。而更为重要的是，在"精准扶贫"思想的指引下，理论与实践相结合，把贫困大学生识别和帮扶的"精准扶贫"制度化提上一个新台阶。

实地走访调研对我校贫困生认定
工作的启发和思考
——以政治与公共管理学院为例

政治与公共管理学院   刘   慧

摘　要　党的十八大以来，以习近平为总书记的新一届党中央领导对扶贫开发工作做出新一轮全面部署，提出"精准化扶贫"和"看真贫、扶真贫、真扶贫"的要求。这一背景对高校大学生资助工作提出了更高的要求。资助的前提是贫困生的认定和贫困库的建立。但在实际工作当中，由于目前认定标准的单一性、局限性，贫困生的认定是工作当中的难点和重点。为了更加明确和直观地了解贫困生及其家庭情况，更好地做到对大学生资助的精确化了解，学院决定实地走访贫困生家庭。经过实地调研，我们对目前学校和学院的贫困生认定机制进行反思，对贫困生教育的细节方面进一步地完善。

关键词　贫困生　认定　教育

一、政管学院在认定贫困生时的依据及具体实施情况

（一）贫困生认定的依据

我校贫困生认定的依据是学生处发布的《中国政法大学贫困家庭学生认定及档案管理办法》（以下简称《办法》）。在实际的工作当中，家庭经济困难学生认定是首要环节，也是最容易产生问题的环节。

（二）学院在贫困生认定中的具体实施情况

认定的依据：学生家庭所在地乡级（含乡级）以上民政部门开具的关于其家庭经济困难情况的证明。这个证明材料基本上是贫困生认定的唯一的依据。

认定的程序：个人申请—班级的生活委员通过约谈本人和向宿舍同学了解情况出具关于申请人的材料（包括月消费数额及消费的物品；平时日用品的品牌和规格；成绩情况，参与集体活动的情况）—年级评议小组的评议（参与人是辅导员及各班的班长、团支书、男女生活委员）—公示。申请加入贫困库的学生是不能进入到评议小组当中的。

贫困生的比例分配：根据学生的申请以及学校给学院的名额，贫困生的比例基本占年级总人数的 20％。这个比例，学院会按照各班具体申报的学生人数占班级总人数的比例进行协调和分配。

（三）在现有机制下，认定贫困生中出现的问题和困惑

在现有体制下，贫困库建立之后，特别是经过一年的相处，当学生进入大学二年级之后，辅导员老师在同年级学生谈话时发现，很多贫困生的日常生活和表现跟其他班级同学差不多。而一些平时节俭的学生并没有申请加入贫困库。这也引起了学院对贫困生认定的标准和程序的思考。为了更直观地了解贫困生的情况，学院决定利用暑期走访贫困生家庭。

二、确定实地走访的贫困生家庭

2014－2015 学年，政管学院 2014 级学生共 186 人，其中贫困库学生 35 人。从对贫困库的数据分析得知，贫困库中学生的男女性别比例是：男生 10 人，女生 25 人。从专业情况分布看：政治学与行政学 18 人，国际政治 2 人，公共管理类 15 人。从贫困的原因上看，单亲家庭（父母离异的或者父母分居且一方不尽赡养义务的或者父母一方去世的）有 7 人。这 7 位学生的家庭所在地分别是西藏、青海、新疆、甘肃、重庆、江西和湖南。这七位同学被确定为我们首次实地走访的贫困生，同时综合考虑经费、地域、男女比率、专业等因素，学院初步商定走访的贫困生是江西吉安的张三（化名）和湖南湘潭的李四（化名）。

在方案设定之后，辅导员单独跟两位学生谈话，告知他们学院的想法和行程安排，一再强调就是去了解一下他们的成长环境，食宿我们都自行解决，坚决不给他们添麻烦，特别询问他们是否有什么不方便的地方。两位学生均表示欢迎我们的暑假拜访之旅，就是一个劲地表示家里条件很差，让老师们不要嫌弃和见怪。此外，学院此次的贫困家庭学生走访调研也获得了学校的支持，学生处负责资助管理工作的卜路军老师也参加此次调研。至此，此次暑假的走访贫困生家庭行程最终确定。

（一）案例一：江西吉安的张三家（化名）

学生的基本情况：张三，男，公共管理类，贫困生，家住在江西省吉安市峡江县，父亲在他十岁的时候因患白血病去世，目前家里还有母亲和弟弟，母亲临时工资和亲戚朋友的接济是家庭经济的主要收入来源。

1. 居住情况

为了方便张三和他弟弟读书，他们一家三口目前住的是张三舅舅家的老宅，还是黄泥的房子，典型的南方农村的建筑，一个厅堂，两边各一个厢房，厅堂后面是厨房和一个小菜园。菜园里种着应季的蔬菜，饲养着两三只鸡。张三跟弟弟住在左边的厢房里，房间很简单，两张床，两张书桌，桌上摆满了课本、复习资料再加一盏台灯。除了老式的冰箱和电视机，家里基本没有其他电器。

2. 目前家庭情况

父亲在张三 10 岁，弟弟才 100 天的时候因为患上白血病去世。为了给父亲治病，也花费掉所有的家庭积蓄，当时他们一家住在福建。父亲去世之后，他们随母亲回到江西吉安老家。回老家之后，申请了当地的低保，同时母亲还在亲戚朋友的帮衬下把他跟弟弟拉扯大。目前母亲在亲戚公司的厨房帮工，一个月 1000 元左右。母亲是朴实的农村妇女，不太会说普通话，话很少，我们到的时候在厨房烧饭。张三的弟弟现在上小学，在看动画片，也不太说话。张三的姨妈、姨夫和姐姐也帮衬着招待我们。

3. 亲戚眼中的张三及家庭

张三学习上非常刻苦努力，还很懂事，帮助母亲做家务，带弟弟，也很勤奋。张三的母亲没有一技之长，只能是做简单的工作，工资很低。希望学校能给张三以帮助，帮助他顺利完成学业。张三的母亲只是听着亲戚的表述，眼睛中经常噙着泪水。对我们一行表示欢迎和感谢。

（二）实例二：湖南湘潭的李四家（化名）

学生基本情况：李四，女，政治学与行政学专业，贫困生，家住在湖南省湘潭市湘乡市，父母虽然没有正式离异，但是父母已经分居十多年，她一直跟随母亲生活，自从父母分居之后，父亲没有尽到赡养义务，而且父亲有很多不良嗜好，比如打架、酗酒，她也是从爷爷奶奶那里得知父亲因为打架斗殴被判入狱。她跟母亲相依为命。

1. 居住情况

黄泥糊的墙，泥巴路，因为前两天下的雨，路上都是泥泞。他们现在居住的是李四父亲家的老宅，也是典型的南方农村建筑，但是只有厅堂和左边的厢房是他们家的，后边的厢房是别的叔叔伯伯家的（目前无人居住）。厅堂摆满了杂物，无处下脚，更别说招待客人。左边的厢房里只有一张床，墙皮已是破旧不堪，再往里就没法看了，屋顶漏雨，甚至连门都没有，墙上电线繁乱。这一幕幕让我们想到了解放前的农村。

2. 家庭情况

家里就她跟母亲两个人，我们去的时候，她的亲姨妈带着她的两个孩子在他们家暂住几天。她姨妈也是二婚，家里条件跟李四家差不多，有时候甚至还得李四家稍微接济。

母亲是朴实的农村妇女，不会说普通话，父母亲感情不好，同时父亲有家暴的历史。父亲和母亲从她小学的时候就分居一直到现在，她一直跟母亲生活。为此，父母亲也闹过三次离婚，但是都没有正式离成。母亲身体不好，现在主要是以种植花生和玉米为生。因为她自己不怎么花钱，所以每次她需要钱的时候，母亲会给她寄一点。父亲在她高中之前还回家看看她，给她一些生活费。从高中之后就没有给过了。大一下学期的时候她被告知父亲已经被判刑入狱，具体的判决书她没有看到，也不知道是什么原因。她告诉我们父亲刚出狱，现在联系不上，也不知道在干什么。

3. 经济来源

母亲在家种植花生、玉米，养鸡、养猪。父亲家那边的亲戚不认可她跟妈妈，完全不会接济他们，甚至还想把他们从老宅赶走。母亲家那边也没有亲戚可以帮忙。没有申请到当地的低保。因为从材料上看，她不符合低保的条件。

4. 走访调研情况

我们在家门口的树下跟李四的家人聊了聊，他们给我们准备了茶叶，还准备了葡萄。我们看到李四家的情况，实在不好意思吃，都纷纷婉拒。因为李四的母亲不会说普通话，都是李四帮我们翻译。主要就是感谢我们对李四的照顾，家里条件有限招待不周，让我们包涵。当我们说她辛苦了，她非常不容易时，这位坚强的母亲眼里噙满了泪水。

三、实地走访调研对学校贫困生认定和教育工作的启发和思考

（一）贫困生认定机制的单一性和局限性

1. 认定贫困生材料的单一性

在实际工作中，当地民政部门出具的《家庭经济情况调查表》是作为评定贫困生最重要的依据。这个依据的证明效果太有限。像李四这样的家庭，如果不是实地走访，光从材料上看，她是独生子女，父母都健在，再加上她本人也不知道别人家的情况，年级评议的结果肯定是认定为她不是贫困生。同样原因，她的家庭在当地也申请不了低保家庭。我们的建议是对于申请加入贫困库的学生附上家庭居住情况等照片，作为辅助直观材料同《家庭经济情况调查表》相呼应。这样，防止因信息的不对称而影响认定的公平和公正。

2. 贫困生证明材料的局限性

目前的《家庭经济情况调查表》只考察贫困生家庭的情况。通过实地调研，我们建议除了家庭情况，还需要综合考察贫困生的近亲属的情况。就拿张三和李

四而言，单从人员家庭上来说，张三家更加困难。但是张三在淳朴的家乡环境当中，有朋友亲戚的帮助，他在一个充满爱和关怀的大环境中长大。而李四则相反，父亲家那边亲戚的不认可，母亲还得不时接济姨妈家，同时还申请不了当地的低保。这样综合来看，李四比张三更加困难，更需要帮助。

（二）跟各地民政部门合作，建立高校贫困生家庭情况数据库有助于精准化扶贫的实现

各地区的经济发展水平不同，学生和家庭对贫困的认定理念不一致，"贫困"这个词具备个体化和相对性的特征。这也是贫困生认定的难度所在。现在总书记提出精准化扶贫的要求，各地的民政部门也在梳理各地的贫困家庭情况，力求做到扶贫的精确化。在这个背景下，需要国家进行高层设计和总体把握，让学校同贫困生生源地的民政部门建立密切的联系，最好形成高校贫困生家庭情况的数据库。在大数据背景下，使对贫困生认定的标准具有权威性和相对明确化。这也会让抱着侥幸心理或者对贫困的认定比较模糊的学生不敢贸然申请，也能帮助到真正需要帮助的学生。

（三）实地走访调研应该纳入贫困生自立自强教育的大范畴内

这次的贫困生家庭的实地走访调研，不仅让我们更加了解学生，也让这些学生及其家庭更加认可学校和学院。在走访过程中，我们也将学生在学校的表现反馈给家长，在表示一定会关心和照顾学生让家长放心时，两位坚强的母亲眼中都噙满了泪水。这次走访活动之后，两位学生见到我们时也都非常开心地打招呼，还会主动汇报最近的状况。

但是，贫困生人数较多，这样的走访活动受到经费、人员等条件的限制，所以建议学校将走访活动纳入全校的范围，通过分析贫困生数据库，发动各学院的力量，合理地确定走访调研的时间、地点和数量。这主要是为了让贫困生感受到学校对他们的关心和关爱，也会给试图混入贫困库的学生一个警醒。同时通过整理分析各地贫困生的调研报告，学校能形成更加明确的贫困生认定标准，真正帮助到需要帮助的贫困生。

浅议高校贫困生群体"心理扶贫"的
解决之道

政治与公共管理学院　李明霞

摘　要　贫困生作为大学校园的一个特殊群体已经得到了国家和学校的重视和保护，除了种类齐全的经济资助之外，心理扶贫也越来越受到重视。本文试图通过对本校贫困生群体的分析，探讨对高校贫困生这个特殊群体心理健康和心理扶贫问题的解决之道。

关键词　高校贫困生　心理健康　心理扶贫　教育

随着高校招生规模的扩大和教育体制改革的深入，尤其是高校收费体制改革，由家庭承担的教育费用有所提高，再加上改革开放以来不同地区的经济水平的差异，在高校中产生了贫困生这样一个特殊的群体。高校贫困生主要是指那些在校期间支付学杂费及生活费比较困难或基本生活费得不到保障的学生。[1]

根据《中国政法大学贫困家庭学生认定及档案管理办法》确定贫困家庭学生的范围是指学生本人及其家庭所能筹集到的资金，难以支付其在校学习期间的学习和生活基本费用的我校普通本科生、第二学士学位生。[2] 贫困家庭学生的认定条件为：来自国家确定的贫困地区或少数民族居住区且家庭经济困难的学生；孤、残、烈士子女或单亲家庭经济困难的学生；家庭遭受较为严重的自然灾害，导致家庭经济困难的学生；家庭成员长期患重病或出现意外事件导致家庭经济来源显著减少并且生活困难的学生；由于其他原因造成的经济困难的学生。贫困家庭学生分为贫困生和特困生两种，每月可获得的全部生活费用在 200 元以下的可以认定为贫困生，每月可获得的全部生活费用在 100 元以下的可以认定为特

---

❶　岑道权：《高校贫困生认定的难点及对策探析》，载《陕西理工学院学报（社会科学版）》，2007 年第 4 期。

❷　《中国政法大学贫困家庭学生认定及档案管理办法》第二条。

困生。❶

高校贫困生作为一个特殊群体的存在，体现了国家和学校在招生政策中对不发达地区的照顾和倾斜，实现了教育的相对公平。他们在入学后得到了国家、学校及社会群体各方面不同层次的帮助，通过这些资助，绝大部分高校贫困生都能顺利完成本科阶段的学业，毕业后或者继续求学深造，或者进入到各行各业，为国家的发展奉献自己的力量。但在实际操作和管理过程中，我们也发现了一些问题，本文试图与大家讨论的就是高校贫困生群体的心理扶贫问题。

通过大量的实践和心理实验，我们越来越清楚地认识到高校贫困生这个特殊群体中存在着显而易见的心理健康问题，主要集中在以下几个方面。

一、感情敏感，自尊自强的同时有时会有自卑的情绪

中国高校中贫困生逐渐成为一个特殊的群体，他们在学校里得到国家和学校补助的同时，在现实生活中又希望通过自己的努力逐步达到经济独立的状态，通过打工、勤工助学等手段获取报酬，从而减轻父母的负担，以此来证明自己的价值，也希望自己的努力能得到老师和同伴们的尊重。但是，现实中由于经济条件的约束和限制，他们不得不放弃很多展示自己的机会，他们尽量减少与同学们的联谊，不去购买时尚用品，在内心深处又常常体会到强烈的自卑情绪。

二、成绩不再是评价的唯一标准，失去目标

大学的评价机制和高中完全不同，除了成绩之外，个人综合能力的展示和培养是大学更看重的。高校贫困生们在高中阶段通过自己的努力和毅力考上大学后，希望通过自己的成绩改变自己和家人的命运，但是，在现实环境中，由于中小学教育的落后，由于经济环境的差异，很多贫困生的成绩并不是很突出，他们无法找到在高中的那种优越感和成就感，怅然若失。心理学的研究表明，轻微、短暂的焦虑有助于问题的解决和学习成绩的提高，但少数高校贫困生也会表现出程度较高的、持续时间较长的焦虑。他们对周围环境的刺激比较敏感，入睡难，睡眠时间短，易被惊醒，常体验到莫名其妙的恐惧、紧张和心烦，甚至出现口干、出汗、心悸、尿急、尿频等。这不仅会对学习产生不良影响，若不及时疏导和诊治，还会演变成强迫症、恐惧症、癔病等多种心理疾病。

三、与他人交往时敏感多疑，自我封闭

高校贫困生希望自己有一个很好的朋友圈和团队，但是，由于经济的窘境，

---

❶ 《中国政法大学贫困家庭学生认定及档案管理办法》第三条。

他们不愿意与他人分享自己的生活情况和细节。在大学期间,学生们要逐步适应与高中生活截然不同的生活环境、学习环境、交友环境,在没有父母、老师们这样比较宽松的环境里,如何度过自己有特色的大学生活是摆在每一个同学面前的问题。一年两次的期末考试,各类证书、竞赛、各种报告、读书笔记的学习压力;来自五湖四海的学生群体不同的生长环境、生活方式和习惯;不同的价值观念和眼界;家庭经济环境的优劣导致的有距离的消费能力等使部分高校贫困生产生了越来越强烈的自卑多疑、沉默寡言、自我封闭等现象,越来越不愿意与外界交往,越来越孤独,集体荣誉感缺失。举个最简单的例子,在大学里宿舍是最小的管理单位,如何与宿舍同学相处融洽是很多学生要思考的问题。夏季宿舍开空调,怎么开空调?每天开几个小时?设定温度是多少?如何缴纳电费?笔者就曾经遇到宿舍纠纷问题,宿舍中的6名学生因为开空调的事情分成两派,主要问题在于电费,家庭环境较好的同学觉得那就不是事儿,舒服最重要,经济稍微差点的同学就觉得这种浪费是自己接受不了的,每月白白增加的电费增加了自己的经济负担。前期由于沟通不畅,大家矛盾重重,后来经过疏导和调节,大家学会了换位思考,矛盾比较好地得到解决。

上述特点说明高校贫困生的心理问题已经成为一种很普遍的社会现象,需引起社会、学校和家长的足够重视和关注。心理问题虽不是全都由经济问题带来的,但经济的贫困的确能从一定程度上导致心理的贫困,❶各方力量在帮助高校贫困生解决经济困难的同时,还应该关注贫困生的心理健康问题,了解心理扶贫的重要性。

2015 年 6 月,习近平总书记在考察贵州时提出精准扶贫的概念,强调扶贫"贵在精准、重在精准、成败之举在于精准"。笔者认为,这样的指导理念同样也适用于高校贫困生,针对高校贫困生的扶贫工作是一项系统的工程,需要从各个层面上积极推进。

首先,从国家层面上讲,应该继续拓宽贫困生助学金、奖学金的资助渠道,有效调动社会资源参与到高校贫困生的资助工作中来。以中国政法大学政治与公共管理学院 2015 级新生为例,从开学伊始,就有十余名同学先后获得"彩虹助学金""军训基地助学金""86 级校友助学金"和"天驰君泰律师事务所助学金",这些助学金对国家助学金(含一、二、三等)均是一个很好的补充。除了

---

❶ 张婷婷,杨子珺:《高校贫困生心理健康与自卑感关系研究》,载《保健医学研究与实践》,2010 年第 4 期,第 24—27 页。

助学金外，国家应当完善高校贫困生贷款机制，在高中阶段加大生源地贷款和校园地贷款知识的宣传，减少不必要的环节，提高贷款效率，当然也要建立相应的信用监督机制。

其次，从学校层面上讲，应该继续完善有本校特色的资助体系和帮扶措施。高校要加大对贫困生勤工助学工作的指导和资助，调动校内外资源，为贫困生提供更多的优质的岗位，在保障贫困生学习生活的前提下，使他们通过有偿劳动，减轻家庭经济负担，培养贫困生"自强、自立、自尊、自信、自爱"的精神，❶增强社会实践能力和社会责任感。

学校整体氛围的引导也非常重要，我们应当在学生中大力弘扬社会主义核心价值观，提倡勤俭节约和艰苦奋斗的优良传统，引导学生树立正确的价值观。通过校园文化营造出和谐文明的大环境，减轻贫困生的心理落差。除此之外，学校应加强优秀励志事迹的宣传，引导所有同学学习自立自强的品质。我校每年举办的"感动法大"人物评选活动就非常有教育意义，这些先进的事迹全都是发生在我们周围，能引起绝大部分同学的共鸣。

大学校园中很多优秀的资源可以对贫困生开放，比如英语机房、计算机学习机房等，鼓励贫困生同学多参与社会实践活动，打开视野。以我校为例，学生处下设资助中心、就业指导中心、心理辅导中心以及即将成立的学业辅导中心，它们在贫困生成长成才的道路上起了不可忽视的作用，在日常工作中有效与各学院合理对接，保障贫困生的全面健康发展。

再次，从学院和辅导员的层面分析，应当细化高校贫困生工作的日常管理。每个年级应当建立本年级的贫困生档案，里面不仅有家庭情况、经济情况，更重要的是要有心理状况的反映。辅导员作为与学生交往的一线教师，要关注本学院贫困生的具体情况，定期约谈，引导贫困生打开心结。就我的工作经验而言，我在本年级管理中一般用"受资助同学"来代替"贫困生"的字眼，避免比较敏感的同学心理产生不适。在班级管理中，每个班级均设有心理健康委员，他们会及时和同学们沟通，帮助辅导员协调、处理一些涉及心理方面的问题。我又加大了宿舍长队伍的建设和管理，形成了宿舍长例会制度。因为，作为学生管理的最小、最后的一个单位，"宿舍"在学生管理中发挥了越来越大的作用，宿舍环境的好坏，宿舍学习氛围、文化氛围的差异会给身在其中的人不同的感受。辅导员

---

❶ 郑敏：《高校贫困生心理弹性的结构与提升》，载《高校发展与评估》，2010 年第 5 期，第 105—107 页。

和同龄人的心理劝解和辅导，对及时发现并解决贫困生的心理困惑，达成共识、理解和交流，有着很好的促进作用。

最后一个层面就是家长和贫困生自身了，贫困生的家庭环境各有不同，但不论如何，家永远是他们心里最柔软的部分，在与贫困生同学的沟通中，一定要鼓励他们勇于面对困难，积极与父母家人沟通，困难是暂时的，要对未来充满希望，做自己、做这个时代真正的主人。

意大利作家亚米契斯在著作《爱的教育》中曾这样比喻到："办学校好比挖池塘，若只在制度上改来改去，则就好比将池塘方方圆圆地变来变去，那是无法改变教育的，因为池塘重要的不是其形式，而必须要有水；而教育的水就是情感，就是爱。只要有情感、有爱，教育的池塘就不会空虚。"❶ 所以，针对高校贫困生的精准扶贫，每个层面的工作者都要多一点点爱心和耐心，只有在充满爱的教育下，在强有力的体系和制度的保障下，高校贫困生的扶贫工作才会有效开展，真正实现经济扶贫和心理扶贫的双重目标。

---

❶ 高治军：《辅导员工作 100 个怎么办》，广西师范大学出版社，第 120—121 页。

贫而不困——关于家庭经济困难学生
帮扶工作的一些思考

政治与公共管理学院　　吕茂相

摘　要　家庭经济困难学生是高校中的一个特殊群体，做好家庭经济困难学生的帮扶工作一直是我们高校学生工作的重点。本文从"贫""困"二字本身的释义出发去理解家庭经济困难学生存在的问题，把物质贫乏和精神困惑两个方面的问题区分开来。同时，对于家庭经济困难学生我们应该分类指导，除了在物质上提供帮助外，更应该加强对他们的心灵帮扶和学业指导，引导学生从精神上真正自立、自强。

关键词　家庭经济困难学生　贫困生　心灵帮扶　分类帮扶

家庭经济困难学生是高校中的一个特殊群体，做好家庭经济困难学生的帮扶工作一直是我们高校学生工作的重点。自 2006 年 2 月，中央机构编制委员会办公室批准，教育部将"全国学生贷款管理中心"更名为"全国学生资助管理中心"后，各项资助工作体系逐步完善，通过"奖""贷""勤""补""免"等帮扶措施，高校家庭经济困难学生在生活和学习的基本物质上都得到了较好的保障。

一、正确认识"贫"与"困"的关系

我们原来习惯把家庭经济困难学生称呼为"贫困生"，其实这是值得商榷的，因为贫困生的称呼容易造成标签化，伤害家庭经济困难学生的自尊心，不利于真正做到对他们的全面帮扶工作。所以，这几年在资助政策的文件上我们已经基本统一称呼为"家庭经济困难学生"，虽然这看起来只是一个称谓的简单调整，但实际上标志着资助工作的一个观念转变。即从原来只重视家庭经济困难学生的物质资助到关注他们精神资助和心灵帮扶工作。

"贫"和"困"从字面上理解本来是相对独立的。"贫"是会意兼形声字，从贝从分，"贝"是古货币，一个"贝"还要"分"开，所以它表示缺少财物，是指物资的匮乏。《说文解字》里也说"贫，财少分也"。❶ 而"困"是会意字，从口（wéi），像房的四壁，里边是生长的树木，所以"困"字在和"贫"字一起使用时我把它引申为迷惘和没有方向感，就像小树生长在封闭的房子里见不到阳光，不知道该往哪个方向生长。所以，就像"贫""困"二字本身的词义一样，经济困难和精神困惑本来也是两个方面的事情。但是就像我们一直习惯于把家庭经济困难学生称呼为"贫困生"一样，许多家庭经济困难学生的真正问题其实并不是物质上的，因为物质上的困难，我们通过政策资助很容易解决，但是精神的困惑却是需要更多的努力和引导才能消解。所以我们应当努力引导同学们正确认识自己，发现困扰自己学习和生活最重要的原因是经济上的还是观念上的。只有发现了问题所在，我们才能对症下药，帮助同学们走出心灵的困境，从而鼓励他们自强、自立。在实际中我们可以发现，其实有不少家庭经济困难的同学勇于面对现实，积极乐观，真正在实际行动中把"贫"和"困"分开理解，不会因为物资的匮乏而带来精神的困惑。所以，他们应当是我们工作中要为同学们树立的榜样和典型。

二、加强家庭经济困难学生的精神资助与心灵帮扶工作

对于家庭经济困难学生的精神资助和心灵帮扶工作，我觉得首先要把它提高到与物质资助一样的高度。因为根据以往的工作经验，我们可以发现有很大一部分经济困难学生普遍存在着一些心态上的问题，或者不够自信，或者自尊心太强——这些都阻碍了他们打开心灵的窗户乐观自信地与别人交流。在我原来指导过的 2012 届行政管理本科毕业生中，与同学交流有障碍或是人际关系紧张的大部分都是家庭经济困难学生。并且，在有心理疾患的学生中，家庭经济困难学生也占了很大一部分比例，因为长期的经济困难容易给这部分学生心理带来沉重的压力和自卑感以及由此产生的心态失衡。所以，对于家庭经济困难学生的精神资助和心灵帮扶工作应该是不容忽视的。

其次，对于家庭经济困难学生的心灵帮扶一定要对症下药，引导同学们从认识上改变一些错误的观念。因为很多时候这部分同学的困难除了经济压力之外，更多的或许是错误观念对于自己的束缚。所以，对于经济困难学生的心灵帮扶首先应该从改变他们的观念入手。虽然经济上的困难往往容易带来心理的压力和困惑，但是这却是两个层面的事情。所以在实际工作中，应当引导同学们正确认识

---

❶ 参见百度词典。

自己，鼓励他们勇于面对现实，把"贫"和"困"分开理解，也就是把经济困难和心理困惑分开理解。经济困难或许由于家庭原因暂时很难改变，但是一个人幸福快乐与否却是可以通过自己的心灵选择来调整的。

另外，在引导家庭经济困难同学正确认识"贫"与"困"的辩证关系之外，还要引导同学正确对待国家、学校和他人的资助。随着国家、学校政策的完善以及社会资助的增加，在校大学生所获得的经济资助越来越多了。当然，大部分受资助同学的心态是非常好的，都会心存感激，能够坦然接受资助。但是也有不少的同学对待资助或是觉得理所当然，或是觉得难为情——应该提醒同学们，这两种态度都是不可取的。这个世界没有什么是理所当然的，虽然别人的帮助并非出于图报，但是一个人接受了别人的帮助却没有心存感激，这却是很可怕的事情。当然，如果觉得接受别人的帮助就低人一等的话，那也是很成问题的，因为一个真正自尊、自信的人并不一定是每时每刻都只能依靠自己完成所有事情的。所以只要心存感恩，相信自己日后有能力回报别人，就应该有勇气坦诚接受帮助，克服自尊心过强导致的自卑和封闭。并且，真正的自信并不是一个人在处于优势环境或取得成绩时的骄傲与自豪，一个人在处于劣势环境或是失败时所表现出来的坦然与诚实应当更接近自信的内涵。所以，当我们的同学暂时处于经济条件或是家庭环境不乐观的时候，我们应当引导他们正确认识自己，把眼光放得长远。

自尊、自信是我们每一个人的立世之本和品质要求，而这样的品质对于家庭经济困难同学来说更是弥足珍贵。所以，我们在家庭经济困难学生工作中一定要注重细节和方式，在为他们提供物质资助的同时，引导他们改变错误观念，正确认识自己，呵护同学们健康成长。

三、对家庭经济困难学生应该分类帮扶与指导

如前所述，我们大致可以把家庭经济困难学生分为两类。一类是纯粹意义上的家庭经济困难学生，"贫"而不"困"，这类学生只是暂时在物质上有所缺乏，但在心理状态上自强、自尊、自信、自立。另一类是真正意义上的"贫困生"，既"贫"且"困"，这类学生不仅家庭经济困难，而且由于经济困难还导致心理和个性发展的不健全，以及学业困难等问题。所以，我们在家庭经济困难学生帮扶工作中应该要注意分类帮扶和指导，把现在国家所提倡的精准扶贫理念落实到我们资助工作的实处。

对于第一类"贫而不困"的经济困难学生，我们的帮扶工作相对简单，只要我们在物质上资助到位，就能保证学生顺利学习和毕业。并且我们还可以通过他们树立自强、自立的榜样，为其他家庭经济困难学生帮扶提供心灵鼓励和安慰。

而第二类家庭经济困难学生才是我们高校资助工作的重点和难点。因为我们除了要在物质上资助他们之外，更要注意通过自尊、自信教育以及感恩教育等方式去完善他们的个性与人格。并且，对于不同的家庭经济困难学生，存在的心理问题有时候也是不尽相同的。这同时也增加了帮扶工作的难度。许多时候往往需要资助中心、心理咨询中心、辅导员以及班干部等多方面的合力从心灵帮助、学业辅导等方式来帮助他们自强、自立。

　　总之，做好高校家庭经济困难学生资助工作是我们每一个学工人不可推卸的责任，我们应该认真学习国家的资助体系和学校的各项资助政策，以高度的责任感和使命感把更多的关爱给予家庭经济困难学生。在关注他们经济困难的同时，更要关注他们的精神需求，尊重、爱护他们，并通过有效的分类帮扶与指导，帮助他们健康成长成才。

论大学生村官的法律地位

商学院　李欣宇

摘　要　作为"村级组织特设岗位人员"的大学生村官已经成为社会主义新农村建设骨干力量和党政干部队伍后备人才重要来源。但是，大学生村官的法律地位问题却一直缺乏明确表述，只是可以确定大学生村官并非国家公务员。实际上，大学生村官具有政府雇员的特征，在我国《公务员法》颁布后，应该明确大学生村官的法律性质为聘任制公务员。

关键词　大学生村官　政府雇员　聘任制公务员

大学生村官政策作为我国加强社会主义新农村建设骨干力量、培养党政干部队伍后备人才和锻炼青年人才的重大政策具有重要的战略意义和现实影响。但是，关于作为该政策基础的大学生村官的非公务员属性是否有利于政策目标实现的问题却引发各方讨论，在此需要对其做充分、全面的评估。

一、现有法律定位：大学生村官非公务员

2008 年颁布的《关于选聘高校毕业生到村任职工作的意见》（试行）正式规定，大学生村官为非公务员，属于"村级组织特设岗位人员"，其工作管理和考核比照公务员的有关规定进行。❶ 大学生村官成为现有制度框架下的一种特殊安排。

对照我国《公务员法》规定，大学生村官也不符合公务员基本条件。公务员资格有三个要素：一是履行公职，具有行政职权；二是纳入行政编制；三是由国家财政负担工资福利。而大学生村官并不行使公共权力，不具有行政编制，并且大学生村官待遇内容范围也与公务员不同。另外，根据中共中央组织部、国家人事部（现人力资源和社会保障部）联合出台的《公务员范围规定》规定，公务员

---

❶　中共中央组织部等：《关于选聘高校毕业生到村任职的工作意见（试行）》（2008），第五条。

范围包括中国共产党各级机关、各级人民代表大会及其常务委员会机关、各级行政机关、中国人民政治协商会议各级委员会机关、各级审判机关、各级检察机关、各民主党派和工商联的各级机关中除工勤人员以外的工作人员。其中，党政机关工作人员范围是街道、乡、镇以上党政机关的工作人员，大学生村官无论是担任村党组织书记、副书记等党务职务，还是在村民委员会任职，都不属于国家公务员范围。

高校毕业生很多情况下也不能以公务员身份到村任职。我国法律规定，农村村级组织实行村民自治。村民进行自我管理、自我教育、自我服务的基层群众性自治组织是村民委员会。村民委员会不是国家基层政权组织，不是一级政府，其组成成员只能由该村区域内群众选举产生。现行法律下，在本村居住一年以上大学生村官（户籍不在本村），经本人申请并且经村民会议或者村民代表会议同意后，可以参选村民委员会主任、副主任和委员。但是根据《村民委员会组织法》11条规定，"村民委员会主任、副主任和委员由村民直接选举产生。任何组织和个人不得指定、委派或者撤换村民委员会成员"。政府不能借由行政命令自上级向下派员担任村民委员会负责人。大学生村官倘若以公务员身份参选村民委员会成员，则有可能违反村民委员会自治性规定。

大学生村官身份明确不是公务员，但也不是所任职村的村民，这种"非官、非农"的模糊状态产生许多问题。

一方面，大学生村官缺乏身份认同，在农村工作积极性和稳定性受到很大影响。现行政策创造出一个"非官、非农"的新社会群体，认同基础的模糊不定导致大学生村官对自身身份认同处在"漂移之间"，出现了身份认同的困惑。[1] 根据泰弗尔社会认同理论，"当社会认同令人不满的时候，个体会力图离开其所属群体，并加入到更好的群体中，或者力图使已属群体变得更好。"[2] 许多在岗大学生村官花费大量精力进行备考复习和求职就业准备，希望在聘期结束后能顺利获得新工作岗位；另一方面，不利于获得村民和村干部工作信任。以家族、熟人关系为基础的村落社会接纳外来大学生村官本来就需要一个过程，当村民和村干部们认识到这些大学生在村任职只是短期行为，一段时间后就离开另行就业时，

---

❶ 郑庆杰：《"漂移之间"——大学生村官的身份建构与认同》，载《青年研究》，2010年第5期，第53页。

❷ 王莹：《身份认同与身份建构评析》，载《河南师范大学学报（哲学社科版）》，2008年第1期，第52页。

他们很难在工作中真正信任和支持大学生村官开展工作，会加剧轻视、忽视大学生村官能力和作用，排斥大学生村官参与本村重要事务处理的情形，许多大学生村官只是从事写报送文件、整理文档等简单工作，大学生村官的地位被边缘化。

二、大学生村官法律地位的几种解释

大学生村官属于非公务员的"基层组织特设岗位人员"，在政府既有的干部人事、聘用制度中都找不到此"特设岗位"规定。那么，我们该如何理解"特设岗位人员"实际含义呢？政策研究者们对此提出以下几种主要观点：

第一种观点，公务法人。[1] 有人建议大学生村官借鉴职业经理人走职业化之路成为职业村官，组建公务法人性质的独立行政主体——大学生村官协会统一进行大学生村官事务管理。但这一设想脱离现有大学生村官管理体系，与现实我国行政管理秩序也不完全吻合，更多属于少数研究者的理论设想。

第二种观点，大学生观察员[2]或"荣誉村民"[3]。这种观点认为大学生村官到村更多的是观察、体验和融入村民，忽视了大学生村官的能动性和创造性，没有充分认识大学生村官从事村务管理等方面的工作贡献，与大学生村官在农村实际发挥作用不符。

第三种观点，准公务员或准事业单位人员。这主要是源自一些地方的大学生村官工作实践，例如重庆等地曾经利用行政编制进行政策托底，实行过大学生村官期满后考察合格直接录用为公务员或聘为事业单位人员。这实际上相当于大学生村官取得了一个准公务员或事业单位工作人员的资格。但是，这种做法缺乏制度持续性，2013年后重庆等地已经改变了以往做法，取消了直接录用公务员或聘为事业单位人员方式，因此大学生村官为准公务员或准事业单位人员的观点已经失去了现实基础。

第四种观点，签订劳动合同关系人员。一般来说，中国境内企业、个体经济组织、民办非企业单位等组织与劳动者建立劳动关系需签订劳动合同，受到劳动合同法规制。劳动者也可与国家机关、事业单位、社会团体签订劳动合同形成特殊劳动关系。例如，政府机关中一些保洁、司机等工勤人员与政府机关之间的关系就是这种特殊类型的劳动关系。大学生村官的形式是政府临时雇佣高校毕业生到农村工作，双方通过聘用合同明确相应的管理考核、待遇保障等内容，高校毕业生在合同规定期间履行在农村工作的任务。大学生村官实际状态"只是相当于政府为基层组织聘用的合同制临时雇员"，[1] 应该适用《劳动合同法》的规定调整大学生村官和政府之间的关系。[2]

有研究者还认为，从劳动用工形式来看，大学生村官符合劳务派遣用工方式特征。因为大学生村官与县级组织人事部门签订聘任合同，却接受乡镇党委、政府管理，其聘用和使用相分离；而且，大学生村官到村担任村支书助理、村民委员会主任助理等辅助性岗位，这也符合劳务派遣适用于临时性、替代性和辅助性岗位的要求。[3]

这种观点抓住了大学生村官聘用合同这个关键点，但是合同性质认定上却存在很大争议。大学生村官聘用合同一方是行使公权力政府机关，合同目的始终包含"加强农村基层组织建设""培养党政干部后备人才"公共管理目标；大学生村官待遇、职责等权利义务由国家政策统一规定；大学生村官的具体选聘、管理、考核、岗位流动安排等事项比照公务员被纳入行政管理体系；大学生村官档案由县级人事部门管理；大学生村官在村级组织工作中要贯彻上级国家机关的工作意志，具有公务性质等。综合这些因素，大学生村官与政府机关签订的聘用合同具有公法性质，不能简单认为其属于劳动合同。

三、大学生村官具有政府雇员的特征

前述观点都从不同角度反映了大学生村官的"村级组织特设岗位人员"某些特质，但对政策的现实解释仍旧不够完善。现实当中，我国吉林、深圳、珠海等许多地方政府从 2002 年开始为完成特殊工作事项，采取政府雇员制形式雇用专门人员满足用人需求。这种做法对理解大学生村官政策有很大启示。

西方的政府雇员制度开始于 20 世纪 50 年代的西德，后在许多国家广泛实行。我国政府雇员制主要是为了满足政府对特殊人才的需要，解决政府中各类人

❶ 李义良：《大学生村官发展研究》，中国农业出版社，2013 年版，第 24 页。

❷ 秦文献：《大学生"村官"岗位法律性质之分析》，载《中国劳动》，2013 年第 2 期，第 23—24 页。

❸ 陈敏丽：《大学生村官法律地位辨析》，载《湖北成人教育学院学报》，2013 年第 2 期，第 162 页。

员的沉淀和固化问题，从而提高行政管理效率。❶ 一般来说，政府雇员不同于常任制的公务员，其主要特征在于：第一，契约性。政府雇员根据合同聘任，合同中规定雇员享有的权利和需要履行的义务。第二，期限性。政府雇员都有聘任期限，期满可以解聘，不是终身雇佣。第三，弹性薪酬待遇。政府雇员薪酬标准按照市场原则确定。第四，政府雇员与常任公务员共同完成政府事务，但其一般不担任行政职务，不行使行政权力（深圳规定高级雇员可以担任行政职务，行使行政权力）。当然，由于没有国家统一规定，各地政府雇员制的具体内容也不尽相同，例如对于政府雇员是否纳入行政编制的问题，吉林规定雇员不占用行政编制，珠海规定雇员占用行政编制，而深圳的政府雇员则是占编不入编。

大学生村官与政府雇员都是在一定期限内，政府出资聘用有关人员承担特定的职责任务。两者内容相比较，该"村级组织特设岗位"明显具有政府雇员的性质。首先，大学生村官与政府雇员一样具有聘期期限。大学生村官目标之一是解决高校毕业生就业问题，与就业见习❷、"学生后流动站"❸ 等措施相似，都是政府为高校毕业生提供一定期限的实习、工作机会，使其经过岗位工作实践提升职业能力，然后再进入就业市场谋求新的就业岗位。大学生村官担任村民委员会主任助理、村党组织书记助理等工作，锻炼农村事务管理的能力，聘期结束后按照不同方式进行流转重新就业。大学生村官任期期满除按规定可以续聘一次外，政策还鼓励他们流转离开。只有原有的大学生村官离开，当年毕业的大学生才能接替他们到村任职，大学生村官岗位才能不断吸纳新毕业的大学生而不人满为患。

其次，大学生村官与政府雇员一样都需要与政府有关部门签订聘任合同确立权利义务关系。高校毕业生到村担任大学生村官必须与县级组织人事部门签订聘任合同。聘任合同中规定管理考核、期满去向等有关内容，并成为大学生村官聘任的基础。再次，大学生村官与政府雇员一样，依照合同享有报酬、补贴和其他合理待遇。大学生村官领取工作、生活补贴，数额通常比照本地乡镇公务员工资收入水平具体确定。最后，大学生村官与政府雇员一样，工作管理和考核要具有

<hr />

❶ 广东省人事与人才科学研究所课题组：《关于部分地区推行政府雇员制的研究报告》，载《中国行政管理》，2005 年第 3 期，第 86 页。

❷ 中共中央组织部等：《关于引导和鼓励高校毕业生面向基层就业的意见》（2005）第 9 条规定，"地方政府有关部门可根据实际需要，联系部分企事业单位，为高校毕业生建立见习基地或提供见习岗位，安排见习指导老师，组织开展见习和就业培训，促进他们尽快就业。见习期一般不超过 1 年，见习期间由见习单位和地方政府提供基本生活补助。"

❸ 董学清：《"学士后流动站"破解大学生就业难题》，载《科技信息》，2004 年第 11 期，第 26 页。

行政管理性质。具体地说，大学生村官作为政府开展的选派项目，高校毕业生到村第二年"原则上应担任村'两委'委员或以上职务并明确分工"❶ 参与各项村务管理工作。大学生村官在村工作管理、考核比照公务员进行。

除此之外，两者出现的问题基本一致。各地施行政府雇员制出现的问题主要有雇员身份定位模糊、用人不规范、制度成本难以评估、科学的考核激励机制缺位等。❷ 而身份定位、选用机制、考核激励等同样也是困扰大学生村官政策的最突出问题。这种共性也反证了大学生村官应属于政府雇员一种特殊形式，所谓"村级组织特设岗位"应归类为政府雇员性质。

四、大学生村官法律地位思考与建议

政府雇员制实践缺乏国家立法层面依据。2006 年《公务员法》颁布施行后，许多地方停止了政府雇员的招聘，聘任制公务员逐渐成为政府聘用专业性较强的职位和辅助性职位的主要方式。

聘任制公务员是指机关在规定的编制限额和工资经费限额内，经中央或者省级公务员主管部门批准，以合同形式聘任、依法履行公职、由国家财政负担工资福利的工作人员。❸ 与现有终身制公务员相比，聘任制公务员聘任期限结束或者解除，聘任制公务员就不再具有公务员身份。此外，聘任制公务员的岗位职责、工资福利等待遇按照聘任合同双方谈判确定。

《公务员法》中关于聘任制公务员的规定吸取了各地政府雇员制实践的经验，在适用范围、制度目标、功能上也基本与政府雇员制一致，其与政府雇员的主要区别在于，聘任制公务员的身份是公务员，具有正式的行政编制。

作者建议大学生村官应纳入聘任制公务员序列，作为聘任制公务员。首先，这符合大学生村官政策目标要求。大学生村官政策有三大政策目标，一是加强农村基层组织建设，改善村级组织治理水平；二是培养党政干部后备人才；三是促进高校毕业生到基层就业。❹ 大学生村官作为聘任制公务员，有公务员身份，作

---

❶ 中组部等 5 部委：《关于进一步加强大学生村官工作的意见》（2012），第 5 条。

❷ 胡仙芝，余茜：《从政府雇员制到公务员聘任制——公共部门人力资源管理的制度完善与创新》，载《江苏行政学院学报》，2009 年第 5 期，第 107 页。

❸ 中组部，人社部：《聘任制公务员管理试点办法》（2011）第二条。

❹ 2005 年《关于引导和鼓励高校毕业生面向基层就业的意见》（中办发）最早提出有计划选拔高校毕业生到农村就业，其目的是把鼓励大学生到基层就业和加强基层组织建设结合起来，一举两得。2008 年《关于选聘高校毕业生到村任职工作的意见》以及后来颁发的文件表明上述三个目标。

为镇政府的派出人员，具有更大的合法性，在一段时期内扎根在农村开展工作。如果大多数大学生村官短期在村工作期满后离开，则难以完成改善农村治理、培养党政干部后备人才、解决就业的任务。其次，大学生村官聘任、管理规定与聘任制公务员聘任、管理的主要规定基本一致。大学生村官聘任各地主要采取选聘形式，而我国公务员法规定，聘任制公务员可以参照公务员考试录用的程序进行公开招聘，也可以从符合条件的人员中直接选聘。而且，大学生村官管理、培训、考核等事项都比照公务员管理。这样，大学生村官确认为聘任制公务员可以顺利实现制度衔接。最后，聘任制公务员多为完成特殊任务而聘用且具有期限性，而大学生村官项目就是一个负有期限的专项项目，聘用大批优秀大学生到村工作，符合聘任制公务员的制度功能。

总之，进一步完善现行大学生村官制度尤其需要解决大学生村官法制化难题。明确"村级组织特设岗位"的性质是聘任制公务员，会促进大学生村官工作的规范化，充分调动他们的积极性，更有利于大学生村官项目的开展。

高校学生工作信息化创新发展方向

光明新闻传播学院　　尚　武

摘　要　随着信息技术的高速发展，高校信息化建设成为适应时代和自身发展需求的必经之路。本文从高校学生工作信息化建设的现状入手，分析了目前我国高校学生工作信息化建设的成果和问题，并结合高校发展自身需求和社会环境特征，对高校学生工作信息化建设提出三个发展方向，以期对高校学生工作信息化的发展创新提供一定理论依据和实践参考。

关键词　学生工作　信息化建设　发展方向

随着互联网技术的高速发展，"互联网＋"逐渐成为各个领域必谈的热词。2015年年初，"互联网＋"战略被写入《政府工作报告》，此后国务院又连续出台了《关于积极推进"互联网＋"行动的指导意见》《关于促进大数据发展的行动纲要》，及至《中共中央关于制定国民经济和社会发展第十三个五年规划的建议》中明确提出拓展网络经济空间，实施"互联网＋"行动计划，至此"互联网＋"战略已上升为国家战略。对承担着为国家培养高等人才重任的高校而言，学生工作的信息化建设，不仅是适应时代及自身的发展需求，更是提高学生管理工作效率、节省管理资源、实现将更大精力和资源投入学生教育的重要途径。刘延东副总理在 2015 年 5 月首届国际教育信息化大会上也提出："推进教育信息化是落实中央决策部署的必然要求；推进教育信息化是顺应世界信息化发展趋势的应有之义；推进教育信息化是使教育现代化取得重要进展的有力保障。"[1]　因此，高校学生工作的信息化建设，成为目前高校发展的一个重要方向。

本文将以目前我国高校工作信息化建设的发展现状为出发点，结合中国政法大学学生工作信息化发展的实际情况，分析目前高校学生工作信息化发展的亮点及不足之处，并提出了一些发展构想和创新方向，希望对接下来的高校学生工作

---

[1]　中国教育新闻网：《刘延东在第二次全国教育信息化工作视话会上的讲话》，http://www.jyb.cn/china/gnxw/201601/t20160122_650356.html，2016 年 1 月 22 日。

信息化发展有所启发。

一、高校学生工作信息化发展现状概述

（一）水平提升显著，但缺乏大局观和统一规划

我国高校学生工作信息化建设经过多年发展，整体水平已有了较大提升。许多高校在学生管理工作上已进行了信息化的改进，无论是学生教育管理、学生资料管理、学生事务办理、学生生活服务等多方面都进行了信息化改进，使得原本繁复的工作得以简化，大大提升了工作效率并且降低错误率，大量节省了教育资源。我国的教育信息化工作取得显著成果。

但同时，高校学生工作信息化建设从整体上来看，缺乏大局观和统一规划。各高校在信息化建设上没有形成合力，而是各自为政，根据所辖教育部下达任务以及学校领导要求来进行学生工作的信息化建设，这造成了不同学校的发展方向、发展水平以及发展目标都不尽相同，同时各高校间建设的信息设备不能进行有效链接，造成资源闭锁、重复建设等问题，因而不能充分发挥信息化建设所带来的资源共享、效率提升的优势。在这种整体缺乏大局观与统一规划的环境下，不同高校因需求和能力不同，其在学生工作信息化建设上所达到的水平也有较大差别，这将不利于我国高校信息化的整体发展水平提升，也造成了我国在教育信息化发展中出现的大投入与低产出的矛盾问题。因此，在高校信息化建设的发展上，必须以大局观进行发展方向指导，并进行统一规划，从而使投入与产出成正比，使我国高校的信息化建设迈进一大步。

（二）优质信息化工具及资源缺乏

教育信息化工具及资源是高校学生工作信息化建设的基石，缺乏优质的教育信息化工具及资源，则高校的信息化高速发展就无从谈起。教育信息化工具包括多媒体设备等硬件和学生管理系统等软件，教育信息化资源包括音像教材、电子文献资料、题库等。我国高校已在信息化建设中大量投入到信息化工具及资源中，并且可以看到，许多高校在硬件的购置、软件系统的应用和升级、电子教学资源的购买等方面均有大力发展，对信息化教学、信息化学生管理工作方面有大力推动作用。

与此同时，信息化建设中信息化工具及资源的问题也十分凸显：一来目前高校所拥有的信息化工具及资源没有充分发挥其作用，二来优质的信息化工具及资源仍然有所缺乏。例如不同部门之间的管理系统不通用，导致系统开发资源浪费以及资源共享性差，工作效率降低等问题，再比如教育应用软件只从单一学科或功能进行设计，造成实用性差、资源不兼容等问题。此外，也有高校过于注重硬

件设备投入，而忽视软件投入，导致已经建成的信息化硬件应用水平不高、难以发挥作用等问题。因此优质信息化工具及资源的开发及合理使用，对于高校学生工作信息化建设来说也是十分重要的一环。

（三）信息化人才不充足

在高校学生工作信息化建设中，信息化人才是开展信息化建设的核心力量，大力培养高校信息化人才队伍，对于高校信息化建设来说是不可缺少的重要环节。信息化人才一方面是指开发信息化工具的专业型人才，另一方面是指可以充分发挥信息化工具和资源的作用，并灵活应用于高校学生工作中的高校教师。高校信息化工具的开发，可以寻求社会上的开发公司的帮助，但是一来软件开发、升级和维护费用十分高昂，二来社会公司所开发的工具不一定能够完全适应高校的特殊需求。同时，有些高校自身具备研发系统的能力，但开发出的工具会出现专业性较差、应用不方便等问题。因此高校可视自身情况而定，在信息化开发人才队伍建设方面投入一定资源，从而打造自己的信息化专业人才队伍，大力推进高校的信息化建设。

此外，高校中负责学生工作管理和教学任务的教师，有很大一部分都没有做好信息化的准备，出现不能熟练运用信息化硬件及软件工具、教学方式仍然停留在非信息化时代的老式教学模式上等问题，从而一定程度上阻碍了高校学生工作信息化建设的顺利推进。因此除了信息化工具的大力投入，在信息化人才的培养方面也必须同步进行，例如在学校信息化系统升级后及时对工作人员进行培训，或者针对将信息技术充分融入教学过程的技能提升而开展高质量的专业培训等，以保证学校管理及教学人员能够充分发挥信息化工具的功能，从而使信息化在高校学生工作中得以顺利开展。

二、当前高校信息化建设较成熟方面

随着国家对教育信息化的重视，目前高校在学生工作信息化建设上已有显著成效，在部分方面的信息化运用已较为成熟。以下将结合中国政法大学实例，对目前我国高校学生工作信息化建设较为成熟的方面进行阐述。

（一）校园网络建设成熟化

校园网络的建设是高校信息化建设的基础环节，畅通、方便的校园网络便于学生管理工作的高效进行，以及方便学生的学习和生活。目前我国高校在校园网络建设上已趋向成熟，校园内网络全面铺就，尤其是无线网络的建设成熟化，能够保证随时随地上网通畅。"随着信息高速公路的开通，校园网与校园网之间已经可以联络，各个高校之间可以进行资源的共享。通过外部网络，可以与外部更大范围进行资源共享。"❶ 在中国政法大学校园内，即可在任何建筑物内连接到高速、畅通的校园网，老师可通过网络进行办公、学生管理，以及多媒体教学等工作，学生也可随时随地运用校园网络查阅资料、观看视频等。较为成熟的校园网络建设，为高校学生工作的高效化奠定基础。

（二）校园卡系统建设成熟化

"高校的校园一卡通系统的发展历程，可以大致归纳、概括出三个阶段：单一系统—统一集成—扩展提升（面向服务）。"❷ 单一系统是指校园卡的功能各自属于独立系统，不能相通，造成多卡并存、使用烦琐、资源浪费的问题；统一集成是指将单一功能的校园卡集结发展成校园一卡通的阶段；扩展提升是指对校园卡进行更加人性化、智能化和多样化的应用提升。目前我国高校的校园卡系统已经发展得较为成熟，实现了在校园内一卡通行，校园卡功能基本涵盖学校生活的方方面面，基本上满足了学校管理和服务的多样化需求。以中国政法大学的校园一卡通为例，其功能包括进餐、出入宿舍、出入图书馆及借还图书、充网费、校内购物、打印等，并且一卡通与银行卡相连，可随时通过校内多处安放的圈存机进行一卡通充值、网费充值、银行卡信息查询等操作，对于学生的校园生活起到人性化服务的作用。

（三）综合教务系统成熟化

教务管理工作是高校学生工作的重中之重，因此必须将教务管理工作信息化作为高校信息化建设的核心任务。目前我国高校在综合教务系统的建设上已趋向成熟，实现了教务管理工作的信息化、智能化和综合化。教学管理人员、学生和教师可以在综合教务系统上以不同身份登录，从而实现在对应权限内的信息录入、查询及修改等操作。比如以学生身份登入教务系统，可以进行课程管理、学分查询、成绩查询等操作，以管理人员或教师身份登录，则可以进行学生管理、教学计划管理、考试管理、课程管理、成绩管理等工作。综合教务系统的成熟运用，能够大大提高高校学生工作的工作效率，节省大量人力、物力、财力，是高校快速发展的根本保障。

（四）网络学术资源建设成熟化

随着高校学生工作信息化建设的快速推进，网络学术资源的建设也成为高校

❶ 姜德重：《高校校园网络建设现状与发展趋势》，载《信息技术与信息化》，2014年第8期，第61页。

❷ 王春雁，白雪：《高校校园卡系统应用现状及趋势浅析》，载《中国教育信息化》，2011年第11期，第83页。

信息化发展的主要建设对象。"我国大多数高校图书馆非常重视网络免费学术资源的建设，意识到了网络免费学术资源是高校图书馆学术资源的重要补充。"❶因此高校的网络学术资源建设得到了高速发展，逐渐走向成熟化。高校的网络学术资源不仅包含本校图书馆的馆藏资源，还囊括学术网站上的学术资源，学生可通过校内网络进入相链接的学术网站，免费使用学校已购买的学术资源。如中国政法大学电子图书馆中的电子资源，包括中文数据库、外文数据库、试用数据库、馆藏特色资源以及免费数据库，这些数据库中可以查阅到大量专业学术资源。在2014年，还推出了中国政法大学图书馆移动版，通过网络移动端浏览图书馆移动版网址或者扫描二维码即可快速访问，同时下载移动图书馆客户端即可享受更多功能，包括借阅查询、馆藏查阅、图书馆最新消息浏览、电子文献获取、共享云服务、建立个人中心等。网络学术资源的极大丰富，为老师和同学的学术研究提供巨大帮助，是高校信息化建设的重要环节。

三、高校信息化建设创新发展方向

随着我国对于教育信息化建设的重视，高校学生工作信息化建设已收获巨大成效，但仍有许多不足之处需要改进和进一步优化。以下将结合目前高校学生工作信息化建设的现状及外部环境特征，提出几个发展方向。

（一）全国高校网络一体化

目前我国高校各自都着力于建设校园网络，因此校园网络的发展十分快速。但同时因各高校的校园网络都是由学校自主创办，高校之间没有进行统一规划和整合。未来全国高校网络的建设和发展，应朝着一体化的目标前进，解决各高校各自为政、互无沟通的问题。如此一来不仅可以对全国高校网络进行统一管理，各高校之间实现无障碍互通和资源共享，以实现资源的高效利用和管理成本的降低，同时还能够提升我国高校网络的整体形象，以适应国际高校网络的快速发展。

（二）移动化建设

移动网络及手机、平板电脑等移动端的高速发展，使得移动化成为信息化建设的大趋势，各种移动端应用成为人们生活必不可少的重要工具。在这种环境下，高校学生工作信息化建设也必然要走向移动化，例如教务系统、图书馆甚至校园一卡通等，从学生管理工作、教学工作到学生生活服务，都可以向移动化发

---

❶ 黄世芳：《高校图书馆免费网络学术资源建设要点研究》，载《图书馆理论与实践》，2011年第7期，第58页。

展，未来甚至可以将目前不同的系统功能，都融合到一款移动端应用中，拿着手机就能够实现吃饭、借书、选课、查成绩、出入宿舍及图书馆、充网费等多样化功能，从而使高校学生工作开展及学生生活更加便利化、快捷化、高效化。

（三）充分运用新媒体

以网络、手机、数字电视等为代表的新媒体以其互动性强、形式丰富、传播速度快等特点，在媒体产业中强势崛起。新媒体的快速发展，也为高校学生工作信息化建设带来了机遇与挑战。将新媒体充分运用到高校学生工作中，不仅能够丰富教学形式、提高学生管理工作效率，更为学生提供了有效的信息反馈渠道，使得高校学生工作管理者与学生之间架起互通互动的桥梁。目前许多高校均通过开设官方微博、建立微信公众号、微信群等方式，进行校内信息的传播，但还处于浅尝辄止的层面，尤其是在学生信息反馈层面上还远远做得不够。与此同时，新媒体运用所带来的挑战也需要重视。新媒体传播速度快、传播范围广的特点，使其更容易产生舆论带动性，因此其对网络舆情监控等方面也带来巨大挑战。

未来高校学生工作信息化，应着力于新媒体的运用和功能发挥，除了帮助校内信息的迅速传播，更应注重反馈渠道的建设和各层级之间的信息沟通，同时对学生反馈加以重视，帮助高校学生工作进一步改进。

高校留学生辅导员职业素养分析与提升

国际教育学院　　李　妍

摘　要　本文在阐述来华留学生教育工作中留学生辅导员的角色定位的基础上，针对来华留学生群体的共性特征，分析了留学生辅导员所必需的职业素养，并为如何提升留学生辅导员的职业素养提出了几点建议。

关键词　留学生　辅导员　职业素养

来华留学工作是我国教育事业的重要组成部分，有助于加强中外教育交流与合作，并推动我国教育事业的改革与发展，具有重要现实意义和深远战略意义。根据教育部发布的全国来华留学生数据，2015 年共有来自 202 个国家和地区的 397635 名各类外国留学人员在 31 个省、自治区、直辖市的 811 所高等学校、科研院所和其他教学机构中学习，其中在华接受学历教育的外国留学生为184799人，占在华生总数的比例为 46.47%，继续保持 2008 年以来高于来华生总人数增速的态势。❶ 在我国高等教育走向国际化的新时期，建设一支素质过硬、能力全面的留学生辅导员队伍，是来华留学生教育持续健康发展的必要支持和重要保证。

一、留学生辅导员的角色定位

新中国成立后，国家开始实行积极的来华留学生政策，我国来华留学生教育取得了巨大发展。1962 年制定的《外国留学生工作试行条例（草案）》，是新中国第一个针对来华留学生的法规性文件，其中规定"留学生较多和工作需要的学校，应设专门机构或专职干部"❷。

高校留学生辅导员是"熟悉外事、精于管理、专门从事来华留学生日常事务

---

❶　中国互联网络信息中心：《2015 年全国来华留学生数据发布》，http：//www.moe.edu.cn/jyb_xwfb/gzdt_gzdt/s5987/201604/t20160414_238263.html，2016 年 4 月 14 日。

❷　于富增：《改革开放 30 年的来华留学生教育》，北京语言大学出版社，2009 年版，第 24 页。

管理和思想教育工作的教师队伍"❶，在国外一般被称为"学生事务工作者"，与学生零距离接触，在学习生活方面提供全方位的指导和服务❷。目前我国越来越多的高校配备了专职留学生辅导员，专门从事留学生教育、管理和服务工作，为留学生教育质量提升提供了保障。

二、留学生辅导员管理服务对象的共性特征

来华留学生作为留学生辅导员的管理服务对象，就个体而言，在语言、文化、国别等方面具有多样性和差异性；就群体而言，从工作实践和对兄弟院校来华留学生状况的了解来看，留学生在语言交流、文化适应、群体认同等方面具有一定的共性特征。

（一）入学初期汉语水平不高影响专业学习

目前中国高校招收学历留学生时，除了以英语为教学语言的专业，一般对留学生的汉语水平都有明确要求，如须达到中国汉语水平考试（HSK）的中等或高等。尽管具备中高级汉语水平的留学生基本可以应对在中国的日常生活，但在进入高强度的专业学习时，面对大量的专业词汇以及书面语体，往往力不从心，需要不断强化汉语学习以适应专业课程的要求。

（二）文化背景的差异易导致适应期内文化休克

留学生群体庞大且复杂，他们来中国学习的目的不同，社会制度、文化背景、生活方式、价值观念、风俗习惯和宗教信仰也存在很大差异，而且刚进入本科学习的留学生往往年纪小、生活阅历浅、心理不成熟，他们独自在异国求学，难免会在适应期内出现文化休克，容易产生厌学的负面情绪，甚至产生焦虑或抑郁的心理问题，必须及时疏导和调整，否则很可能引发极端行为和严重后果。

（三）留学生班集体形式的缺失造成群体凝聚力较弱

大多数高校学历留学生教育实行的是和中国学生"趋同管理"的模式，即留学生分散到各学院或专业和中国学生一起听课学习，留学生本身并没有"班集体"这一直接人际交往、共同学习活动的体系，因此很难通过像中国学生班集体那种健全的班级建设制度来团结留学生，因此留学生群体普遍表现出较强的个体性，整体凝聚力较弱。

---

❶　邹时建：《新时期留学生辅导员工作内容及路径探微》，载《教育评论》，2014 年第 12 期，第 62 页。

❷　赵晓兰，鲁烨：《国际化视域下留学生辅导员培育的困境与突破》，载《江苏高教》，2014 年第 2 期，第 106 页。

（四）与中国学生的交流互动有限导致难以融入校园文化

留学生一般住在独立的留学生公寓或散居校外，除去有限的课堂时间，留学生和中国学生接触的机会较少。为了促进留学生和中国学生的相互了解，很多高校都会举办中外文化交流节之类的学生活动，但是仅靠这种每年一两次的活动无法满足双方交流的常态化需求。中外学生交流互动平台的短缺，使得留学生较难融入主流校园文化，心理上对学校也缺乏归属感和认同感。

三、留学生辅导员的职业素养分析

教育部在 2010 年制定的《留学中国计划》中，明确要求"建设一支相对稳定、爱岗敬业、熟悉外事、精于管理的留学人员管理工作队伍"❶。教育部 2014年印发的《高等学校辅导员职业能力标准（暂行）》，对高校辅导员在日常事务管理、思想政治教育、心理健康教育与咨询、危机事件应对、学业指导、理论与实践研究等多方面的工作内容进行了梳理和规范。鉴于上述来华留学生群体在适应期中的共性特征，以及留学生管理与中国学生管理存在一定的差异性，留学生辅导员的职业化、专业化素养也应有相应的要求和标准。

（一）需要具备过硬的政治素质和高度的政治敏锐性

教育、管理和服务留学生是一项涉外工作，而留学生国别多样，所涉及的事务又十分繁杂，确保留学生群体的稳定成了工作中的重中之重。所谓"外事无小事"，要做好留学生管理工作，过硬的政治素质就成为留学生辅导员的首要职业素养，具体包括"坚定的理想信念，较强的民主法制、组织纪律观念，维护国家安全利益的意识，拥护国家统一的爱国主义精神，高度的政治敏锐性等"❷。留学生辅导员应时时关注国际形势动态，关注留学生中的特殊群体和个人，在遇到突发事件时能够按照既定预案，快速应对、及时并妥善处理，维持学校教学和管理秩序，维护高校的安全稳定。

（二）需要具有准确理解相关方针政策和法律规章的能力

为了适应来华留学生教育面临的新机遇和新挑战，教育部等国家部委积极推进来华留学生教育管理规范化、法治化建设，制定并实施了一系列法规和规章，

---

❶ 中国互联网络信息中心：《教育部关于印发〈留学中国计划〉的通知》，http：//www. moe. edu. cn/publicfiles/business/htmlfiles/moe/moe _ 850/201009/xxgk _ 108815. html，2010 年 9 月 21 日。

❷ 陈强，王恩林，于书诚：《国际学生教育管理实务（来华留学篇）》，天津大学出版社，2015 年版，第 7 页。

比如《高等学校接受外国留学生管理规定》《关于中国政府奖学金的管理规定》等。为确保在留学生管理工作中能够做到政策把握到位，政策执行有效，真正做到依法依规严格管理，留学生辅导员不仅要认真学习有关来华留学生教育的战略规划、工作方针、基本法规，还要全面学习涉及留学生招生、签证、生活、医疗、社会管理等方面的制度，真正成为"专家型"的留学生辅导员。

（三）需要具有较好的国际视野和国际交往能力

留学生来自不同的国家，使用不同的语言，具有不同的文化背景。为了做好留学生管理和服务工作，留学生辅导员不仅要能够熟练运用英语或其他外语，还要了解留学生所在国家的风俗、民族、宗教、制度、饮食、历史等方面的知识，从而可以与留学生进行对等交流、有效交流。同时，留学生辅导员还应具有适应国际化发展的良好身心素质，多元价值判断的能力，尊重和包容不同文化传统的能力，主动学习新知识，不断完善知识结构，借鉴吸取国际一流大学学生事务管理经验和国际化管理知识，进一步改进留学生管理服务的工作理念、方法和举措。

（四）需要具有践行传播"中国梦"正能量的素质和能力

来华留学生教育工作服务于中国发展战略，通过增强留学生对中国文化的认同来提升其对中国的情感认同，进而培养更多知华友华人才。为了践行传播"中国梦"，留学生辅导员要熟知中华民族优秀传统文化，了解当今中国政治、经济、文化、社会发展状况，能够讲好中国故事、传递中国信心、弘扬中国精神。在日常工作中，应该胸怀中华民族伟大复兴的"中国梦"，以积极的精神风貌和良好的道德行为，"润物细无声"地影响留学生的思想和行为，真正成为"中国梦"的践行者、传播者。

（五）需要具有多途径开展留学生学业辅导工作的能力

"扩大规模、提高层次、保证质量、规范管理"是教育部开展来华留学工作的总体方针，而提高留学生培养质量则是来华留学工作的核心。目前学业困难是留学生面临的主要问题，也是留学生辅导员开展管理服务工作的切入点。这就需要留学生辅导员了解留学生所学专业的基本情况，熟悉选课、考勤、考试、学业预警等教学管理的要求，能够及时掌握留学生学习困难的情况。同时，这需要辅导员有协调整合学校内部各类资源的能力，通过组织"一对一"帮扶、"学习圈"等方式，帮助留学生学好专业知识，顺利通过学业考核。

（六）需要具有做好留学生心理辅导工作的能力

来华留学生不仅面临着学习生活的压力，而且面临着在跨文化交际中可能引发的各类心理问题。来华留学生因为心理疾病导致学业无法完成，甚至自杀的现象也时有发生。因此，留学生辅导员需要掌握一些心理咨询的基本技能，能够应用心理学知识开展留学生的心理辅导工作，能够在留学生出现心理问题时帮助他们恢复心理健康，从而有效提高留学生心理健康水平。

四、提升留学生辅导员职业素养的路径

来华留学生规模的不断扩大提高了我国在教育领域内的国际影响力，向世界弘扬了中国文化和中国精神，同时也对留学生辅导员的职业素养提出了更高的要求。为确保把来华留学生培养成为知华、亲华、友华的高素质人才，大力提升留学生辅导员职业素养势在必行。

（一）制定留学生辅导员队伍建设规划

各高校根据学校国际化发展的要求和留学生招生规模，制定留学生辅导员队伍建设规划，明确留学生辅导员的配比人数，并采取专兼职方式增加留学生辅导员数量。建设规划要考虑来华留学生工作发展态势，提前做好留学生辅导员的人才储备工作。建设规划还应明确留学生辅导员的角色定位与职责认定，促进留学生辅导员更好地开展工作、发挥作用。

（二）设置专门的留学生辅导员准入标准和考核标准

各高校应高度重视留学生辅导员的招录工作，可以结合本校留学生国别、语言等方面的特点，就外语水平、国际交流经历等方面提出留学生辅导员入职要求，把好"入口关"。要进一步建立完善留学生辅导员的绩效考核奖惩体系，设立科学合理的职业发展路径，引导和帮助留学生辅导员尽快成长为"专家型"辅导员。

（三）开展针对性强的思想政治教育工作

各高校应注重做好留学生辅导员的思想政治教育工作，特别是要加强留学生辅导员意识形态工作能力的培养，提高对意识形态热点难点问题的解释能力，对意识形态工作网络化的把控能力，对极端宗教思想渗透的防控能力等，全面提升留学生辅导员开展思想教育引导工作的综合能力。

（四）开展形式多样、内容丰富的业务知识培训工作

各高校应充分利用校内外、国内外教育资源，通过短期集中培训、在线培训等方式，就留学生管理法律法规、突发事件应急处理、中国传统文化等内容进行专题培训。在此基础上，可组织留学生辅导员赴留学生教育管理较发达的国家进行短期学习或专项研修，进一步拓宽他们的国际视野，提高国际交往能力。

（五）为留学生辅导员畅通轮岗、挂职锻炼的渠道

各高校可结合单位工作实际，有计划地安排留学生辅导员到学校外事部门、教务部门进行轮岗交流，或安排到北京市、教育部相关部门挂职，实现多岗位学习锻炼，全面提高综合素质和工作能力，促进其快速成长，从而提升来华留学生工作的水平。

（六）以项目化管理方式为留学生辅导员提供工作创新平台

各高校可根据本校来华留学生规模、管理模式，设立学生活动项目、课题研究项目等，激励留学生辅导员设计组织符合来华留学生需求的学生活动，加强对留学生课外活动的指导，从而加强留学生群体的凝聚力建设；并开展有关优化留学生工作的研究，借鉴国内外高校在留学生事务管理方面的经验和做法，思考解决留学生管理问题的新思路、新举措。

当前高校的留学生招生、管理规模不断扩大，留学生对高水平、专业化、国际化高等教育服务的要求不断提升。为适应这一新形势，各高校亟需解决留学生辅导员角色不清、工作不明的问题，通过完善队伍建设规划、考核考评体系、教育培训机制等，不断提高留学生辅导员的专业化、职业化水平，真正建立起一支政治素质高、业务能力强、知识结构全、国际视野宽的留学生辅导员队伍，为促进我国留学生教育战略发展做出积极贡献。

高校医患纠纷解决机制初探

后勤工作委员会　卢　东

摘　要　近年来高校医患纠纷呈增长趋势，由于纠纷主体的特殊性，高校医患纠纷往往引发广泛的关注，给校园和谐稳定带来诸多负面影响。笔者认为，高校处理医患纠纷应当从制度建构出发，坚持依法办事、体现人文关怀，妥善、顺利地解决医患纠纷，为大学生健康成长成才营造良好环境。

关键字　高校　医患纠纷　解决机制

近年来，关于高校医患纠纷的报道屡见媒体报端。如 2011 年 11 月，广东技术师范学院天河学院发生了一起"学生猝死校园事件"，一时将高校医患纠纷推上了风口浪尖。此次事件中，校医院诊断失误、氧气罐没有氧气、拨打 120 延迟等一系列失误成为焦点。2012 年 4 月，北大未名 BBS 一篇关于校医院的帖子引发同学广泛关注。作者自称在校医院接受理疗时被意外烤伤出现水泡，几度去校医院进行处理，不同的医生却给出了不同的诊疗方式。而当她与同学就是否应该事先告知后果、处理方式为何如此不同等问题提出质疑时，却没有得到满意的解释，相反却遭到了"一层一层人员的阻挡和生硬无礼态度"。这些新闻报道反映出了高校医患纠纷越来越受到社会公众的关注。

高校医患纠纷多因学生和承担高校后勤服务职责的校医院之间的矛盾、医疗事故等引发。相对于一般医患纠纷而言，高校医患纠纷由于校医院承担职能和医疗条件有限，在遇到重大紧急的情况，一般会采取转院等方式，纠纷程度往往并不严重，少有患者重伤、死亡等重大突发事件。而在实践中多表现为学生对校医院服务的不满和"吐槽"，例如较为常见的因免疫接种导致过敏反应。虽然高校医患纠纷矛盾冲突并非尖锐，但因纠纷主体的特殊性，往往会引发社会的高度关注；而且尤以由于免疫接种导致过敏反应的症状会较严重和可能导致后遗症，导致了家属的闹访或是因治疗导致学生家庭经济困难等问题十分突出。

因此高校医患纠纷一旦处理不当，就会给学校正常的教学管理秩序带来冲击，给校园的和谐稳定也带来诸多负面影响。因此，有必要高度重视高校的医患纠纷问题，深入分析其产生原因，妥善应对，服务于高校的育人目标。

一、充分认识到妥善解决高校医患纠纷对高校育人的重要意义

虽然高校医患纠纷整体上矛盾并非尖锐，但一旦发生，尤其发生人身伤害的情况，无论对学生个体以及学校都是一件很难解决的事情。尤其对于学生家庭而言，无疑是一场灾难。培养一名大学生的成本无论从家庭，还是国家或者社会都非常之高，家庭对于大学生的期望值也很高，一旦学生发生医疗意外，往往会给家庭带来巨大经济损失和精神损失。如果处理得当，家庭的损失得到相对等的赔偿，可在某种程度上弥补家庭损失，缓解实际困难。但如处理不当，学生家庭和个人往往会因此陷入困境。以我校出现的一起免疫接种导致过敏反应案例来看，十万分之一的概率完全将这个家庭拖入绝境，虽然在社会、学校多方努力下学生的病情目前得到控制，但是其对健康的损害仍是不可逆的，这无疑对学生以后人生的道路是极为残酷的打击。而对于高校而言，医患纠纷是一个老大难的问题，其妥善解决关系到校园的和谐稳定。解决医患纠纷需要耗费大量人力、物力，但很多时候学校却仍陷入两难，稍有疏漏就有可能激化矛盾，这其中对校医院等直接责任部门的影响最大。校医院往往被推到风口浪尖，缺陷被无限放大，而可取之处却几乎没有人提及。校医院作为学校的职能部门，是衡量学校服务质量优劣的标志之一，学生对校医院的评价过低，同时也影响着校园环境的稳定。上文中提到的广东技术师范学校的案例中，就因为校方应对不力，导致学生纷纷指责校医院，继而质疑学校，引发舆论风波。

二、高校医患纠纷产生的原因探析

笔者认为高校医患纠纷原因是复杂的，包括制度层面、管理层面、个体层面、善后处理等多层次的原因。

（一）在制度层面，大学生的公费医疗制度等直接导致了高校医患关系的非市场化

目前大学生医疗制度主要是公费医疗制度，这种"包干"式的医疗福利实际上是计划经济体制的残留。大学生公费医疗制度相对于社会保险制度最大的区别在于主体身份不同，公费医疗制度下，学生一般要求到校医院就医或是到指定医院就医，如需转院就需要复杂和严格的流程，这实际限制了学生的就医选择权。而一旦发生医疗意外，也需要经过复杂的程序认定，涉及多个部门，学校、学生、卫生主管部门、教育主管部门等都会牵涉其中。

（二）在管理层面，校医院定位不清，人员、技术、服务管理水平较弱，成了医疗改革的遗漏之处

高校医院是学校后勤管理部门之一，并无独立的法人地位。其主要资金来源为财政拨款，这就直接导致了高校医疗制度的非市场性和单一性。当前校医院资金相对紧张，技术设备滞后、人员配置不全，处理重大突发事件经验能力欠缺已经成为普遍性问题。而即使引进高水平的医生、先进的医疗器材，也会因服务对象较少，利用率不足，导致器材闲置，造成资源浪费。从学校层面而言，对专业水平以及机构设置等方面，也对校医院缺乏有效的监督管理。

我们同时也看到，目前全社会正在轰轰烈烈进行的医疗改革中，大多数的校医院成为遗漏之地，有针对性的改善措施少之又少。

（三）个体层面，学生的具体情况纷繁复杂导致了高校医疗服务不能满足需求

其一，学生个体特有生理体质导致学生情况复杂。如高校中出现的接种免疫导致过敏的案例，学生个体体质差异直接导致了事件发生概率较大。一般在新生入校时，根据国家有关法律规定，都会被建议接种疫苗。接种疫苗之前会让同学签订知情协议，很多情况下，签订协议只是一个走过场的程序。在缺少前期周密体检的情况下，很多学生实际并不了解自身体质是否会产生过敏反应，而在这种不知情的条件下，一旦发生意外事件，很有可能就会发生高校医患纠纷。

其二，学生不适当的应诊心理会进一步加剧纠纷。由于大学生群体文化层次较高，认知能力强，其需求也呈现出多样化，往往在就诊中有着较高的心理期望。大学生因年轻缺少阅历，看待事物往往有一定的片面性，会产生一些不适当的应诊心理。这就有可能引发甚至加剧医患纠纷。如有些同学预期看过校医院以后就能够药到病除，而校医院出于学生个体体质考虑，往往会减少药量，因而医药发生疗效存在一定的时间间隔，此时，同学往往会出现急切心理，怀疑医生的医疗水平等，容易诱发医患纠纷。此外，在医患纠纷中，学生作为受伤害的一方，往往情绪比较激动，希望通过各种途径达到自身诉求。一旦诉求得不到满足，往往会通过各种方式表达诉求，这尤以网络最为突出。

其三，社会保障等善后处理措施制度欠缺。对于医患纠纷，当前国家仍缺完备善后的制度，如对接种免疫导致过敏的情况，国家相关赔偿规定仍在初步阶段，获取赔偿往往要经历复杂漫长的程序。此外，校医院的经费都由国家财政拨款，学校缺少相应的资金，因而发生医患纠纷以后，资金到位往往很困难，患者的经济损失无法得到满足。而对于已经产生持久性损害的，学生毕业后进入社

会，社会保障缺少对接体制，往往走入社会后，就很难如正常人一样生活。

三、解决高校医患纠纷的几点建议

（一）制度设计上，借鉴外国经验，改革大学生医疗保险制度以及现有校医院管理制度

高校医患纠纷的一部分原因是我国校医院制度设计存在缺陷，因而想要改善医患关系，首先需要从制度层面进行改革。一方面，对于大学生医疗的管理，不仅要从校医院入手，更要防患于未然，推行大学生医疗保险制度，在这方面可以借鉴交通车辆强制保险制度，在发生医患纠纷以后，由保险公司提供赔偿金，解决患者的经济困难。

另一方面，对于校医院的现行制度也要进行改革，建立市场竞争机制，以促进校医院的良性发展。对于校医院现行的内部制度也要进行完善，这包括两个方面，第一，校医院的正常运行机制需要保障，事前建立责任机制；第二，建立一套完善的监督、追责机制，在发生医患纠纷后，落实到人，切实解决纠纷。

（二）管理层面上，加强校医院的自身业务能力、管理水平和服务能力提升，强化育人作用

在校医院的自我管理层面，需要通过各种培训加强医务人员的业务能力，提高其管理水平和服务能力，强化其育人意识，使得校医院医务人员努力为同学服务的同时，不断提高自身的建设，完善校医院的运行机制，强化育人效果。

（三）处理层面上，建立多层次纠纷化解机制

其一，坚持依法办事，严格依据相关法律法规处理。发生医患纠纷之后，必须严格依照医疗事故纠纷的处理规定，依法解决。当然在尊重当事人的意愿基础上，可以进行和解。但必须严禁以不合法的方式进行私了，避免侵害弱者的合法利益，导致事故后遗症。

其二，人文关怀，确保同学的合法权益得到维护。学校在处理医患纠纷的时候，应当给予人文关怀，努力维护学生在校期间的合法利益，甚至在需要的时候，由学校直接出面，解决、协调相关事宜，如我校出现的接种免疫导致过敏事件中，学校给予学生和家庭大力支持和人文关怀，解决了他们在生活上的多方困难，得到了同学和家长高度认可。

其三，防患于未然，完善预防和保障的体制。对于高校医患纠纷，要从两方面着手：一方面，前期建立预防机制，在普及大学生医疗保险制度的前提下，鼓励同学投保人身意外险、建立校医院责任落实到人制度等；另一方面，建立后期

保障制度，如设立相应的基金或单列预算准备金等，完善和社会保障体系的对接，一旦发生医患纠纷，即遵循相关保障体制，实现损害有赔偿，后续有帮扶。

高校医患纠纷作为高校中存在的较为普遍的问题，其解决不在一朝一夕，需要一步步改善。相信从制度、管理、后期处理等方面不断改善，我国高校的医疗卫生水平必将不断提高，医患纠纷也将得到妥善的解决。

参考文献

［1］郭秋文. 高校医患关系矛盾分析及改善措施［J］. 中国当代医药，2010，17（12）：136—137.

［2］魏春琴. 构建高校医院和谐医患关系研究［J］. 科技信息，2011（29）：15.

［3］赖传珍，王晓萍. 关于高校医院和谐医患关系的构建［J］. 中国社区医师：医学专业，2009，11（4）：128—130.

［4］朱贤英，夏斌，张菊. 高校医患沟通的运用策略［J］. 湖北第二师范学院学报，2012，29（2）：87—89.

［5］刘荣先. 大学生就诊心理特征及对应措施［J］. 赣南师范学院学报，2003（5）：140.

法大学生工作信息化建设的思考和展望

学生处 张永然

摘 要 学生工作是高校育人的有机组成部分，如何适应互联网技术的迅速发展，契合学生个性化和多样化的成才需求，不断提升信息化和科学化水平已经成为不可回避的重大课题。笔者立足于法大学生工作信息化的实践，通过分析现状、总结经验，提出打造系统全面的学生工作管理和服务信息化平台，全面服务于大学生健康成长成才。

关键词 学生工作 信息化 科学化

学生工作是高校育人工作的有机组成部分，其覆盖学生成长的全过程和全环节，对大学生的人格塑造、素质发展和能力提升具有不可替代的作用。面对当前大数据、物联网、云计算等信息科技的迅速发展，尤其是面对"90后"大学生群体，推进学生工作的信息化和科学化，实现"互联网＋学生工作"，建设学工一体化管理、服务与教育信息化平台，更好地服务于高校人才培养，推进高校学生工作全面、协调和可持续发展，已经成为大势所趋。

近年来，法大高度重视学校的信息化建设。对此，校长黄进教授多次在重要场合强调，要推进全面深化学校综合改革，推进学校的现代化、信息化、国际化、法治化，促进学校事业的科学发展。而为落实学校综合改革方案中提出的要建立系统全面的学生培养数字化档案，法大学工系统正全面启动信息化建设，目前已经进入系统建设筹备阶段。笔者作为参与人员之一，在前期调研的基础上，就法大学生工作信息化建设的现状、建设和展望提出自己的建议。

一、现状和问题

整体而言，法大的信息化建设因历史原因，与国内一流高校存在着不小的差距。学生工作的信息化则是长期滞后，没有自己独立的信息化平台。统计报送等大量的日常工作要靠人工来完成，这增加了辅导员等学生工作者的工作压力，对学生而言也是很不方便。因此，建构一体化的学生管理和服务信息化平台已经成为广大师生的迫切需求。

对此，学校今年预算拨专款用于购置学生工作管理和服务的系统平台，并力争在年内上线，这对于推进学生工作信息化建设无疑是个巨大鼓舞。但如何用好用对这笔专项，避免走弯路却是个非常实际的问题。前期调研中，我们发现有些高校存在着信息化建设周期过长、资金投入过大，信息化平台利用率不高乃至废弃等种种情况。法大作为一所法科特色院校，由于先天的专业劣势，很难采取如北京大学、清华大学、电子科技大学等理工院校依托自身进行技术研发的模式；同时由于层次规模的限制，也难如人民大学等院校投入巨额资金进行智力引进的形式。对于法大而言，将有限的经费用来购置市场上提供的产品和服务的路径则成为符合实际的最优选择。相对于前两种更能使契合师生需求的选择而言，这确实会在体现网络信息和学校实际深度融合的个性化和特色化上逊色很多，但胜在花费较少。当然选对了产品和服务，就能充分地发挥后发优势，实现后来居上。不过如果选不好，也不排除有投入成缴学费的风险。

而要使风险降到最低，一方面在于全面掌握市场供给的各类产品和服务的信息，能够选择最适合学校实际，并在此基础上根据师生的需求进行个性的研发；另一方面更为重要的是师生要在思想观念、体制机制、物质技术等各层面具有迎接、容纳互联网时代挑战的信心和准备。笔者个人意见，要推进法大的学生工作信息化建设，首先要解决以下问题。

（一）破解定位上的困惑

学生工作信息化建设首要解决的是目标定位的问题，即建设学生工作的信息化平台的目标和宗旨。调研中，笔者发现，当前很多高校现有的学生工作信息化平台，其界面设计和功能构建上大多以管理为核心，以职能部门分工进行权限划分和流程设计。这直接导致运行需要较为烦琐的菜单操作，其交互性、友好性和用户体验都较差。这实际上和当前我们的工作对象——深受互联网深刻影响的当代大学生的习惯完全相悖。因此快捷、方便等用户体验是学生工作信息化建设必须要解决的问题。这就要求学生工作信息化平台要深度融合互联网思维，契合师生的个性化和多样化的需求，改变以管理为中心的架构，凸显用户体验，尤其是服务学生的设计理念，才能真正实现有效的管理和服务，进而达成育人的根本宗旨。基于此，笔者认为，学生工作的信息化建设旨在打造帮助学生成才、解决学生困难、方便学生办事、维护学生权益的全方位管理和服务平台，围绕学生教育管理、帮困助学、权益维护、学务管理、就业指导等具体成才需求，打造网络"一站式"服务，实现精细化管理，人性化服务。

（二）打破体制上的割裂

学生工作是高校育人的有机组成部分，其本身与教学培养、科学研究等密切相关。调研中，笔者发现当前制约学生工作信息化建设的根本性问题就是严重的数据资源的割块分割的。当前由于高校管理体制的问题，学生工作系统在学籍、教务等学生基础信息方面的获取上处于不利地位。目前虽然随着大数据战略的深入推进，高校的信息化建设已经纳入了整体规划的轨道，但由于数据标准等规范化建设的缺失，信息孤岛的现象实际上还是很严重。目前法大就面临着学生工作的信息化平台和全校数据交换中心同步建设的现状。而数据交换中心的建设和运用对于学生工作的信息化建设具有至关重要的作用。如果学生工作信息化平台不能有效地从学校教务、后勤等系统有效地实现数据抓取，会直接导致学生无法从平台获得快捷有效的线上服务，而只能回归线下传统的工作模式，这必然降低平台的用户黏度，导致用户流失，最终可能是平台形同虚设。因此，学生工作的信息化建设必须要在学校的顶层设计下，以大数据战略推进协同创新，全面整合资源，避免重复建设，实现数据共享。

（三）实现观念上的转变

如从形式上看，学生工作信息化建设，是实现了日常学生工作从线下到线上的转变；但从实质上讲，学生工作信息化建设是通过学生工作信息化平台的权限划分和流程设计实现了参与主体的权利义务的重新界定。信息化平台在给师生提供便利的同时，也设定了责任。不同账号对应着不同权限，每个账号必须按照既定的流程规范来处理问题，否则将在线上寸步难行。这对于师生而言，不仅要有运用网络的观念，还要有善用网络的能力。我们看到，法大当前在推进信息化建设方面观念上还需要进一步更新。目前还存在"身体在互联网时代，思想还滞后在人工管理的时代"的情况。如在学生迎新中，尽管网络迎新已经提前实现了学生信息的采集，但现场还存在着学生排队填表的情况。而且法大部分学生中还存在着被动接受管理的态度，不主动上网去收集信息，而是希望通过辅导员、班干部去提醒和告知。那么学生工作的信息化平台上线，如果不去主动改变和适应，会直接导致自身的权益得不到维护。如因学生自身原因错过奖学金申请，在传统人工管理模式下，一些变通照顾就可以皆大欢喜，但在网络时代则就只能埋怨自己了。

（四）推进技术上的融合

学生工作的信息化建设基于网络技术的发展，虽然更侧重于系统软件的建设，但其必须建立在坚实的硬件的基础上。信息化平台只有实现软硬件技术上深度融合，才能更好地发挥作用。当前电脑在学生中已经广泛普及，这为学生工作信息化平台的建设提供了很好的硬件基础。但随着移动互联网的快速发展，"手机控"成为大学生群体中的普遍现象。学生工作信息化平台是以学生为主要用户，必须要适应这种转变。这要求学生工作的信息化平台不仅能在 PC 端运行良好，而且还要适应不同手机端的操作系统，而研发更为方便快捷的 APP，让学生能够随时随地地使用也成为趋势。这也进一步要求学校能够提供全覆盖、无死角的校园无线网络，让学生随时随地免费接入。而正是通过软件上提供的最新最快的系统服务，硬件上无缝的全覆盖基础服务，学生才会更乐于接纳学生工作信息化平台，将其作为接受信息、反映诉求、业务办理的首选。

二、功能和建构

而基于以上考虑，笔者认为学生工作信息化建设作为学校"智慧法大"校园信息化建设的重要组成部分，其技术框架和数据标准应当符合法大信息化建设的要求，其功能不仅能满足学生工作各项业务的需求，还能满足学校相关部门的业务需求，而且还能为师生提供完善的个性化服务支持，推进学生工作的数据信息化、流程信息化、决策信息化，同时达成和学校其他系统的对接，最终达到全校的数据共享、管理自动化、管理智能化。具体而言，主要实现以下功能：

（一）集成身份认证

学生被录取后，即实现账号和身份绑定，从入学到就业，学生可一键式登录数字法大，并根据需要进入学生工作信息化平台，选择办理事项。如学生毕业，则可以作为校友管理，保留其一定的浏览权限。辅导员等管理人员可以根据工号、密码登录，根据相应的管理权限，完成审核、文件报送等事务办理工作。

（二）信息发布和浏览

管理人员可依据权限发布相应的信息，并针对不同学生群体实现定制化、个性化推送。而学生登录个人页面，可以在相应栏目中随时查阅教务、学工、生活等相关信息公告。

（三）信息资源共享

学生信息化平台可实现与其他系统平台的学生培养信息的全程化互联互通。当学生录取的基本信息和网络迎新注册的自填信息形成学生基本档案后，学生工作信息化平台通过记录学生日常中奖惩、社会实践等信息，最终形成和学籍、成绩等一起的学生综合素质档案，而师生可根据自身权限和需要查阅相关数据。

（四）便捷自助服务

依据信息化平台，学生可以查阅选课、成绩、奖惩等信息，了解财务发放、校园消费等情况，自主订阅讲座、社团等信息。实现自助打印成绩单，打印获奖证书等，完成请假、休学、校外居住的申请。管理人员则可以实现奖学金评选、校外居住、请假等事务办理。

（五）教学辅助等扩展功能

信息化平台可以实现与网络课程资源的对接，网络远程教学和网上图书馆的借阅、阅读等功能。

而为实现以上功能，该信息化平台应当注重用户体验，界面友好，拥有操作简单易学好用、方便维护、设置灵活的特点。还应当具有稳定性和安全性，能够有效防御各种网络攻击，能够实现对所有数据信息及视图的安全和永久存储，并进行多维运算和应用。最后考虑到业务发展和学生需求，该信息化平台应具备开放性，能及时增加项目和变革内容。同时预留接口，确保未来能与学校其他系统形成对接。

而在内容上，笔者认为学生工作信息化平台应当包括两个层面，第一层面是直接展现给用户的服务大厅，其作为平台的服务端首页，能够集成学生工作服务的所有应用，并能够按不同维度进行分类，实现根据条件选择快速定位。用户登录后，该大厅即可个性化地直观展现与其相关的代办、已办事项，并在提示中显示明细。用户在按照权限发布和查阅信息、进行事务办理和自助服务的同时，还可以使用基于学生基础信息库的应用数据统计功能。当然，服务大厅作为直接展示给法大的师生的页面，其外观设计应当凸显法大元素，具有法大风格，符合法大 VI 视觉系统的基本要求。下页图 1 为金智公司提供的法大学生工作信息化平台方案的截图，其设计方案虽然还不是十分完善和具体，但是在一定程度上契合法大的实际需求，可供参考。

第二个层面则是实现学生工作管理和服务的各类基础应用。基础应用囊括学生工作的各项业务，实现从学生入学到就业的全过程网络覆盖。这包括学生基础信息库、迎新、奖助学金管理、评优管理、处分管理、家庭经济困难学生认定、国家助学贷款、辅导员班主任管理、就业创业管理、志愿服务管理、社团管理、请假管理、学业辅导、德育调研等。当然考虑到应用种类和用户习惯，平台可以实现用户对常用应用的自定义收藏和展现，并提供"推荐、最新、最热门应用"的推荐功能，避免因应用种类过多而导致烦琐的操作。相对于第一层面，各类基础应用作为后台支持着服务大厅的运行，其借鉴手机 APP，以图标形式展现在服务大厅，用户点击即可进入。各类应用在操作中应体现方便快捷，如奖学金管理中，无论是学生申请，还是管理人员审核，其表格填写、数据统计等工作都由平台自动生成，用户只需要进行核对后提交即可，能够最大限度解放人力，提供便利。

图1 学生工作管理服务平台界面图

图2 学生工作管理服务平台架构图

三、建构和展望

在明确学生工作信息化平台的定位、功能和内容之后，关键是将蓝图变为现实。因种种原因，从零起步的法大学生工作信息化建设面临着很多困难。尤其是在目前选择购买既有产品和服务的路径情况下，现有产品都会因其自身架构的问题导致实际运用中功能的限制。而且各高校的学生管理和服务的机制体制大相径庭，一个产品很难满足每个高校的个性化的需求，除非是完全的定制开发，而这个费用有可能是十分高昂的。

因此，立足当前实际，逐步推进，分期开发就成为法大信息化建设较为稳妥的方案。为建成智慧法大，实现系统全面的数字化培养档案，学生工作信息化建设首先要解决从无到有的问题，即第一步要搭建起学生管理和服务的信息化平台，通过这个系统平台，和教务、人事、科研、后勤等其他校内系统形成校园信息系统基本的框架，各平台系统之间通过数据交换中心实现资源的共享。笔者认为，实现第一步没必要求大求全，也不宜目标定位过高，力图实现数字化培养档案的一步到位。从笔者的调研来看，目前全国高校在信息化建设方面做得较好的高校，如电子科技大学、北京大学、人民大学等，其在推进信息化建设时也并非是一帆风顺的，也是通过长期的积累和不懈的努力，才取得了当前的成绩。对于法大学生工作信息化建设而言，不能急于求成，当前急切要解决的是将学生工作线下管理和服务中已经规范成熟的部分实现网上的业务办理。当然完成这一步也是非常不易，这需要技术研发人员和各个业务的管理和负责人员进行深入的探讨，将现有工作中的权责、流程等转化为网络不同层级的逻辑关系。如果有一个环节考虑不周或者设计不合理，就有可能导致整个应用需要重新设计。将日常工作实现线下到线上的转变尚且如此，而如果仅仅只是想法或是设想，且没有任何实践作为支持，试图通过网络建构来实现的话，在当前法大的情况下，难度非常大。经过努力，信息化平台的建设能够实现师生便捷完成奖助学金评选等各类事项办理；广大师生对信息化平台提供的服务有着较高满意度和认可度后，能够习惯通过平台获取信息和寻求帮助时，就可以着手下一步深度开发。

相对首期平台开发的功能立足于实现线上的事务管理和服务而言，下一阶段的开发应当立足于学生工作育人根本任务的实现，凸显网络教育的功能。如将慕课等网络教育资源通过链接直接展示到服务大厅。如目前我校正在筹备形势与政策教育的数据库建设，如该数据库能建成和投入使用，就可以实现和信息化平台的全面资源整合。学生登录信息化平台后，就可以直接使用数据库进行学习，其学习记录直接记入平台的基础数据库。另一方面则是深度融合移动互联技术，在

PC 端完善后，推出法大学生工作的 APP。当前移动互联发展，已经使手机成为同学获取信息和服务的最为主要和方便的手段，而通过手机等移动终端，信息化平台也可以进一步方便和贴近学生。如笔者在调研中就发现，人民大学通过微人大的手机端已经实现了对学生参加讲座报告等各类活动的记录。同学们通过网络预约参加讲座报告，到现场后手机扫描组织方提供实时变化的二维码即可签到。因为现场的二维码会每隔 30 秒变化，也避免了学生通过技术手段实现虚假记录的情况。对此，我们可以设想，如果学生通过手机移动端可以随时随地地记录其在校园内的活动轨迹，其完整的数据记录就是一份学生在校期间的素质成长档案，这也就是学校综合改革方案里要求的建设系统全面的数字化培养档案。当然，随着信息化平台的不断完善，我们还可以充分挖掘其功能，如实现和微信、QQ 等第三方软件的链接，实现学生在网络上社交功能，将其打造为一个校园网络社区等。

以上，作为笔者结合自身工作对法大学生工作信息化建设的几点浅显思考，其中还有诸多不完善之处乃至不对之处。目前，法大的学生工作信息化平台已经进入实质建设阶段，作为新事物，很多工作都尚处在摸索之中，面临的挑战和困难也很难预测。但我们相信，在法大全体学生工作者同仁的努力下，法大学生工作的信息化建设必然会取得成功！

法治视野下的公立高等学校自治

学生处　熊元林

摘　要　笔者针对当前我国公立高校中存在的诸如学术不自治导致的学术自由和创新不足，以及自主管理中存在的诸多问题，在明确我国公立高校法律地位的基础上，提出了合理性对策。当前我国公立高校应当在遵循"党委领导下的校长负责制"的前提下，通过高校章程明确教育行政管理部门与公立高校的权利义务关系，完善内外部对公立高校的监督机制，明确教育行政案件的行政诉讼制度，明确学术自治的范围和强度，加强对学术自治的组织和程序保障等实现"法治下的高校自治"。

关键词　法治　公立高等学校　自治　学术自由

一、问题的提出

近年来，"高校去行政化"的问题引起社会的广泛关注，其实问题的本质在于如何真正地实现高校自治。大学最早起源于西方，高校自治运动也始于欧洲，因此，必须在正确界定高校自治的基础上，审视我国高校自治现状和困境。

（一）高校自治的界定

高校自治运动始于欧洲，并逐步向欧洲以外的国家扩展，包括德国、英国、芬兰、瑞典、美国、泰国等在内的一些国家已经逐步建立起高校自治制度。❶ 德国的高校自治制度走在世界的前列，德国北莱茵—威斯特法伦州 2007 年开始实施的《高校自治法》是在"新公共经营理念"指导下推进的高校自治改革，通过实施"高校的新身份更凸显其独立性""强化领导层的行政权力""国家与高校的

---

❶ 参见潘月明：《高校自治：全球大学面临的共同挑战与机遇》，载《扬州大学学报（高教研究版）》，2005 年第 3 期。

关系被彻底重新定义"❶ 三大核心内容，旨在把市场的竞争机制引入大学，取代单纯依靠政府财政支持的"国家—高校"模式。

德国之所以在现阶段实行高校企业化自治改革，主要是要解决其人口老龄化带来的大学生源减少和资金紧张问题。在学术自由历史传统悠久的德国，高等学校的学术自由问题已经不再成为突出的问题，大学自治和自由问题不再是这一阶段德国高校自治改革所强调的重点。高校企业化自治可能会成为今后世界大学改革的重点之一。但是就高校自治的核心意义而言，"大学自治是大学作为一个法人团体在法律范围内享有的自主办学、自己管理自己及自理内部事务的权力"。❷笔者认为，通常意义上的高校自治是指高校依法享有的自主管理权利，为实现特定教育目的尤其是学术自由，可以自由治理学校（集中表现为教授治校）、自主处理学校内部事务（自主管理）、最小限度地接受来自外界（尤其是政府部门）的干扰和支配。

（二）我国高校自治领域的立法现状

长期以来，我国政府对高等院校采取的是以行政命令为主的高度集中管理模式，加之受到意识形态因素的制约，我国高校自治立法趋于空白。仅《高等教育法》第 11 条规定：高等学校应当面向社会，依法自主办学，实行民主管理。

从该条文来看，高等学校根据法律的授权，享有自主办学、民主管理的权利。但是这一规定过于原则化，是宣誓性的条款，在实际操作中弹性较大。由于我国教育行政部门对高校实行领导和管理，尤其是掌握最重要的财权和人事权，因此，高校自主权往往受制于教育行政部门和高校所在地政府。从实际的情况看，我国的高等院校具有很强的行政化色彩，高校自治受到了很大的限制，阻碍了高等院校的自由发展。自主办学和民主管理究竟包括哪些方面的具体内容，高校自主和自治权的权利边界在哪里、如何成为高校实有权、是否意味着可以以竞争的方式办校等，都没有在立法中进行具体规定。

（三）当前我国公立高校自治的困境

近几年来，公立高校屡屡成为两会期间的热点问题。从高校财务危机到学术腐败、高校行政化，被广泛诟病但却苦无良策。在现阶段修正法律不现实的情况

---

❶　俞可：《没有自由的自治——解读德国〈高校自治法〉兼论德国高等教育政策》，载《复旦教育论坛》，2007 年第 6 期。

❷　参见《大美百科全书》，外文出版社，2010 年版，转引自相丽辉：《大学自治与政府干预的关系——教育上的一个两难问题》，载《辽宁广播电视大学学报》，2004 年第 2 期。

下，总结现有实践模式、利用科学的方法对现行法进行合理解释，从而重构公立高校自治体系，对解决当前尖锐的公立高校问题有着重大的现实意义。笔者将尝试在不突破现有法律规定的前提下，总结现有高校自主办学和民主管理模式，通过阐明我国公立高校的法律地位，明晰我国公立高校的自治范围，并提出合理化的建议——公立高校的自治必须是法治阳光照耀下的自治，必须符合合法性原则。当然，这并不意味着私立高校可以不受此原则的约束，只是本文为了论证的方便作出的技术性处理。

二、我国公立高校自治的范围界定

要界定我国公立高校的自治范围，必须首先正确认识我国高校的法律地位。在此基础上进一步明确我国高校自治的前提，即以坚定正确的政治方向为前提，进而通过自主管理和学术自治来推进我国公立高校自治。

（一）我国公立高校的法律地位

尽管我国高校也存在诸如大学债务危机等问题❶，但在我国推进高校自主管理的出发点却主要不是出于财政考量，而是希望借此保障学术自由、提高高校科研创新能力。我国公立高校既作为学术研究的机构又是培养高等人才的重要场所，同时作为教育行政工作的管理者履行行政职权，要明确我国高校自治的范围，必须首先明确我国高校的法律地位。只有在明确定位的基础上，才能从高校在不同事务中扮演的不同角色出发设定其自治权行使的方式和范围。

简而言之，一方面，我国公立高校由国家出资设立、受国家教育行政部门的领导，以学生为行政相对人履行部分教育行政职能；另一方面，高校作为科研院所，高校教师将其作为工作场所在此进行学术研究，而欲实现教师学术自由，必须以教授自治为手段。

1. 我国公立高校是国家出资设立的教学研究事业单位

我国公立高校是由国家出资设立的教学研究事业单位，国家通过财政拨款的形式维持公立高校的基本运转。国家作为公立高校的出资人，并非没有任何目的。公立高等院校作为高等教育机构承担着为国家培养符合社会建设需要人才的任务。《高等教育法》第 31 条规定："高等学校应当以培养人才为中心，开展教学、科学研究和社会服务，保证教育教学质量达到国家规定的标准。"如果将公立高校比作工厂，那么出资人希望这个工厂生产的产品恰是符合国家建设需要的

---

❶ 参见金辉：《高校债务危机迷局调查》，载《中国社会科学院报》，http：// www. cass. net. cn/file/20090402227197. html，最后访问时间 2016 年 6 月 7 日。

人才。这些人才要通过公立高校的学习掌握基本的知识和技能，同时，国家又希望高校培养出来的人才坚持四项基本原则，认同整个社会的主流意识形态。

2. 我国公立高校是履行教育行政管理职能的行政主体

根据《高等教育法》❶和《中华人民共和国学位条例》❷，我国公立高校依法律、法规授权享有部分教育行政管理职能，在学生录取、学籍管理、学位授予及纪律处分等领域履行广泛的教育行政管理职能。由于各个高校存在着较大的差异，因此在学生录取、学籍管理、学位授予和纪律处分等领域各高校一般根据自身实际制定了不少校内规范性文件。这是高校自治的一部分，对学生权利产生着重要的影响，这些规范性文件是否要接受法治的制约？与公立高校这一行政主体相对应的是：学生作为相对人在教育行政法律关系中的地位如何？特别权力关系说已经逐渐被摒弃，"普遍认为，内部行政规则具有法律的特征（关键的理论障碍因此被突破）；除非具有需要限制的特殊目的，基本权利也适用于特别权力关系；法律保护至少适用于特别权力关系中的基本措施。"❸

3. 我国公立高校是教师进行学术研究创新的工作场所

我国科研人员主要集中在两大场所，一是在科研机构，二是高等院校。高校教师既承担着一定的教学任务，又需要完成不少科研任务。科学研究特别是人文社会科学研究尤其需要保持其独立的研究空间，仅仅就科研而言，学术研究不应该存在禁区，尤其是政治禁区。尽管理论应该与实际结合并指导实践，但是越来越多的人倾向于承认学术研究有其独立的价值。当然，正如马克斯·韦伯在《学术与政治》中所言，学术和政治追求的目的是不一样的。学术研究有其独立的评判标准，这一标准只能由学术共同体来认定，而不能根据任何政治或行政的判断。世界各国大学的经验表明，要实现学术自由，只能通过学术自治尤其是教授治校来实现。

---

❶ 《高等教育法》第 41 条第 4 款规定："高等学校的校长全面负责本学校的教学、科学研究和其他行政管理工作，行使下列职权：聘任与解聘教师以及内部其他工作人员，对学生进行学籍管理并实施奖励或者处分。"

❷ 《中华人民共和国学位条例》第 9 条规定："学位授予单位，应当设立学位评定委员会，并组织有关学科的学位论文答辩委员会。学位论文答辩委员会必须有外单位的有关专家参加，其组成人员由学位授予单位遴选决定。学位评定委员会组成人员名单，由学位授予单位提出，学位评定委员会组成人员名单由学位授予单位确定，报国务院有关部门和国务院学位委员会备案。"

❸ 哈姆雷特·毛雷尔：《行政法学总论》，高家伟译，法律出版社，2000 年版，第 169 页。

在明确我国公立高校法律地位的基础上，再来分析公立高校自治的范围更具合理性。作为国家出资设立的教学研究事业单位，公立高校承担着提供高等教育公共服务和学术研究的任务，这就要求公立高校的自治必须是坚持正确方向的自治；作为我国履行教育行政管理职能的行政主体，不同公立高校存在较大差异，这就要求公立高校的自治必须是坚持自主管理的自治；作为教师进行学术研究创新的工作场所，教师必须能够享有充分的研究自由，这就要求公立高校的自治必须是坚持学术自由的自治。

(二) 我国公立高校自治的前提——坚持正确的政治方向

我国宪法规定：我国是人民民主专政的社会主义国家，必须坚持四项基本原则。教育作为塑造共同国民意识的重要途径，要求我们必须坚持社会主义方向和基本原则。

根据我国《高等教育法》第 39 条规定："国家举办的高等学校实行中国共产党高等学校基层委员会领导下的校长负责制。"即我国实行"党委领导下的校长负责制"。一般认为党的领导主要是政治领导、思想领导和组织领导；学校党委的领导也集中在这三个方面。坚持学校党委的领导，是坚持正确的政治方向的保障。所谓校长负责制，主要就日常行政管理而言，校长对学校的整体行政工作负责。❶ 党委领导下的校长负责制主要涵盖的领域是：政治、思想、组织和行政管理。由于行政管理的范围较广，很难进行穷尽列举。这里存在的问题是：学术研究是否属于行政管理的范围？如上文所述，笔者认为，学术研究应该被排除在行政管理的范围之外，行政领导作为行政身份时不具有决定学术研究价值的资格。此外，《高等教育法》第 42 条规定了学术委员会负责学术事宜，作为党委领导、校长负责的并列条款，具体来说，教师研究什么、以什么手段研究不属于行政管理的范围，而应该属于学术委员会的权限范围。

在现实中引起争议的问题是教学是否属于行政管理的一部分？更进一步来说，教师的课堂讲授内容或者是讲座内容是否应该接受"党委领导下的校长负责制"的审查？学校能否因为课堂讲授的内容而被停课？笔者以为，在具体的课堂讲授和讲座中，不仅仅体现的是教授的学术自由问题，教授在讲课时也是作为国家工作人员在履行教育职权。在履行教育职权的过程中，教授应该遵守宪法和法律，而不是纯粹讲授自己的学术研究成果。"人生而是自由的，但却无往不在枷

---

❶ 《高等教育法》第 41 条详细规定了校长职权。

锁之中。"❶ 自由只能是法律中的自由。同样的考虑，在课堂讲授的自由中，不仅仅存在着政治、法律的制约，也有道德伦理的制约。

（三）我国公立高校自治的手段之一——自主管理

政府在设立公立高校后，公立高校依据《高等教育法》和《中华人民共和国学位条例》等法律法规获得授权依法行使高等学校的自主管理权。我国公立高校在行使自主管理权时，存在着两方面的制约：一是教育行政管理部门对公立高校自上而下的管理；二是公立高校教职工、学生等相关权利对公立高校自主管理权的制约。要明确公立高校自治的范围，必须要厘清教育行政管理部门对公立高校管到哪里和公立高校影响教职工、学生的权利到什么样的深度。

《高等教育法》第28条规定："高等学校的章程应当规定以下事项：（六）内部管理体制"，我国公立高校普遍存在着内部规范性文件，这些内部规范性文件是公立高校内部管理体制的体现。公立高校的内部规范性文件往往对学生或者教职工的权利义务产生实质性影响，尤其是在学生录取、处分、奖助以及学位授予领域频繁出现学生与学校对簿公堂的情形。❷

笔者认为在这其中存在的主要问题有三个：一是当前不少高校的内部规范性文件本身存在违法或者立法水平较差的情形，谁来监督内部规范性文件？如何监督内部规范性文件？二是在已有的高校内部规范性文件中普遍存在着"重实体、轻程序"的问题，不少学生当权利被侵犯时往往难以启动学校内部渠道进行救济。三是在校内缺少能够制衡学校行政管理部门专横的机制，现有的学代会、教代会难以充分发挥维护学生、教职工权益的作用。

（四）我国公立高校自治的手段之二——学术自治

大学应该是进行科研和知识创新的场所，要实现知识的创新就要允许（至少是容忍）错误知识的出现，这就要求必须实行学术自由。欲实现学术自由，必须通过学术自治，由学术共同体来决定学术事务甚至是学校事务。自世界上第一座现代大学成立起，现代大学就以学术自治作为其旗帜。"一个国家真正优良的大学制度，必定是能为本国自主的学术成长提供有效支撑的制度，而围绕这样的学术传统形成的理念和价值就是这个国家的大学制度的内在灵魂。"❸ 学术自治终

---

❶ 卢梭：《社会契约论》，商务印书馆，2003年版，第4页。

❷ 比较典型的案例如："田永诉北京科技大学案""刘燕文诉北京大学案"等，学生诉学校的案件主要集中在学生处分和学位授予领域，对学生自身权益影响重大。

❸ 甘阳，李猛：《中国大学改革之道》，上海人民出版社，2004年版，第5页。

究非目的而是手段，学术自治目的在于最大限度地实现学术自由。当前为社会诟病最多的就是"教育行政化"❶ 问题，教育行政化制约着当前高校学术创新能力的提高，阻碍着学术自由。但是，对教育行政化的批判不应该异化成否定高校行政权和"党委领导下的校长负责制"。当前问题的关键不是高校去行政化，而是要在高校行政管理和学术自治两者之间划清界限。当前首要的是让学术的归学术，行政的回归行政。教授治校被认为是学术自治的集中表现，当前不少高校也开始试行教授委员会等举措来逐步推进学术自治。尤其是吉林大学、华中师大等实行的校领导不再参加校学术委员会等措施，在组织上有效地防止了行政权对学术权的干预，值得借鉴和推广。

一般认为，选任校长也应该属于高校自治的范围。但是《高等教育法》第40条规定："高等学校的校长，由符合教育法规定的任职条件的公民担任。高等学校的校长、副校长按照国家有关规定任免。"在现行法规定下，进一步细化规则，明确在充分征求和尊重学校学术（教授）委员会意见基础之上，由教育部进行任命，从而实现两者的统一。

三、法治视野下的公立高校自治

"中国社会发展的战略目标之一是由人治逐步过渡到法治，在经济基础和上层建筑各个领域实现依法治国。"❷ 我国坚持依法治国基本方略，高校自治自然要受到法治的制约。高校自治的种种问题，必须通过将高校自治放在法治原则之下审视，通过程序和体制的保障得到落实。笔者将尝试针对以上提出的几个主要问题提出针对性的建议。需要强调的是，笔者的所有相关建议是在现行法律体系下通过解释的方法提出的。

（一）遵循"党委领导下的校长负责制"

遵循"党委领导下的校长负责制"并不意味着赞同以党代（行）政、党管一切，也不意味着校长管一切。笔者认为，在高校中，党委的主要任务是通过政治、思想、组织三大领域的领导把握公立高校人才培养的方向。这就意味着，公立高校党委对于公立高校的行政权和学术权完全可以（并且应该）采取"消极"的领导态度——在不违背公立高校人才培养方向时，行政权和学术权不受公立高

---

❶ 教育行政化指的是管理体制上高度集权和政府包揽过多的现象。参见杨东平：《治理教育行政化弊端的思考》，载《教育发展研究》，2010 年第 19 期。

❷ 张文显：《马克思主义法理学——理论、方法和前沿》，高等教育出版社，2003 年版，第 336 页。

校党委的干涉。

（二）通过高校章程明确教育行政管理部门与公立高校的权利义务关系

为完善中国特色现代大学制度，促进高等学校依法治校、科学发展，推进高等学校章程建设，教育部专门颁布了《高等学校章程制定暂行办法》。

1. 明确公立高校的自治范围和权限

高校自治是法治下的自治，是法律授权下的自治。根据《高等教育法》的授权，高校享有自治权，但是并没有详细规定公立高校自治的范围和权限。这就赋予了公立高校章程为公立高校划定自治范围和权限的使命——易言之，公立高校通过校内程序制定章程，教育行政部门核准后生效，前者为邀约、后者为承诺，两者达成契约。这就意味着，教育行政管理部门将对高校章程规定的学校自治范围和权限内的事不再作出违背章程的干涉——除非高校章程超越《高等教育法》授权或者违背强行法规范。

2. 完善教育行政管理部门对校内规范性文件的监督制度

公立高校根据法律授权享有制定本校内规范性文件的权力，但是由谁来监督校内规范性文件？除了司法上的监督，行政监督是否可行并有现行法依据？笔者以为，根据行政法理论和行政复议实践，上级行政机关有权监督下级行政机关制定法律规范的行为。校内规范性文件可以成为主管教育行政管理部门审查的对象，在具体的行政复议案件中，行政相对人可以附带提出审查要求。

3. 规范高校规范性文件的制定程序，完善校内维权保障程序

学校有自主管理师生的权力，对于违反校规校纪的师生有权进行处罚，但是校内处罚必须以校内规范性文件为依据。现在高校中普遍存在规范性文件制定程序不公开、不透明、相关权利人参与度不足等问题，亟须通过教育行政部门通过部门规章等形式规范校内规范性文件的制定程序和标准。

不少高校虽然在校内规范性文件中对学生处罚等作出了规定，但是在相对人想要通过校内途径进行维权时却难以启动相关程序。笔者认为校内规范性文件不仅需要明确受罚师生的权利救济制度，更需要完善相关程序性的规定。我国《普通高等学校学生管理规定》第 64 条规定了"对学生的处分要适当，处理结论要同本人见面，允许本人申辩、申诉和保留不同意见。对本人的申诉，学校有责任进行复查"。但是，直到目前为止，并没有任何法律、法规、规章对受处分的学生如何行使申诉权（包括申诉的机构、申诉的时效以及有关机构答复的期限、对申诉答复不服的、被处分的学生应当如何救济等种种问题）作出规定。仅仅交由各个高校自主决定，难免会因为各高校依法治校水平的差异而导致对学生权利保障不足。

（三）明确教育行政案件的行政诉讼制度

尽管我国曾经多次发生过学生起诉高校的案件，但是就学生被侵权的总体数量而言，通过行政诉讼保障自己权益远不是此类事件的权利保障途径的常态。在通过校内途径、行政途径相对人权利保障不足的情况下，行政诉讼应当成为对学生权利最后且最主要的救济手段之一。

理论上说：一切案件均应该交由法院来裁判，除非法院裁判不适合。教育行政案件本身有诸如专业领域等特殊性，但是就绝大多数教育行政案件而言（除去评判学术、阅卷等少数问题外）都不具备排除司法审查的理由。学校对师生进行处分，是行政主体行使行政处罚权的行为，完全应该纳入行政诉讼受案范围之内。值得注意的是，在 20 世纪 90 年代经历过教育行政案件行政诉讼的小高潮后，在 2000 年后，已经很少有教育行政案件通过行政诉讼的方式加以解决。

就行政诉讼中的审查强度而言，校内规范性文件应该属于一般规范性文件的范畴，法院只是参考而已，如果校内规范性文件违背有关法律法规或者规章，法院可以不予适用，从而更好地保障相对人的权利，形成法治对高校自治的制约。

（四）明确学术自治的范围和强度，加强对学术自治的组织和程序保障

传统上我国高校自治主要集中在通过学术自治实现学术自由的角度，这也是高校自治最核心的内容。当前我国学术自治存在的主要问题：一是哪些事项属于学术自治，二是如何保障学术自治的实现。

就学术自治的范围和强度而言，笔者以为可以通过明确列举的形式明确规定诸如教授聘任、学位授予、论文评审等属于学术自治的范畴，行政机关不得干预其决定程序，另一方面也需要概括授权学术自治团体优先决定哪些内容属于学术范畴。

就制度层面，我国高校学术自治主要涉及的是教授委员会制度和学术委员会制度。当前最关键的就是在教授委员会制度和学术委员会制度中进行"去行政化"，即减少行政机关或者行政领导对教授委员会和学术委员会的干预。笔者以为，可以通过组织和程序的技术性设计推进学术自治。组织上，行政领导逐渐退出教授委员会或者学术委员会（至少限定在一定比例之内）从而避免学术自治团体被行政机关所主导。在程序上，一方面完善学术委员会会议制度，另一方面对于少数学校行政领导在教授委员会或学术委员会中只是赋予其投票权而取消其发

言权，推行匿名投票评审多数决制，从而保障学术团体的民主和自治。

四、结语

高校自治是实现学术自由的途径，为实现学术自由要求我国高校必须实现学术自治。公立高校的自治范畴不仅仅包括学术自治，还包括自主管理。但不管是学术自治还是自主管理，都应该受到法治原则的制约，公立高校的自治必须是法治下的高校自治。推进我国法治下的高校自治，必须坚定不移地继续发展高校学术自治，同时完善对公立高校的法律监督制度。本文论述较为原则化，但是绝非不具有可操作性。笔者希望能够起到抛砖引玉的作用，能够有更多的文章来丰富法治下的高校自治的理论，更希望的是——中国发展出具有中国特色的法治下的高校自治。

心理健康教育

高校心理健康教育工作模式探析

学生处　刘希庆

摘　要　当前，心理健康教育工作已经得到高校的重视，本文根据学生对心理健康知识的不同需求，提出了三层的工作模式：心理健康教育活动层面、心理咨询与治疗层面、精神疾病治疗层面，试图通过该模式满足不同学生的不同心理需求。

关键词　心理健康教育　工作模式　高校

心理素质作为人的一项基本素质，具有举足轻重的作用，它影响一个人生活的方方面面，所以高校已经把心理健康教育工作放在了一个非常重要的位置。我国的高校心理健康教育工作经过几十年的发展，已由当初的针对个别有心理障碍学生的辅导发展到面向全体学生，以提高学生的心理素质为目标的工作。全国大部分高校都设立了心理健康教育与咨询中心，并配备了专职人员、专门的工作场所和经费，开展起个别咨询、团体咨询、网络咨询、电话咨询等服务形式，而且各校自我探索着开设相关的心理健康教育课程，开展丰富多彩的心理健康教育活动。

但是不同的大学生对心理健康有不同的需求，心理相对健康的学生需要更好的成长和发展，提升心理素质，更好地适应学习和将来的工作；有心理问题的学生需要解决自己的心理困惑；有的学生对心理学感兴趣，想学习更多的心理健康知识。因此，我们也要根据不同层次学生的需求，开展不同层次的心理健康教育。

针对目前国内高校心理健康教育工作的现状，本文提出了心理健康教育的三级工作模式（见表1）：

表 1 心理健康教育三级工作模式

工作层次	活动项目	执行机构与人员
第三级：活动层面	心理班会	心理委员
	朋辈心理辅导	心理委员
	心理健康教育活动	心理协会
	心理知识宣传	心理协会
第二级：心理咨询与治疗层面	个别咨询	专兼职心理咨询老师
	团体辅导	专职心理咨询老师
	心理健康课程	专职心理咨询老师
	心理危机干预	专职心理咨询老师、辅导员
第一级：精神治疗层面	精神治疗	精神科大夫
	心理危机干预	精神科大夫

一、依托心理委员、心理协会开展以心理健康教育为主题的活动

心理健康教育活动是提高大学生心理健康水平的重要途径，但是目前各个高校从事专职心理健康教育工作的人员是有限的。而现在所有的高校基本都设有班级心理委员和心理协会两支队伍，他们可以在心理咨询中心老师的指导下开展针对性强的活动。

（一）依托心理委员开展心理健康教育主题班会

心理健康教育主题班会是根据学生的特点，结合班级学生某一阶段普遍关注的心理问题科学地设计方案、有序地开展活动，真正达到影响学生的心理，提升其心理品质的目标。一般来说，心理健康教育主题班会主题明确、内容丰富、形式多样，因此，针对性强、受益面广、操作性强❶。

高校主题班会是进行大学生思想政治教育的主渠道，心理健康教育可以借鉴其成功经验，每个班级结合本班实际情况有针对性地开展心理健康教育主题班会，一般每个学期举办一到两次。作为班级的心理委员，协助辅导员开展心理健康教育主题班会是其主要的职责，心理委员在主题选择、方案设计、活动组织、活动开展等环节要发挥积极能动性。

---

❶ 汪依桃，谢春艳，王金兰：《高校二级工作站开展心理健康教育主题班会的实践探索》，载《教育教学论坛》，2016 年第 1 期。

（二）开展朋辈心理辅导活动

在高校开展朋辈心理辅导工作是指具有一定心理学知识和助人技能的学生，在专业心理工作者指导下开展的心理疏导和助人过程❶。

调查表明，在遇到心理困惑时向同龄朋友述说是目前大学生最常见的求助方式。而心理委员作为大学生中的一员，他们之间有着共同的成长经历和情感体验，彼此之间心理鸿沟小，更容易理解、沟通和接纳。因此通过心理委员开展朋辈心理辅导是高校心理健康教育的重要补充力量。为了提升心理委员朋辈辅导的科学性和专业性，首先心理咨询专业老师要对心理委员进行专业培训，使其掌握朋辈辅导的基本知识和基本技术；然后定期为其提供督导和培训，切实提高其朋辈辅导的能力。

（三）开展心理健康知识宣传活动

通过心理健康知识的宣传与普及，让大学生了解和掌握更多的心理健康知识，提高他们的自我调适能力以及改变对心理咨询和心理治疗的偏见。心理委员可以通过网络、微信平台、微博、健康报、宣传册等方式在班集体中宣传普及大学生心理健康知识，传播心理健康理念；向同学们介绍学校心理健康教育工作和心理援助设施。

二、依托专兼职心理咨询老师开展心理咨询与心理健康教育工作

心理健康教育与心理咨询工作是专业性比较强的工作，也是高校心理健康教育工作的主要工作，只有经过专门训练的专业人员才可以胜任。

（一）个别心理咨询

心理咨询，是指运用心理学的方法，对在心理适应方面出现问题并企求解决问题的求询者提供心理援助的过程。

当前，高校大学生整体心理健康状况呈现出复杂化、消极化、突发化的发展趋势，不同群体特征渐趋明显。2001年5月一项对全国114万名大学生的调查表明，17％的学生存在不同程度的心理障碍或心理异常表现。大学生的心理疾患已经成为高校的一种常见病、多发病，这不仅直接影响大学生正常的学习、生活，也严重地威胁着学校和社会的安全与稳定❷。

---

❶ 张元洪：《高校开展大学生朋辈心理辅导工作的理论与实践探讨》，载《思想政治教育研究》，2015年12月，第31卷第6期。
❷ 王婷，马寅生：《近5年来大学生心理问题研究综述》，载《中国健康心理学杂志》，2007年第15卷第3期。

通过心理咨询和心理治疗，可以促进大学生的人格完善、人格重建和个人的发展，帮助学生提高对待自身和人际关系方面的心理能力，帮助有心理问题的人消除心理障碍或某些心理病症，可以鉴别心理障碍与精神疾病，有助于学生得到最及时的治疗。

因此，高校应该重视心理咨询和心理治疗工作，完善各项规章制度，提升心理咨询的规范性、科学性和专业性，切实有效地解决学生遇到的各种心理困惑。

（二）团体心理辅导

团体心理辅导是在团体情境下进行心理帮助与指导的一种咨询形式。它是通过创建信任的团体氛围，鼓励和引导参与者在人际交互过程中，围绕共同关心的话题，自由地表达自己的思想和感受，并通过观察、学习、体验，分享多样化的观点和资源，认识自我，接纳自我，调整和改善与他人的关系，学习新的态度与行为方式，从而达到澄清观念、提升认识、改变行为、促进人格健康成长的目的❶。

在高校，要针对不同特点的对象，开展有针对性的团体心理辅导活动。比如针对大学新生，开展"大学生成长小组"团体心理辅导活动，帮助他们认识自我，及早规划人生；针对大二、大三年级的学生，举办"自我提升工作坊"，协助他们优化人格，增强自信心；针对大四学生，开展毕业生团体辅导活动，引发他们总结大学生活的得与失，展望未来美好人生；针对研究生承担学业和经济压力大、管理比较松散的特点，开展以压力管理和团队合作为主题的团体心理辅导活动；针对家庭经济困难的学生，开展以谈心和挫折应对为主题的心理辅导活动，活动内容和活动方式是根据不同的目标，有针对性地设计出来的，以迎合不同特点的对象，从而达到预定的育人效果。

（三）开设心理健康课程

心理健康课程是向学生宣传心理健康知识和心理调适方法的有效途径。由专职心理咨询教师授课，通过案例教学、体验活动、课堂讨论、行为训练、采用多媒体技术等多种形式，不断丰富心理健康教育教学的内容，提高课堂教学的效果，充分发挥课堂教学在大学生心理健康教育中的重要作用。

（四）心理危机干预工作

心理危机干预是高校对处于心理危机的学生采取有效措施，避免伤害或将危

---

❶ 罗匡等：《团体心理辅导在高校德育教学中的运用》，载《中国建设教育》，2010年第7期。

机造成的损失降至最低，旨在确保大学生生命安全，恢复心理平衡，提高应对能力，使其重新适应大学学习和生活❶。

在当前形势下，我国社会经济发展依然迅猛，大学生的环境适应、人际关系、学习就业和情感适应等方面压力不断加剧，导致其心理危机有增无减。进行有效的危机干预势在必行，高校首先要建立有效的预防机制，通过心理普查、心理排查等方式，及时发现问题学生，并提供干预；其次要建立分层级的预警机制，并根据不同级别的预警，采取不同的干预措施；最后，还要建立完善的危机干预体系，由校领导任组长，成员包括学生处、各学院、保卫处、宣传部等相关部门。

三、建立完善的转介机制

从这几年的排查来看，大学生中心理疾患的严重程度有所增加，患有抑郁症等严重心理疾患的学生比例在增多。而且抑郁症和精神分裂本身是影响自杀很重要的一个因素，国内外研究表明，与自杀有关的精神病中以抑郁症、精神分裂症为多。美国学者巴鲁芬于 1974 年报告了他的研究结果：100 名自杀者中，发现93％患有心理疾病，其中抑郁症占 64％，精神分裂症占 10％。荆春霞等对广州市 6 所高校学生自杀意念危险因素调查结果表明，曾患有精神分裂症或抑郁症是导致大学生自杀意念形成的首要危险因素❷。但是对于抑郁症、精神分裂症等精神障碍的诊断和治疗必须要由精神科大夫执行，所以与精神科医院建立畅通的联系是很有必要的，目前北京市教工委先后与回龙观医院、安定医院建立了大学生绿色通道，如果学生被发现有精神疾病，应及时转介到这两家医院接受治疗。

总之，大学生心理健康教育和心理素质的提升是一项系统工程，需要学校各个部门和各支队伍的互相配合、分工合作才能有效实现。

---

❶ 马喜亭，李卫华：《大学生危机的研判与干预模型构建》，载《思想教育研究》，2011年第 1 期，第 103—107 页。

❷ 荆春霞：《广州市某高校大学生自杀意念影响因素分析》，载《中国学校卫生》，2006年第 12 期。

贝克认知行为疗法与接纳承诺
疗法的比较研究

学生处　　刘希庆

摘　要　贝克认知行为疗法与接纳承诺疗法作为行为治疗学派发展第二阶段和第三阶段的典型代表，两者在理论基础、治疗目标和原则、病理模型、治疗方法等方面存在很多异同点。本文从以上四个方面进行分析，试图探讨两种疗法在心理治疗实践中的互相补充，从而提高治疗效果。

关键词　贝克认知行为疗法　接纳承诺疗法　比较研究

到目前为止，行为治疗的发展经历了 3 个阶段，分别是盛行于 20 世纪 50 年代的传统行为治疗、发展于 20 世纪 70 年代的认知行为治疗，以及近 20 年才开始兴起的语境主义导向的认知行为治疗"第三浪潮"❶。在每个阶段，都会产生不同的分支，比如第二阶段主要有埃利斯的合理情绪行为疗法，贝克的认知行为疗法和梅肯鲍姆的认知行为矫正技术等，第三阶段主要有接纳承诺疗法、辩证行为疗法、正念认知行为疗法等。

贝克的认知行为疗法和接纳承诺疗法分别作为行为治疗的第二阶段和第三阶段的典型代表，两者在理论背景、治疗目的和原则、病理模型、治疗方法上既存在相同之处，也各有自己的侧重点。本文通过对两种治疗方法的比较，旨在探索两种疗法应用于不同人群和不同心理障碍中优势互补的可能性。

一、理论背景

贝克认知行为疗法以认知模式为理论基础。该模式假设，人的情感、行为及生理反应被他们对事件的知觉所影响。情境本身并不决定人们的感受，感受更取决于人们如何解释这一情境，即认知观念是造成个体行为反应、情绪反应和生理

---

❶　张婍，王淑娟，祝卓宏：《接纳与承诺疗法的心理病理模型和治疗模式》，载《中国心理卫生杂志》，2012 年第 26 卷第 5 期，第 377—381 页。

反应的基础❶。

该疗法提出了三个层次的信念：自动思维、中间信念、核心信念。自动思维是在特定情境下闯入患者意识并导致患者痛苦的词语或意象，这个观念或想法与具体情境有关；核心信念是个体关于自我、他人和世界的根本性的、概括性的观念。它之所以叫核心信念，是因为它是所有认知观念的核心，其他的信念都是围绕它组织起来的。核心信念决定自动思维，是通过中间信念（态度、规则、假设）来实现的。

接纳承诺疗法的理论基础是关系框架理论。关系框架理论是关于人类认知和语言基本性质的心理学理论。该理论指出，人类具有极强的衍生和联合刺激物之间关系的能力，人类可以通过非机体形式的机制建立随意刺激相关。人们对语言和认知关系的学习具有三个主要特征：相互推衍性、联合推衍性、刺激功能转换。当所有上述三个特征确定并形成某种特定的关系时，我们就称这种关系为"关系框架"。

关系框架理论很好地解释了语言如何给人类带来痛苦：由于联结过程的容易性和随意性，刺激情景可以改变相关网络及其功能，使得不相关的情景也引发负性思维和情绪。而试图改变或压制某种思维和情绪联结的尝试，实际上会加强非理性的联系的强度。因此，关系框架理论很好地解释了认知领域的针对认知内容的改变为何有时适得其反，也为 ACT 的正念、接纳、去融合等技术找到了理论依据❷。

从两个治疗方法的理论基础来看，都聚焦于人类的认知和语言，认为是语言或认知导致了人类的情绪和心理问题的产生。

认知行为疗法并没有很好地分析认知和语言的起效机制，而简单地将认知功能的"起因"归于认知系统的物质基础（神经生理系统），在心理治疗过程中，认知系统成了干预的对象，这其实不能很好地分析阐明信息加工过程是怎样改变情景事件及其对认知系统的改变的作用机制❸。而关系框架理论则很好地解释了人类语言的形成过程，以及语言是如何导致心理问题的作用机制。

---

❶ 贝克：《认知疗法：基础与应用》，张怡，孙凌，王辰怡等译，中国轻工业出版社，2013 年版。

❷ 曾祥龙，刘翔平，于：《接纳与承诺疗法的理论背景、实证研究与未来发展》，载《心理科学进展》，2011 年第 19 卷第 7 期，第 1020-1026 页。

❸ 黄明明：《接纳承诺疗法》，载《心理技术与应用》，2015 年第 4 期，第 44—48 页。

二、治疗目的和原则

认知行为疗法是一种目标导向、聚焦于问题的疗法，通过改变患者的认知来改善其症状。治疗师帮助患者识别关键的认知，采取更现实、具有适应性的预期，使得患者在情绪上感觉更好，在行为上更具功能性或减少过度的生理唤起。通过认知重建、行为实验等方式，治疗师与患者一起检验患者的思维并形成更有益的更正确的反应。因此，认知行为疗法更强调通过评估作出诊断，并将症状减轻作为疗效的首要标准，目的是减轻患者的症状。

而接纳承诺疗法不同于这种传统的治疗模式。它强调痛苦的普遍性，不强调对症状的诊断，它的治疗目标不是去改变或减轻痛苦，不是试图去缓解或者控制症状，而是要明确症状背后的意义并改变人们与症状之间的关系，不把症状作为自己生活的对立面。接纳承诺疗法的根本目的在于提高人们的心理灵活性，通过接触当下、观察自我、接纳、认知解离、明确价值、行动六个过程来减弱语言的统治，减少经验性回避，从而明确价值方向，采取与价值方向一致的行动，过一种有价值有意义的人生。

三、病理模型

认知行为疗法认为是功能不良性信念导致了人的心理问题的产生。并指出了三个层次功能不良性信念的种类和特征。核心信念有三种，分别是无能类、不可爱类和无价值类；中间信念可分为态度、规则和假设；而自动思维有十二种典型的错误类型，分别是全或无思维、灾难化、低估正性信息、情绪推理、贴标签、夸大或缩小、心理过滤、读心术、过度概括、个人化、"应该"和"一定"陈述、管道视野等。

接纳承诺疗法认为人类主要的心理问题源于语言或认知与人们直接经历的随机性事件之间的交互作用方式，该方式会导致人们无法坚持或改变服务于长期价值观的行为，产生心理僵化。海斯等以 RFT 的基本假设为基础，将心理病理模型总结为六大问题，即经验型回避，认知融合，概念化的既往与恐惧化的将来，对概念化自我的依恋，缺乏明确的价值观，不行动、冲动或逃避，该模型描述了心理僵化如何受到语言关系框架的限制[1]。

从两个疗法的病理模型来看，有很大的相似点。概念化自我是我们用来定义

---

[1] 祝卓宏：《接纳与承诺疗法在残疾人心理康复中的作用分析》，载《残疾人研究》，2013 年第 4 期，第 24—28 页。

和描述自己的言语内容的自我，比如我们对自己的评价：我是一个聪明的人、一个成功的人或者一个自卑的人等。贝克认知行为疗法的核心信念与概念化自我相对应，两者都是对自我的概括性的认知；经验性回避是指个体试图消除或抗拒接触自己不想要的想法、情绪、感觉和其他个人体验。在贝克认知行为疗法中有一个重要的概念就是补偿策略，患者产生了功能性不良的核心信念后，为了对抗消极信念，也是为了遮掩这种消极信念，患者会发展出一种机制，让自己感觉良好，这种心理机制就是补偿策略。这种补偿策略通过中间信念的假设机制表现出来，因此，经验性回避与中间信念相对应。认知融合就是指思想与它涉及的事件混合在一起。贝克认知行为疗法中的自动思维与认知融合相对应。

两者的不同之处在于贝克认知行为疗法认为是功能不良性的信念导致了心理问题的出现，认为人的认知或信念有对错、好坏之分，而接纳承诺疗法则认为认知或信念本身没有对错、好坏之分，要看这个认知或信念对人的影响和功能，同样的认知在不同的情境下会有不同的功能。

四、治疗方法

贝克认知行为疗法既强调当下具体问题的解决，又注重追寻问题产生的原因。它的治疗思路是从当下入手，通过矫正引起当下问题产生的自动思维，解决当下的心理问题，然后回溯过去，寻找这些心理问题产生的深层原因，修复童年经验所形成的歪曲的、负性的核心信念和补偿策略机制，完善人格，促进成长。而接纳承诺疗法更强调当下。它认为过去的原因都是语言建构的，而不是事实，因此分析过去没有什么作用，最关注的是来访者当下的体验，觉察当下的行为模式的影响，接纳当下发生的，并与不合理思维、记忆相解离，引导来访者明确自己的价值观，作出与自己价值观相一致的承诺行动，从而提高心理灵活性。

贝克认知行为疗法在本质上属于心理教育模式。通过心理教育，使患者学习掌握认知概念化的过程，习得新技术与新的思考方式，使其成为自己的治疗师，以便能有效地处理以后生活中遇到的问题情境，防止问题复发。与贝克认知行为疗法相比，接纳承诺疗法较少采用直接说教的方式，而更加注重通过练习、实验以及隐喻的方式引导来访者来进行直接体验，例如在解释回避带来的痛苦时，并不是直接给来访者从理论上解释，而是通过黄色吉普车的试验：首先治疗师让患者在脑海中想象一辆鲜艳的黄色吉普车的清晰画面，在五分钟的时间内，尽自己最大努力不去想黄色吉普车，记录下脑海中实际出现吉普车的次数，接下来的五分钟，可以让自己的思绪随意飘荡，同样记录下脑海中出现黄色吉普车的次数，以此让患者领悟到经常试图不去想的想法可能会暂时消失，但很快会再次出现，而且频率更高，刻意的忘记就是提醒，焦虑的想法会顺势增加。从而让患者体会到刻意回避和控制痛苦本身并不是解决问题的方法，也不会使痛苦减轻❶。

两者都注重认知和行为的作用。在认知方面，贝克认知行为疗法更注重认知的内容，认为是错误的认知导致了问题的产生，通过苏格拉底式提问、认知连续体、饼图技术、重建早起记忆等方式来矫正错误的认知，形成适应良好的认知。而接纳承诺疗法的重点不在认知内容的对错上，更注重认知的功能，即认知对人的影响是什么。从一个更高的层次来觉察思维和认知，通过正念、观察自我、接纳、解离等方式，改变认知与人的关系；在行为方面，贝克认知行为疗法更多地借鉴了行为治疗的技术，通过暴露、技能训练等技术改变来访者的行为。而接纳承诺疗法除了借鉴传统行为治疗的技术外，认为要建立与价值相一致的行动，更注重价值在激发行动中的重要性。

综上所述，两种治疗方法各具特点，既有相同点也有不同点，在实践中两者应该互相结合、互相补充，从不同的侧面来探讨同一问题，从而提高治疗的效果，使我们对心理健康和心理治疗机制有更加全面的理解。

---

❶ 李玉霞，苏朝霞：《森田疗法和接纳与承诺疗法的对比分析》，载《卫生职业教育》，2015 年第 1 期，第 156—158 页。

高校危机干预工作中的"误"与"悟"

学生处　许晶晶

摘　要　危机干预体系在近二十年的时间内已经有了长远的进步，高校逐渐形成了各具特色的危机干预制度，在实践中也对所发生的危机事件起到了关键的作用。但相较于美国等较早进行校园危机干预的地区和国家，我国高校心理危机干预系统还存在着启动时机不合宜、干预对象单一化、参与人员简单化、改变指导方式传统化等问题。本文从高校危机干预中存在的不足进行论述，并提出了一系列改进措施，如加强危机干预陪伴理念、建立完善系统、吸纳相关人员以及增加心理危机干预培训等。对高校危机干预新的领悟和改进措施将有助于完善我国高校危机干预系统，保证学校的安全稳定，维护学生的身心健康。

关键词　高校　学生工作者　危机干预　心理危机干预系统

一、引言

随着心理学知识的深入人心，当面临重大的天灾人祸时，心理危机干预起着越来越重要的作用，例如 2008 年汶川地震的心理重建、2014 年马航飞机失事的心理救援。所谓的心理危机，是指由于突然遭受严重灾难，重大生活事件或精神压力，使生活状况发生明显的变化，尤其是出现了用现有生活条件和经验难以克服的困难，致使当事人陷于痛苦、不安状态，常伴有绝望、麻木不仁、焦虑，以及植物神经症状和行为障碍[1]。而心理危机干预是指对这种困难采取迅速和及时的心理危机干预措施，使危难中的人们得到支持和帮助，恢复心理健康状态。

随着社会对大学生培养从精英教育理念到大众教育理念的转变，学生在学业、求职等方面压力剧增。在近二十多年的时间里，一件件校园自杀或他杀危机事件的发生，给我国高校学生工作者敲响了警钟。美国校园危机的事件研究可以

---

[1]　肖京林：《高校辅导员心理危机干预能力结构研究综述》，载《科教导刊》，2011 年第3 期，第 199 页。

追溯到 20 世纪 70 年代，美国学者认为校园危机与一般的心理危机有较多类似地方，但是由于其发生地点的特殊性和整体性，易造成校园秩序的混乱。心理学家提出校园中的心理危机干预特指发生在学校区域内的，威胁到师生员工，尤其是儿童、青少年的身心安全，造成校园秩序混乱的极端事件❶。我国高校学生工作者借鉴了国外的优秀经验，逐步建立起高校环境下的心理危机干预系统，如廖桂芳（2007）就提出了心理危机干预的五级要素和两条通道❷，卢勤（2010）提出了构建个体—学校—家庭—社会全方位生态化危机预防与干预体系❸。但是，我国高校心理危机干预系统还存在着较大的问题，存在较多的错误观点和理念，本文将对高校危机干预中存在的不足进行论述，提出新的理念，有助于完善我国高校危机干预系统。

二、高校危机干预工作中的"误"

第一，心理危机干预只在危机事件发生时启动

在故有的理念中，心理危机干预系统一定是在发生了危机危及校园秩序、威胁到师生安全时才会启动。但在日常校园中存在着潜在的危险因素，并且有着明显的信号，如学业不良、家庭突变、情绪异常等，建立良好的预警机制将大大降低危机事件发生的概率。发现可能存在潜在威胁的学生或事件时，就需要将心理危机干预系统提前启动，做好教师、学生和职员的心理危机干预教育，尤其是接触学生较多的学生工作者和学生干部。

第二，心理危机干预的对象就是自杀者

我国大学生自杀事件引起了媒体的广泛报道，"防自杀"成为心理危机干预系统的主要工作内容，但事实并不如此。在高校学生工作中，大部分的学生心理较为健康，但有时由于境遇性问题或者发展性问题，如考试成绩不理想或失恋等，即岳晓东博士的心理健康灰色区理论中纯白色或者浅灰色区域中的状况，学生精神痛苦程度不高，但是情绪较为低落，出现暂时的情绪障碍，这时只需要做一些适当的心理疏导或思想教育等干预工作。还有一部分学生，因个人、社会、

---

❶ 刘陈陵，郭兰：《美国校园危机干预模式探析》，载《高等教育研究》，2008 年第 12 期，第 103 页。

❷ 廖桂芳：《大学生心理危机干预系统的构建》，载《重庆交通大学学报（社科版）》，2007 年第 3 期，第 89 页。

❸ 卢勤：《大学生心理危机预防与干预体系的构建》，载《中国青年研究》，2010 年第 9 期，第 110 页。

家庭、遗传等多种因素引发严重的精神疾病，症状较为明显，即灰色区理论中纯黑部分的状况，在危机干预中处理起来也较为顺利，易获得家长和同学的支持。在学生工作中，最为困扰的就是"深灰色区域"的学生的处理，他们有完全自知能力或者部分自知能力，自身感觉到痛苦，但由于对精神疾病的恐惧而不愿意告诉家人或就医，易发生自伤或者他伤的状况。可见，危机干预的对象不仅仅是自杀的学生，而是关系到大部分学生的心理健康状况（见图1）。

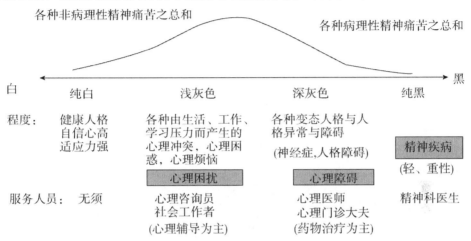

图1　心理健康"灰色区"

第三，心理危机干预只需要心理咨询师

在我国高校中，主要实行的为党委领导下的校长负责制，学校部门是学生工作管理的主题，承担学生的管理和教育工作。主要分为三个层次，首先是决策层，由党委副书记分管；第二层管理层，即各院系的学生工作组，由院系党支部副书记、分团委书记等；最后一层为基层，主要为工作于第一线的辅导员❶。可见，我国高校的学生工作队伍是非常强大的，而且集合了教育、管理、服务三个重要作用❷。由于危机事件关系到整个校园的安定与和谐，故当危机事件发生时不仅仅是心理咨询师参与其中，还应根据不同危机情况，使不同层级的学生工作者加入到干预过程中来。

在高校危机干预事件中，作为处理危机干预的主力军，学生工作者应具有较

---

❶　高猛，陈思坤：《高校学生工作者的人际角色与技能研究——组织行为学的视角》，载《国家教育行政学院学报》，2009 年第 8 期，第 70 页。

❷　李望平，刘配欢：《高校基层学生工作者的角色定位及其实现》，载《学校党建与思想教育》，2004 年第 3 期，第 64 页。

强的能力和素质。在王峰等人 2015 年《高校思政工作者应具备的素质与能力》文章中提到，学生工作者应具备一定的专业素质和工作能力，其中专业素质包括：知识素质、方法素质和创新素质；工作能力包括：发现问题能力、沟通与分析能力、评价与纠正能力以及借鉴与提高能力❶。由于危机事件多是紧急且难以预料的，比如某同学将斧子带到自习室、站在窗台准备跳楼等，这就要求学生工作者具有丰富想象力、宽广的接纳能力和灵活应变能力，这些能力有助于更好地理解学生的处境，并作出迅速正确的判断。

第四，心理危机干预对象通过传统教育就可以转变

从上面参与危机干预的人员中可以看出，心理咨询师在危机干预中更多的是专业指导和辅导作用，相关的学生工作者在其中承担的更多的是预警、干预与维系工作。但由于学生工作者原有的思想政治工作的思考方式，易采用"教育"方式劝其改正。一方面，在岳晓东博士的心理健康灰色区理论中可以看出，部分学生具有较重的精神疾病或者严重的人格障碍，是无法通过普通说教达到矫正效果的，反而易激发严重的冲突或加重病情。另一方面，传统的教育说教使得部分学生暂时不采取极端的方式，但是之后还易产生反复的自杀或自伤的情况。心理危机干预是一个系统，是一门独立于心理咨询的知识和技术，对危机事件要做好相关的评估和处理，并且要做好心理危机干预后的维护❷。

三、高校危机干预工作中的"悟"

我国心理危机干预工作启动较晚，有较多不完善的地方，但是我国学生工作者汲取了较多国外经验，使得心理危机干预工作在迅猛地发展。针对上述所存在的问题，本文也对高校危机干预提出一些建议，以便促进高校心理危机干预系统的完善和健全。

第一，心理危机干预重在理念

为了深入贯彻《中共中央国务院关于进一步加强和改进大学生思想政治教育的意见》（中发〔2004〕16 号）精神，切实加强辅导员队伍建设，根据教育部《普通高等学校辅导员队伍建设规定》（教育部令第 24 号）精神，各高校都对基层学生工作者进行了大量的培训和指导。现如今我国的学生工作者整体专业水平

❶ 王锋，孙志勇：《高校思政工作者应具备的素质与能力》，载《湖北函授大学学报》，2015 年第 4 期，第 75—76 页。

❷ 程婧，孟莉：《近十年国内大学生心理危机干预研究述评》，载《河北理工大学学报（社会科学版）》，2011 年第 3 期，第 82 页。

较高，具有善良、有责任感、能力强的特质，这对学生工作开展有较好的促进作用，但是在危机干预中会造成一些错误判断，比如因怕学生被贴标签而拖延转诊，希望用温和方式来缓解症状等。但危机干预是一门科学技术，心理危机干预主要是为了解决困难，是以解决问题为目标的。心理危机干预不同于一般的教育或者心理咨询，尤其紧急事件中干预的主要目的在于救人和治病，故需要掌握一些基本的危机干预理念，尤其不能用强行"拉"或"推"的方式来引导学生，要采用陪伴的方式。

第二，心理危机干预是一个系统工程

现高校高度重视心理危机和干预工作，出台了适合自身情况的学生心理危机干预制度与学生心理健康问题预先警示制度，制定了心理危机干预工作流程图与干预预案，构建了发现、监控、处理、转介、善后等步骤的工作系统，并建立完善了多级校园危机干预体系和快速反应机制。心理危机干预的系统是我们工作的指导方针，在处理学生危机事件中发挥了重要的作用。但学生工作者也不能忽视社会力量和监护人的作用，一方面危机时刻公安、医院、父母能起到救命的作用，另一方面监护人等重要他人能够使学生更加容易走出心理困境。

心理危机干预是一个系统，要求学校内部各个部门协调，并在有必要时加入社区、医疗和公安部门等校外部门的配合❶。例如某高校对学生打伤他人危机事件的处理如下：心理中心老师和辅导员到当事学生所在宿舍，进行心理干预，评估学生心理状况，并通过网络平台进行情况说明，提供帮助电话；进行团体心理干预，并且评估需个别干预的学生；召开全校学生工作者会议，主管副校长、学生处全体人员、各学院副书记、辅导员参会，说明事件情况，其他学院应有的预防措施要求，通知有需要的学生可以联系心理中心；配合医院与公安部门处理各项事务，并对全校自愿报名的学生团体进行心理干预；下学期开学后关注该班级学生状况，待受伤学生恢复意识后到医院探望，视情况开展工作。可见，整个过程由多个部门共同参与，并在必要时引入医院与公安部门，学校各个部门更是通力合作。

第三，心理危机干预需要事前培训

在危机事件的处理中，学生工作者要真正从学生的角度出发，增加学生的福祉，在工作中秉承善行、责任、诚信、公正和尊重的态度。同时，危机处理过程

---

❶ 伍新春，林崇德，臧伟伟，付芳：《试论学校心理危机干预体系的构建》，载《北京师范大学学报（社会科学版）》，2010年第1期，第49页。

中也要有保护自我的意识，在处理过程中做到全面了解、详尽记录、客观描述、保留证据和借助团队。在 2015 年北京市海淀法院宣判的"大学生坠楼后诉学校"的案件中，学生工作者可以借鉴到的经验是：对于危机案例要紧急采取措施，并及时联系监护人，做好 24 小时关注，保留好危机事件中的记录，最好在每次处理时由多人协作。另外，这个案例也提醒我们学生工作者，在遇到类似学生精神疾病发作情形时，可以求助公安部门。

危机干预是不同于教育和咨询的，作为危机事件中工作的一员，在接触学生时要主要采取陪伴和倾听方式，沟通的言语也要柔和且能从对方需求出发，如："我可以怎么样帮助你缓解压力呢？""什么能让你感觉好一点呢？""我能为你做些什么吗？""你从哪里可以获得帮助？""你不会一直这样糟糕下去的。""我在这里陪着你。"

心理危机干预是一门技术，需要专业的培训，尤其是专业人士进行的专业指导和培训，能及时化解学校危机事件，使其对学生的伤害降到最低。

在危机中，高校的学生工作者要保有一颗温暖的心，在学生落魄时，作为其身边的重要他人，始终持有一种态度："一句残酷的话，也许会摧毁学生的一生；而一句温暖人心的话，也许会拯救学生的一生。"同时，心理危机干预不仅要有一腔热情，同时还需要专业技术的培训，更需要学校各个部门在危机情况下的全力配合，要在学生最需要帮助时提供专业的、及时的、有效的指导。

浅析大学生"阳光自杀"的预防

学生处　　陈肖悦

摘　要　"阳光自杀"是指外表阳光开朗而内心痛苦压抑至自杀的现象。根据应激—易感模型，"阳光自杀"的原因主要包含微笑型抑郁模式、人格上的自恋和自卑代偿行为、推崇"优秀、外向"的社会环境等。因此，需要从改革精英教育的模式、培养学生的自主性和性格多样性方面着手，预防"阳光自杀"危机的出现。同时，大学生个体也要提升自我认知并端正自我定位，掌握应对消极情绪的方法。

关键词　阳光自杀　微笑型抑郁　应激易感模型

"阳光自杀"是最近由一些心理咨询工作者提出的概念，一般指个体的外表阳光开朗，但内心深处因痛苦、压抑而自杀的现象。在高校，急剧而迅速的社会转型对高校精英学生的培养提出了更高要求，同时对大学生群体产生了强烈的心理冲击。在这样的大环境下，大学生自杀问题已引起社会的广泛关注。随着对高校精英教育关注的增加，人们发现"阳光自杀"在大学生自杀中的比例也逐渐增加。"阳光自杀"的当事者往往是在学习、社工或社团方面的佼佼者，同时他们能维持较好的人际关系。因此事发后会令老师和同学十分意外、唏嘘不已。尽管自杀大学生数量在大学生群体中的比例极小，但由于生命的不可逆性和大学生群体的特殊性，自杀不仅给个人及其家庭造成巨大损失，还有可能带来法律纠纷以及相应的公共危机，进而影响高校和社会的稳定，给国家和社会带来不良影响❶。因此，有必要探讨"阳光自杀"现象的成因及预防途径。

一、高校学生"阳光自杀"的原因

在国外最近十余年的研究中，逐渐形成了三种比较有代表性的自杀理论，它

---

❶　张彦等：《高校学生管理危机研究——典型案例与处理机制》，北京大学出版社，2008年版，第1页。

们分别侧重于神经生物基础、认知因素和心理动力因素。其中应激—易感模型解释了多个因素之间的关系。Mann（等人）认为，自杀是应激因素和易感因素两者之间相互影响的过程，应激因素包含创伤性事件、不良的心理社会环境和人际关系，易感因素包含自杀者的生物特质（如 5－羟色胺和去甲肾上腺等）、人格和认知等因素。当大学生遭受负性生活事件时，内在的易感性表现为易激惹、易愤怒、易受伤的倾向，就比常人更容易自杀。所以，除了精神疾患方面的原因，自杀现象还应考虑个体素质和社会文化环境的多重影响。本文对"阳光自杀"现象原因的分析也基于应激—易感模型展开。

（一）精神疾患——微笑型抑郁

在易感性因素中，抑郁症是自杀的重要原因之一。抑郁症是一种以心境或情绪低落为核心特征的精神障碍。患有抑郁症的个体多表现出较强的情绪低落、悲观、自卑、精力不足或对以往感兴趣的事物兴趣减退或丧失。

微笑型抑郁（smiling depression）是以"微笑"来掩盖内心真实感受为典型症状的一种内因性情感障碍，不属于精神疾病的诊断类别，而是抑郁症患者对自己病情的一种反应模式[1]。尽管患者内心深处感到痛苦、压抑和悲伤，外表却若无其事、面带微笑。它的发病率比较高，青壮年居多，并且女性相对多[2]。这类患者的明显特点是"内苦外乐"，不同于抑郁症患者的不良社会交往能力，他们反而拥有较好的社会功能，甚至比普通人表现得还要好。有些患者不能够觉察自己的抑郁情绪，也没有强烈的求医愿望；因此，很多家属在他们自杀时都感到难以相信。这种微笑不是发自内心深处的真实感受，而是出于社会交往、尊严和责任的需要。微笑过后，独处的时候，内心更加寂寞。微笑型抑郁积压了许多负面情绪，因此导致情绪失调，破坏神经免疫系统，引起生理疾病，磨损思想意志，引发自残自杀行为。

（二）人格特质

一例"阳光自杀"成功的个案：一位学生在大二学年获得国家奖学金，却立刻选择自杀，在遗书中称自己"一直在爬坡，实在爬不动了"。尽管这类"阳光学生"已经在学习、社工各方面取得了社会所赞许的成绩，外人也会认为他们已

---

[1] 吴远，徐霄霆：《书写表达在微笑型抑郁中的适用性分析》，载《中国健康心理学》，2014 年第 22 期，第 146－149 页。

[2] 陈静珊等：《广州市地区大学生微笑型抑郁症的调查分析》，载《中华全科医学》，2009 年第 7 期，第 191－193 页。

经拥有了寻常人没有的荣誉，本应值得骄傲。可他们就是觉得不快乐，甚至觉得人生没有意义。按照精神分析学派的观点，人类天然有攻击性，攻击性如果向外或象征化，心理健康程度就比较高。有着过于强大超我❶的人是自恋❷的，他们的攻击性更多地指向内。而最高级别的自恋，给自己的惩罚则比一般人多，甚至完全针对自己，这就发展为自杀。从自恋的另一方面可以认为，狂热地执着于学习与社工带来的成果，而不是出于内部动机❸，这常常是因为个体自卑而出现的代偿行为。特别是那些病前社会功能水平较高的人，为避免被他人看穿自己虚弱或外强中干的内在本质，又由于社会评价和赞许的压力，在出现抑郁情绪后往往希望通过强装笑脸、积极向上的行为模式来拯救自己的自信。于是，微笑成了一种防御机制，是对内心悲伤的掩饰。这种长期的表面和内在的对抗，造成认知和情感上的倦怠反应，比如对自己学习、工作的意义表示怀疑，使得个体胜任感和成就感降低，对自身持有负面的评价等，于是进一步造成身心紧张、产生挫折感和调试不当的负面行为。

（三）社会环境

许多人认为，在中国人性本善的文化中，善是人性修养的终极目标。一部分人对"恶"过于恐惧，从而掩饰内心深处的东西，生活在沉重的枷锁中。他们习惯启动否定的机制，一旦产生消极抑郁的感受就压抑下去。同时，受美式教育的影响，"外向"和"善于交际"备受推崇，"内向"成为一个贬义词。优秀与外向画了等号。然而实际上，许多外向的学生看似创造了课堂的活跃，实际上拥有真正内涵思想的并不多；许多内向的学生看似沉闷，但常常一语惊人。

有许多大学生，是按照最优秀的标准来学习和工作的。而且在人生的下一个阶段，还有一系列优秀的标准等待他们通过。在一条优质的生产线上，优秀者往往感到孤独、无助甚至不屑。多年形成的固定的社会评价体系，难以让他们立刻从中脱离出来。他们害怕缺点被暴露，害怕负面情绪和想法被指责，害怕性格不受认可，于是佯装外向、快乐与完美，维系着优秀、坚强的形象，导致过大的压力。

---

❶ 超我在弗洛伊德人格结构理论中是指人格结构中的道德良心和自我理想部分。

❷ 自恋是一种借着胜任的经验而产生的真正的自我价值感，是一种认为自己值得珍惜、保护的真实感觉。过度自恋是过于重视自己，是病态的。

❸ 学习动机根据动力来源，可以分为内部学习动机和外部学习动机。内部动机指由个体内在的需要引起的动机，外部动机指个体由外部诱因所引起的动机。

二、高校学生"阳光自杀"的预防

（一）教育者方面

不可否认的是，一部分学生在按照精英教育的模式而学习，精英教育固然有优势，然而其劣势在于灌输了一种虚假的自我价值。耶鲁大学前校长威廉·德雷谢维奇曾说，"精英教育教给学生所认为智慧和学术功课的测量标准是道德上或者形而上学意义上的价值判断标准，但实际上不是。分数不仅放大了个人的命运，而且放大了个人的身份和自我价值。❶"我国之所以进行高等教育改革，实现精英教育大众化，也是因为精英教育阶段的学生受制于"一步定终身"的模式：从入学时候起，学生就注定要终身从事某一职业，对于所学的课程范围没有主动权。

因此在实现教育大众化之前，部分大学生群体的思想仍受到精英教育的影响。教育者应吸取大众化教育的取向，即重视塑造人的心智和个性，注重人才的全面素质培养。在专业和课程方面，给予学生更多的自主选择，以激发学生的内在动机；在性格培养方面，接纳不同学生性格的多样性。东方人的特点是更善听而不善言，喜欢在安静的环境下表达理想，喜欢一对一交流。并不是每个人都可以善于交际、谈笑自如、充满活力和热情，历史上的思想、艺术和发明也不是都出自于外向人之手。教育者只有持开放的态度，才能避免罗森塔尔效应，使受教育者以开放的态度接纳自我而不是压抑内在需求，以避免其将自己封锁在自己的世界里，逐渐消磨求生意志。

（二）个体方面

1. 及时就医

大学生个体除了提升自我认知和端正自我定位外，也要注重自我体验，了解心理健康知识，时时观察自我，正确认识负面情绪和负面想法。系统而全面地看待自身的长处和短处，避免用单一标准要求自己。另外，一旦出现失眠、情绪低落等抑郁症状，也不要紧张，更不要压抑和硬撑，要及早到心理咨询中心咨询，必要时到专科医院就诊。

2. 个体的书写表达训练

书写表达是一种强调以书写的方式表露内心情感的情绪调节方法。对于大学生群体来说，书写表达的优势在于可以提供一个平台，去揭露内心的想法和情

---

❶ William Deresiewicz 曾发表的离职演讲《精英教育的劣势》。

感，而不被指责。这不仅突破了对社会评价的恐惧，同时还解除了个体自身的防卫（比如不好意思）❶。有些优秀的大学生，为了继续表现优秀，会压抑内心的真实情感，害怕展示不完美的一面。书写表达便将这种压抑的情绪用更艺术、含蓄的方式宣泄出来。主要方法为❷：①采用意识流的手法来表现微笑型患者的心理状态，②在个体书写完消极的内容后，引导个体书写消极事件中积极的影响；③将书写内容封存起来，采用"回顾—粉碎"的方式交叉进行。"回顾"就是当书写积极内容时，引导个体重新去认识书写过的事件，强化积极情绪；"粉碎"则是当书写消极事件时尽可能地将书写内容撕成碎屑，在撕碎的过程中，将纸看成消极的事件和情绪。那么，伴随着这个撕碎的过程，消极的情绪也随之减弱。除此以外，还可以将书写内容交给心理咨询师作为背景材料，方便展开咨询。

总之，大学生"阳光自杀"现象不是偶然，有外在不良环境的原因，也包含个体的特质、人格和认知等因素。教育者需要吸取大众化教育的取向，即重视塑造人的心智和个性，注重人才的全面素质培养。作为心理健康教育工作者，更应鼓励和赞许大学生们抓住生命中的时机，去解决过去没有解决的问题，找到方法释放压抑的情绪，进一步理解自己，理解自己与他人的关系，理解自己与世界的关系。

---

❶ 汪芬：《书写表达：情绪调节的良方》，载《中国社会科学报》，2012 年 1 月 4 日 B2版。

❷ 书写表达在连贯性表述中没有淡化情节，叙述形式不受人称、时态的限制，没有引号或者引导词，而个体的意识之流"仿佛毫无拘束地从个体的内心中沛然而出"。转引自：吴远，徐霄霆：《书写表达在微笑型抑郁中的适用性分析》，载《中国健康心理学》，2014 年第22 期，第 146—149 页。

大学体育教育与心理健康教育浅析

体育教学部　　徐京生

摘　要　体育教育是高校教育中的重要组成部分之一，它不仅对学生的身体及生理方面有着重要影响，同时与大学生心理健康也有着相辅相成的关系，具有增强大学生心理抗压的效能。因此，各高校应重视体育教育，做好心理健康教育工作，融心理健康教育于体育教学之中，发挥体育教育对身体和心理的功效。本文通过研究大学体育教育和大学生身心健康的相互关系，进而就高校应如何在体育教学中进行大学生身心健康教育提出相应的建议和方法。

关键词　大学体育　心理健康　教育

一、前言

体育的本质功能是增强体质和增进健康，体育教育的功能主要体现在：可以培养良好生活习惯；通过规范教育以及角色尝试来促进人的社会化；通过约束个性和培养进取来促成个性形成和发展，是促进大学生德智体美劳全面发展的重要教育方式之一。体育不仅能使人在运动中进一步塑造良好的自身身体机能，还能帮助人宣泄压抑心理，促进建立良好社会关系，是治疗亚健康状态的积极有效的手段。在高校体育教育中，要重视引领学生建立健康的运动习惯和运动方式。南京青奥会期间，国际奥委会主席巴赫就倡议，希望更多学校和家长能把体育看作教育中不可或缺的一部分。如今，"身心并育"的体育教学理念得到越来越多教育学家和学校的认同，这为大学生的心理健康教育提供了很好的理论基础。

随着社会的不断变革以及政治、经济、科技的飞速发展，社会的各个层面都发生了很大的变革，社会的巨大变化对大学生的心理产生了很大的压力，现在的大学生基本上是独生子女❶，在心理上会有一段"断乳期"的过渡。如今，大学生的心理问题越来越显现出来。造成问题的原因除了社会的环境外，还有学生自身性格和心理障碍等诸多方面因素，但无论何种原因，心理疾病都会像一颗定时

---

❶　钱尚益：《心理保健宝典》，内蒙古人民出版社，2005年版，第92页。

炸弹，严重影响学生的学习和生活，严重者甚至萌生自杀的念头。由此可见，体育教育对心理健康的发展有着颇为重要的影响，大学期间正是学生增长知识、形成稳定心理的关键时期，如何在大学体育教学中提高学生心理健康水平已成为值得探讨的重要课题之一。

二、相关概念界定

（一）体育教育的含义及其功能

体育是一门传授体育保健知识、培养运动能力、教授运动技能，从而提高学生运动技术水平、促进学生身体发育并提高身体素质的课堂教学课程，是教学体系的重要一部分。主要由学校体育与卫生保健两大部分组成。高校体育课堂教学一般通过调动学生充分运动来提高学生的身体素质；卫生保健一般是以运动保健及按摩等治疗方法来促进学生的身体健康。两者相辅相成，有着密切的关系。体育课堂教学在高校的心理教育中起着不可或缺的作用。

体育的本能是"塑人育心"，是所有人都承认的客观事实，在任何体育运动项目中都表现出这样的特点，体育的表现方式包括体育的育人功能、强身健体功能以及娱乐功能。❶ 学校体育课堂教学会使学生的身体得到全面锻炼，进而加强其身体肌肉、骨骼等的调整和心肺等生理机能的增强，以便适应各类自然的变化。还会使学生拥有体育锻炼的基本知识和基本运动技能，学会科学的锻炼方法，养成经常锻炼身体的良好习惯。除此之外，学校体育教育还应当着重于体育精神的培养，集体配合的团队合作意识以及"友谊第一，比赛第二"大度宽容的优良品德。同时，体育可以陶冶人的情操，培养勇敢果断、坚忍不拔、坚毅自强的意志品质。大学体育教育可以培养学生的道德主义和人文主义的竞技精神，从而使学生获得身体与心理的协调发展。

（二）心理健康的含义及其标准

心理健康的基本含义是指人无论在心理活动方面还是在精神活动层面都保持正常。具有良好的心理素质，在社会生活中可以与他人保持良好的沟通或合作。健康的心理状态不仅可以使人获得舒适的感觉，也会隐性影响自身的身体状态，使人达到生理与心理的健康平衡点。关于心理健康的具体含义，并没有公认的统一的定义。社会学者玻肯（W. W. Bochm）的看法是，心理健康就是符合某一标

---

❶ 仲鹏飞：《高校体育课程改革对学生心理健康促进作用的研究》，武汉体育学院2008年硕士学位论文，第8页。

准的社会行为，一方面应该被社会所容纳，另一方面能给自身带来愉悦。❶ 关于心理健康的量化标准，目前没有准确的数量。通常认为，人的心理健康因素应包括：智力正常、情绪健康等七项因素。我国教育部颁布的《体育与健康课程标准》指出了我国的具体心理健康标准。

三、大学体育教育具有促进大学生心理调适的功能

（一）张扬学生个性，助长自信

体育运动提供了展现自我的平台，它可以让学生根据自身的优势和特长，找到适合自己的项目。有些学生不擅长学习文化课，长期的成绩落后可能会对其造成心理阴影，以至于形成一种"我不行"的心理暗示。而在体育教学中，由于选择项目具有多样性，既有考验体质的田径项目，也有考验技巧的球类项目等，几乎每一个学生都可以在此平台上找到自己擅长的一项运动，从而建立一种自信。体育不同于其他学科，它能让同学们在开阔的空间表达自我，并且，体育活动具有多样化的特点，几乎每个人都可以在这个平台张扬个性，收获满足感，建立信心和增强自尊心。

（二）释放学生压力，自我调节情绪

大学生在校期间可能会有来自学习、学校、家庭、社会等一系列影响心情的因素。长期不宣泄情绪，会增加抑郁症的患病率。体育运动是很好的宣泄窗口。例如，有氧运动或者有节律的腹式呼吸的运动。专家研究发现，体育的有氧运动对减轻忧郁或其他负面情绪的效果极佳。简单的慢跑或快走对心理的自我愉悦有许多方面益处：压力和郁闷情绪的降低，应激忍受力的提高。很多跑步者、专家均指出：慢跑或快走显示出与心理学通常使用的应激减缓术有同样的效果，如与放松反应、应激接种训练、渐进放松法具有相同的效果。❷

（三）培养学生团队合作意识，增强体育精神理念

体育不仅包含个人竞技项目，还有团队合作比赛。这种情况下，队员之间如何相互配合和协作共赢就显得尤为重要。例如在藤球比赛中就很强调战术的运用，运动员在比赛中要根据比赛规则和进程，考虑双方比赛进行的情况，随时作出技术、战术等方面的变化，合理地运用各种技术、战术，及时采取有效的、有前瞻性的各种进攻、防守动作。藤球战术更多的是强调团队协调，前锋和后卫之间要相互配合、合作。如果仅有藤球技能而没有团队合作意识，会很难发挥个人

---

❶ 吉红等：《大学生心理健康与调适》，中央编译出版社，2006年版，第11页。

❷ 钞秋玲：《大学生成功心理导航》，西安交通大学出版社，2003年版，第106页。

的特长，从而导致比赛失利。而体育教育可以通过学生之间的合作来提高默契程度，培养学生在竞技比赛中与人合作的团队精神。在教学中，也要倡导"友谊第一，比赛第二"的理念，让学生更注重体育的过程，享受体育带来的乐趣。

（四）增强人际关系

对大学生来说，不能把自己封闭在狭小的天地，人际交往技能是现代社会新型人才必须具备的重要素质。然而在现实的人际交往中，总会有一些同学存在自卑、羞怯心理。交际的匮乏容易把压力和烦恼闷在心里，不愿向他人倾诉，长此以往甚至会导致抑郁症的爆发，有悖人生目的的实现。而体育活动可以有效减少这一现象的发生。学生在运动中经常会接触到外界的人，例如队友、教练等，会增加其交际面。学生可以在共同练习和竞赛中，形成友爱融恰的关系。而且由于体育运动具有多样性，所以学生可以在该平台上展现自我、张扬个性，从而逐渐克服内心对交友的自卑感，培养出更加外向自信的一面。

（五）治疗心理疾患

查阅国外的有关资料，很多国家和地区已经将体育运动，尤其是有氧运动作为治疗心理疾病的一种有效方法。据国外报道，许多国家都将体育运动作为治疗心理疾病的一种有效手段，形成了"体育疗法"。体疗是一种积极且自然的治疗方法，除了能增强体质和免疫力来缓解疾病，也可以改变病人的心理状态。例如对于失眠或神经衰弱的病人来说，往往对其病症有一定的焦虑感和恐惧感。而积极参与体育运动，不仅可以让患者转移注意力，增强自信，还能让患者对自己的病症有着更为清晰的认识，消除恐惧心理。学者基恩（Kyan）的一项调查显示：在1750名心理医生中，有60%的人认为应将体育活动作为一种治疗手段来消除焦虑症；80%的人则认为体育活动是治疗抑郁症的有效手段之一。通过实践研究得出如下结论：骑自行车、快走和游泳等中等强度的有氧运动，对减轻抑郁症症状和抵抗抑郁的效果非常显著，既可以帮助患者减轻病症，又能够增加其自信力；而且中等强度的运动对缓解压力、拥有快乐的心情有着显著的作用❶。有研究者针对两种身体运动的方式，研究治疗患有严重抑郁症病人的治疗效果，前种运动方法是快走和慢跑，后种运动方法是踢球、打网球等结合其他混合练习。前者每次连续锻炼30分钟，每周三次，共8周；后者一周两次运动，每次40分钟，也是8周。在每周的第三天，后者进行放松练习。结果显示，前者抑郁症状

---

❶ 朱国生：《体育锻炼与心理健康》，载《北京体育师范学院学报》，1999年第4期，第49页。

显著减轻并且身体状况明显变好，患者的自我评价良好。相反，后者未显示出任何心理或生理方面的显著变化❶。

四、提高大学体育教育中大学生的心理健康策略

（一）给体育教师提供专门的心理学知识培训

高校应重视体育老师自身的心理素质培养。现实中体育教师不仅担负着教学以及科研的繁忙工作，而且还承受着和其他人一样的来自经济、家庭等多方面的负担。精神压力的积累会在日常埋下隐患，这对体育老师的教学产生难以预料的影响，例如体育教师心情不好可能会体罚学生，而这又会进一步给学生的心理造成极大的负担，造成一种恐惧忧虑的负面效应。体育老师在课堂教学中是活动的主导者，大多数体育教师在高等学校读书期间一般仅仅学习了运动心理学，不可能接受专门心理健康课程的学习，参加工作后更没有机会参加心理健康课程的培训，体育教学中无法讲授更高深的心理健康知识，也无法满足大学生对心理健康的需求。❷ 因此，高校在招收及评判体育教师时，不仅需考察其业务知识水平和政治思想，还应当重视其心理学业务水平及心理素质。高校的有关主管部门可以建立体育教师心理培训机制，为教师自我培训提供信息，培养其自信心及创新精神，加强现代教育思想的学习。

（二）理论教学中融入心理健康教育

体育课程除了需要强调运动技能和增强身体素质外，还应当强调对学生心理素质的培养。在高校体育课堂教学的过程中，应当有意识地对学生进行心理健康培养。例如，高校在体育理论教学中可以尝试开设体育心理卫生课，使学生了解自身的心理健康状况、心理障碍如何克服、心理健康的标准等常识。这样可以引起学生对心理健康的重视，同时可以让学生自我诊断、自我预防，防患于未然。

除了在课堂上可以实现理论传授之外，在实践中也可传递心理健康教育的理念。教师可尝试将心理知识以游戏或活动的形式融入室外的体育锻炼之中，户外教学可以营造更轻松愉快的课堂氛围，打破室内的沉闷感，有利于心理健康知识的传授。

（三）培养师生感情，促进沟通交流

教学是教和学的双边关系，学生学习与掌握知识，一方面是由老师传授指

---

❶ 季浏等：《身体锻炼对心理健康的影响》，载《山东体育学院学报》，1998 年第 1 期，第 37 页。

❷ 黄锋：《大学体育教育与心理健康教育》，载《中州体育》，2009 年第 9 期，第 24 页。

导，另一方面是依赖学生的学习主动性和积极性。而这种内在的影响因素可以通过增进师生关系来更好地实现。师生感情的提升可以让学生感到被重视，从而促进学生心理健康和个性的发展。

在教学中应该培养一种"横向的师生关系"的理念。"横向的师生关系"是指把学生当作学习和教学的伙伴，而不是"领导"与"被领导"这种上下级的关系。为此，在教学中教师应该营造一种和谐、轻松的教学氛围，允许学生对教学内容提出质疑，自由发表意见。并且，教师还需因材施教，发现学生的优势或特长，并给予适当的鼓励和赞美。在实际教学中，教师可以尝试同学生一起参与到比赛中，形成队友的关系，在合作中增进情感，也可以组织不参加比赛的同学组建成啦啦队，在比赛时加油助威，促进感情的交流。

（四） 提供良好的教学环境

教学环境是一种特殊的教育环境，在教学中根据运动的特殊需要，为达到教学任务要求、实现教学目标，需要特殊的环境系统。一般包括物质环境和精神环境两部分。教学环境最基本的功能是为教学提供空间、工具等，以满足教师和学生上课所需的硬件设施。学校教学环境的质量，直接决定着体育教学效果的质量。在体育课堂教学过程中，"物质环境"是体育教学的一个重要内容，物质环境以显性的或隐性的方式对教学产生着影响，是体育课的重要组成部分之一。任何体育教学活动都是在特定的教学环境下进行的，教学环境潜移默化地影响着教师的教学质量和学生的学习效率。同时，体育教学具有独特性，在实践教学中，它是基于教师和学生的思维活动并以身体活动为主要手段而进行的知识、技术和技能的教学。在体育教学过程中，教学设施的完善与否直接影响着教学组织的复杂程度和人际交流的效率。从体育教学环境的组成方面分析，体育课堂教学活动一定要有物质教学环境和社会环境，教学目标的实现随时受到教学环境因素的影响。体育课堂教学只有在合适的教学环境中才能较好地完成各种教学目的。在正确地认识体育教学环境作用的前提下，教师应主动地适应体育教学环境的变化，利用体育教学环境满足体育课堂教学的要求。改善体育教学环境已成为大学有关部门和机构必须探讨的课题和任务。❶

教学环境与体育教育应当保持一种"动态平衡"，过于低配置或过于高端的教学设施都不利于学生的心理健康建设。例如，校园提供过小的教学场地，多班

---

❶ 孙军：《长沙市高职院校体育教学环境对体育教学影响的研究》，湖南师范大学 2008 年硕士学位论文，第 11 页。

上课会出现人员拥挤、互相干扰的现象，这就给发生争执埋下了隐患。高校应结合上课时的学生人数，配备齐全的教学设施，提供合理的教学场地，营造良好的教学氛围。

五、研究结论

随着社会的发展，大学生心理健康教育得到越来越多的重视。实践已经证明，大学体育课堂教学能够很好地满足大学生心理调适的需求。大学体育课堂教学中重视学生的心理健康教育，不仅是课程改革的方向，更是适应文化教育发展的需求。因此，高等学校教育一定要坚持走体育课堂教学与心理健康教育相结合的道路，利用体育课堂的平台宣扬"身心并育"的教学理念，提倡快乐体育，使大学生全面增强身体素质的同时，提高心理健康水平，为社会主义和谐社会提供人才保证。

宽恕、未来时间洞察力与大学生主观幸福感的关系研究

外国语学院　濮冰燕

摘　要　宽恕行为是个体面对侵犯后消极情绪的一种应对方式，它能帮助个体从根本上释放消极情绪，维持良好的人际关系，从而提升个体的主观幸福感。本文探讨了未来时间洞察力对宽恕与主观幸福感的作用，并提出未来时间洞察力对于两者关系可能起着调节作用。未来关于宽恕与主观幸福感的研究应该进一步探究其内在机制。考虑到人际关系困难是大学生面临的主要心理问题，对于宽恕的研究，也有助于改善大学生的心理健康。

关键词　宽恕　未来时间洞察力　主观幸福感

一、引言

在个体的生命历程中，在社会交往的人际互动中，个体都有受到他人有意或无意、轻微或严重的伤害或者侵犯的时候，此时人们通常会产生一系列的消极情绪，比如愤怒、憎恨、谴责或者敌意，继而选择报复或者回避的方式来应对伤害。这些方式并没有在根本上释放个体的消极情绪，从长远来看还会影响自己的身心健康、破坏人际关系甚至危及社会和谐。然而当侵犯行为发生后，个体处理被伤害情绪的另一种方式是尝试去宽恕侵犯者。宽恕可以帮助被侵犯者释放消极的情绪（Fincham，2000；Worthington & Wade，1999），甚至转而积极地对待侵犯者（Fincham，2000；McCullough & Witvliet，2002）。

宽恕（forgiveness）的概念起源于宗教，后来因为道德研究而正式走入心理学的视线（岑国帧，1998），并且作为一种积极的心理品质，宽恕受到了越来越多领域的关注，尤其是积极心理学，对于宽恕研究的学术价值和应用潜力日益凸显出来（李兆良，1998）。正是基于这样的背景，有研究者指出 21 世纪积极和健康心理学的基本方向之一，就是宽恕研究。

宽恕涉及两个人，其中的一个人在心理、情感、身体或道德方面受到另一个人的深度而持久的伤害；而宽恕是指使受害者不再渴望报复侵犯者，并且对侵犯

者的愤怒、憎恨和恐惧等消极情绪消失（Denton，1998），这是心理学界一个普遍接受的宽恕概念。为了进行宽恕的心理学研究，McCullough 进一步给出了最为全面，也最具有操作性的定义，即宽恕是发生在两个及两个以上个体间的，侵犯行为以后被侵犯者对侵犯者的亲社会动机的转变，即从报复、回避、疏远侵犯者转而为善待侵犯者（McCullough，2000）。

二、宽恕与大学生主观幸福感的关系

回顾以往的研究可以发现，心理学界对于宽恕研究的高度兴趣是由于宽恕对于心理健康和主观幸福感的潜在促进作用。主观幸福感（Subjective well－being）是人们根据自己设定的标准对其生活质量所作出的主观评价（diener，1984）。已有的研究已经证实宽恕与主观幸福感及其各项指标之间存在显著相关，比如 Krause（2003）发现倾向于宽恕的个体会产生较高的积极情绪、生活满意度，不宽恕者会伴随着抑郁、焦虑、不信任、自尊和社会内向等负面情绪。类似的，有研究也发现那些宽恕意愿低，报复欲强烈的个体，所体会到的主观幸福感也较低，即宽恕程度会影响人的主观幸福感（Hapiro，1991）。

傅宏（2003）在总结国外研究的基础上指出，人际关系的恢复或维持以及敌对情绪的减少是宽恕对于个体健康生活状态影响的作用机制。Karremans（2003）等人也认为宽恕之所以与主观幸福感之间存在联系，是因为宽恕能够帮助人们维持及恢复亲密关系。如果个体不愿意去宽恕那些伤害过自己的亲密同伴，那么他就会产生"心理张力"，这种张力会给个体带来诸多的消极影响，比如消极情绪体验增多，生活满意度、自尊水平下降。这一结果在相关研究和实证研究中都得到了支持。大部分心理学家认为宽恕是一种自我保护机制，它可以使个体释放负性情绪，进而获得平和的心理状态。同时，还能帮助个体修复或者维持紧张的人际关系，进而提升个体的主观幸福感。从另一个角度来看，王金霞（2005）认为越容易宽恕别人的个体，也就越容易被他人宽恕，继而他也越愿意去宽恕别人，因而宽恕也是一个良性循环的过程。

近年来国内关于宽恕与主观幸福感的研究也得出了相同的结论。卢颖（2010）等人关于初中生、本科生和研究生宽恕状况的研究发现三群体的宽恕与幸福感均存在着显著的相关关系，宽恕在一定程度上预测、影响着幸福感。袁小帆（2010）探讨了大学生人格、主观幸福感与宽恕的关系，发现大学生人格、主观幸福感及之间存在显著相关性。贺海龙（2012）的研究发现中学生的宽恕倾向与报复、抑郁、焦虑以及生活满意度等心理健康指标存在显著的相关关系。吴希庆等人（2012）还发现宽恕水平高的人对愤怒的调节能力较好，不会轻易愤怒，而且在愤怒情景中即刻的愤怒唤醒水平也较低，从而有助于个体主观幸福感的提升。

一系列的临床心理研究都证实宽恕指导之后的个体，愤怒、抑郁、焦虑等负性情绪显著减少，积极的心理体验增加，宽恕干预是一种有效的干预措施。例如对情感上受配偶虐待的妇女进行宽恕干预，发现宽恕干预能够减少抑郁、焦虑，提高自尊和宽恕水平以及对环境的掌控能力（Reed& Enright，2006）。还有研究发现宽恕干预可以减轻癌症患者的心理压力（Denton，1998）。这也从另一个角度证实了宽恕与主观幸福感之间的内在关联性。

但是也有一小部分研究结果表明宽恕对个体的主观幸福感不一定具有积极作用。在某些人际情景中，具有宽恕倾向的个体可能使他们的健康和幸福感受到威胁。如 Katz 等人（1997）认为，当伤害发生之后，个体如果选择宽恕，侵犯者可能不会体会到内疚感或自责感，因而可能让侵犯者继续实施侵犯行为，反而怂恿了侵犯者，给被侵犯者带来更大的伤害。在这种情况下，宽恕间接成为人际关系危机的制造者。有研究者认为过分的宽恕将会使个体在人际交往中表现得被动、消极、焦虑（Larissa，2003）。总之，关于宽恕和主观幸福感之间关系的研究还没有形成比较一致的结论，需要结合具体问题来进一步探讨。

三、未来时间洞察力的作用

未来时间洞察力（future time perspective）是个体对未来时间的认知、体验和行动倾向的一种人格特质（陈永进，黄希庭，2005），是关于未来时间有限或无限性的觉知。社会情绪选择理论（socioemotional selectivity theory）认为，未来时间有限或者充裕的觉知会深刻地影响着个体的目标、动机和偏好等（Carstensen，Isaacowitz，& Charles，1999）。该理论把人类的社会目标分为两大类：知识获得目标和情绪管理目标。未来时间洞察力会影响个体的社会目标优先性选择。具体来说，当个体觉知到未来时间充裕时，人们将偏好选择知识获得目标，即更愿意学习新知识、结识新朋友、扩大社会圈子、开阔视野等，以便为未来等待着他们的机遇和挑战做准备；而当个体觉知到未来时间有限时（尤其在生命后期，临近终点时），个体更加注重对目前情感的管理，优化自己的情绪经验，而不是未来长期目标的追求（Hung & Carstensen，2004；Carstensen，2006），如更愿意和熟悉的社会伙伴接触，疏远边缘的社会伙伴（Lang & Carstensen，2002），以获得稳定的情感回报。

这些优先性的转变不仅反映了生理年龄本身，也反映了个体对于生命剩余时间的主观觉知。因为生理年龄与未来时间洞察力的联系是内在固有的，所以在年龄与生命剩余时间的觉知之间出现了系统的联系。例如 Lang 和 Carstensen (2002) 发现增长的年龄与充裕的时间觉知之间呈显著的负相关。但更为重要的是，许多相关实验研究都证明了觉知到的未来时间比生理年龄更能够预测认知、情绪及动机的变化（Carstensen，2006）。年龄并不是影响未来时间洞察力的唯一因素，某一社会事件或心理事件的终止，如毕业、退休、战争、疾病等，都会使个体对社会目标选择的优先性发生转变。例如在一项研究中，要求被试想象因为最近一项医学突破而能够保证他们可以增加 20 年的寿命，结果发现老年人对新的社会伙伴的偏好增加（Fredrickson & Carstensen，1990）；当要求年轻人想象自己即将移民时，他们与老年人一样对亲密的社会伙伴表现出偏好（Fredrickson & Carstensen，1990；Fung，Carstensen & Lutz，1999）。

如上所述，未来时间洞察力对个体的情绪、认知、动机、社会关系等都有非常重要的意义。近期有研究发现，觉知到未来时间有限的个体，会有较高的积极情绪与生活意义感、更低的消极情绪（Hicks，Trent，Davis，& King，2012）。一项针对我国台湾年轻人开展的研究发现，未来取向的个体拥有更高的生活满意度（Gao，2011）。近期一些研究也开始关注未来时间洞察力对宽恕的影响。例如在中国香港的一项研究中，要求被试想象假设的冒犯情景并对自己的宽恕意愿作出评级。结果发现，无论是老年人还是年轻人，那些在时间有限条件下的被试比时间充裕或者中性条件下的被试表现出更多的宽恕意愿（Cheng & Yim，2008）。Allemand（2008）的研究发现当个体觉知到未来时间有限时，他们更愿意去宽恕那些违反社会期望的行为。可能的原因是当个体知觉到自己未来时间有限时，对于情绪的管理成了生活的核心目标，而这一目标的达成有利于增强个体的主观幸福感。此时，当人们面对时常发生的冲突、矛盾时，会更倾向于去宽恕他人来达到情绪管理的目标，所以当个体知觉到未来时间有限时，宽恕与主观幸福感的关系更为密切。

四、总结

综上所述，宽恕与主观幸福感有着密切的联系，而同时未来时间洞察力又分别与两者关系密切。尽管宽恕与主观幸福感之间的关系得到了很多研究的证实，但对其中的作用机制还有待进一步研究。研究者认为宽恕与主观幸福感之间的关系除了直接作用之外，还存在着许多影响两者关系的因素，例如人际关系的亲密程度（Karremans，2003）、沉思（Renate，2007）、道歉（Hodgins & Liebeskind，2003）等补偿行为、人格因素（Zechmeister & Romero）等。国外近几年来也开始关注间接变量对于宽恕与主观幸福感之间的关系产生的中介作用或者调节作用，以便更好地理解宽恕与主观幸福感之间的关系。如 Hicks（2012）等人发现当个体觉知到未来时间有限时，其积极的情感体验与生命意义感的联系变得更为紧密。同样是在有限时间的觉知情况下，个体对于情绪管理目标的优先选择与更多的主观幸福感和更少的社会焦虑联系在一起。而当个体觉知到未来时间充裕时，这种联系的增强就不会出现（Lang & Carstensen，2002）。

未来对宽恕和主观幸福感之间关系的研究，还应该进一步探究其内在的作用机制，这样才能更好地理解宽恕与主观幸福感之间的关系，从而为临床实践提供有力的理论基础。

我国当前正处在社会转型与变革的关键时期，生活压力不断增大，竞争也日趋激烈，人们的观念也日益多元化，个体间的冲突、摩擦时有发生。当代大学生是社会主义建设的接班人，但是现今大学生群体的心理状态并不乐观，来自社会、家庭、网络等方面的负面影响，以及自身的缺陷，使大学生的心理问题更加突出，同时也受到了越来越多的关注，其中尤为突出的是人际关系困难。引发人际关系困难的事件其实并不严重，但是很多都演化成了恶性的暴力事件，究其原因就是大学生并不能合理地宽恕别人，甚至有时产生了报复心理。同时，也有一些学生因为沉浸在伤害的负性情绪里而影响自己的身心健康。本研究探讨了宽恕与主观幸福感之间的关系，以便更好地理解两者的关联性，为咨询和临床实践中实施宽恕干预和教育提供理论依据，从而引导大学生在人际交往中进行合理的宽恕，减少由于人际冲突所引起的焦虑、愤怒等情绪，更好地促进大学生的健康成长。

参考文献

［1］傅宏. 基于中国大学生样本的宽恕及其相关人格因素分析［J］. 教育研究与实验，2006（1）：58—63.

［2］傅宏. 宽恕心理学：理论蕴涵与发展前瞻［J］. 南京师大学报：社会科学版，2003（6）：92—97.

［3］胡三嫚，张爱卿，钟华，等. 大学二年级学生人际宽恕与报复心理及其与抑郁的关系研究［J］. 心理发展与教育，2005（1）：104—108.

［4］卢颖. 青少年宽恕状况及其对幸福感的影响研究［D］. 江西：南昌大学，2011.

［5］李兆良. 国外关于宽恕的心理学研究综述［J］. 医学与社会，2009，22（3）：62—65.

［6］王金霞，王吉春. 宽恕类型及其影响因素［J］. 中国心理卫生杂志，2005，19（10）：694—696.

［7］吴希庆，胡仟，陈翠. 大学生的宽恕水平对愤怒表达及心理健康的影响［J］. 中国健

康心理学杂志，2012，20（3）：448—450.

[8] 袁小帆. 大学生人格、主观幸福感与宽恕的关系研究 [D]. 山东：曲阜师范大学，2010.

[9] Allemand M. Age Differences in Forgivingness：The Role of Future Time Perspective [J]. Journal of Research in Personality，2008，42（5）：1137—1147.

[10] Carstensen L L，Isaacowitz D M，Charles S T. Taking Time Seriously：A Theory of Socioemotional Selectivity [J]. American Psychologist，1999，54（3）：165—181.

[11] Carstensen L L. The Influence of a Sense of Time on Human Development [J]. Science，2006，312（5782）：1913—1915.

[12] Denton R T，Martin M W. Defining Forgiveness：An Empirical Exploration of Process and Role [J]. American Journal of Family Therapy，1998，26（4）：281—292.

[13] Cheng，S. —T.，& Yim，Y. —K.（2008）. Age Differences in Forgiveness：The Role of Future Time Perspective. Psychology and Aging，23，676—680.

[14] Cheng S T，Yim Y K. Age Differences in Forgiveness：The Role of Future Time Perspective [J]. Psychology and Aging，2008，23（3）：676—680.

[15] Fung H H，Carstensen L L. Motivational Changes in Response to Blocked Goals and Foreshortened Time：Testing Alternatives to Socioemotional Selectivity Theory [J]. Psychology and Aging，2004，19（1）：68—78.

[16] Fung H H，Carstensen L L，Lutz A M. Influence of Time on Social Preferences：Implications for Life—span Development [J]. Psychology and Aging，1999，14（4）：595—604.

[17] Shapiro D L. The Effects of Explanations on Negative Reactions to deceit [J]. Administrative Science Quarterly，1991：614—630.

[18] Hicks J A，Trent J，Davis W E，et al. Positive Affect，Meaning in Life，and Future Time Perspective：an Application of Socioemotional Selectivity Theory [J]. Psychology and Aging，2012，27（1）：181—189.

[19] Hodgins H S，Liebeskind E. Apology Versus Defense：Antecedents and Consequences [J]. Journal of Experimental Social Psychology，2003，39（4）：297—316.

[20] Katz J，Street A，Arias I. Individual Differences in Self—appraisals and Responses to Dating Violence Scenarios [J]. Violence and Victims，1997，12（3）：265—276.

[21] Karremans J C，Van Lange P A，Ouwerkerk J W，et al. When Forgiving Enhances Psychological Well—being：The Role of Interpersonal Commitment [J]. Journal of Personality and Social Psychology，2003，84（5）：1011—1026.

[22] Krause N，Ellison C G. Forgiveness by God，Forgiveness of Others，and Psychological Well—being in Late Life [J]. Journal for the Scientific Study of Religion，2003，42（1）：77—93.

［23］Lang F R, Carstensen L L. Time Counts: Future Time Perspective, Goals, and Social Relationships ［J］. Psychology and Aging, 2002, 17 (1): 125－139.

［24］McCullough M E, Witvliet C V. The Psychology of Forgiveness ［J］. Handbook of Positive Psychology, 2002 (2): 446－455.

［25］McCullough M E. Forgiveness as Human Strength: Theory, Measurement, and Links to Well－being ［J］. Journal of Social and Clinical Psychology, 2000, 19 (1): 43－55.

［26］McCullough M E, Fincham F D, Tsang J A. Forgiveness, Forbearance, and Time: The Temporal Unfolding of Transgression－Related Interpersonal Motivations ［J］. Journal of Personality and Social Psychology, 2003, 84 (3): 540－557.

［27］Reed G L, Enright R D. The Effects of Forgiveness Therapy on Depression, Anxiety, and Posttraumatic Stress for Women After Spousal Emotional Abuse ［J］. Journal of Consulting and Clinical Psychology, 2006, 74 (5): 920－929.

［28］Ysseldyk R, Matheson K, Anisman H. Rumination: Bridging a Gap Between Forgivingness, Vengefulness, and Psychological Health ［J］. Personality and Individual Differences, 2007, 42 (8): 1573－1584.

［29］Worthington Jr E L, Wade N G. The Psychology of Unforgiveness and Forgiveness and Implications for Clinical Practice ［J］. Journal of Social and Clinical Psychology, 1999, 18 (4): 385－418.

［30］Zechmeister J S, Garcia S, Romero C, et al. Don't Apologize Unless You Mean It: A Laboratory Investigation of Forgiveness and Retaliation ［J］. Journal of Social and Clinical Psychology, 2004, 23 (4): 532－564.

就业创业指导

法科学生创新创业教育现状、不足及对策分析
——以中国政法大学为例

法学院　岳红池

摘　要　在经济新常态背景下，创新创业教育在未来一段时间内，应是高等学校教育重点突破的方向。法学人才的培养机构，包括学校、学院、研究所等应重点结合法学教育的突出特点，在思想认识、投入力度、部门协同、教学科研、校企合作、项目培育等各个领域集合发力，力求探索出一条适合法科学生自身，同时符合法学教育规律的创新创业教育之路。

关键词　法科学生　创新创业教育　对策

2014 年 9 月，在夏季达沃斯论坛上，李克强总理首次在公开场合发出"大众创业、万众创新"的号召。2015 年，李克强总理在政府工作报告中又提出：促进大众创业，万众创新，以培育和催生经济社会发展新动力；个人和企业要勇于创业创新，全社会要厚植创业创新文化，让人们在创造财富的过程中，更好地实现精神追求和自身价值。2015 年 6 月 11 日，国务院发布了《关于大力推进大众创业万众创新若干政策措施的意见》（国发〔2015〕32 号），对大众创业万众创新的重要意义、总体思路和具体措施做了全面深入的解读。其中强调：健全创业人才培养与流动机制。把创业精神培育和创业素质教育纳入国民教育体系，实现全社会创业教育和培训制度化、体系化。加快完善创业课程设置，加强创业实训体系建设。加强创业创新知识普及教育，使大众创业、万众创新深入人心。加强创业导师队伍建设，提高创业服务水平。自此，大众创业万众创新被提到了前所未有的高度，对高等学校的创新创业教育也提出了新的要求。

中国政法大学历来重视创新创业教育，也做了很多有益的尝试，但受到专业背景、师资条件等多个方面的影响，在创新创业教育方面的成果不甚显著。在当前大众创业万众创新的大背景下，有必要作出总结并研究进一步改进的措施。我

校主要专业为法学专业，学生也绝大部分为法科学生，本文的研究主要解决法科学生的创新创业教育问题。

一、法科学生创新创业教育现状

（一）学校相关政策

2015 年，中国政法大学深化创新创业教育改革，制定实施《中国政法大学深化创新创业教育改革实施方案》，方案对我校"十三五"期间的创新创业教育改革作出了详细的规划和部署，全力推动我校学生创新创业精神的培养和创新创业能力的提高。

2012 年，学校发布并实施《中国政法大学国家级大学生创新创业训练计划实施管理办法》（法大发〔2012〕27 号），以培养学生的创新精神，增强学生的创新能力和在创新基础上的创业能力，保证学校国家级大学生创新创业训练计划，强化创新创业教育氛围，提高人才培养质量。

为了促进学生创业，学校曾于 2011 年制定并发布《中国政法大学大学生创业教育基金管理办法》（试行）（法大发〔2011〕95 号），设立了大学生创业教育基金，扶持学生创业项目。

2006 年，学校发布并实施《中国政法大学学生创新基金资助办法》（中政大发〔2006〕160 号），以培养学生的创新意识和实践能力，鼓励和支持学生积极开展学术创新、理论研究、社会实践和校园文化活动。

（二）第一课堂教学

目前，学校面向本科生开设了《创业基础》（2 学分）、《创业管理》（2 学分）等课程。其中，《创业基础》课程为全校性通识选修课，可供全校同学选修，而《创业管理》课程则是作为商学院的专业选修课，主要供商学院学生选修。从选课人数来说，2015—2016 年春季学期，《创业基础》课程开设课容量 50，选课人数为 9 人；《创业管理》课程开设课容量 104，选课人数为 56 人。

（三）第二课堂

在第二课堂方面，学校主要通过讲座、竞赛、人物访谈等方式开展创新创业教育。

学校、法学院、国际法学院、民商经济法学院和刑事司法学院主要通过聘请校外创新创业人士不定期到学校进行讲座和授课，通过举办创业大讲坛、开设"大学生创业精神和创业能力培育"和"法科学生创业实务"等形式的课程，培

育学生的创新创业精神和创新创业能力。❶

　　学校相关部门通过举办大学生创业大赛，支持学生参加校外创新创业大赛的方式，为学生创新创业实践提供平台。2009 年以来，学校通过创业大赛等平台共计评审了 400 余个创意创业项目，产生了 70 个国家级和 24 个校级大学生创业训练和实践项目；学生创业项目多次获得全国、北京市以及昌平区大学生创业大赛奖项。学生创业团队在 2014 年"创青春"首都大学生创业大赛决赛中获得 2 项金奖、2 项铜奖，在 2014 年北京市大学生创业设计竞赛决赛中获得二等奖。❷

　　此外，通过组织国家级大学生创新创业训练计划和北京市大学生创新创业训练计划等方式推动学生创新创业，在学生中营造创新创业的氛围，并提供创新创业的机会和平台。学校还组织了创业先锋人物访谈，邀请创新创业成绩突出的同学分享创新创业经验，营造创新创业环境。

（四）加强校企合作，助推学生自主创业

　　我校北京地区校友会专门设立"玉兰"创业资金，用于资助法大学生创业项目。学校 2015 年继续设立专项创业基金，资助 24 个大学生创业团队。同时，学校与中科招商集团等单位签署学生创业战略合作协议，通过校企合作助推就业创业工作。2015 年 5 月，我校民商经济法学院与北京天驰君泰律师事务所开设的法科学生创业实务课程签约仪式暨本学期课程实践教学环节也成功举行。

（五）师资配备

　　目前，我校尚未为创新创业教育配备专门的老师，仅在 2015 年设立"创新创业教研室""学生职业发展教育教研室"跨学科教研室，负责参与打造我校本科生创新创业教育的课程体系。❸

---

　　❶《培育创业精神，创新教育形式——民商经济法学院两门创业课程顺利开展》，http://web.cupl.edu.cn/html/news/news_177/20151030160932700453160/20151030160932700453160.html，访问日期：2016 年 5 月 10 日。

　　❷《我校 2015 届毕业生自主创业工作取得新进展》，http://web.cupl.edu.cn/html/news/news_174/20150718154220825314033/20150718154220825314033.html，访问日期：2016 年 5 月 10 日。

　　❸《整合多学科教学资源 我校设立首批跨学科教研室》，http://web.cupl.edu.cn/html/news/news_173/20151229164605147454786/20151229164605147454786.html，访问日期：2016 年 5 月 10 日。

二、法科学生创新创业教育存在的不足

（一）法科学生创新创业意愿不足、参与度低

调查显示，法科学生对创新创业的关注度不高，创新创业意愿不足。这一方面可能与法学专业本身与创新创业的结合点较少，以往也鲜有学者和学生关注有关；另一方面，可能由于针对法科学生创新创业的教育投入与资金投入较少，法科学生创新创业的外部条件与环境不够成熟。

（二）创新创业教育投入不足

创新创业教育投入不足表现在以下几个方面：第一，创新创业教育师资投入不足。目前，学校没有专门从事创新创业研究的专任教师，当前开设的创业课程由商学院研究企业管理和产业经济学的老师教授。学校各项创新创业活动主要由学校教务处、就业创业指导服务中心以及各学院学工部承担，没有专门的师资配备。第二，创新创业经费投入不足。从学校的政策文件和创新创业支出来看，我校对学生创新创业教育投入的经费总额较小，且比较分散，对学生创业项目的支持力度有限。第三，创新创业教育研究投入不足。目前，尽管学校对创新创业教育达到了一定的重视程度，但对创新创业教育研究的支持和倾斜力度不足，教师队伍及管理队伍中对创新创业教育进行系统研究的人员不多。

（三）创新创业教育形式较少，内容同质

从学校的各项活动来看，我校的活动主要通过讲座、竞赛等形式开展，形式较少，另外创新创业教育的各项活动相对同质化。以竞赛为例，学校基本上通过组织创业大赛的方式来为学生提供竞赛平台或为各种竞赛提供支持，形式较为单一。

（四）创新创业教育缺乏系统性

目前，我校的创新创业教育尚未形成统一的体系。在创新创业氛围营造、课程设置、师资配备、教材编纂、活动设置、平台支撑及后续跟进方面没有系统一致的规划与统筹。首先，在学校层面，尚且没有针对创新创业教育的统一领导；其次，在活动组织层面，分别由教务处、校团委、就业创业指导服务中心和各学院组织实施，各部门之间缺乏有效协调与沟通。

（五）创新创业教育缺乏专业性

创新创业教育缺乏专业性表现在以下两个方面。第一，学校在组织创新创业教育过程中，真正对创新创业教育作出研究、分析的较少；第二，创新创业教育与法学专业结合得较少，目前为止尚未探索出适合法学专业学生创新创业教育的规律和有效方法。

三、法科学生创新创业教育对策

（一）加强认识，提高重视

当前，创新创业教育在国家层面被提到了前所未有的高度。党的十八届五中全会审议通过了《中共中央关于制定国民经济和社会发展第十三个五年规划的建议》，其中提出了"创新、协调、绿色、开放、共享"的五大发展理念，其中"创新"居首位。在正在进行的供给侧结构性改革过程中，也必须牢固树立创新发展理念，推动新技术、新产业、新业态蓬勃发展，为经济持续健康发展提供源源不断的内生动力。因此，创新创业教育不仅仅是为了解决学生的就业问题，更是推动国家发展的重要一环。对法科学生的创新创业教育也应作为学校教育的重要一环，重点培养学生的创新创业意识、创新创业精神、创新创业能力等。

（二）加大投入，部门协同

创新创业教育是系统工程，要求学校加大投入，各部门协同。学校应当建立针对法科学生的创新创业教育领导小组，对创新创业教育进行统筹规划，合理安排学校各部门、学院的权责分工，促进各部门、学院的合作，积极争取校外资源，强化校企合作，推动创新创业教育联动发展。同时，应加大人员、资金等各方面的投入，保障学生创新创业教育顺利、有效开展。

（三）创新创业教育系统化

创新创业教育系统化，要求高校在创新创业教育过程中，从学校氛围、课程设置、课题研究、教师培训、教材编写、信息平台、特色活动、校企合作等多个方面着手，共同推进。首先，要在校园内部建立创新创业教育生态系统。从教学、学生管理、科研等多个方面推动创新创业教育，形成系统的创新创业教育局面，强化教师的创新意识，进而通过老师带动学生创新创业。其次，在具体操作方面，设置创新创业教育课程，编写创新创业教材，搭建创新创业教育信息服务平台，开展创新创业教育特色活动，支持培育重点创新创业项目，做好与社会、企业的对接，支持创业项目持续发展。再次，综合采用多种创新创业教育形式，以第一课堂为基础，第二课堂、社会实践为主要培育场地，通过课堂教学、网络课程、微信平台等多种方式开展创新创业教育，增加创新创业教育的易得性和感染力。

（四）专业针对性、特色化

针对法学教育的自身特点，学校还应当重点研究法科学生创新创业教育的特殊性，提高创新创业教育的针对性。首先，积极研究拓展法学专业创新创业的领域和途径。其次，在任课教师、管理人员、辅导员队伍中重点培养创新创业教育研究的专门人才。再次，积极探索法学专业创新创业教育的规律，形成有针对性的课堂教学、研究成果和教育方法等。

在经济新常态背景下，创新创业教育在未来一段时间内，应是高等学校教育重点突破的方向。法学人才的培养机构，包括学校、学院、研究所等，应重点结合法学教育的突出特点，在思想认识、投入力度、部门协同、教学科研、校企合作、项目培育等各个领域做出努力，力求探索出一条适合法科学生自身，同时符合法学教育规律的创新创业教育之路。

以就业与职业发展为目标，打造
法科学生综合培养平台

法学院　岳红池

摘　要　法科学生在就业和职业发展中遇到的困境，对高校在学生综合素质培养方面提出了更高的要求。应当结合高校辅导员的工作实际，逐步探索法科学生综合素质培养路径，优化法科学生综合素质培养工作机制，使辅导员的工作更加专业化、实际化，更有针对性，切实提高法科学生的综合素质，促进学生就业与职业发展。

关键词　法科学生　就业　职业发展　综合素质

《国家中长期教育改革和发展规划纲要（2010—2020 年）》提出，高等教育要提高人才培养质量。牢固确立人才培养在高校工作的中心地位，着力培养信念执著、品德优良、知识丰富、本领过硬的高素质专业人才和拔尖创新人才。

从高校辅导员的实际工作中看，学生就业质量及职业发展是学生综合素质的集中体现。因此，围绕促进就业与职业发展的目标，探索建设就业导向型的学生综合素质培养平台，达到国家提出的培养信念执著、品德优良、知识丰富、本领过硬的高素质专业人才和拔尖创新人才的要求，具有重要的意义。

特别是党的十八届四中全会提出要全面推进依法治国，强调要"加强法治工作队伍建设"，要"创新法治人才培养机制"，这无疑为法学领域的教育发展提供了难得的机遇，为深化法学教育改革指明了方向，同时对法学教育提出了更高的要求。

但是近几年来，法学专业就业难的问题已引起社会的广泛关注。《2014 年中国大学生就业报告》显示，法学专业连续第 7 年登上了代表失业量较大、就业率持续走低、薪资较低、属于高失业风险型专业的"红牌"专业。曾一度被人们公认为是捧着"铁饭碗"的好专业，也随着公、检、法单位人员的饱和和法学毕业生人数暴增等问题，不再受到追捧。法学专业的整体就业状况并不理想。此外，除了就业率，就业质量和职业发展也是一项重要的考量指标，调查数据显示，2008—2010 年法学硕士对其所从事岗位的职业发展前景主要集中在一般水平，认为职业发展前景不好的毕业生人数比例从 2008 年的 25.36％增加到 2010 年的 30.68％，而认为职业发展前景好的毕业生人数比例在三年间下降 7.45 个百分点，可见法学毕业生总体上对自身的职业发展前景也不十分看好。

一、法科学生就业和职业发展中存在的问题

（一）法科学生就业中存在的问题

1. 理论化带来的"学不能用"

绝大部分法学专业学生在四年学习到的是书本到书本、课堂到课堂的内容，尽管学院也会提供一些实习的机会让学生去了解现实生活、了解实际工作中具体法律的运用，但实践技能和专业动手应用能力还有较大程度的欠缺，学生所学专业知识与用人单位的实际需要具有较大差异。如一些用人单位对招聘员工的初步要求是毕业生要有实际的办案经验和独立开展相关法律实务的能力，但在应届毕业生中一般很少有人能够达到这种要求。

2. 供需矛盾带来的"饥不择食"

目前，我国有 600 多所高校设有法学专业，每年法学毕业生近 40 万人。而社会和就业市场对法学学生的需求远远小于各高等院校输出的法律人才数量，使得法学毕业生的就业压力逐年加大，找好工作的机会越来越少。此外，学生在校期间对个人能力、素质的培养往往不能适应就业岗位的需要，导致出现人不对岗，甚至好多岗位没有人能胜任的情况。在这种情况下，很多毕业生迫不得已，只能找一个自己并不喜欢或与自己特长几无关联的工作以求生计，没有"择业"的机会和可能。

3. 观念不强带来的"人云亦云"

部分学生的就业观念不强，缺乏合理的世界观、人生观和价值观。表现在就业中的"人云亦云"。在校缺乏事先的规划和锻炼，往往是临近毕业了仓促应战，别人考研他也考，别人公考他也参加，结果是处处被动，步步落后。还有的观念不够灵活，如一味追求公务员等职业，缺乏在自己观念下对就业的独立思考和看法，导致就业被动，方向不明。

（二）法科学生职业发展中存在的问题

1. "先天不足"——专业与岗位匹配度不高

据统计，近十年来，在巨大的就业压力下，法学专业毕业生仅近四成人（37％）从事法务相关岗位，相当一部分毕业生从事的是人力资源、招聘、项目、

商务、行政、培训、采购等岗位。虽然法学专业能在思维和方法论上给从事非法学工作的毕业生一些帮助，但远不能和受过科班训练的其他专业人才正面竞争，直接导致事业发展遇到瓶颈和限制。

2."起薪不高"——面临比较大的经济压力

数据显示近几年法学硕士研究生就业第一年的平均起薪大部分集中在3000～4000元区间；月收入在4000～5000元区间的毕业生人数比例，从2008年的27.66%逐年下降到了2012年的18.20%；月收入5000元以上的毕业生人数比例，从2008年到2012年下降了3.85个百分点，而2008—2012年间月收入在3000元以下的毕业生人数比例增加了9.83个百分点，并且人数比例有进一步加大的趋势。收入不高直接限制了法学毕业生的发展前景和职业规划，很多毕业生不敢动也不能动。

3."层次不够"——难以实现法律职业的最终价值

法律职业具有一定的专业性，这种专业性不只体现为法律规则方面的知识，更重要的是法律观念和法律伦理，如正直、廉洁、忠诚的价值观。这就要求所从事的职业具有一定的自主性、精英性和自治性。目前大部分法学毕业生所从事的工作仍集中在法律知识的运用上，如仅限于解决纠纷、维护权益，集中在法律的"器"的层面，在推进依法治国、弘扬社会正义的大背景下，法律职业人还应发挥更大的作用。

就业与职业发展中所面临的问题，恰恰是学生综合素质不高的结果。因此，通过学生在校期间的各种活动提高学生综合素质，促进学生就业和职业发展，同时为加强法治工作队伍建设做出应有的贡献，是法科专业辅导员工作任务的重中之重。

二、明确法科学生综合素质培养目标

面对法科学生在就业和职业发展中的困境，高校辅导员在工作过程中，要做好明确学生综合素质培养的目标。具体可以概括为"一个中心、三个兼顾"。

"一个中心"是以提高法科学生综合素质为中心，这里的综合素质大致有三大部分：一是法律的学问，掌握法律的基本原则和具体规则，这是法律人才的第一大要件；二是法律的道德，要知法懂法守法护法，从内心树立公平正义、公序良俗等基本规范，并且应树立正确的世界观、人生观、价值观；三是社会的常识，待人接物、为人处世，发现问题、分析问题和解决问题的能力。

"三个兼顾"是建设辅导员工作室的具体内容：一是辅导员和学生的互动，以学生为主体，发挥辅导员辅助、组织和引导的作用，激发学生树立正确的就业、职业意识，并提前做好职业规划；二是务实和务虚的兼顾，一方面要帮助学生掌握基本的法学知识和就业技能，提高学生解决实际问题的能力，另一方面也要帮助学生放宽视野，仰望星空，规划自己的长远目标，编制人生的理想蓝图；三是兼顾培养学生的"德""才"两个方面，要以理想信念教育为核心，引导学生树立正确的世界观、人生观和价值观，做一个公平、正义的人，做一个信仰法律的人，同时要通过教学、实践等多种途径提高学生的专业水平、就业能力等。

三、探索法科学生综合素质培养路径

围绕着学生的就业和职业发展，高校辅导员在学生综合素质培养方面应该以提升学生就业质量和促进职业发展为目标，以提高学生综合素质为根本，以辅导员专业化建设为核心，以调查研究为基础，以定期交流为机制，发挥学生组织的特殊优势，重点围绕理想信念教育、人生观念教育、学业督导、实习实践督导、就业观念养成、就业技能培训等环节和内容打造品牌活动，同时注重运用各种新的工作载体，特别是网络等现代科学技术和手段，努力拓展工作途径，贴近实际、贴近生活、贴近学生，提高工作的针对性和实效性，增强工作的吸引力和感染力。

（一）多层次覆盖

自本科入学伊始就将学生纳入综合素质培养体系之下，及早引导学生规划学术生涯。根据各个年级的阶段性需求，由辅导员老师展开不同形式的引导，重点突出，针对性强。

（二）活动内容丰富

辅导员工作内容大致分为以下板块：一是帮助学生掌握时代的倾向和最新的大政方针；二是帮助学生了解法律的旨趣和现行法的规定；三是帮助学生了解审判、检察、法务的实践概括和基本方法；四是帮助学生了解社会的复杂组织、商务礼仪和沟通技能；五是培养学生道德涵养和广泛的兴趣爱好。

（三）活动形式多样

辅导员工作要充分发挥组织、沟通和协调作用，工作形式包括但不限于如下一些方面：邀请优秀校友现身说法，为学生介绍学习、工作的酸甜苦辣和经验教训；组织道德理论等方面的专题讲座，邀请重量级的大师传道解惑；组织专题时政分析会、读书会，发布微信群信息推送，让学生掌握最新的时政要闻；组织模拟法庭、实践实习、案例大赛等活动提高学生的实务水平；组织专题班会、模拟面试等，让学生提前做好职业规划，充实简历内容，掌握就业技巧等。

四、强化法科学生综合素质培养工作机制

（一）加强辅导员专业化建设

一是明确辅导员任务分工，将主要任务具体分配到每一位辅导员，每个人各自研究自己的领域；二是重视辅导员业务素质的培养，定期对辅导员进行就业和职业方面的培训，系统学习学生思想政治教育、就业发展规划、学生发展指导等方面的专业知识，并为辅导员参加校内外培训交流和学习考察创造条件；三是建立科学的考核评价体系和适当的激励机制，对辅导员的工作业绩、工作创新等进行客观科学考评，对就业指导方面表现优秀的辅导员给予职称评聘、进修学习、收入待遇等方面的奖励；四是构建多样化的辅导员研究和工作展示、交流平台，鼓励团队合作与良性竞争，定期组织业务交流和成果评审会，让表现突出的辅导员介绍工作经验和技巧，并以适当的方式进行推广和升级，建立专门的工作评价与反馈体系，由学生定期对辅导员的工作进行评价，听取学生对辅导员工作的需求和建议。

（二）加强调查研究

扩大调查对象，既要调查学生情况，又要调查用人单位的需要；既要调查本院学生存在的问题，又要调查外院或外校法学专业学生的情况；既要解剖典型，又要了解全局；既要对好的总结经验，又要到困难较多、情况复杂、矛盾集中的方面去研究问题。要有科学适用的方法，适当使用开会调查、访谈调查、问卷调查等多种调查方式。除此之外，还要努力适应当今社会信息网络化的特点，广泛借助现代科技手段，积极使用统计调查、网络调查等先进方式，对调研对象进行广角度、深层次的系统研究，努力增强调查研究的科学性和时效性。

（三）加强定期交流机制建设

在辅导员内部建立定期交流机制，安排专人负责交流组织工作，确保交流会定期召开。扩展交流内容，就如何开展理想信念教育、人生观念教育、学业督导、实习实践督导、就业观念养成、就业技能培训等环节和内容展开充分的交流，形成工作室内部"各负其责，互帮互助"的局面。丰富交流形式，包括报告会、座谈会、讨论会、活动展示等。

（四）发挥学生组织的组织优势

工作室在工作中要充分发挥学生组织的组织优势。通过学生组织深入学生，获取全面丰富的信息；通过学生组织组织活动，将工作室主要成果在学生中实践；使学生组织成为辅导员工作室与学生之间的桥梁纽带，提高工作的针对性、有效性。

（五）加强成果总结机制建设

设置专门负责人对工作室的成果进行存档、总结等。将学生反映良好、实施效果明显的成果集结成册出版，或作为活动的范例促进其他活动的开展。

通过辅导员工作机制的建立和完善，努力达到以下两个效果：一是使辅导员的工作更加专业化、实际化，更有针对性，逐步形成一批在提高法学学生综合素质方面具有专业技能和丰富经验的人才。二是学生的综合素质得到切实提高。引导学生在学好法学基本理论和具体知识的基础上，树立正确的世界观、人生观、价值观，培养良好的道德情操，及早形成正确的就业观念和意识，做好职业规划，掌握就业技能，切实提高学生的就业率和就业质量，促进学生职业发展。

从长远来看，辅导员工作要进一步制度化、品牌化，形成一系列的特色活动和产品。一是辅导员工作成为一个品牌，形成一套丰富的、有效的制度体系，能够不断输送出优秀的辅导员和辅导产品。在实践教学的基础上，辅导员工作室形成的成果能够得到有效的归集和宣传，成为学校的重要资料库。如果可能，将成果集结成册出版。二是辅导员工作的内容不断拓展，不仅限于围绕学生就业和职业能力的提高，还包括学生综合能力素质提升的方方面面，真正成为服务学生、帮助学生的综合性平台。三是实现就业资源的最大化整合，通过辅导员工作，鼓励学生接近社会，了解社会，最终走向社会，同时吸引已走入社会的校友和成功人士回归学校、回到讲堂，实现学生与社会的无缝对接，因材施教、因需施教，最大限度整合资源，从根本上提高就业率和就业质量。

大学生国际化就业工作研究❶

国际法学院　顾永强　刘　凯

摘　要　国际化就业是经济全球化发展趋势下人才在国际层面实现合理流动的必然要求，是高校毕业生就业去向的新趋势。在欧美发达国家和中国香港等地区，很多高校在学生的国际化培养和国际化就业方面已经形成较为成熟的工作模式和体系。但相对而言，国内高校在人才的国际化培养和国际化就业方面还比较滞后，大学生自身对国际化就业的认知也还需要加强，为了推动和落实国际化就业，我们需要在借鉴先进经验的基础上有针对性地加强相关工作，如树立国际化就业的观念、调整课程设置、加强外语教学、加强对外项目交流和师资队伍建设、积极开展国际化就业实训等。

关键词　国际化就业　先进经验　状况调查　相关建议

随着经济全球化趋势的发展和我国改革开放进程的深入，尤其是在加入世贸组织后，我国国际化的步伐明显加快，国际化就业在多重催化作用下，在未来必然会成为高校毕业生就业方向的新趋势。国际化就业是人才国际化流动的重要体现，指的是人们的就业向跨国界的方向发展，在国外企业或单位、国际组织等任职，成为兼具高专业性、高理论素养、高实践水平与外语水平的国际性人才。国际化就业不同于以往仅仅将就业面局限在国内范围内的常规职位选择，而是呈国际化趋势，人才流动突破省界、国界，进而扩展到国际范围。国际化就业是全球化下人才合理流动的必然趋势，是满足各大型跨国企业及国际组织对高素质、高标准从业人才诉求的必经之路。

---

❶　本文为我校学生处和就业中心课题"大学生就业创业特色项目——大学生国际化就业创业工作体系研究"的阶段性成果。

一、国际化就业的产生原因

（一）经济全球化发展为国际化就业提供了物质基础

在经济全球化的推动下，全球在市场、信息、经济、资金、商品、服务等方面的国际化互动频繁，促使世界资源的流动实现优化配置，同时也刺激了世界范围内人才的流动，因而国际化就业应运而生。人才就业国际化有其物质基础，而不是空中楼阁，因为随着资本、技术、商品、信息、服务等的国际化流动，全球范围内对高素质人才的需求会相应增加，各国也会加大高水平人才的引进力度，并放松对其国籍、人种、文化背景等条件的限制。所以说，经济全球化的进程使国际化就业在物质基础方面得到有效保障。

（二）高等教育国际化发展促进了高校毕业人才的国际流动

随着科教兴国、人才强国战略的提出和贯彻，改革开放的进一步深入发展，我国的教育水平显著提高，特别是在高等教育方面，积极吸收先进的教育理念，引进先进的管理模式。同时，各高校加强了在世界范围内与其他院校的交流与合作，开展各项国际交流项目、研讨项目，引入世界知名高校优质资源，积极促成高校间国际赛事的举办等。高等教育国际化显著发展，使得我国高素质人才在全球范围内竞争力得到明显提高，高校毕业生的就业选择面随之扩大，不仅局限于传统国内就业，国际化就业的趋势明显地增强。

（三）改革开放等政策为国际化就业提供政策支持与保障

加入世贸组织使得我国与世界其他国家在经济、技术、文化等方面的交流与合作不断加强。改革开放提出的"走出去"战略，鼓励我国有实力的企业跨国经营，促进我国的国际化发展。尤其是跨国公司，它们是经济全球化的主要载体，其运营与发展需要大量的高素质人才，而高校毕业生凭借自身优异条件与专业水平，成为其主要雇佣对象，国家的优惠与鼓励政策为国际化就业提供了政策层面的支持与保障。

（四）国际化就业是高校毕业生自主发展、自主选择的结果

随着我国大学生就业政策从国家分配到自主就业双向选择的改革，大学生的就业方式和渠道日益多元，尤其信息技术的革命性发展，进一步使得当代大学生在获取信息资源的渠道方面发生了非常大的变化，就业观念也随之不断变化和更新，自身实践经历进一步丰富多样，对未来就业有了更大的主动性与能动性。国际化就业的实践证明，国际化就业能在很大程度上充分发挥个人才干与能力，薪酬也较为理想，是国际化人才实现其自身职业理想和职业蓝图的有效途径，从发展趋势看国际化就业是当代高校毕业生实现自主择业的一条全新的、具有挑战性的道路。

二、国际化就业的主要流向

（一）跨国公司

前面提到，跨国公司是经济全球化的主要载体，另外随着我国对外开放的进一步深入发展和"引进来、走出去"战略的进一步实施，越来越多的国内公司也开始走出国门寻求机遇，而高校毕业生凭借自身优秀的综合素质、较高的专业水平和外语水平等容易得到跨国公司的青睐。多数跨国公司经济实力雄厚，管理模式科学，待遇优厚，具有良好的发展前景，因此跨国公司成为国际化就业的一个大的方向。

（二）与外语相关的就业方向

国家间政治、经济、文化、科技等交流的日益增加需要越来越多优秀的外语人才，因而国际化的进一步发展使得高素质外语人才的作用越来越大。外文资料的处理、同声传译等外事工作岗位是国际化就业的一个重要方向。不过需要指出的是，外语复合型人才，例如法律＋英语复合型人才、经济＋外语复合型人才等，在国际化就业中相比于其他单一型人才具有更强的竞争力。

（三）国际公务员、国际组织任职等

成为国际公务员与在国际组织任职等，在目前来看并非主流的国际化就业方向，然而却是很多国家都非常重视的一个方面，因为它是体现一国国际影响力和在国际事务层面发挥作用的重要渠道，所以具有良好的发展前景与提升空间。成为国际公务员或国际组织的一员，需要个人极高的综合素质以及高水平的个人素养，一般在招聘时竞争较为激烈，考察也相对更为严格。

三、国际化就业的先进经验

（一）国内高校促进国际化就业的有效做法

在经济全球化日益发展的今天，国内许多高校越来越重视国际化人才的培养，并为学生国际化就业提供多方面的帮助和指导，综合国内其他高校促进国际化就业的现状，主要做法有以下几个方面。

1. 课程设置和硬件建设的国际化

在课程设置方面，积极开展以外语为主体的双语教学和以英语为主体的全英文授课，邀请海外知名教授参与课程教学，以及对于国际通用性较强的或国际急需发展的学科，直接引进先进的外文原版教材。在硬件建设方面，复旦大学图书馆从 2002 年起开始全套引进哈佛大学教学用书和教学参考书，供学生借阅和

复印。

2. 积极开展国内外和境内外交流项目

国内许多高校都与国外高校办有合作项目，实行"联合培养"，为学生提供交流机会。上海交通大学非常注重学生的国际化培养，除了有交换生以外，还有规模比较大的海外游学，游学的比例超过 30%，同时还为贫困学生设立了海外游学基金，减轻其学费和生活费的负担。在我国香港，各大学都积极成立交流处，制定多项计划来扩展香港境外留学生的招收和本校学生海外的交换工作。作为 "University21" 的创会成员，港大与全球 300 多所院校及科研机构签订了教研合作计划，与世界超过 90 所院校签订了开展学生交流计划。最近，港大又制定了"香港大学世界联系网"计划，希望为校内十分之一的同学提供到海外学习的机会。

3. 与国际企业开展合作

国内一流大学与跨国公司、企业等通过合作，进行项目研究，提供海外实习机会等，把人才培养、科学研究和经济全球化有机地结合起来，从而提高了办学质量和人才培养的国际化水平。如北京大学法学院与英国 CMS 金马伦麦坚拿律师事务所驻北京办公室建立长期的合作关系，通过设立学生实习项目、开设法律实务课程、举办联合研究项目等方式共同培养优秀的法律实务人才。

（二）国外大学促进国际化就业的先进经验

国外的许多大学把培养海内外人才，塑造世界公民作为人才培养目标，教育学生要为在今后的职业生涯中适应全球化环境做充分准备，并致力于为学生提供广泛的国际就业机会。其先进经验概括来说主要有以下几个方面。

1. 重视外语学习和关注国际内容的通识教育课程

美国大学非常注重外语学习，除了对本科生有外语方面的入学要求和毕业要求之外，还安排使用特定外语的学生公寓。在普通教育的核心课程中增加了关于世界文明、世界史和外语的要求，开设有如何运用高技术进行国际学习的课程等，并要求本科生至少选修一门关注美国以外国家或地区的视角、问题或事件的通识课程。欧洲国家高校的课程国际化相对成熟，包括初级课程、高级课程、欧洲模块课程以及语言整合课程。

2. 建立完善的组织架构和信息平台

国外许多大学设有专门致力于促进国际化的任务和监督国际教育项目的工作人员。通过内部简讯、电子邮件、交流学生海外学习经历的系统平台及网站等来广泛交流国际化教育的信息、分享经验，提高信息的透明化程度。

3. 教师科研国际化和课程国际化

教师科研国际化主要体现在支持教师发展国际技能和知识的资金投入方面，资助教师领导本科生海外留学、参加海外学术会议、海外进修、科研和教学等。课程国际化方面，表现为专业性研究课程的国际化和一般性研究课程的国际化。前者鼓励学生参加有关其他国家或地区的国际研究项目，学生可以按照规定就某国或某地区进行研究，以此完成学分并获得学位；后者为学生开设具有国际意义的普通课程，调整和改革一些专业教学计划，增加国际经济、政治、法律、贸易等相关领域的内容，以满足国际化人才培养的需要。

4. 注重"本地的国际化"和鼓励美国学生与国际学生的相互交流

美国多数大学支持一系列的校园国际化活动：名人讲座、语言屋、国际中心及本科生海外留学。他们定期举办庆祝国际节日的校园活动，为学生讨论国际议题提供聚会场所，而且提供为美国学生与国际学生创造课堂外互相交流机会的项目，如结伴项目、国际学生公寓、国际室友项目等。在与外国留学生的交往过程中，美国学生可以了解异域文化、区分不同的种族与民族，这对他们未来加入全球一体化的竞争有着重要作用。

5. 设立分校与合作开设联合学位，有效进行国际交流

国外许多大学都与其他国家的学校有着合作关系，分校或合作学校的学生通过国际统一审核程序入校以后，一般在当地完成学业即可获得国际通行的毕业证书。加拿大国内一流大学与国外教育机构和企业合作，在国外办学，招收当地学生进行学历教育，授予加拿大大学的学位，还举办远程教学课程、研究生学位课程等。

6. 网上开放课程的广泛开设

麻省理工学院一直是美国开放课程领域的先锋，近几年来，美国其他一些大学也纷纷加入开放课程潮流，从全世界的热烈反响来看，这场开放课程运动引领了一场影响全球教育的潮流，目前已发展成一个国际联合项目，有 12 所美国教育机构（包括耶鲁大学、哈佛大学、加州大学伯克利分校等名校），以及非洲、亚洲、欧洲和南美洲的 50 多所教育机构参与，实现了课程的国际共享。

通过比较可以看到，国内高校对于促进国际化就业主要是从在校期间的学习、境外交流以及毕业后的就业三个方面来展开的，而国外大学除重视培养学生外语水平、国际化技能以及交流培养外，还比较注重校园文化的国际化建设，校内国际学生和本地学生之间的交流，以及课程的国际化共享，帮助学生方便快捷地获得国际化信息以及获取必要的技能。

四、我校学生国际化就业方面的相关调查

经济全球化是当今世界发展的趋势，人才、信息等资源在全世界的流动配置，是其重要特征。在这样的时代背景下，国际化就业无疑应当成为当代大学生就业的一个重要方向。为了了解我校学生在就业观念、就业技能、就业意愿等方面的国际化状况，我们进行了关于我校学生国际化就业的问卷调查，从国际法学院各年级学生中随机选取了 50 位同学，回收 41 份有效调查问卷。下面是数据分析：

1. 您的性别： ［单选题］

选项	小计	比例
A. 男	19	46.34%
B. 女	22	53.66%
本题有效填写人次	41	

2. 您的年级： ［单选题］

选项	小计	比例
A. 大一	17	41.46%
B. 大二	17	41.46%
C. 大三	7	17.07%
本题有效填写人次	41	

3. 截至目前，您在贵校学习期间参与国际化活动的次数是 ［单选题］

选项	小计	比例
A. 0 次	22	53.66%
B. 1 次	12	29.27%
C. 2 次	4	9.76%
D. 3 次及以上	3	7.32%
本题有效填写人次	41	

4. 您在贵校获取国际化知识的主要途径　　[单选题]

选项	小计	比例
A. 网络	29	70.73%
B. 书籍	0	0%
C. 教师	8	19.51%
D. 同学	4	9.76%
本题有效填写人次	41	

5. 您认为为什么要培养国际化人才　　[单选题]

选项	小计	比例
A. 为更好地服务于社会建设需要	9	21.95%
B. 适应高等教育国际化发展需要	11	26.83%
C. 提升院校办学国际竞争力	1	2.44%
D. 满足学生更多国际化发展要求	20	48.78%
本题有效填写人次	41	

6. 您认为目前我校学生在国际化方面比较薄弱的是　　[多选题]

选项	小计	比例
A. 国际化专业知识的掌握	27	65.85%
B. 外语水平	33	80.49%
C. 跨文化交际能力	22	53.66%
D. 良好的身心素质	9	21.95%
E. 国际态度和全球意识	22	53.66%
本题有效填写人次	41	

7. 在您看来，所在学院培养国际化人才方面具备的最大优势是　　[单选题]

选项	小计	比例
A. 拥有较完善的国际化人才培养制度	10	24.39%
B. 国际联合培养项目较成熟	11	26.83%
C. 国际化人才培养模式的保障体系完善，使学生的权益得到保证	11	26.83%
D. 校园内国际化氛围浓厚	9	21.95%
本题有效填写人次	41	

8. 您认为学校在培养观念上是否重视对国际化人才的培养　[单选题]

选项	小计	比例
A. 比较忽视	5	12.2%
B. 重视程度一般	24	58.54%
C. 较为重视	9	21.95%
D. 非常重视	3	7.32%
本题有效填写人次	41	

9. 请您对贵校国际化人才培养模式的以下方面作出评价

项目　　选项	很满意	满意	不满意	很不满意
国际化人才培养的整体状况	3（7.32%）	19（46.34%）	19（46.34%）	0（0%）
培养目标设定的合理性	3（7.32%）	20（48.78%）	15（36.59%）	3（7.32%）
培养制度的完善程度	2（4.88%）	17（41.46%）	17（41.46%）	5（12.2%）
培养评价的科学性	2（4.88%）	21（51.22%）	17（41.46%）	1（2.44%）
培养过程的规范性	3（7.32%）	20（48.78%）	16（39.02%）	2（4.88%）

10. 请您对贵校国际化人才培养过程的以下方面作出评价

该矩阵题平均分：2.42

项目　　选项	很满意	比较满意	不满意	很不满意	平均分
专业设置的合理性	3（7.32%）	24（58.54%）	13（31.71%）	1（2.44%）	2.29
课程结构的科学性	3（7.32%）	21（51.22%）	15（36.59%）	2（4.88%）	2.39
课程内容的国际化	3（7.32%）	16（39.02%）	21（51.22%）	1（2.44%）	2.49
教学方法的多样化	4（9.76%）	18（43.9%）	17（41.46%）	2（4.88%）	2.41
教学手段的国际化	3（7.32%）	17（41.46%）	18（43.9%）	3（7.32%）	2.51
师资队伍的多元化	5（12.2%）	22（53.66%）	11（26.83%）	3（7.32%）	2.29
校园的国际化氛围	3（7.32%）	18（43.9%）	15（36.59%）	5（12.2%）	2.54

11. 贵校推行的国际化在专业设置方面存在的突出问题是　　[多选题]

选项	小计	比例
A. 专业更新慢，不能及时关注国际发展前沿	23	56.1%
B. 专业结构未反映社会对人才结构的需求	20	48.78%
C. 专业国际化特色不突出	21	51.22%
D. 专业领域狭隘难以形成国际竞争力	16	39.02%
E. 专业缺乏国际认证	7	17.07%
本题有效填写人次	41	

12. 您认为贵校推进国际化在课程体系上面临的最大障碍是　　[多选题]

选项	小计	比例
A. 课程内容陈旧	13	31.71%
B. 课程结构单一	16	39.02%
C. 课程设置轻视学生的国际化基础与需求	20	48.78%
D. 课程缺乏实用性，难以运用到国际实践中	21	51.22%
本题有效填写人次	41	

13. 贵校全英文或双语授课的课程数占总课程数的比例　　[单选题]

选项	小计	比例
A. 15%以上	2	4.88%
B. 10%～15%	13	31.71%
C. 10%以下	25	60.98%
D. 没有	1	2.44%
本题有效填写人次	41	

14. 当前贵校国际化人才培养教学条件上，基本具备了　　[多选题]

选项	小计	比例
A. 国际化师资	23	56.1%
B. 国际化教材	24	58.54%
C. 国际化实验室或实训	8	19.51%
D. 多元教学氛围	19	46.34%
本题有效填写人次	41	

15. 目前贵校在国际化课程的教学实践中采用的授课方式是　　[单选题]

选项	小计	比例
A. 教师讲授为主	17	41.46％
B. 教师讲授与学生自学相结合	17	41.46％
C. 教师讲授与实操相结合	6	14.63％
D. 启发式、探究式教学	1	2.44％
本题有效填写人次	41	

16. 您参与的国际化交流活动主要形式有　　[多选题]

选项	小计	比例
A. 国际学术交流会议	13	31.71％
B. 国际公务员、涉外律师、国际法庭法官讲座	28	68.29％
C. 海外交流项目	21	51.22％
D. 留学经验分享会	21	51.22％
E. 语言资格考试经验分享会	12	29.27％
本题有效填写人次	41	

17. 您还想参与的国际化交流活动主要形式有　　[多选题]

选项	小计	比例
A. 国际学术交流会议	24	58.54％
B. 国际公务员、涉外律师、国际法庭法官讲座	20	48.78％
C. 海外交流项目	19	46.34％
D. 留学经验分享会	10	24.39％
E. 语言资格考试经验分享会	17	41.46％
本题有效填写人次	41	

通过调查，我们认为我校学生在国际化就业方面存在的问题主要有五个方面。第一，对国际化人才培养的重视程度需要进一步加强。在被调查的学生中，29.27％的同学认为学校对国际化人才的培养有足够的重视，70.73％的同学认为学校对国际化人才培养重视程度不够。第二，学生国际化就业的素质和技能需要进一步加强。被调查的同学中，参加过 2 次以上国际化相关活动的占 17.07％，没有参加过或者只参加过一次国际化相关活动的占 82.93％，在国际化知识的获取方面，70.73％的同学获取国际化知识的渠道是网络，通过教师和同学的占

29.27％。第三，国际化的知识传授和语言教学需要进一步加强。65.85％的同学认为自身在国际化专业知识的掌握方面比较薄弱，有超过一半的同学认为在专业课程更新，知识的国际化实用性方面需要加强。80.49％的同学认为自身的语言水平薄弱，同时，60.98％的同学认为学校全英文或者双语授课的课程在学校全部课程中的占比在10％以下。第四，国际化的校园文化建设和学生的国际化综合素质培养有待进一步加强。国际化就业需要的人才具有综合性、创造性、复合型的特点，因此就业者应当具有多方面的能力和综合素质，特别是国际文化的沟通能力，信息处理和利用能力，创新和创造的能力，与他人进行协调的交际合作能力以及进行自我调节的良好的心理素质等。所以，要加强校园国际化建设，给学生提供充分的国际化能力和良好素质方面的培养和训练，特别是国际文化知识的系统学习和国际化适应能力的锻炼。

五、关于国际化就业的建议

(一) 更新观念，确立开放式的国际化人才培养战略

随着经济全球化的发展和教育国际化的深入，人才的国际化流动已不可阻挡，高等学校需要改变传统观念，树立开放性观念，为国际化人才的培养奠定思想基础。这些观念主要表现在：①人才培养的全球性观念，应以全球性的眼光审视人才培养的标准、内容、层次和机制，从而使培养的人才具有国际化的适应能力。②人才流动性观念，信息社会中高科技创新人才流动将更加频繁，人才培养应遵循"既走出去，又请进来"的方针，加强人才的流动，形成人才市场的生机与活力。③全球性竞争观念，我校培养出的人才应该在国际性的人才市场中具有较强的适应能力，能够具有全球性视野，对未来的发展变化，有前瞻性的认识，并培养适应变化的能力。只有在观念上重视国际化就业，我们才能落实到实践当中，身体力行，实现国际化就业。

(二) 调整课程设置，增设交流项目，培养高素质的国际化人才

无论时代怎样发展变化，课程仍然是大学生学习生活中基础且重要的组成部分，要想实现更高质量的国际化就业，提升学生整体素质，就必须从课程设置上着手。

1. 采用国际化的教材，开展双语教学

大量采用原版教材，中英文双语教学，一方面，能够让学生在两种语言中转换，提升语言能力，使其在参与国际化竞争时，能够清楚地表达自己的观点，与其他人交流；另一方面，也能让学生多了解国外的风土人文和各种习俗规则，以便其能顺利融入国际化的舞台，不偏激，不愤怒，对各种文化能够持有包容

态度。

2. 增设交流项目，积极开设国际小学期课程

假期是大学生们提升自己的好时机，要落实国际化就业，就需要为同学们提供多种多样的国际交流项目和国际小学期课程，让学生们在确定国际化就业方向后，有为此准备的选项可选。目前，我校已和牛津、剑桥、哥伦比亚等多所世界顶尖学府建立起了合作关系，每年都有不少学生通过这些项目去体验在名校就读的感觉。尽管这些交流项目给同学们带来了不少收获，但通过调查发现，我校的交流项目也还存在着一些问题，如：类型单一化，我校的寒暑假交流项目，仅仅是去各高等学府或者重要世界组织参观、拜访、听课，却较少提供能够深入到英美等国家知名律所、企业，进行实习交流的机会。国际小学期课程，是我校国际化人才发展战略中极其重要的一环。我校通过邀请许多在国际上享有盛誉的各大法学院的教授来校讲课，与国际接轨，让有志于从事国际化就业的学生，提升其能力。

3. 调整英语课程内容，增设小语种课

想要实现国际化就业，语言是第一要求，没有一定的外语水平，很难成为国际人才竞争中的赢家。我校法科专业特色明显，在英语课程的设置上，比较强调具有法科特色。因此，不少同学反映，刚进法大，就接触到了难度较大的法学英语，过多单词不认识，句法不理解，使得一些同学失去了学英语的信心和兴趣。另外，法学英语较商务英语，对专业性词汇的要求较高，但对口语、听力等的要求较低，这也导致一部分法大学子害怕张口与外国人交流，恐惧国际化竞争，竞争能力较弱。而对于一些英语已经掌握运用得比较好的同学而言，虽然我们学校也开设了法语、日语、西班牙语等课程，但由于开设的相关小语种课程较少，想要报名的同学较多，每年掉课现象十分严重，大学没能学习感受第二门外语，成为不少法大学子的遗憾。

4. 加强国际化师资队伍建设，增强课程特色

国际化人才的培养和素质的提高，离不开教师的教导，因此促进教师在国际间的交流大有必要。一个具有国际化视野，并且对当今国际社会和学术现状有清醒认识的教师，不仅能保证在国际前沿进行学术思考，提升国际化教育的层次，而且能够让这些教师以自己的亲身体悟，开拓学生的视野。因此，学校应通过一定措施，激励有国外研究和学习经历的教师，允许他们根据自己的最新体悟，选择要开设的课程，形成特色。

5. 积极开展就业实训，培养学生国际化就业的技能和素养

为了进一步推动国际化就业，增强大学生对国际化就业的兴趣，需要积极开展与国际化就业相关的一系列实训，增强同学们的就业技能和素养，具体措施可以包括以下两条。

（1）线上分享

设立国际化就业指导平台，邀请已实现国际化就业的校友，作为分享者，举办线上交流分享会，畅谈自己是如何实现国际化就业的，要想实现国际化就业需要什么样的条件，并进行嘉宾互动。平台通过论坛和微信公众号进行宣传，并通过微信公众号接受在校学生的报名，并组建微信群，邀请分享者与报名者加入微信群，并于特定时间开展线上交流分享。

（2）线下分享

邀请国际化就业方向的专家、学者举办讲座，介绍国际化就业的渠道、前景、入职门槛、需要注意的事项等，通过这样的经验交流分享，让同学们深化对国际化就业的认识，少走弯路，早日明确自己的求职意愿。

六、结语

实现开放式、国际化办学，培养高素质的国际化人才，实现内涵式发展是我校长期的办学目标。2008 年中欧法学院的成立是我校开放式、国际化办学和国际化人才培养的重要里程碑。近年来，在学校相关职能部门尤其是就业中心和各院的大力推动下，学校每一届毕业生中都有一定数量的学生实现国际化就业，如出国留学、在国家外事部门就职，到涉外律所和外企工作，还有少数学生在国际组织发展等，这是我校国际化办学和国际化人才培养的重大体现。但与此同时，我们也看到，与世界知名大学相比，我校学生实现国际化就业的人才数量和质量都还有一定的差距，所以，我们要积极研究与国际化就业相适应的人才培养战略、课程设置体系、校园文化建设、就业指导和服务平台、学生工作理念和方法等以适应时代发展，满足同学的需要，这对推动我校开放式、国际化的办学目标以及国际化人才培养的进程具有重大意义。

台湾高校大学生职业生涯规划教育现状研究
——以台湾大学为例

国际法学院　　刘　凯

摘　要　现如今社会就业形势愈加严峻，为推动大学生就业，释放人才红利，促进我国经济社会持续健康发展，我国大陆地区高校越来越重视职业生涯规划教育。我国台湾地区高校的职业生涯规划教育开展较早，措施相对完善，效果较为明显。借鉴台湾大学开展职业生涯教育的经验，以期对我国大陆地区高校职业规划教育的完善有所裨益。

关键词　尼特族　就业力　产学结合　个性化　适性评测　职涯中心

大学生就业，不仅关乎大学生个人价值的实现，更关乎国家的经济社会发展。我国改革开放以来依靠"人口红利"的发展模式取得经济发展的巨大成就，但随着经济社会的不断发展，单纯依靠"人口红利"已经难以为继。正如李克强总理所说，"如果中高端人才比例大幅增加，那我们的经济社会发展会发生什么样的质变？要保持中国经济持续健康发展，越过中等收入陷阱，还是要最大限度地释放'人才红利'"。❶ 大学生作为中高端人才的代表，最大限度地帮助大学生实现就业既是未来我国改善人才结构、释放"人才红利"的应然之举，又是高校应当承担的社会责任，也将成为我国未来经济社会健康发展的关键因素之一。

与我国大陆地区一样，我国台湾地区也面临着严峻的大学生就业问题。一方面，在台湾老龄化的社会背景下，各行业对高素质大学生人才的需求很大。❷ 另一方面，大学生缺乏明确的就业意识与职业生涯规划，从而缺乏相应的职业能力

---

❶ 李克强：《化"人口红利"为"人才红利"》，http：// www. gov. cn/guowuyuan/2014 —08/23/content_ 2738836. htm。

❷ 台湾劳动力拉警报，http：// news. ifeng. com/a/20150331/43452570_ 0. shtml。

培养与准备。台湾大学作为我国台湾地区的顶尖大学，近年来在大学生职业生涯规划教育上采取了系统的、有针对性的创新举措，在大学生就业上取得了突出成绩，其培养的人才在全台湾雇主最青睐的高校毕业大学生中排名第一。❶ 因此，了解并借鉴台湾大学的这些创新举措，有助于我国大陆地区高校更好地开展大学生职业生涯规划教育。

一、台湾大学生就业现状与成因分析

（一）台湾大学生就业的"尼特族"现象

尼特族（Not in Employment，Education or Training，NEET），根据"经济合作与发展组织（OECD）"的定义，是指 15～29 岁、未在学、未就业的青年族群。❷

我国台湾地区"尼特族"现象非常严重，根据台湾当局统计部门公布的 2015 年 2 月就业调查，失业率为 3.69%，整体就业人数为 1116 万，15～24 岁的失业率为 11.75%，也就是说，每 10 位台湾青年中，可能有 1 人是"尼特族"，虽然低于 OECD 平均水平及欧美国家，但仍处于亚洲四小龙之首，高于日本、韩国、新加坡和中国香港地区。❸

（二）基于我国台湾地区社会现状的成因分析

"尼特族"是台湾社会长期存在的问题，有其独特的社会背景。我国台湾地区高等教育起步早、普及化程度高，台湾青年的整体学历水平也很高，但高学历青年的就业问题重重。❹ 台湾地区前行政机构负责人江宜桦认为扩充高等教育对台湾有深远的负面影响，台湾的大学数量从 20 几所膨胀到 100 多所且广设硕博士班，当初推动教改者希望普遍提高台湾民众学历，借由人才素质提高拉高生产素质，却没有考虑到每个人都成为大学生，反而造成技职人力的缺少，只能引进外籍劳工，又被批评是来抢台湾人工作。他认为要改变台湾年轻人失业的状况，除了"硬着头皮"让产业转型速度加快，还要加强校内产学合作、培养学生的市

---

❶ 《台湾大学毕业生最受雇主青睐调查 台大再夺王座》，http：// www. chinanews. com/ tw/2013/02—19/4577226. shtml.

❷ 《同时期 OECD 其他国家和地区的就业数据》，http：// stats. oecd. org。

❸ 《台湾 2015 年 2 月份失业率为近 15 年来同月最低》，http：// www. chinanews. com/ tw/2015/03—23/7151648. shtml.

❹ 《台湾大学生找工作也难 顶尖学历仍穷忙》，http：// www. chinanews. com/tw/2012/12—24/4432898. shtml.

场敏感性和创业技能，这样毕业生才不会在毕业后满腹经纶，却没办法被公司重用。否则会让教育、产业双输。❶

除了社会因素，造成"尼特族"出现的还有两个重要的因素，一个是"就业力"不足；另一个是就业中的心理问题。在台湾，"八成以上雇主在雇用大专毕业青年时，比较重视其能力而非学历，另外认为应征青年中仅有6％具备足够的就业力"❷。至于就业心理问题主要有三种，第一种是"眼高手低型"，因为取得高学历的高付出，相应地对薪资有很高预期。尽管"就业力"不能满足高薪工作的要求，也不愿低就去低薪工作，尽管现在台湾地区的法定最低工资标准已经超过4000元人民币。❸ 第二种是"畏难型"，因为在求职过程中受挫，产生了强烈的畏难心理，对再次求职产生了心理上的恐惧。第三种"草莓型"，喜欢享乐，不愿做辛苦的工作。❹

在台湾整体老龄化的背景下，本应是适龄劳动者主力的青年人成为"尼特族"，是人才资源的极大浪费，进一步加速了劳动力结构老化的问题，带来了严重的社会问题。因此，作为学生进入社会的最后一站，大学有必要采取措施，通过开展职业生涯规划教育，积极推动大学生就业。

二、台湾大学的应对举措——多元化的职业生涯规划教育❺

面对我国台湾地区大学生的就业形势，作为公立大学的排头兵，台湾大学采取了一系列举措切实有效地开展职业生涯规划教育，以期解决在就业中存在的就业能力与心态的准备不足问题。在学校层面，台湾大学设置了学生事务处职涯中心作为统一的协调机构。

正如台湾大学学务长陈聪富教授在学务处的致词中说，"学生的问题与需求相当多面向，他们来自不同地方，有不同的成长背景与人格特质，以及不同的生活经历。就连困扰，也都五花八门，教人眼花缭乱"。面对千奇百怪的就业问题，职涯中心必须接招。

---

❶ 《拉高学历反成就业困境　江宜桦：不可能把学校塞回去》，http：//www.taihainet.com/news/twnews/twdnsz/2014—04—20/1239333.html。

❷ 辛炳隆：《强化人力资本　提升青年就业力》，台湾大学国家发展研究院，见http：//www.xzhichang.com/catch_import_article/show_catch_article.aspx？aid＝2253。

❸ 《"江揆"核定基本工资调整案》，http：//www.coolloud.org.tw/node/79978。

❹ 《不工作不就学47万人腻在家　台湾"尼特族"怎样过日子？》，载《人民日报海外版》，2013年6月4日第3版。

❺ 本部分资料来源于台湾大学学生事务处网站，http：//osa.ntu.edu.tw。

"职涯中心积极协助学生了解自我、增进职涯技能、培养良好的工作态度，提升职场竞争力，做好升学、就业或创业准备，中心针对学生不同阶段的需求设计系统化的辅导课程，提供个性化的专业咨询。"❶台湾大学职涯中心对于大学生职业生涯规划教育所采取的举措可以归纳为以下几个方面。

（一）职业生涯规划教育的目标

成功的职业生涯规划教育，必须能够把学生个人的职业规划与社会经济发展的形势有机结合起来，以产生个人与社会双赢的局面。

台湾大学职业生涯规划教育的目标，就在于依校训及社会期许，培养学生成为人文素养与专业技能兼具的优秀社会公民。现在我国台湾地区较为普遍接受的是 Cheers 杂志所进行的"3000 大企业最爱大学生"调查，由 8 项指标组成，包含"学习意愿强、可塑性高""抗压性与稳定度高""专业知识与技术""团队合作""具有解决问题的能力""具有国际观与外语力""具有创新能力""融会贯通能力"，这 8 项指标也反映了社会对大学生各项能力的要求与期许，除了传统职业生涯规划教育所强调的实践能力，更加强调包括学习意愿、国际观等人文素养，以及健康积极的心理状态与处事态度，这就对职业生涯规划教育提出了更高的标准与要求。

（二）循序渐进的"产学结合"教育

产学结合是回应社会期许的一个重要举措，许多高校的职业生涯规划教育都会邀请实务界的资深人士前来举办讲座，但实际情况是讲座的受欢迎程度与预期有很大差距，究其原因多在于讲座内容都是涉及单纯的职业生涯规划，内容重复性强且说教气息浓厚。

在职业生涯规划教育上，台湾大学也开展了一系列的职涯讲座活动。台湾大学往往在 3 月份以"态度"为主轴举办四场校级讲座，5 月份与"毕联会"合作举办 9 场讲座。2015 年 3 月份，阿里巴巴的创始人马云即在台湾大学举办了题为"与青年有约，从梦想到成功创业"的职涯讲座，演讲的消息一公布门票立即被秒杀，现场 2400 个位置座无虚席。❷

台湾大学职涯讲座的成功之处在于避免了内容的过度单一，循序渐进地开展讲座活动。讲座主要分成四个层次，第一层次是生涯规划辅导讲座，第二层次是

---

❶ 台湾大学职涯中心网站，career. ntu. edu. tw。

❷ 《马云台大演讲座无虚席 创业故事吸引青年》，http：// news. 163. com/15/0303/22/AJQJU231000146BE. html。

系友职业规划分析，第三层次是产业市场概况讲座，第四层次是求职策略经验分享。分层次的教育方式能够满足不同阶段学生群体的需求，也保证了学生能够进行全面客观的职业生涯规划教育。其中，第三层次最为重要，也最具社会关怀，一个成功的职业生涯规划教育不仅需要为学生提供求职技巧帮助其就业，更要培养具有社会关怀和宏观视野的人才，让他们能够了解这个时代以及由此带来的机遇与挑战，这种视野甚至决定了学生未来发展的广度与高度。

"产学结合"的职涯教育除了讲座，还有实习活动。学校与实务界接洽创造机会，并于资讯平台将相关讯息提供给学生，避免了学生自己寻找实习所带来的种种问题。同时，实习是学校职涯教育的延伸，其形式和时间都很重要，突出其职业生涯规划的教育性。

（三）一体化导师机制推进职业生涯规划教育

在传统的高校体系中，导师常发挥学术指引者的作用，并没有提供生活上、就业上帮助的责任。部分高校为促进大学生就业创新性地设立就业导师，也常因与学生没有学术上的联系而缺少权威性、约束性，作用常常受限。

包括台湾大学在内，台湾各大高校均建立了统一的大学导师机制。大学导师常由学生的授课教授担任，要求学生与导师之间有密切的学术联络。同时，大学导师制度旨在拉近师生间的距离，在学生遇到生活、学业、人际关系、感情问题时指引学生，帮助他们走出困惑，找到人生的目标。

《台湾大学导师制实施办法》规定了导师的职责及工作：

（1）安排"导师办公室"时间，定期与导生聚会，了解导生、增进师生情谊。

（2）辅导导生学习与选课规划、生涯发展及生活适应。

（3）协助导生处理身心、学业或生活上之危急状况。

（4）导生紧急事件之处理及联系。

（5）其他法令规定之事项。

根据此项规定，台湾大学的导师不仅要负责指导学习，更要为学生的就业与生涯规划提供指导。这种一体化的导师机制主要有以下几个优势。第一，导师与学生有密切的关系，更容易消除学生的戒备心理；导师对学生有长期接触与一定了解，相互间更容易沟通，导师也能提出更加符合学生个性、特点的个性化指导。第二，导师是学生相关学习领域的专家学者，对于学生将来的就业领域有清晰的了解和认识，能够为学生提供更加丰富、准确、有参考性的讯息。第三，导师能避免单纯空洞的职业规划指导，把职业指导、学业指导、心理指导、人际指导结合起来，实现职业生涯规划教育成效的最大化。

（四）以资讯平台构建倒逼职业生涯规划教育

求职资讯的提供与职业生涯规划教育常被认为是独立的两个部分。求职资讯常被定向提供给即将步入社会的毕业生，而职业生涯规划教育常被认为应该尽早提供给在校学生以便其在大学生活中进行相应的规划与准备。在台湾大学，学校建立了统一的资讯平台，所有在校生、校友都可以自由登录、查询，并借助学生E—mail、手机信息等方式传递最新求职资讯。

在资讯平台中，学生可以了解以下集中信息：

（1）学生及校友求职登录。

（2）各公私立机构企业求才登录。

（3）提供各种就业相关资讯（征才、工读、专长培训课程）。

（4）提供证照考试及国内外升学相关资讯。

（5）就业辅导讲座信息与校园征才活动信息。

（6）生涯辅导问卷调查。

（7）毕业校友动态调查。

统一资讯平台的建立，不仅可以使毕业生在资讯的平台中了解求职与征才信息，也可以使在校生了解相关资讯以辅助其作出有针对性和可操作性的职业规划，可以说，这是另一种形式的职业生涯规划教育。

（五）以"就业力"为标准的职涯适性评测

就业力是指通过学习，可以获得工作、保有工作及做好工作的能力。职涯适性评测作为一种国际通行的职业生涯规划教育方式，它的作用在于通过一系列测试确定学生的"就业力"，并以此为学生提供有针对性的职业生涯规划。就业力的衡量标准包括：Communication（沟通），Teamwork（合作），Self—management（自我管理），Learning（学习）、Problem solving（问题解决），Planning and organizing（计划和组织），Technology（技术），Initiative、enterprise and adaptation（主动性和事业心）。

就业力是衡量职业生涯规划教育有效程度的重要指标。我国台湾地区教育部门设立了大专院校就业职能诊断平台（UCAN），同时，台湾大学也有自己的职涯适性评测并提供咨询，测试采用成人生涯与趣量表、CPAS人才评测等方法，评测后校方会协助学生了解自我及工作，并反馈给学生。不管是学校层面还是导师层面都会鼓励学生积极参加此测试，以期对自己的职涯取向有所了解。

（六）个性化的互动"就业力"指导

职业生涯规划教育的一个重要部分就是加强学生处理日常生活层面问题的技能与正确观念，养成良好的习惯与积极正面的态度，为此，台湾大学开展了一系列的多元化的生活教育活动。

最受欢迎，也是最具代表性的是"生活礼仪教室"课程，每学期为期 12 周的课程，旨在涵养学生品德、正确态度以及与未来职场接轨，邀请业界主管为学生上课，透过互动讨论、期中任务、读书会、成果发表等内容以增进学生间互动与相互了解，课程内容包括了"服仪之美""口语魅力""天赋自由""成功者的习惯""国际社交礼仪"等。课程学员来自各个学院、专业与年级。

除此之外，校方还提供个别化履历写作及面试指导课程，为了协助学生在众多的求职履历中凸显个人的特质及优势，以获得面试机会，校方邀请企业人力资源等部门的资深人员以其实务经验，就各产业不同的特点，针对个别学生特质及需求，一对一指导履历撰写及面试技巧，以提升就业竞争力。每年有包括华硕电脑、中国信托等 20 多家企业参与。

校方还创办了职业（career）小学堂，开设了包括职场沟通力、礼仪力、塑形力、求职力等系列课程。这些旨在提高"就业力"的课程，配合课间读物导读、实践参访、实作演练等团体学习活动，不仅使学生可以有机会将所学知识加以扩展、内化及实践，更能激发脑力，于潜移默化中加强团队合作，感受团队合作的乐趣与收获。

三、对我国大陆地区开展职业生涯规划教育的启发

借鉴我国台湾地区的经验，大陆高校应当从能力教育和就业指导两个主要方面开展大学生职业生涯规划教育，以使得高校教育与社会发展接轨。

（一）创新职业生涯规划教育目标、理念与方式

目前我国大陆地区高校职涯教育的主要方式是开设就业创业指导课，这是一门面向全体学生的选修课，存在的主要问题是选课学生有限不能做到全覆盖，课程多为学工部的老师讲授，缺少专门的机构和师资，专业课教师几乎不参与职涯教育的相关教学。在职涯规划课程的内容和形式方面，❶ 一般为大班上课，统一地对共性的问题进行指导，个性化指导较少，很难达到学生预想的结果。在改进

---

❶ 杜志欣：《高校就业指导课程建设存在问题及策略探讨》，载《金卡工程》，2009 年第 8 期，第 2 页。

措施上，建议课程应有更加丰富多样的选择，强调培养大学毕业生的"就业力"。课程的根本任务就是提升学生的"就业力"，满足社会发展的需求。同时转变教学理念，强调通识课程教育和多学科教育，提升学生人文素养、社会关怀和国际化视野，以培养多方面、宽领域的复合型人才，促进在校大学生的全面发展。❶

（二）设立专门机构与一体化导师相结合的职涯教育模式

在专门机构的设置上，应有专门的机构和师资，有充足的经费保障，做到机构精简，手段科学和对外合作广泛。为学生提供形式多样的指导、训练等一站式服务。❷ 具体职能上，要根据情况，关注每位学生的性格特点，有条件的话可以对学生实行一对一的职涯教育。在教学过程中引入职涯适性测试，然后根据测评结果建议适合每一位学生的职业种类，帮助其确定未来择业方向，并进行职业潜力开发，通过专业人员的指导使学生科学择业、就业更具合理性。同时，应将职涯教育纳入导师的职责范畴，使得导师不仅需要对学生的学习进行指导，更要关怀学生的生活、心理健康与职涯规划，使得学生能够找到最适合自己的工作，以实现人生价值，创造美好的人生。

（三）构建贯穿大学生涯的多层次、立体化的职涯教育体系

经验表明，职业生涯规划教育需要前置，而且要结合大学不同阶段的特点和大学生的成长规律进行，所以应借鉴台湾大学经验，构建循序渐进的职涯教育，以符合大学生在各个阶段存在的不同特点与问题。大学生入学后，高校应及时开展专业认知和职业生涯规划指导，使大学生充分了解和认识自己在读的专业和未来对应的职业，从而明确在校期间的学习目标，制定相应的学习计划，积极参加专业社会实践，逐渐对所学专业产生浓厚的兴趣。根据学生不同的群体特征，不同阶段的实际需求，开设对应的课程和开展相关的活动，尽可能地满足大学生对职业知识和技能的需求。❸ 建立全程的职业生涯规划教育体系要求不同生活的不同阶段都有对应的课程和活动设计，各个阶段需具有连贯性，并能较好地衔接。开设课程和开展活动要依据大学生各个阶段的生理特征、心理和专业学习的特

---

❶ 刘继华，李霞：《国内外大学生就业政策的比较分析及对策研究》，载《浙江理工大学学报》，2010 年第 27 卷第 6 期，第 985—986 页。

❷ 许家明：《和谐社会建设与山东大学生就业问题研究》，山东师范大学 2009 年硕士论文，第 58 页。

❸ 布茂勇，唐玉琴：《构建高校大学生职业生涯规划教育体系》，载《山东省青年管理干部学院学报》，2009 年第 2 期，第 4 页。

点，着眼于大学生整个大学阶段职业生涯规划教育目标的实现，为未来就职求职做好铺垫。❶ 全方位的职业生涯规划教育体系主要是解决大学生职业生涯规划面临的共性问题。高校需要通过多种渠道，如校园内部网络、新媒体推送并结合本校的学生管理机制体制，为有迫切要求的这一群体提供更加全面和针对性的职业生涯规划教育。

四、结论

海峡两岸都面临着严峻的就业形势，究其原因有很多共同之处，有产业结构、高校扩招等社会因素的影响，更重要的是大学生自身能力、心理状态难以适应社会发展的需要，这凸显了高校职业生涯规划教育开展的意义。职业生涯规划教育的开展必须兼具创新性、时代性，充分考虑大学生的需求。台湾大学通过明确职涯教育目标，开展循序渐进的产学结合教育，构建一体化导师机制、职涯教育资讯平台，引入职涯适性评测、开展个性化的就业力指导等方式创造性地开展职涯教育活动，取得了突出成效。借鉴台湾高校的经验，我国大陆高校也应适时创新职涯教育的目标、理念与方式，设立专门机构与一体化导师相结合的职涯教育模式，构建贯穿大学生涯的多层次、立体化职涯教育体系，这将有助于大学生就业力的全面培养和充分就业，从而更好地为我国经济社会发展提供智力支持与人才保障。

---

❶ 杨玢：《应用型本科生职业生涯教育方案的研究》，南开大学 2011 年硕士学位论文，第 36 页。

硕士研究生就业率的影响要素分析

刑事司法学院　刘　冰

摘　要　大学生就业问题现在是整个社会的热点问题，它是学生工作的出发点和落脚点。就业工作和日常很多学生工作都息息相关，随着每年就业工作的落实，笔者发现基础工作越是细致，越是细化，就业就会取得越好的结果。所以笔者的观念是从细致当中寻找突破口。抓住几个就业工作当中的关键环节，进行全方位的把握和360°的管控，进行及时准确的干预，对就业率和就业质量的提高都有很大的促进作用。

关键词　硕士研究生　就业率　细化

随着国家社会的用人机制改革，大学生就业已经成为社会热点问题，在高校，更是学生管理工作的出发点和最后的落脚点。随着研究生招生人数不断增加，现在的硕士就业工作也遇到了新的机遇和挑战。笔者带了几届的硕士毕业生，经过就业过程中不断摸索和思考，笔者发现，把工作做得越细，基础工作做得越扎实，就业工作就会达到越好的效果。只有更细致，才能发现原来的纰漏，才能把工作做得更好。所以，我的思路就是从细致中寻找突破口，逐步提高就业率和就业质量。

根据学校的政策和方针，其实就业工作也是从研究生入学一开始，三年不断线，实施全方位滴灌和全程化指导，帮助学生正确认识人才成长规律，全面规划人生，让"每天进步一点点"和"带着目标学习，带着成绩就业"这些理念成为学生思想当中的主流意识。

在就业工作正式启动之后，在一些具体环节上，笔者有一些心得体会，这些体会对学生顺利就业有很大帮助，在这里和大家做一个交流。

1. 充分认识关键节点的重要性，提前着手干预

影响最后就业率的环节很多，就业过程中有很多环节，有些是事后干预。比如，为进入面试的同学提供面试培训，报名之后给她们一些复习的方法等——这些属于事后干预。可是，根据几年的经验，有些环节，如事前干预，会收到更加理想的效果。比如公务员报考前的事先干预就是如此。2011 年北京公务员开始报考前，笔者就重点了解学生的报考意向，并且给他们一些意见和建议。平时成绩出色、个人素质综合能力强的，鼓励他们报考自己喜欢而且岗位要求相对较高的，实现优质就业；其他表现不是很突出的同学则建议不要盲目追高。在之前的一次就业中笔者有过这样的经历：在公务员报考前笔者了解到不少女生都准备报考北京市一中院、二中院、一分检等，这几个单位，是学生心目中的理想单位。可是，根据笔者对这些单位历年招聘情况的了解，这几个单位竞争非常激烈，一个岗位往往无数的报考者，而且他们倾向要男生，如果是女生，必须各个方面都非常出色非常优秀才能进入他们的视野。可是，部分报考的女生，平时少言寡语，成绩也平平，这样的报考，只是白白地增加了基数，很容易变成垫背。不仅如此，根据北京的规则，还同时失去了报考基层法检的机会。因此，笔者分别找这些女生进行沟通，建议她们报考区县级的，这样录取的概率更大。很遗憾，有一部分同学没有采纳我的建议，果然，最后多数没有进入面试，有几个进入面试的，最后也被淘汰了。其实，如果她们报考了区县法院或者社区，几乎都能被录用。笔试面试结果出来以后，她们都很后悔，可是，机会失去了就是失去了。所以，在 2011 年毕业生就业的时候，笔者提早就进行干预，做到报名之前就进行有效指导，果然录取率比之前的历次都要高。当然，在报考干预中，首先自己要很了解每个同学的能力和素质；其次，要做到对每年各种单位用人需求有很透彻的了解，最后，自己判断要很清晰，否则，很容易误人子弟。

2. 力促推荐就业的匹配度和成功率

就业进展时期，学校就业中心经常会发布一些就业信息以及一些用人单位需求信息，有些用人单位需要院里推荐。相比外面就业信息，学校发布的，更有针对性。对于这种推荐，要非常慎重。推荐的人，适合不适合这个岗位，直接决定了最后的这个机会是抓住还是浪费。在这个时期，学生的心态是每个机会都想得到，但是未必是适合他的，也未必是他能够抓住的。所以，在推荐的时候，笔者尽量进行仔细比对，认真筛选调整，因地制宜地将合适的学生推荐上去。比如，针对用人性质，结合分析学生的具体情况，找到最大契合点的学生进行推荐，这样一来，成功率就高。就业刚开始，国家安全部门来我校招录，根据笔者对这类单位用人的了解，以及录用条件的分析，着重推荐了三名同学递交材料，这三名同学，大体都是平时做事稳妥细致，不张扬，不浮夸，能够甘于当幕后英雄的同学。经过了几轮的笔试面试，其中一个同学被顺利录取。推荐之后，一个没有被推荐的同学找到我表示有点失望，我耐心地给他讲了原因。事后证明，这个同学先后违约了两个用人单位，最后还是选择了出国继续读书。这个事情说明，因地制宜的推荐，可以合理地利用推荐的机会。推荐了不合适的同学，最后会失去这个就业岗位。

3. 更加重视"形式要求"、重视就业率等一些"数据"信息

在就业阶段，常常需要统计各种数据，做各种报表。这些数据报表等，表面看不代表什么，前几年的时候，学校总是要求报告就业率的变化情况，笔者一直有点不以为然。可是随着自己认识的不断深入，对这些"形式"上的东西，也发自内心地开始重视。尤其是编写了就业台账之后，非常有利于随时掌握最新的就业动态——不断更新台账的信息，动态档案对于毕业生就业工作的推进起到了很重要的作用。不断细化每个人最新的就业进展，包括报考了哪省的公务员、公务员最新的成绩结果、是否面试、是否政审、是否签约……这些信息的更新和掌握，有助于随时为学生提供各种即时、动态的帮助。笔者每周进行一次更新，更新之后，对没有进展的同学保持一次电话跟踪联系，对于遇到困难的同学随时帮助解决困难，关键时候给学生的选择提出有效指导。有一次带毕业生，临近6月份，绝大多数同学的工作都落实到位，笔者了解到一个刑法专业学生四处奔波，考了五个省份的公务员可是都没有入围。这个时候，笔者联系上他，告诉他这么奔波考试，不会对他有任何帮助，一个省份不录取，其他省份也大体如此，说明自己的复习没有到位，没有针对性。我让他静下心来有针对性地复习，集中精力报考一个省份，这样胜算的可能性更大。9月刚开学，他找到我说，某省省检要来政审了，他已经被录用，并一再表示说："刘老师，我真的要感谢你，听了你的话以后，我没有再四处奔波考试，而是静心复习了一个多月，果然在某省公务员录取的时候取得了一个很好的成绩。"

我们作为辅导员，无论是经历还是眼界，都高于身处就业大潮中的学生，而学生，正是所谓"不识庐山真面目，只缘身在此山中"。这个时候，就需要辅导员拿出勇气，给学生以切实有效的引导，往往我们的一句话，一个指点，可能会决定学生的命运。

4. 学生具体能力和特质对分层次分层级就业的影响

笔者的就业工作理念是——三年不断线。每带一届新生的时候，通常在研一的暑假，就会布置一项作业：每人制作一份简历，开学后统一上交。这个简历的作用有三个：一是让学生仔细思考具备了哪些核心竞争力可以写在简历上；二是给学生毕业时制作简历打好基础；三是帮助笔者更深入了解每个学生的具体情况。重要的是，笔者通过审阅每个简历，深入了解学生，争取做好个性的辅导。这样开学之后，一共审阅了 160 多份简历，根据简历，展开了针对简历内容的一对一个性辅导，为将来就业工作的顺利进行打好基础。有一个刑法专业女生，家庭经济情况不太好，但是这个女生自身素质非常好，专业英语八级的水平，乒乓球打的也好，是她们班的班长，除了个子矮以外，其他方面都很优秀。看了她的简历之后我们进行了一次沟通，她表示毕业之后想找一个外企，这样收入会高，可以帮助家里减轻负担。了解到这个情况，笔者在她三年的学习、实习、业余生活以及班级活动中给了她比较贴切的指导和引导，这让她在这几个方面更加有针对性，避免了走弯路。在笔者的建议下，她先后在两家外企实习，而不是去多数同学选择的律所或者法检系统。毕业初始，她第一时间被某知名会计师事务所录取。我们刑法专业的学生，去该所的还是第一个。这证明她的方向找得很准，实习经历对她帮助也很大。

还有一个女生，其貌不扬，不善言语，但是很内秀，历次成绩都在班级中排在前面，公务员报名考试前找到笔者征求意见。笔者建议她可以把眼光放宽一点，不要盯着北上广等这几个城市。在这几个地方竞争，她没有优势。反过来以她的专业素质，去二线的城市或者地方，应该会很受欢迎。果然，她以第一名的成绩被浙江某市检察院录取。该市现在经济发展非常好，她被录取之后，得到很多同学的羡慕。

这样的例子还有很多，笔者觉得在帮助学生选择面前，自己有点"勇者无畏"的精神，愿意帮助学生拿主意，敢于帮助学生做选择，尽管笔者知道自己不是永远都正确，但是也知道自己是相对接近正确的选择的。

5. 提高就业质量，关注学生的长远发展，责任重于泰山

在就业关键时刻，每一个学生签约都可以提升就业率。但是，对笔者来说，对学生的责任心要比那一个数字来得更重要，既然他们来了法大，来了刑事司法学院，笔者就有一份责任在里面，这个责任，绝对不是把他们送出法大的门口就终结了，而是应该帮助他们找一个更好的出口。有一个女生，几轮公务员考试面试都被刷下来了，我第一时间联系上她，这个女孩子比较内敛，说了几句话，眼泪就掉下来。我问她下一步的打算，她说已经联系了出版社，当个校对，先勉强落实个工作，以后走一步看一步。其实，从就业率的角度来讲，这是有利于提高就业率的。但是，这个孩子我了解，她肯吃苦又内秀，她的价值，不该仅是一个文章的校对员的价值。而且，我真的担心她一旦有了工作，会就此懈怠下来，最终耽误自己。所以笔者很明确地建议她暂时不要急于把自己推向社会，而是继续复习，查漏补缺，毕竟很多地方招录还在继续，机会还没有完全失去。果然，没过一个半月，她被某地方检察院录取，她自己也很激动地告诉笔者这个消息，庆幸自己没有去当校对。每当听到这个的时候，笔者都特别欣慰，尽管不影响笔者的数据，不影响学校的大局，但是，这个选择，关乎一个孩子的人生。

正是这些点滴细致的关注，让笔者及时地发现需要帮助的学生，能够有针对性地给予帮助和指导，在关键的路口，也许只是需要一个助力他们就能度过去，但如果没有，或许他们会退回来或者徘徊。虽然笔者较好地完成了就业指导工作，但是也经常在反思，究竟如何提高就业率？我们在保障就业率的时候如何进一步推动就业的质量？

"互联网＋"环境下大学生职业发展
辅导路径研究

光明新闻传播学院　　尚　武

摘　要　本文基于对中国政法大学的职业发展辅导和创新创业教育的分析，探寻"互联网＋"环境下高校的职业培养与创业教育应该寻求怎样的发展路径。笔者认为改变应在两个方面，一方面是帮助学生正确认识到"互联网＋"带来的无限可能，切实协助和鼓励学生创业创新；另一方面是学校建立"互联网＋职业辅导、创业教育"的服务方式，完善已有的职业发展辅导体系。通过互联网，为学生提供更充足的信息，丰富与学生的交流以及为学生提供法律规范指导。

关键词　互联网＋　职业发展　创业创新　教育模式

大学生职业发展教育是学生教学工作中的重要环节。学校教育工作除了教予学生以专业知识和专业能力之外，更重要的一步是要教育学生如何准确地认识自己和认识世界，准确定位自己在社会中的角色。职业发展是一个人在人生的各个阶段需要思考的问题，而对于大学生的职业发展教育来说，大学则很有可能影响学生整个职业发展与人生规划。随着我国高等教育的发展，高校职业指导工作也在不断地进步。时代发展是迅速的，互联网占据了人们工作生活的大部分，高校的职业指导也应学会观势，顺应发展，不断提升。

一、目前国内外大学生职业发展教育状况

（一）发展较为完善的国外高校职业发展辅导体系

国外的职业发展辅导发展较早，由职业指导发展而来，起源于 20 世纪初的美国。职业发展辅导的理论基础逐渐发展，个人职业生涯发展被分成五个时期，分别是：成长、探索、建立、维持和衰退。[1] 高校的职业发展辅导则作用于学生个人职业生涯发展的成长、探索和建立阶段，具有重要的意义。

发达国家的大学生职业发展辅导发展较为完备，已经形成比较科学的体

---

[1] 秦自强，王刚：《大学生就业辅导新编》，北京大学出版社，2004 年版，第121 页。

系。发达国家的法律体系相对完善，例如美国、德国、日本等发达国家首先在法律法规上对职业发展辅导都有相关的规定，而且这些国家多数高校均建立了完善的职业发展辅导社会支持系统和校内工作系统，并开展多种形式的就业辅导培训。

（二）探索中的国内高校职业发展教育方式

我国高校近年在借鉴国外经验的同时，也不断在探索着适合我国社会环境的职业发展教育方式。许多高校均设立了学生就业创业指导服务中心，开设职业辅导课程，开设就业指导专题等。笔者以中国政法大学光明新闻传播学院的就业辅导为例，我院的就业辅导模式大致如图1所示。

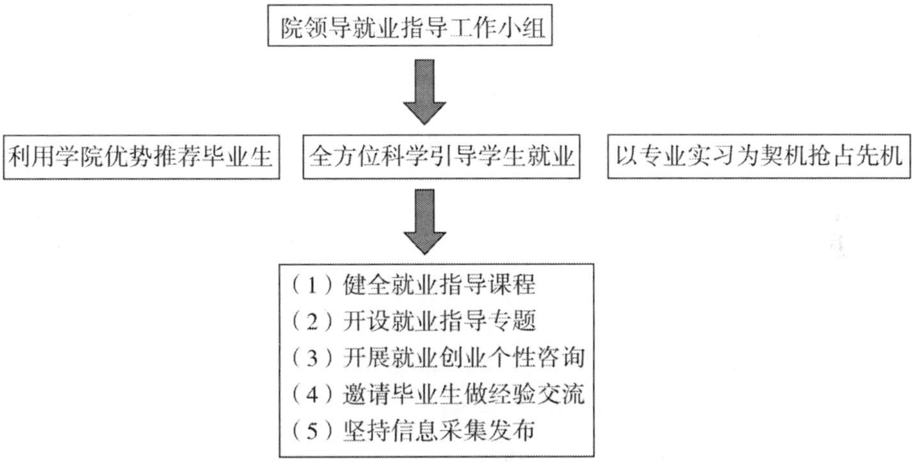

院领导就业指导工作小组

利用学院优势推荐毕业生   全方位科学引导学生就业   以专业实习为契机抢占先机

（1）健全就业指导课程
（2）开设就业指导专题
（3）开展就业创业个性咨询
（4）邀请毕业生做经验交流
（5）坚持信息采集发布

图1 光明新闻传播学院就业辅导方式

我国许多高校目前都探索出了相应的大学生就业辅导方式，有些颇见成效，但仍然存在许多的问题。一方面，我国高校的职业发展体系发展不完善，职业辅导仍呈现碎片式状况。学生对职业辅导的重视程度不高，许多学生在临近毕业之时仍找不到就业的方向和目标，随大流是一个很明显的现象。高校对学生的职业发展教育没有同社会的发展达到和谐统一。另一方面，高校的重心偏向于学生就业辅导，而对于鼓励帮助学生创新创业方面稍有欠缺。特别一些专业性院校，例如中国政法大学，大部分学科专业以文科、法科为主，学校创业气氛就更为薄弱。

二、"互联网＋"环境下的创业创新趋势

（一）良好的"互联网＋"创业大环境

2015 年国务院印发的《关于积极推进"互联网＋"行动的指导意见》中提出了推进"互联网＋"的指导意见。"互联网＋"就是指互联网加上各行各业。让互联网在支撑大众创业、万众创新上发挥更重要的作用，大力拓展互联网与经济社会各领域融合的广度和深度，促进网络经济和实体经济的协同互动的发展格局。2016 年 6 月在北京召开的中国"互联网＋"峰会上，腾讯研究院发布了《中国"互联网＋"指数 2016》报告❶，报告中显示，北京地区的"互联网＋"指数排名仅次于广东地区排名全国第二。"互联网＋服务业"是目前整个"互联网＋"的重要发展趋势。服务业又主要分为零售、金融、交通物流、医疗、教育、文化娱乐、餐饮住宿、旅游、商业服务、生活服务等十个细分行业。

（二）"互联网＋服务业"的无限可能

作为大学生，创业缺少资金是常态，创业的重点在于想法和创意，只要有好的想法，互联网就能帮你实现，这就是"互联网＋"创业的魅力。高校中一些活跃并有想法的学生成为创新创业的先行者，也获得学校的支持。中国政法大学以法科专业为主，学生创业应该利用好学科优势，在"互联网＋法律服务"中也有许多的发展可能。

法科学生虽然拥有专业性，但不能局限在学科之内。互联网创业比起专业知识，更需要的是好的创业想法，学科专业可以成为创业中的辅助。学校中就有这样一批积极创业的学生创业先锋，在学校中找到创业起点。"创业先锋"们的成功案例比如立意创建外国养老院老人与中国学生的一对一视频交流空间的 E-Space 项目，以竞拍式租车为主业务的创业项目以及关于垂直于职场领域的专业问答社区的"职问"项目❷。这些成功的项目都选择了"互联网＋服务"的模式。E-Space 项目选择利用互联网＋视频交流空间，既为国内学生提供联系英语口语的服务，同时又为外国养老院老人带来陪伴，实现双赢。"职问"项目则从互联网问答得到灵感，选择互联网＋职场问答的模式，为职场中的人提供服务。

---

❶ 腾讯研究院：《中国"互联网＋"指数 2016》，http：// www. tisi. org/Public/Uploads/file/20160616/20160616095351 _ 81823. pdf，2016 年 6 月 16 日。

❷ 中国政法大学就业创业指导服务中心就业创业网页：《异时空的创业脚步——记张洁的 E-Space 创业历程》，http：// career. cupl. edu. cn/openinfo/news？pid＝107818，2015 年 11 月 30 日。

市场中存在着许多的需求和机会，学生们只要看到其中的一点，就有可能在互联网上将自己的想法得以实现，并找到人生职业发展的方向。

（三）高校的创新创业教育

北京地区的高校学子拥有非常好的创新创业的外部环境，各高校也在响应李克强总理发出的"大众创业，万众创新"的号召，鼓励学生创业创新。然而"大众创业，万众创新"并非简单的一句口号，学校需要为学生创造创新创业的良好教育环境和服务体系，帮助学生审时度势，看清市场发展需求。目前高校已有的教育工作包括增加创业指导，开办创业课程，举办创新创业大赛以及设立创业教育基金等辅助学生实现创业梦。以中国政法大学为例，创新创业教育主要以图 2 所示模式完成。

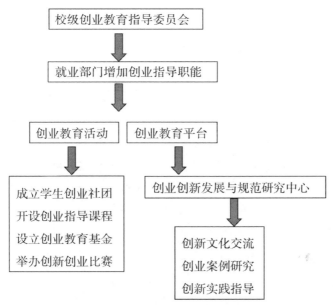

图 2　中国政法大学创新创业教育模式

就形成的整个创新创业教育模式来看，开展创业教育活动的部分与各高校大同小异。其中较为具有特色的是于 2016 年 6 月 15 日新成立的中国政法大学国家创业创新发展与规范研究中心。❶"互联网＋"创新创业中存在许多的法律问题，学校建立规范研究中心，一方面为创业创新如何正确地在法律法规框架下减小法

---

❶　法大新闻网：《中国政法大学成立国家创业创新发展与规范研究中心》，http：//web. cupl. edu. cn/html/news/news＿174/20160616003309651808021/20160616003309651808021.html，2016 年 6 月 16 日。

律风险提供研究依据。另一方面也帮助学生规范地进行创业项目。学校的创业创新教育取得了部分成果，仍需不断地发展和完善。除了帮助学生在互联网中寻找创新创业项目之外，学校的创业教育方式也需要利用好互联网这一资源。

三、建立"互联网＋职业辅导、创业教育"方式

在互联网给人们工作生活带来巨大影响的今天，高校如何利用好互联网开展学生职业发展辅导和创业创新教育？近几年来，大学生就业人数只增不减，竞争压力大。李克强总理多次提到最大的民生就是就业，万众创新要先靠就业，以创业带动就业。大学生就业难对社会的稳定和谐有很大的影响，因此学校的职业辅导和创新创业教育尤为重要。学校需要考虑的是如何通过职业辅导和创新创业教育提高学生的市场竞争力，如何将学生的个人发展与学校的发展和社会的发展和谐统一。

从宏观上来看，可以确定的是大学生的职业辅导和创新创业教育应当贯穿学生的整个大学教育过程，并且应当将职业辅导与创业创新教育放到同等重要的位置。学校应当从入学起，就通过测试、与学生交流辅导等方式帮助学生了解兴趣方向，并学会正确地认识自己、评价自己。在毕业之际，辅助学生准确地认识社会经济发展趋势与自身优势和兴趣的关系，走上正确的职业发展道路。

国内相关学者从宏观层面也对建立高校大学生职业发展辅导体系做出相应研究。邵小芳、朱丹在《大学生职业辅导课程体系建构与教学实施》一文中提出大学生职业辅导课程中应该要坚持实用和个人取向相结合的原则，并指出课程的目标定位、内容构建、师资组建和教学安排，教学实施要规范化❶。暴占光、姜恩桥在《大学生职业发展辅导体系建构及实施策略》一文中借鉴欧美的职业辅导，认为大学生职业辅导应从建立立体工作机制、建设生涯辅导内容体系、创建认知环境、搭建互动交流平台等方面入手。❷ 这些研究对我国高校的职业辅导起到了一定的指导作用，并且我国高校已经建立了相应的工作机制，并取得较大的成果。本文将不再对高校职业心理辅导以及课程教育等方面做过多的赘述，笔者想要讨论的是，在互联网发展下的今天，高校在已有的职业辅导方式上，应当在哪些方面有所革新，完成"互联网＋职业辅导、创业教育"服务。

---

❶ 邵小芳，朱丹：《大学生职业辅导课程体系建构与教学实施》，载《江苏高教》，2007年第6期，第68页。

❷ 暴占光，姜恩桥：《大学生职业发展辅导体系建构及实施策略》，载《思想教育研究》，2010年12月第12期，第67页。

（一）建立就业信息以及创业信息网络资源库

目前高校会为学生提供相应的就业信息，同时也会邀请职业辅导老师和优秀毕业生为学生讲述求职技巧。但是这样的消息较为零散，且课程讲述以及优秀毕业生的信息交流可能需要当面进行，否则这些重要的信息可能无法被很好地利用。学校已有的就业服务中心网络平台类似于信息资源库的雏形，但是网络平台上的资料较少，因此利用价值达不到预期的效果。而日本的高校在这一点上就做得不错，日本的高校对往届毕业生就业体验记、前几届已成功就业的毕业生写的就职活动体验记以及历年各专业毕业生需求情况等资料予以存档。大学设立有就业资料室，备有各种各样的信息资料。例如：用人单位需求、企业的介绍资料等每年都会更新一次。❶

在互联网发展的今天，已经无须再设立就业资料室，可以设立网络就业资料信息资源库。将所有的就业信息，包括实习信息、职位信息、职业辅导老师的课程、优秀毕业生的求职经验、创业项目的经验等分门别类地放到就业创业信息网络资源库中。这样能够较好地利用校内以及校外资源，也可以将一些重要的信息永久地保留并得到最高效的利用。

（二）利用社交媒体实现学校、学生、就业单位之间的良好交流

1. 学校与学生之间

学校为学生提供职业发展辅导和创业创新教育，可以利用微信、微博等自媒体为学生答疑解惑，解决学生在职业定位中的专业问题和心理问题。目前学生们已经很习惯在生活中使用社交媒体，学校也能够通过社交媒体向学生们传达更多消息，实现上情下达。同时，学生们遇到的问题可以通过社交媒体向学校传达，实现下情上传。学校设置固定时间，就学生们提出的具有代表性的共同问题给出相应的回答，以丰富交流，确实了解学生的想法。

2. 学生与学生之间

学生与学生之间已经形成了一定的交流圈。学生之间有专门的工作、实习信息交换交流群。对于创新创业来说，还可以分别以不同的兴趣成立兴趣小组，让有同样创业想法的同学们聚集在一起，一个好的创业团队需要有不同学科背景的学生的加入。学生们除了实习、就业信息可以交流之外，还需要交流的就是创业的想法。让志同道合的学生走在一起，同时老师也可以根据不同的兴趣小组给予

---

❶ 王琦：《大学生职业生涯辅导模式的研究》，天津大学 2006 年硕士学位论文，第 35页。

学生以实质的帮助。

3. 就业单位与学生之间

学校也可以建立就业单位与学生之间的交流群，给学生更多的机会。前述学校已有通过校外导师的方法推荐学生就业。通过学校搭建学生与优质单位之间的关系，一方面学校为优质单位输送人才，另一方面单位也为学生提供合适的职位，实现双赢。

（三）职业辅导与创新创业的规范教育

高校职业发展辅导和创业创新教育中很重要的一部分是规范教育。在这一点上，中国政法大学率先成立了创业创新发展与规范研究中心。在响应"大众创业，万众创新"的号召下，遵守法律法规等规范进行创业创新是高校教育必须重视的问题。规范教育应该成为创新创业服务体系中的重要环节。中国政法大学设立创业创新发展与规范研究中心，除了学术研究之外，一方面为学生提供就业、实习平台，另一方面也鼓励学生规范地进行创业创新，同时帮助解决学生在创业创新中遇到的法律疑难问题。

四、结语

"互联网＋"是创新创业的发展趋势和方向，因此学校对大学生的职业发展辅导和创新创业教育首先要帮助学生认识到目前的社会经济环境，帮助和鼓励学生从"互联网＋"的角度找到创业方向，切实落实"大众创业，万众创新"的号召。同时学校在教育过程中，也应该在已有的职业辅导和创业教育的体系基础上，充分利用好互联网的优势，为学生提供更好的服务。任何科学体系的建立与完善都需要理论上的探索和实践的检验，因此大学生的职业发展辅导和创新创业教育也需要在理论上不断探索，以及接受实践的检验。随着时代的发展和变化，时刻紧跟发展趋势，才能掌握主动权。

高校创新创业热的冷思考："三圈理论"视阈下 人才协同培养战略的实践与思考

共青团中国政法大学委员会　　朱　林

摘　要　在全面深化高校创新创业教育改革的背景下，以高校为发起主体的社校联合培养、协同创新，是直接提升毕业生创业就业质量和间接推进高等教育综合改革的重要举措，也是实施国家创新驱动发展战略的有效途径。本文在经验性地总结新形势下高校创新创业型人才培养实践的基础上，以"三圈理论"作为理论分析和战略设计工具，结合《关于深化高等学校创新创业教育改革的实施意见》的基本要求，分析协同培养战略的公共价值、基础能力和对象支持三个方面，探索需求导向的学科专业建设方向以及创新创业能力培养的项目平台建设体系，并就此提出几点思考。

关键词　创新创业　高校人才培养　三圈理论

深化高等学校创新创业教育改革，是国家实施创新驱动发展战略、促进经济提质增效升级的迫切需要，是推进高等教育综合改革、促进高校毕业生更高质量创业就业的重要举措。《关于深化高等学校创新创业教育改革的实施意见》指出，2015 年起全面深化高校创新创业教育改革。❶ 全国各地区、各类别高校结合自身实际制定深化本地本校创新创业教育改革的实施方案。各高校开展创新创业教育改革的热潮在全国上下迅速形成，整个社会进入"大众创业、万众创新"的"买方市场"之中，高校作为在科学的高等教育理念指导下的改革主体，应更加客

---

❶ 2015 年 5 月，国务院办公厅印发《关于深化高等学校创新创业教育改革的实施意见》，明确提出 2015 年起全面深化高校创新创业教育改革。并指出，深化高等学校创新创业教育改革，是国家实施创新驱动发展战略、促进经济提质增效升级的迫切需要，是推进高等教育综合改革、促进高校毕业生更高质量创业就业的重要举措。各地区、各高校要落实立德树人根本任务，主动适应经济发展新常态，以推进素质教育为主题，以提高人才培养质量为核心，以完善条件和政策保障为支撑，促进高等教育与科技、经济、社会紧密结合，加快培养规模宏大、富有创新精神、勇于投身实践的创新创业人才队伍。

观、理性地思考与规划，从国家宏观政策的战略要求出发契合公共价值取向，积极利用高等人才培养的资源聚集的天然优势和先决条件，以新型人才市场需求为导向合理整合内部资源，提升学科建设、科学研究、教学教务等相关环节协同创新的发展能力，建立健全以课堂教学、自主学习、结合实践、指导帮扶、文化引领融为一体的培育体系，切实提升教育对象的创新精神、创业意识和创新创业能力，服务于立德树人的根本任务。

一、"三圈理论"——一个政策分析与设计框架

1995 年，哈佛大学肯尼迪政府学院教授马克·莫尔（Mark. H. Moore）在其著作《创造公共价值：政府战略管理》中提出，公共管理的终极目的是为社会创造更多的公共价值。同时，他还描述了公共组织领导者与外部环境开展有效互动，维护公共组织的正当性、合法性，从而实现获取广泛的利益相关者实际支持的基本原理。在具体决策与规划过程中要充分考虑价值、能力、支持三个因子的互动。❶ 肯尼迪政府学院的另一位公共行政学领域的著名学者——达奇·莱昂纳德教授，明确了价值、能力、支持三者之间关联程度即形成了"三圈理论"的基本模型（如图 1），确立了公共领域战略制定的分析框架。

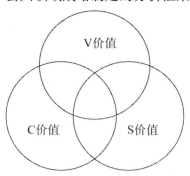

V:value,C:capcity,S:support

图 1　"三圈理论"示意图

该理论认为，相关公共利益的管理决策或公共政策的制定，首先，考虑决策或政策目标是否契合公共价值取向，是否遵循公共利益为根本导向；其次，分析公共组织所具有或能够获取的基础资源和内外部条件，是否能够满足实现目标的能力要求；最后，调查分析所涉及的利益相关主体的价值取向和利益偏好，是否

---

❶　Mark. H. Moore：Creating public value：strategic management in government，Tsinghua University Press，2003.

能够匹配决策或政策初衷。基于此，笔者认为其隐含的基础前提是，任何公共组织不能够脱离其所赖以存在、发展的内外部环境而进行涉及公共利益的战略决策和公共政策的制定。

进一步分析，任何一项公共决策都会处于由价值、能力和支持三个因子取并集所构成的影响区域，也因此形成了七种主要框架模型。❶ 良好的公共决策应当是尽可能地实现"三圈合一"——交集最大化的结果，即价值、能力和支持三要素在一项公共政策中实现有效融合和平衡，既能够凸显公共价值，又能得到政策客体的支持，同时，政策的实施者还具备相匹配的管理、服务能力。反之，排斥于三圈交集区域之外的决策，会因缺乏必要的公益性或正当性以及客观条件而不能有效实施，或行政结果因政策本身的风险性而导致具有较大的不确定性。

本文尝试以"三圈理论"作为理论分析和战略设计工具，宏观总结当前高校创新创业型人才协同培养的实践，结合《关于深化高等学校创新创业教育改革的实施意见》的基本要求，宏观分析协同培养战略的公共价值、基础能力和对象支持三个方面，并抛砖引玉，以期引起更广泛、更深入的思考：探索建立需求导向的学科专业建设方向以及创新创业能力培养的项目平台建设体系。

二、"三圈理论"视阈下的高校创新创业型人才协同培养战略

社会经济的发展日新月异，科技创新力与国家竞争力的正相关性越发显著，国与国在知识与技术领域的竞争广泛而深刻，而知识和技术的竞争，其核心在于尖端人才的竞争。2010 年，《国家中长期教育改革和发展规划纲要（2010－2020年)》明确提出，"要遵循教育规律和人才成长规律，深化教育教学改革，创新教育教学方法，探索多种培养方式，形成各类人才辈出、拔尖创新人才不断涌现的局面。"2012 年，党的十八大对创新创业人才培养作出重要部署，国务院对加强创新创业教育提出明确要求。

（一）高校创新创业型人才协同培养战略的主要内容

近年来，国家关于创新创业型人才培养的战略设计，是不断完善和发展的。2011 年，胡锦涛同志在清华百年校庆的讲话中指出："要积极推进协同创新，通过体制机制创新和政策项目引导，鼓励高校同科研机构、企业开展深度合作，建立协同创新的战略联盟和资源共享机制，联合开展重大科研项目攻关，力图在关

---

❶ 本文研究的侧重点在于"三圈理论"在公共管理与政策设计过程中的战略规划作用，故不对七种主要框架模型进行展开分析。

键领域取得实质性成果，努力为建设创新型国家作出积极贡献"。❶ 2012 年，《高等学校创新能力提升计划》（也称 2011 计划）以国家重大需求为牵引，以机制体制改革为核心，以协同创新中心建设为载体，以创新资源和要素的有效汇聚为保障，转变高校创新方式，提升高校人才、学科、科研三位一体的创新能力。❷ 2015 年，《关于深化高等学校创新创业教育改革的实施意见》以基本原则的形式要求，把深化高校创新创业教育改革作为推进高等教育综合改革的突破口，树立先进的创新创业教育理念，面向全体、分类施教、结合专业、强化实践，促进学生全面发展，提升人力资本素质，努力造就大众创业、万众创新的生力军。❸

综上，近五年来，国家对高校创新创业型人才的培养战略进行了顶层设计，依托"2011 计划"形成了完备"社校联动、协同创新"的机制体制改革思路，明确了高校"人才—学科—科研"三个环节在创新创业型人才培养过程中的"源头活水"作用，最终将深化高校创新创业教育改革作为推进高等教育综合改革的突破口。

（二）基于"三圈理论"的战略分析

高校创新创业型人才协同培养战略规划方案作为各高校的行政决策，需要从公共价值取向、基础能力与资源条件以及作用相关群体对象的支持度三个方面进行考量，即"价值、能力、支持"三部分的重合部分占交集区域的程度，并以此来验证决策的合法性和科学性，同时预见政策实施的效率和效果。

1. 协同培养战略契合公共价值取向

公共价值具有公众性、社会层面性、公众参与性、非资本性和非市场性等特征，主要由政府或社会团体设计、开发、制造、组织、治理，提供、分配给公众进行消费和享受的公共产品和公共服务。❹ 高校创新创业型人才培养战略是国家实施创新驱动发展战略，也是推进高等教育综合改革、提高高校毕业生创业就业质量的重要举措，其公共价值显而易见。

就宏观政策要求而言，高校创新创业型人才培养战略需要体现国家对深化高校创新创业教育改革的指导意见精神，既要全面贯彻党的教育方针，还要落实立德树人根本任务，在坚持创新引领创业、创业带动就业的过程中，主动适应经济

---

❶ 胡锦涛：《在庆祝清华大学建校 100 周年大会上的讲话》，《人民日报》，2011 年 4 月 25 日。

❷ 参见《"高等学校创新能力提升计划"实施方案》。

❸ 参见《关于深化高等学校创新创业教育改革的实施意见》。

❹ 胡敏中：《论公共价值》，载《北京师范大学学报》，2008 年第 1 期，第 100 页。

发展的新常态，不断推进在校学生的素质教育，提高人才培养质量，创新人才培养机制，促进高等教育与科技、经济、社会紧密结合，着力培养富有创新精神、勇于投身社会实践的创新创业人才，为建设创新型国家、实现"两个一百年"奋斗目标和中华民族伟大复兴的中国梦提供强大的人才智力支撑。

从服务于全社会协同创新的角度，高校创新创业型人才协同培养战略更要求高校树立协同创新理念，对内突破传统观念和制度壁垒的限制，破除各自为政的工作制度，做到资源共享，从而做到内部、外部合作环境的和谐共融，在高校与企业、事业、公务员等用人单位间形成联系紧密、共育人才的联合培养氛围，更好地推动协同创新，提高办学能力和水平。

2. 协同培养战略汇集社校资源、提升创新能力

公共组织是否具有能够满足政策目标的资源和能力，是关系到该项战略决策能否得到有效执行的关键。就高等教育资源的分布而言，绝大多数高校具有良好的教育教学和科学研究环境，部分高校不但拥有，还能够影响国家高等人才培养的政策制定，这些都是高校作为社会创新主体的天然优势和先决条件。此外，由于办学理念、历史沿革等诸多因素，几乎所有高校又都具有较为鲜明的学科特色和文化差异。这种差异化资源，也应该受到格外的关注，并鼓励高校结合自身实际、联系市场需要，开展协同创新、发展特色学科，以适应社会经济发展方式和目标的转变。在加强专业建设的同时，重点扶持建设符合社会发展需要的特色学科、特色专业，加强校（院）际之间、学科之间的协同发展，培养创新人才。

就外部资源的获取而言，国家政策导向的扶持，即政府驱动依旧是社校协同发展的主动力，从国家到地方各项创新创业政策的出台都各有侧重地整合发展财政和社会资金，支持高校创新创业活动。如国家层面，中国教育发展基金会设立大学生创新创业教育奖励基金，用于奖励对创新创业教育做出贡献的单位；社会层面，诸多社会组织、公益团体、企事业单位和个人设立大学生创业风险基金，以多种形式向自主创业的大学生提供资金支持。

保障实施创新创业型人才协同培养战略的资源和能力，是一项既综合又具体的系统工程。概括而言，主要应当从物质环境、制度环境和文化环境三个方面进行构建。物质环境也是通常意义的硬件、师资等客观办学条件；制度环境应包括政策法规等国家宏观制度，也包括大学章程、校规校纪等校内的微观制度；文化环境主要包含校风、教风、学风以及体现办学理念的多种特色观念与文化。三种环境所包含的软实力和硬实力，构成了高校主导、社会参与的人才协同培养战略能力条件。

3. 协同培养战略提高实施对象的支持程度

战略涉及的利益相关主体的价值取向和利益偏好是否能够匹配决策或政策初

衷，是战略实施效果好坏的重要影响因素。可以说，高校创新创业型人才协同培养战略所涉及的相关主体是多方的，但最为核心的是服务于在校学生，即以学生培养为中心，间接服务于生产实践成果的创新与转化。

切实服务于学生成长成才，是高校人才培养战略的根本落脚点。通常来看，大多数高校通过实施大学生创新创业训练计划，以兴趣驱动、自主实践、重在过程为导向，增强学生创新意识、创业意识、实践意识，旨在提升学生的实践能力和创业能力。部分高校通过成立学生创新创业社团、举办创业设计大赛、创新项目展示交流会、专家教授讲座等相关活动，努力营造创新创业的校院文化氛围。大体上，可分为学术科研类竞赛和创新创业训练类项目，两类活动相辅相成，在长期的校园实践中，能够得到在校学生较为广泛的支持，有效地发挥着构建创新创业校园文化环境的平台作用。

近年来，虽然高校毕业生就业创业环境得到极大改善，但不应忽视社会市场竞争机制的自然淘汰风险，在对高校学生开展创新创业教育、引导的同时，应当注意在日常的学科建设、教学管理等层面进行切合实际的制度设计和科学规划。如在学分制度下，建立创新创业学分积累与转换制度，探索将学生开展创新实验、发表论文、获得专利和自主创业等情况折算为学分，将学生参与课题研究、项目实验等活动认定为课堂学习。设有学生创业指导服务专门机构的高校，应做到"机构、人员、场地、经费"四到位，对自主创业学生实行持续帮扶、全程指导、一站式服务。以综合模式开展创新创业教育的高校，应注重校内协同体系的建设，既要为有意愿有潜质的学生制定创新创业能力培养计划，也要为全体学生建立创新创业档案和成绩单，客观记录并量化评价学生开展创新创业活动情况。以此为基本思路，再结合各校具体实际情况，完善校内协同工作体系，按照国家深化高校创新创业教育改革的要求，服务好学生创新创业的发展需要，从而赢得在校学生的支持。

三、关于高校创新创业型人才协同培养战略设计的两点思考

在大众创业、万众创新的社会热潮下，高校创新创业教育改革实践日渐深化，取得了积极进展，客观上，对提高高等教育质量、促进学生全面发展、推动毕业生创业就业、服务国家现代化建设发挥了重要作用。但也存在一些不容忽视的突出问题，主要是一些地方和高校重视不够，创新创业教育理念滞后，与专业教育结合不紧，与实践脱节；教师开展创新创业教育的意识和能力欠缺，教学方式方法单一，针对性、实效性不强；实践平台短缺，指导帮扶不到位，创新创业

教育体系亟待健全。❶

（一）需求导向，提升创新创业型人才培养的核心竞争力

根据国家创新人才培养机制的指导意见，创新创业人才培养战略的设计，应探索建立需求导向的学科专业结构和创业就业导向的人才培养类型结构调整新机制，促进人才培养与经济社会发展、创业就业需求紧密对接。具体到高校的实践而言，一是要探索需求导向的学科专业建设方向；二是要完善创新创业能力培养的项目平台建设体系。

探索需求导向的学科专业建设方向，首先，要结合各高校自身实际，特别是围绕学科特点开展社会调查研究，符合协同创新的基本规律。其次，要把握人才市场的基本需求，这一点是高校与外界协同发展密切相关的。高校根据本校创新创业竞赛与训练项目开展的情况，逐步完善创新创业能力培养的项目平台建设体系（如图2）。校内创新创业项目的开发及遴选以"挑战杯"系列赛为龙头，学术科研类竞赛把握以"校级科研（创业）—院（系）级科研（创业）竞赛项目"为主线。创新创业训练项目类把握以"国家级项目—北京市级项目—校级项目"为主线，完善校内学术科研、创新创业竞赛、遴选体系，提升教师指导和学生自我开展学术研究、创业实践的基础能力。此外，部分高校以校内定向委培的形

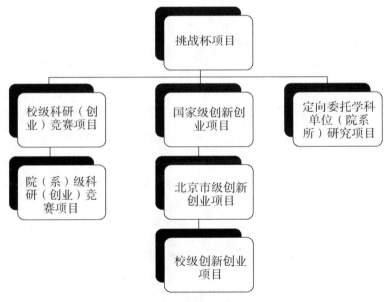

图 2　创新创业培养项目平台体系

---

❶　参见《关于深化高等学校创新创业教育改革的实施意见》。

式，将部分创新创业项目直接委托科研院、系、所等研究单位立项，实现重点研究资源的集聚，同时，也能缩短创新创业项目的产出周期、提升成果质量。

（二）内外协同，提升创新创业型人才培养的科学管理水平

一方面，高校具有其自身的内部环境；另一方面，它本身作为一个开放的系统，始终受到政治、法律、文化等社会环境的影响，与其所在的外部系统始终发生着资源、信息等方面的共享与互换。一般而言，高校与政府、企业、学生家庭以及校际之间发生的联系较为广泛（如图3）。

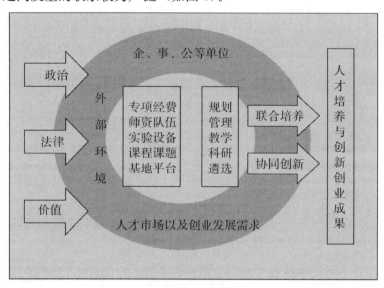

图3　创新创业培养项目平台体系

就校内协同而言，各部门、学科单元围绕学校整体办学目标开展相应工作需要相互沟通与协作。特别是在开展创新创业等具有综合发展性的新形势下，协同一致前提下的合作发展是基本要求。多数高校成立"创新创业教育工作领导小组"，以教务教学、学生管理、师资科研、财务后勤以及专业院系所等相关部门为成员，全面指导高校创新创业教育的建设工作。也有部分高校成立专门的大学生创新创业服务中心，配备专职人员，实体化运作，负责协调各个部门，制定建设的方案与计划，筹措相关资金，部署具体工作任务，对各职能部门相关工作进行督促检查。诸多内部治理的结构，其目的在于将大学生创新创业的工作体系纳入学校人才培养日常的教学管理体系，提升内部治理效能。

就校外协同而言，将企、事、公等单位的业务发展以及创业实践的需求与学校人才培养、学术实践的方向相结合，强化社校联合培养、校内协同创新的工作意识。建立校际、校企、校地、校所以及国际合作的协同育人机制，探索协同培养的契合点，如建立产学研相结合的教育教学实践基地，设计学术研究与事务工作"双肩挑"的双导师制度等，同时，积极吸引社会资源和国内外优质教育资源投入创新创业人才培养。

参考文献

［1］Mark. H. Moore. Creatingpublic Value：Strategic Management Ingovernment ［M］. Beijing：Tsinghua University Press，2003.

［2］胡敏中. 论公共价值 ［J］. 北京师范大学学报，2008（1）：100.

［3］胡锦涛. 在庆祝清华大学建校 100 周年大会上的讲话 ［N］. 人民日报，2011－04－25 （01）.

浅议高校创新创业教育工作模式选择
——以哈尔滨工业大学和黑龙江大学为例

学生处　徐　庆

摘　要　为增进京哈两地高校在就业创业工作方面的交流，深入了解和学习黑龙江省高校在大学生创新创业教育等方面的先进方法、经验和成果，提升北京高校就业创业指导教师业务能力，北京市教育委员会北京高校毕业生就业指导中心组织部分北京高校就业指导部门教师于 2016 年 4 月赴哈尔滨工业大学、黑龙江大学进行考察，学习其典型做法与先进经验。本文结合对哈尔滨工业大学和黑龙江大学创新创业教育工作的学习，谈谈笔者对当前高校创新创业教育模式选择的思考。

关键词　创新创业教育工作　模式选择　思考

在"大众创业，万众创新"的背景下，全国各高校创新创业教育工作各出奇招，呈现百花齐放的格局。尽管人们对创业教育的理解多种多样，但是一个基本的共识是我们需要一种"创新引领创业，创业带动就业"的新型创新创业教育模式。那么，问题是如何来实现这一共识？笔者认为，这至少需要厘清三个层次的问题：我们希望通过创新创业教育达成何种愿景、如何来定位创新创业教育以及如何开展创新创业教育。

2016 年 4 月 12 日至 15 日，笔者有幸跟随北京市教育委员会创新创业教育考察团前往黑龙江省哈尔滨市学习了哈尔滨工业大学和黑龙江大学创新创业教育工作的先进经验。本文将结合学习体会试图提供一个观察高校创新创业教育模式选择的视角。

我们可以把创新创业教育模式理解为一套机制、体系或具有特色的做法。关于创新创业教育模式，国内外研究者从不同角度提出了不同的看法。美国高校给我们提供了至少两套参考模式❶：一是以"创新创业教育课程"著称的百森商学院模式；二是斯坦福大学"产学研一体化"的创新创业教育模式。

国内有学者认为我国高校已形成三种典型的创业教育模式❷：第一种是以中国人民大学为代表的第一课堂与第二课堂结合开展创新创业教育，强调意识培养和知识构建，提升学生综合能力的模式；第二种是以北京航空航天大学和浙江大学为代表的提倡创新创业知识和技能培养与实践的教育模式；第三种是以上海交通大学和清华大学为代表的既注重创新精神和创业能力培养，又为学生提供创业所需资金和必要的技术咨询服务的模式，这一种被认为较为系统、科学。

有学者在创新创业属性研究的基础上，认为我国存在四种创新创业教育模式❸：以引进创业竞赛为代表的素朴的创新创业教育模式；以开设"创业管理"研究生专业为代表的商学院创业教育模式；以全体学生为对象的广谱式创新创业教育模式和创业型大学模式。也有学者从创业教育理论与实践相结合的角度，提出了一个具有区位特点的"前店后校"❹的创业教育新模式，并认为这种创业教育模式的重点在于明确人才培养目标、注重职业规划教育和校地企通力合作。

综上可见，构建大学生创新创业教育模式不只是帮助学生树立创新创业精神，更重要的是帮助学生夯实创新创业知识基础。构建创新创业教育模式是一个系统工程，包括构建创新创业教育目标体系、构建创新创业教育理论、实践和课程体系、构建创新创业教育师资队伍以及营造创新创业教育校园文化氛围、健全相关政策法规保障体系，形成适合我国大学生的创新创业教育的管理体系。❺

因此，本文所讲的创新创业教育模式是指高校创新创业教育工作开展的机制、方法和形式，是一套行之有效的实际工作指南，是一种适用一定范围大学生的工作指引。这种创新创业教育模式包括工作理念、组织架构、课程体系、资源投入和实践体系等方面。

---

❶ 胡桃，沈莉：《国外创新创业教育模式对我国高校的启示》，载《中国大学教育》，2013 年第 2 期，第 91 页。

❷ 胡桃，沈莉：《国外创新创业教育模式对我国高校的启示》，载《中国大学教育》，2013 年第 2 期，第 93 页。

❸ 佘昶，王志军：《高校创新创业教育模式研究》，载《学术论坛》，2013 年第 12 期，第 233 页。

❹ 张鹤：《高校创新创业教育研究：机制、路径、模式》，载《国家教育行政学院学报》，2014 年第 10 期，第 31 页。

❺ 黄林楠，丁莉：《构建大学生创新创业教育模式的探索》，载《高等工程教育研究》，2010 年第 6 期，第 158 页。

一、哈尔滨工业大学模式

哈尔滨工业大学（简称哈工大）隶属于工业和信息化部，是由工信部、教育部、黑龙江省共建的国家重点大学，是首批国家"211工程"和"985工程"建设的若干所大学之一。学校已经发展成为一所以理工为主，理、工、管、文、经、法等多学科协调发展的国家重点大学。学校在长期的办学过程中，形成了"规格严格，功夫到家"的校训。

（一）主要做法❶

近年来，哈工大依托高水平科研优势，形成了校团委、本科生院、研究生院、科工院、招生就业处等多部门协同推动大学生创新创业的工作机制，形成了创新创业教育"一体系三平台"机制，即教育体系、引领平台、实训平台和实践平台。

（1）创新创业教育体系由创业课程体系和创业实践体系组成

其中，创业课程体系包括创业课程和创业讲座。目前全校已开设创业相关课程19门，近3年年均选课人数近6200人；创业讲座已形成"创业大讲堂""周末商业沙龙""经管企业行"等一批品牌活动。

（2）创新创业引领平台的主要载体是学生创业社团和创业网站

学校已成立了17家企业俱乐部和多个创业服务社团并开展了丰富的活动，如宝洁精英俱乐部举办的精英挑战赛、微软俱乐部组织的捉虫大赛等活动，为学生认识企业、了解创业知识提供了良好的平台。学生团队建立的哈工大创业平台网站，集项目展示、项目对接、项目交流、人才招聘于一体，为学生创业实践活动提供信息服务。

（3）创新创业实训平台主要职能是为创新创业训练项目提供立项、培训和运行所需要的支持，主要载体为各院系建设的创新创业基地和创业模拟训练平台。

（4）创业实践平台包括科技园大学生创业基地和大学生创业孵化基地（校内）

哈工大科技园于2013年获批国家级高校学生科技创业实习基地，共辟出500平方米场地作为学生创业团队开展成果产品化、创业企业运营、成果展示的空间。校内大学生创业孵化基地于2013年10月建立，包括创业孵化基地、创业咨询室、创业培训室3个部分，面积约300平方米，有9间办公卡位和一个多媒体

---

❶ 商艳凯，刘忠奎：《让创新创业成为一种文化和习惯——我校大力推进创新创业教育纪实》，载《哈工大报》，2015年5月14日。

会议讨论区，免费为创业团队提供办公桌椅、办公储物柜。

学校在最新修订的人才培养方案中明确要求，学生在校期间至少获得 2 个创新学分，参加大一年度项目、大学生创新创业训练计划和创新创业竞赛是获取创新学分的主要途径。《哈工大本科生申请推荐免试攻读硕士学位研究生管理办法》规定，如果学生在全国大学生创新创业年会、"挑战杯"创业计划竞赛、ERP 沙盘模拟经营竞赛等大赛中获奖，学校将根据获奖等级给予加分。

（二）工作特色

1. 坚持育人导向

哈工大强调大学生创新创业的能力提升和职业取向，注重学业与创业的良性互动，着力提高学生创业素养；构建学业与创业良性互补的准入机制与考核机制，强化学生对本学科最基本、最经典的理论的学习和掌握。

2. 学科实力雄厚

哈工大拥有 9 个国家一级重点学科，拥有首批 2011 协同创新中心、8 个国家级重点实验室、10 个国家级教学示范中心，10 个一级学科排名全国前 5 位，8 个学科进入 ESI 全国前 1‰行列。2015 年 10 月，美国 USNews 最新大学排名，该校工程学科位列全球第 7 位。学校 2013 年申请专利突破 2000 项，现有有效发明专利数量为 2570 项，居全国高校第 5 位。这些为学校创新创业教育发展提供了坚实的保障。

3. 专家资源充足

哈工大拥有院士 35 人、千人计划 13 人，中国青年科学家奖获得者 2 人，高等学校教学名师奖获得者 9 人，长江学者奖励计划入选 58 人，国家杰出青年基金获得者 44 人，国家自然科学基金委优秀青年科学基金获得者 28 人，教育部跨世纪/新世纪优秀人才计划入选者 206 人等。这些为学校创新创业教育开展提供了充足的师资资源。

4. 形成长效机制

学校形成了创新创业教育"一体系三平台"机制。

5. 迈出国际化步伐

近年来，学校与国外学者或国际企业合作，成立了多个联合研究、教学机构，如经管学院牵头成立了哈工大—密苏里大学创新创业研究所等。学校还为本科生、硕士生提供去国外大学、企业实习的机会。如软件学院每年都有本科生到美国、法国的 IT 企业实习。他们在国外企业里不仅学到专业知识，还学习到先进的管理理念，感受到企业的文化和氛围，这些都为学生未来的自主创业打下良好的基础。

二、黑龙江大学模式

黑龙江大学（简称黑大）是教育部与黑龙江省人民政府共建的有特色、高水平、现代化地方综合性大学。办学 70 多年以来，黑龙江大学在国家全球战略构架中，推进与服务中俄战略协作伙伴关系提升，强化俄语学科专业的优势地位和引领作用，实现人才培养方向、科学研究领域、对外交流合作和社会服务等多方位与俄罗斯对接，形成全国高校独树一帜的对俄办学特色。黑大校训为"博学慎思，参天尽物"。

（一）主要做法❶

黑龙江大学是全国高校创业教育工作的先行者。2002 年，黑大被教育部确定为全国 9 所创业教育试点院校之一，学校于 2002 年成立创业教育学院，在此基础上又于 2005 年挂牌创业教育中心，分别负责全校创业教育课程教学和实践教学的顶层设计与组织实施。

多年来，黑大创业教育学院以"创业教育是素质教育的具体化和深化"为理念，坚持"以创新意识培养为目的，面向全体、基于专业、分类培养、强化实践"的创业教育方针，确立了"融入式"创业教育模式，在全国率先建设了具有大学生创新创业综合实验室性质的学生科技文化创业园，推进了创业教育与专业教育的融合，促进了本科人才培养模式的创新。

1. 人才培养点面结合

在制定《创新创业教育环节指导意见》的基础上，补充制定《关于创新创业教育学分落位的说明》，帮助各教学单位合理设计专业创新创业教育学分获得途径。比如，修订工商管理专业（文化创意创业管理方向）创新人才培养实验班人才培养方案。

2. 课程体系立体多样

开设通识创新创业选修课程 36 门、55 门次，3591 人次修读，其中 SYB、KAB 创业课程开设 22 门次，660 人次修读。开设职业生涯规划必修课程 78 个教学班，6334 人修读；就业指导必修课程 110 个教学班，9412 人修读。开设通识读书课程 48 个教学班，6720 人修读。加强专业核心课程建设。开设专业创新创业选修课程 68 门、109 门次，6946 人次修读。开设创业管理"三个一"专业创

---

❶ 黑龙江省教育厅官网：《黑龙江大学"融入式"创新创业教育》，http：//www. hljedu. gov. cn/jyzx/jyt/201501/t20150104＿70326. htm，2014 年 12 月 31 日。

新创业必修课程 50 个教学班、3623 人修读。开设专业读书课程 258 门、554 门次，34376 人次修读。

3. 实践体系多元化

主要通过加强创新创业项目训练（国家级、省级和校级项目管理）、推进创新创业基地建设（学生科技文化创业园建设和创新创业训练基地建设）和组织创新创业实践活动（重要赛事、星光论坛、企业家论坛、企业一日游、创业大本营等）三方面工作推动创业实践体系多元化。

黑龙江大学自 2002 年成为教育部创业教育 9 所试点院校之一以来，构建了"融入式"创新创业教育模式，形成了"课程、实践、保障"三位一体的创新创业教育体系，完善了自主创业者"实验班、创业园、大学科技园"三点联动机制，加强了基于工商管理专业（文化创意创业管理方向）实验班教育教学建设等。

（二）工作特色❶

（1）建设与专业教育相融合的创新创业教育课程体系。

（2）搭建三个载体：强化创新创业项目训练、加强实践基地建设、大力开展学科专业创新创业竞赛等形式。

（3）服务国家对俄战略，培养高水平对俄人才。

三、三种模式

每所大学都有自己的创新创业教育模式；每种模式既有相似之处，又有不同之处。笔者在此依据深化创新创业教育改革的力度或者说对现有人才培养模式改变程度大小，将创新创业教育模式分为以下三种：

第一种属"润物细无声"型。这是一种将创业教育与专业教育相结合的形式，是指在日常的人才培养过程中加大创新创业教育的比重，通过潜移默化的方式寓创新创业教育于专业教育之中。这种模式对现有人才培养格局改变较小、对学校现有机构设置和人财物投入影响不大。哈尔滨工业大学就属于这种模式，清华大学也是比较典型的这种模式。这是传统意义上研究型大学乐于采用的模式。这种模式主要有开展创业赛事、跨专业联合培养、指定选修学分和注重发挥科技园（创业园）的作用等做法。

第二种属"桃花青衣两相宜"型。这是一种融入式创新创业教育模式，是指通过成立具有行政职能部门特点的创业教育学院或创业人才培养学院，将创新创

---

❶ 黑龙江大学官网：《全国高校创新创业总结宣传工作专家组来我校调研》，http://www.hlju.edu.cn/info/1043/2536.htm，2016 年 6 月 7 日。

业意识和能力的培养融入专业人才培养方案体系，从而实现创新创业教育由点到面、点面结合的一种工作模式。这种模式对现有人才培养格局、学校现有机构设置和人财物投入的影响较大。如果按照这个标准，黑龙江大学属于这种类型。比较典型的高校还有温州大学。温州大学也于 2009 年 6 月成立了处级建制、实体运作的创业人才培养学院，负责全校大学生的创业教育教学管理、创业实践与创业研究等工作。这是传统意义上地方综合性大学通常采用的一种模式，这种模式的突出特点是通过管理创新来达到新的人才培养目标，主要有成立创业教育管理机构、开展创业赛事、开设创业选修课或将创业教育内容植入公共必修课❶和注重发挥科技园（创业园）的作用等做法。

第三种属"大刀阔斧"型。这是一种较为彻底的对现有人才培养模式的变革，是指通过成立具有教学职能特点的创业学院，建设真正意义上的实体学院完成招生、培养和就业创业全过程的创业人才培养模式。这是一种结合时代特点、适应市场需求的对原有人才培养模式的颠覆式的创新。这种模式对原有的人才培养格局、学校现有机构设置以及学校人财物等资源配备影响极大。比较典型的高校有义乌工商职业技术学院创业学院、成都职业技术学院创业学院等。这是传统意义上创业型大学或高职高专院校通常采用的一种模式，主要有成立实体创业学院（包括研究机构）、开展创业赛事、开设创业必修课❷、开设特色创业班（如电子商务创业班❸）和注重发挥科技园（创业园）的作用等做法。

我们不难发现，上面三种模式对高校现有人才培养格局的变革力度越来越大。而且，有意思的是，上面的分类标准实质上是对应大学类型的划分。从研究型大学到地方性大学，再到高职高专院校，这些高校人才培养模式改革的强度依次加大。可见，985 高校、地方综合性大学和高职高专院校对创业教育的期望肯定是不太一样的，对创业教育的需求也不尽相同。是什么因素在影响高校创新创业教育模式的选择？笔者认为，在当前"双创"大环境下，一所大学在历史积淀、品牌定位、资源禀赋、招生状况、就业质量、改革动力甚至关键决策者的影响等方面存在的差异，决定了对创业教育的目标、组织架构、资源投入、课程体

---

❶ 黄兆信等：《以岗位创业为导向的高校创业教育新模式——以温州大学为例》，载《高等教育研究》，2014 年 8 月第 8 期，第 89 页。

❷ 王涛：《高职院校创新创业教育模式探索——以成都创业学院为例》，载《职业技术教育》，2015 年第 2 期，第 54 页。

❸ 孙萌萌：《"淘宝大学"创业模式引两岸共同关注》，载《人民政协报》，2016 年 5 月 21 日第 7 版。

系、评价机制等的定位与选择。简单说，高校自身条件决定了创新创业教育模式的选择。

因此，我们应该支持不同大学量体裁衣、量力而行，根据自身特点建立起本校的创新创业教育体系。对于综合性研究型大学来说，应该以培养学生创新素质为教育的目标，用创新教育统摄创业教育，努力在国家层面为建设创新体系和建设创新型国家承担重任；对于以普通本科为主的教学型大学来说，首要在普及创业知识，重点在创业课程建设，侧重培养学生应用型和服务型创业，服务于区域社会经济发展；对于高职高专院校来说，教育的目标在于培养技能型实用人才，着重开展市场分析、财务管理、营销策略等创业实务方面的训练，在行业层面培养遍地开花的创业人才。❶

四、三点思考

虽然各高校采用的教育模式不同，但有些做法是共通的。笔者认为，不论在何种类型的大学开展创新创业教育，都离不开这三个方面：在观念上，创新创业教育对个人、对学校、对国家来说，都是一种战略性的需要。正如有"创业教育之父"美誉的美国百森商学院帝蒙斯教授所说："学校的创业教育不是为了解决就业问题的培训，而是为未来几代人设定'创业遗传代码'，以造就最具革命性的创业一代"。在方法上，牢记"理论是灰色的"。创业型人才不是理论人才，而是实践派。当我们在谈论创新创业教育必要性的时候，谈创业教育与专业教育要结合的时候，切忌坐而论道，应注重实践。创业实践是培养意识、提高能力的有力手段。在技术上，整合多方资源是做好创新创业教育工作的关键。不仅是这次考察的两所学校，包括清华大学深圳研究生院也通过i—Space创新创业平台建立了由大学、政府和企业共同参与的创新创业教育生态网模式❷。

（一）凝聚共识是做好创新创业教育工作的前提

本次考察中，给考察团一行印象最深的是黑龙江省从省长到省级教育主管部门再到高校一线工作者对创业教育的重要性达成了共识，对创业教育的重视程度在全国首屈一指。陆昊省长连续两年召开全省范围的大型会议督促落实国务院、教育部关于创新创业工作的会议精神，"一把手"的重视对形成创业教育的合力

---

❶ 张彦：《高校创新创业教育的观念辨析与战略思考》，载《中国高等教育》，2010年第23期，第46页。

❷ 马永斌，柏喆：《大学创新创业教育的实践模式研究与探索》，载《清华大学教育研究》，2015年11月第36卷第6期，第101页。

至关重要；黑龙江省教育厅注重从政策方面给予高校大学生创业以便利：以省政府的名义专门出台《关于促进大学生创新创业的若干意见》以及关于人才队伍建设的政策文件，形成教育厅和团省委竞争性开展大学生创业服务的工作格局。而且，省级教育主管部门为加强就业创业工作，深入高校开展"四到位"（机构、人员、经费、场地）督察，这项工作值得北京高校乃至全国高校借鉴；黑龙江大学较早就意识到创新创业教育在人才培养工作中的重要性，把创新创业教育提高到学校整体发展高度加以认识，成为最早试点建设创业教育学院的高校之一。哈尔滨工业大学依托自身学校品牌优势和资源优势，在较短时间内，形成了"一体系三平台"的创业教育工作模式，建设速度之快、效率之高，值得国内高校借鉴与学习。

（二）创业实践是做好创新创业教育工作的有力手段

黑龙江高校在创业教育工作方面另一个重要特点就是注重创业实践。哈尔滨工业大学和黑龙江大学都建立了学生创业园。当别的高校还在思考创业教育该如何开展的时候，这两所高校已经把创业实践工作开展得有声有色。哈工大和黑大将创业教育与专业教育相结合，通过课程建设、项目建设、导师队伍建设等多种举措打通第一课堂、第二课堂。哈工大科技园于 2013 年获批国家级高校学生科技创业实习基地，共辟出 500 平方米场地作为学生创业团队开展成果产品化、创业企业运营、成果展示的空间；黑大建设了 4000 平方米的学生科技文化创业园，学院层面建有 83 个创新创业训练基地和技能培训基地，专业层面依托各专业实验室建立校企合作基地 200 余个。

（三）整合多方资源是做好创新创业教育工作的关键

创新创业教育工作不单是就业创业工作部门的事情，而是需要多部门协同，关系到学生成长成才、学校长远发展的重要环节。在创新创业教育工作中搭建平台，一方面联动校内各部门协力推进工作，另一方面整合校外社会资源，让专业的人在专业的领域做专业的事。哈工大形成了校团委、本科生院、研究生院、科工院、招生就业处等多部门协同推动大学生创新创业教育的工作机制。在本科生院、研究生院、哈工大资产投资经营有限责任公司的帮扶下，"慧眼"可编程摄像头团队和多型号无人机团队在创新创业的道路上迈出了坚实的一步，这两个项目的成功是联合多方资源成功孵化项目的代表。哈工大创新创业教育率先迈出国际化步伐，学子走出"国门"参加国际发明展和科技竞赛，为学校的创新创业教育增添了一层国际化的色彩。黑大瞄准"龙江丝路带"建设需求，设立商务俄语专业，在相关专业开设俄语零起点实验班，与有关公司合作培养"国贸＋俄语""金融＋俄语"的"互联网＋"人才。